本书受2019年度教育部高校示范马克思主义学院和优秀教学科研团队建设项目（优秀中青年思想政治理论课教师择优资助计划）《马克思主义经典著作融入“原理”课教学的实践路径研究》（19JDSZK176）资助，是该项目的结项成果。

本书受天津师范大学“全国重点马克思主义学院”建设经费资助出版，收入天津师范大学马克思主义学院学术文库。

感悟经典伟力

马克思主义基本原理十二讲

吴建永
著

天津出版传媒集团
天津人民出版社

图书在版编目(CIP)数据

感悟经典伟力:马克思主义基本原理十二讲 / 吴建永著. -- 天津:天津人民出版社, 2024.6

ISBN 978-7-201-20502-1

Ⅰ. ①感… Ⅱ. ①吴… Ⅲ. ①马克思主义理论 Ⅳ. ①A81

中国国家版本馆CIP数据核字(2024)第104897号

感悟经典伟力:马克思主义基本原理十二讲

GANWU JINGDIAN WEILI :

MAKESIZHUYI JIBEN YUANLI SHIER JIANG

出　　版　天津人民出版社
出 版 人　刘锦泉
地　　址　天津市和平区西康路35号康岳大厦
邮政编码　300051
邮购电话　(022)23332469
电子信箱　reader@tjrmcbs.com

策划编辑　郑　玥
责任编辑　佐　拉
装帧设计　明轩文化 TEL:23674746 ·王烨

印　　刷　天津新华印务有限公司
经　　销　新华书店
开　　本　710毫米×1000毫米　1/16
印　　张　28.75
插　　页　2
字　　数　360千字
版次印次　2024年6月第1版　　2024年6月第1次印刷
定　　价　89.00元

在人们沉默下来的时候，他向这位革命家和哲学家提出了一个问题“什么是存在？”

斯温顿感觉到马克思“眼望着我们面前咆哮的大海和岸上喧闹的人群，一瞬间好像陷入了沉思”。

最后，马克思严肃而郑重地回答道：“斗争！”

——[意]马塞罗·穆斯托：《马克思的晚年岁月》，刘同舫、谢静译，人民出版社，2022年，第13页。

序

在人类思想史上，就科学性、真理性、影响力、传播面而言，没有一种思想理论能达到马克思主义的高度，也没有一种学说能像马克思主义那样对世界产生了如此巨大的影响。今天，中国式现代化的生动实践和伟大成就充分印证了马克思主义科学性和真理性，人类文明新形态的引领力和感召力充分印证了马克思主义的影响力和传播面。

经典著作是马克思主义科学真理的源头活水，也是中国特色社会主义伟大事业的理论指南。马克思主义基本原理来源于马克思主义的经典著作，是对经典著作高度抽象浓缩所得的思想精华。然而，正是这种浓缩和抽离，使原理与现实之间保持了适度张力和必要距离，显得似乎“不接地气”，学来难免索然无味。有鉴于此，习近平总书记多次指示要教育引导学生多读读马克思主义经典著作，学会从经典中感悟原理、淬炼思想、升华境界、指导实践。

问题是时代的声音，每一个伟大的思想都有其出现的时代。人民的最美好、最珍贵、最隐蔽的精髓都汇集在这些伟大思想里，它们是当之无愧的时代精神的精华。从这个意义上说，马克思主义绝不是经典作家无事生非、闭门造车堆积出来的华丽辞藻，而是为了解决资本主义时代问题，回应人类解放的呼唤，在批判旧世界中去发现一个新世界。正如列宁所指出的那样，马克思丝毫不想制造乌托邦，不想凭空猜测无法知道的事情。马克思提出共产主义的问题，正像一个自然科学家已经知道某一新的生物变种是怎样产生及朝着哪个方向演变，才提出该生物变种的发展问题一样。因此，只有立足经典著作，从时代的历史背景、思想争论、问题困惑出发，才能保证理论的现实感和鲜活度，才能从具体问题中抽象出普遍规律，延续理论的科学性和生命力。马克思主义正是这样的理论。

马克思主义理论，有一个很重要的特点，它不是那种很具体的聚焦某一个专门领域的知识，也不是给某些微观历史事件开出来的药方，而是一个站在比较宏大的历史尺度上，关注人类命运走向，推动人类历史发展的理论。因此，它往往是在人类发展最关键、最艰难的时期被不断想起。当一个社会不公平的时候，它能够以一种批判性力量强有力地出场；当人类历史处于迷茫、彷徨的时候，它能够以一种很透彻的理论视野来给我们指明方向；当人类社会遇到重大危机的时候，它能够以一种科学的预见力，清醒地判断危机的症结所在，给人类指明走出困境的路径。这就是马克思主义能够永葆美妙青春的秘密之所在。

理论的生命力在于不断创新。马克思主义的思想伟力要在现实世界中开花结果离不开两个条件，一是寻找到自觉传播、践行其理论原则的组织载体，另一个是将马克思主义的基本原理与本国具体实际和优秀传统文化相结合，不断进行本土化和时代化创新。在中国，担起这一使命的就是中国共产党。正是中国共产党的理论自觉与马克思主义理论力量的结合，使中国这个古老的东方大国在挫折中奋起，创造出人类历史上前所未有的发展奇迹。

中国共产党是用马克思主义武装起来的政党，马克思主义是中国共产党人理想信念的灵魂。一百多年来，中国共产党人始终坚持用马克思主义观察时代、解读时代、引领时代，不断将马克思主义基本原理与中国具体实际和中华优秀传统文化相结合，守正创新，开拓进取，推动马克思主义蓬勃发展，实现了马克思主义中国化时代化的历史性飞跃。习近平新时代中国特色社会主义思想是当代中国马克思主义、二十一世纪马克思主义，是中华文化和中国精神的时代精华，实现了马克思主义中国化新的飞跃。

正如习近平总书记所指出的那样，从《共产党宣言》发表到今天，170多年过去了，人类社会发生了翻天覆地的变化，但马克思主义所阐述的一般原理仍然是完全正确的。今天，马克思主义经典著作已成为马克思主义中国化时代化理论创新的最重要源泉，马克思主义基本原理已成为中国共产党人统一思想、推动工作、攻坚克难最重要的科学观点和方法原则。

摆在读者面前的《感悟经典伟力——马克思主义基本原理十二讲》一书，可以说是将经典著作重新带回到马克思主义基本原理的一个重要尝试。

第一，为从教材体系向教学体系进行合理转化，依托马克思主义理论研究和建设工程重点教材《马克思主义基本原理》(2023年版)，整合原有的知识框架形成专题研讨，以更接近新时代大学生所感所思所虑的当下问题为切口，用活泼生动的语言引发学生情感共鸣，唤起他们的理论兴趣。

第二，将马克思主义基本原理还原到其原初生发而来的经典著作之中，原生态呈现基本原理出现的生动鲜活的历史情境和经典作家有血有肉的生动形象，用原汁原味的经典论断再现经典作家发现问题、思考问题、解决问题的完整逻辑和思想厚度，在深度互动中实现基本原理与经典著作通过相互印证、增强理论的现实感和说服力。

第三，将习近平总书记的重要论述作为经典论断纳入研读范围，感悟习近平新时代中国特色社会主义思想与马克思主义经典论述一脉相承而又开拓创新的学理脉络，体会习近平新时代中国特色社会主义思想作为当代中国马克思主义、二十一世纪马克思主义的思想魅力，引领学生把握好习近平新时代中国特色社会主义思想的世界观和方法论，坚持好、运用好贯穿其中的立场观点方法，增强科学理论的现实感和感染力。引领新时代青年牢固树立中国特色社会主义政治认同、思想认同、理论认同、情感认同、价值认同，自觉投身民族复兴的伟大事业。

本书的作者吴建永同志在南开大学获哲学博士学位后，入职天津师范大学，并师从我进行马克思主义理论博士后研究。在我的印象中，建永是一个特别肯下功夫钻研学问的青年学者，在学习和研究过程中，从来都是扎扎实实、一丝不苟，使自己在学术上真正受到锤炼。我为他这部著作的出版由衷感到喜悦和欣慰，并希望他能够以此为新的开端，继续沿着学术之途奋进，在成就自己的同时，也为新时代马克思主义基本原理的发展贡献自己的力量。

杨仁忠
天津师范大学马克思主义学院教授、博士生导师
天津师范大学新时代马克思主义研究院执行院长
2023年12月于天津师范大学

目录

Contents

第二讲

听说“躺平”会使人快乐，你怎么看？

第三讲

鱼与熊掌是否能够兼得？

第四讲

知行合一真就那么难吗?

第五讲

年轻人,你对成功的定义是什么?

第七讲 *人民是谁？听说他们居然创造了历史*

第八讲 *商品背后的故事，你了解多少？*

第九讲

为什么要为资本设置“红绿灯”？

第十讲

资本主义到底还能撑多久？

第十一讲 社会主义到底“好”在哪?

第十二讲 共产主义是不是“永远都到不了的远方”?

第一讲

马克思主义之于我们究竟意味着什么？

提到马克思,恐怕没有人会不知道。尤其对于今天的中国人来说,他的名字不但亲切熟悉,而且神圣伟大。他标志性的大胡子也已经深深烙刻在中国人的脑海中。当被问及关于马克思你都了解什么时,大部分中国人可能会脱口而出两个字——“革命”。可当我们继续追问为什么要革命,革命的途径是什么、目的又是什么的时候,大多数人往往无言以对。

的确,他的名字如雷贯耳,但实际上我们却对他知之甚少。他与我们生活的世界联系十分紧密,可实际上我们又从心底觉得他非常陌生。我们向他的伟大致以崇高的敬意,却不愿意去花时间走近他、了解他,看一看他究竟写了什么、说过什么。渐渐地,他成了我们生活中“最熟悉的陌生人”。事实上,今天的我们,这个时代的中国人,对马克思不是知道得太多,而是了解得太少。

实际上,综观人类整个思想史,还真的没有哪一个名字,能像马克思那样,在不同时代、不同国家、不同民族都如雷贯耳。没有哪一种理论和学说,能像马克思主义那样,对人类的思想、文化、行动,以及整个社会发展产生了如此深远的影响,并且今后还将持续不断地影响着。

今天,我们走近马克思,首先就要拿起马克思的文本,在他的经典文字中与他相遇,开启一段崇高的心灵之旅。

一、马克思为什么是千年伟人?

从理想信念上看,马克思的一生,是胸怀崇高理想、为人类解放不懈奋斗的一生。从思想理论上看,马克思的一生,是不畏艰难险阻、为追求真理而勇攀思想高峰的一生。从现实斗争上看,马克思的一生,是为推翻旧世界、建立新世界而不息战斗的一生。习近平评价马克思既是“顶天立地的伟人”,也是“有血有肉的常人”。[①]那么,由一个“普通常人”成长为“千年伟

---

① 习近平:《在纪念马克思诞辰200周年大会上的讲话》,人民出版社,2018年,第5页。

人”，马克思究竟经历了什么样的心路历程，有着什么样的传奇人生呢？

（一）斗争是一种幸福

1818年5月5日，马克思诞生在德国西南边陲小城特里尔市（德语Trier）布吕肯街一栋灰白色的三层房子里，这幢房子既是他的家，也是他做律师的父亲的办公室。从这天起直至中学毕业，马克思一直生活在这里。坐落在摩泽尔河谷地的特里尔毗邻德卢边境，拥有两千多年的葡萄种植历史，虽然城市不大，但历史悠久、风光秀美。

历史上，这里曾是罗马帝国四帝共治制时期西部恺撒（副皇帝）君士坦提乌斯一世的驻节地，至今城里依然矗立着教堂、剧场、城门等不少当时留下来的建筑遗迹，成为重要的世界文化遗产，诉说着古罗马的沧桑与辉煌。到了近代，特里尔曾短暂被割让给法国，而后又回到普鲁士怀抱。在短暂地浸染过启蒙思想的开放包容后，在普鲁士分裂、战乱、统一的纷争中，逐渐陷入贫困。在故乡特里尔度过的17年青葱岁月，马克思将对历史学的兴趣深深烙进了他的基因和骨髓之中，并由此伴随了“千年伟人”一生的成长轨迹。

1835年，遵从其父亲的旨意，马克思去到波恩大学，一年后转学柏林大学，专业是法律。

> 我学的专业本来是法律，但我只是把它排在哲学和历史之次当做辅助学科来研究。①

大学时代，马克思广泛钻研哲学、历史学、法学等知识，探寻人类社会发展的奥秘。②

马克思认为法律与哲学是密不可分的，因为“这两门学科紧密地交织

①《马克思恩格斯选集》（第二卷），人民出版社，2012年，第1页。

② 习近平：《在纪念马克思诞辰200周年大会上的讲话》，人民出版社，2018年，第2页。

在一起”,他习惯通过法律学习进行哲学思考,并因此试图创立一种法的哲学。受到康德和费希特哲学的影响,马克思撰写了将近300印张的手稿,但后来却发现自己遇到了不得不停下来的严重障碍——“现实的东西和应有的东西之间的对立,这种对立是唯心主义所固有的;它又成了拙劣的、错误的划分的根源。”①

> 在作这种种事情的时候,我在第一学期熬过了许多不眠之夜,经历了许多斗争,体验了许多内心的和外在的激动。但是这一切都没有使我大大充实起来,不仅如此,我还忽视了自然、艺术、整个世界,跟朋友们也疏远了。这似乎连我的身体也有反映。一位医生劝我到乡下去,于是我第一次穿过全城到了城门前走向施特拉劳。我并没有想到,虚弱的我,在那里会变得十分健康和强壮。②

由于辗转于法律、历史和哲学之间的沉重脑力劳动,马克思患上了肺结核,不得不去到柏林附近的施特拉劳修养。在此期间,原本对黑格尔哲学并不感兴趣的他通读了黑格尔及其弟子的全部著作,最终竟然发现了一个令人振奋的、朝气蓬勃的新世界,以至于不得不把原本所“憎恶”的黑格尔哲学变成了“自己的偶像”。虽然马克思终其一生并未成为一个黑格尔主义者,但毫无疑问,黑格尔主义对马克思理论研究的影响是深刻且深远的,不管是批判、褒扬抑或超越。

> 将近30年以前,当黑格尔辩证法还很流行的时候,我就批判过黑格尔辩证法的神秘方面。但是,正当我写《资本论》第一卷时,今天在德国知识界发号施令的、愤懑的、自负的、平庸的模仿者们,却已高兴

---

①《马克思恩格斯全集》(第40卷),人民出版社,1982年,第10页。
②《马克思恩格斯全集》(第40卷),人民出版社,1982年,第14页。

地像莱辛时代大胆的莫泽斯·门德尔松对待斯宾诺莎那样对待黑格尔，即把他当作一条“死狗”了。因此，我公开承认我是这位大思想家的学生。①

1839年初，出于取得大学哲学教职的考虑，马克思开始着手撰写自己的博士论文。1841年4月，马克思以《德谟克利特的自然哲学和伊壁鸠鲁的自然哲学的差别》一文获得耶拿大学授予的博士学位。然而此时，反动的普鲁士当局极为不满黑格尔哲学中悄悄蕴含的革命火种，这也使得作为青年黑格尔派“博士俱乐部”重要成员的马克思无法顺利进入当局主导的公立大学。于是，机缘巧合之下，马克思到《莱茵报》编辑部，选择以一名记者的身份直接介入现实的物质生活。

1842年《莱茵报》时期，马克思在新闻出版自由、农民贫困、林木盗窃法等问题上犀利抨击普鲁士政府的专制统治，维护人民权利。

1843年移居巴黎后，通过与卢格合办《德法年鉴》，马克思积极参与工人运动，在革命实践和理论探索的结合中完成了从唯心主义到唯物主义、从革命民主主义到共产主义的转变。

1844年，马克思、恩格斯合著《神圣家族》批判鲍威尔哲学的同时阐述群众史观，马克思在《1844年经济学哲学手稿》中以异化劳动理论开始尝试转向政治经济学研究。

1845年，马克思撰写《关于费尔巴哈的提纲》开始阐述自己的世界观；马克思、恩格斯合作撰写了《德意志意识形态》，第一次比较系统地阐述了历史唯物主义基本原理。

1848年，马克思、恩格斯合作撰写了《共产党宣言》，一经问世就震撼了世界。

1848年，席卷欧洲的资产阶级民主革命爆发，马克思积极投入并指导

① 《马克思恩格斯选集》（第二卷），人民出版社，2012年，第94页。

这场革命斗争。革命失败后,马克思深刻总结革命教训,力求通过系统研究政治经济学,揭示资本主义的本质和规律。

19世纪四五十年代,在《路易波拿巴的雾月十八日》《1848至1850年的法兰西阶级斗争》中,马克思总结欧洲1848年革命经验,以唯物史观剖析法国阶级结构、经济状况和政治态度,阐明了无产阶级革命斗争的理论和策略。

1864年,在马克思的亲自指导下,国际工人协会(第一国际)应运而生,影响日益扩大。

1867年,问世的《资本论》是马克思主义最厚重、最丰富的著作,被誉为"工人阶级的圣经"。

1871年,马克思写作《法兰西内战》,全面总结巴黎公社的战斗历程和历史经验,阐发关于阶级斗争、国家、无产阶级革命和无产阶级专政学说。

1875年,马克思写作《哥达纲领批判》,系统批判拉萨尔派改良主义观点,阐述科学社会主义的基本原理。

晚年,马克思依然密切关注世界发展新趋势和工人运动新情况,在以《古代社会史笔记》为代表的一系列著作中努力从更宏大的视野思考人类社会发展问题。1883年3月14日,马克思怀着对资产阶级社会的蔑视和对人类解放的信心在伦敦与世长辞,恩格斯评价自己的这位终身挚友是一位思想家和科学家,但首先是一位革命家。

在人们沉默下来的时候,他向这位革命家和哲学家提出了一个问题"什么是存在?"斯温顿感觉到马克思"眼望着我们面前咆哮的大海和岸上喧闹的人群,一瞬间好像陷入了沉思"。最后,马克思严肃而郑重地回答道:"斗争!"①

---

①[意]马塞罗·穆斯托:《马克思的晚年岁月》,刘同舫、谢静译,人民出版社,2022年,第13页。

(二)爱情与资本

马克思终其一生并没有光鲜亮丽的职业。他和他的家人,饱尝颠沛流离之苦。1843年1月,离开祖国德国,流亡法国;1845年1月,被法国政府驱逐出境,到了比利时的布鲁塞尔;1848年3月初,被比利时当局驱逐出境,到了巴黎;德国三月革命爆发,短暂返回德国参加革命;革命失败后,马克思再次离开德国返回巴黎;1849年8月被法国政府驱逐,流亡到伦敦,长期定居直至生命的终点。

在1852年9月写给恩格斯的信中,马克思记录了自己一段时间以来的生活境况。

我的妻子病了,小燕妮病了,琳蘅患一种神经热。医生,我过去不能请,现在也不能请,因为我没有买药的钱。八至十天以来,家里吃的是面包和土豆,今天是否能够弄到这些,还成问题……给德纳的文章我没有写,因为我连读报用的便士也没有一个……最好和最理想的是能够发生这样的事:女房东把我从房子里赶走。那时,我至少可以免付一笔二十二英镑的款子……此外,还有面包铺老板、牛奶商、茶叶商、蔬菜商,还有欠肉铺老板的旧账。怎样才能还清所有这些鬼账呢?最后,在最近八至十天,我从某些庸人那里借了几先令和便士,这对我来说是最不痛快的事情;不过,为了不致饿死,这是必要的。①

马克思家的经济一直如此糟糕,根本算不上什么时候是危机。马克思挣钱、借钱、躲债,就这样带着一家人熬过一年又一年。②

马克思一生贫困交加,这样的境况是他的生活常态。当铺是他经常光

---

①《马克思恩格斯全集》(第28卷),人民出版社,1973年,第126~128页。

②[美]玛丽·加布里埃尔:《爱与资本:马克思家事》,朱艳辉译,湖南人民出版社,第271页。

顾的地方,大衣、裤子、燕妮的嫁妆统统在那里找到了归宿。他和燕妮一生中有过7个孩子,不幸的是只有3个存活下来,甚至孩子夭折后都没有钱来埋葬。直到1852年,马克思的经济状况才在一定程度上得到了改善,因为他谋到了《纽约每日论坛报》驻伦敦记者的差事,有了一份固定的收入。

生活的艰辛、枯燥乃至于沮丧,确实在一定程度上影响了马克思和燕妮的健康,但并没有压垮马克思和燕妮的志气,反而淬炼出他们坚韧的性格。马克思的父亲是特里尔的律师协会主席,祖父是特里尔城德高望重的拉比(犹太教负责一地区宗教事务的最高代表)。他的母亲出身比利时贵族家庭,岳父不仅拥有男爵身份,更是特里尔市的地方长官,妻弟则做到了普鲁士的内阁大臣。凭着自己的才华,借助家族的地位,过上丰裕富足的生活,这对马克思和燕妮而言显然毫不费力。但事实并非如此,马克思把时间和精力放在了更为重要的地方——为人类的解放而进行的斗争,而燕妮毫不犹豫全力支持丈夫的事业,甘于忍受清贫,一生对马克思不离不弃。1843年,在写给马克思主义的信中,燕妮是这样说的。

小野猪!我是多么幸福啊,因为你快乐,因为我的信鼓舞了你,因为你想念我,因为你住在裱着壁纸的房间,因为你在科伦喝了香槟酒,因为那里有黑格尔派俱乐部,因为你幻想过——总之,因为你是我的亲爱的,我的小野猪。①

你的形象矗立在我面前,是那样光辉,充满着胜利的力量,我的心渴望着时刻跟你在一起,每当想到要再见到你,我便欣喜若狂,这颗心担忧地到处追随着你。……但愿我能为你扫清和铺平道路,清楚你路上的一切障碍。②

①《马克思恩格斯全集》(第40卷),人民出版社,1982年,第900页。

②《马克思恩格斯全集》(第40卷),人民出版社,1982年,第904页。

马克思的偶像是古希腊神话中的普罗米修斯，为给人间带来温暖，不惜以身盗火，舍生取义。

> 如果一个人只为自己劳动，他也许能够成为著名学者、大哲人、卓越诗人，然而他永远不能成为完美无疵的伟大人物。
>
> ……
>
> 如果我们选择了最能为人类福利而劳动的职业，那么，重担就不能把我们压倒，因为这是为大家而献身；那时我们所感到的就不是可怜的、有限的、自私的乐趣，我们的幸福将属于千百万人，我们的事业将默默地、但是永恒发挥作用地存在下去，而面对我们的骨灰，高尚的人们将洒下热泪。[①]

不仅如此，马克思与燕妮的爱情真诚而热烈，在共同的价值追求中谱写了理想与爱情的命运交响曲。苦难的现实并没有磨灭他们的爱情，反而让他们爱之弥坚。自1843年在克罗茨纳赫结为夫妻直至生命的最后一刻，燕妮始终坚定支持马克思追求自己的政治理想，两个人始终不离不弃，既是生活中的伴侣，也是精神上的至交，更是事业上的战友。

> 诚然，世间有许多女人，而且有些非常美丽。但是哪里还能找到一副容颜，它的每一个线条，甚至每一处皱纹，能引起我的生命中的最强烈而美好的回忆？甚至我的无限的悲痛，我的无可挽回的损失，我都能从你的可爱的容颜中看出，而当我遍吻你那亲爱的面庞的时候，我也就能克制这种悲痛。[②]

---

①《马克思恩格斯全集》(第40卷)，人民出版社，1982年，第7页。

②《马克思恩格斯全集》(第29卷)，人民出版社，1972年，第516页。

1881年12月2日，与马克思共患难并具有共同政治情感的燕妮身患肝癌不幸辞世，临别之时，她对自己的爱人说的最后一个字是“好”(good)。燕妮的离开对马克思而言无疑是晚年生命中无可挽回的巨大损失。在燕妮去世当月，马克思在写给朋友的信中，这样描述了自己的境况。

最近这场病之后，我已是双重残废了：精神上是由于失去了我的妻子，生理上是由于病后胸膜硬结和支气管应激性增强。①

燕妮去世15个月后，马克思永远回到了他的妻子身边。

马克思去世后第二天，在给社会主义者阿道夫·左尔格唁电的复信中，恩格斯写道：

无产阶级运动在沿着自己的道路继续前进，但是，法国人、俄国人、美国人、德国人在紧要关头都自然地去请教的中心点没有了，他们过去每次都从这里得到只有天才和造诣极深的人才能作出的明确而无可反驳的忠告。②

(三)人生得一知己足矣

恩格斯是马克思的亲密战友，他们共同创立了科学社会主义理论。

1820年，恩格斯生于德国莱茵省的巴门市。父亲是一名纺织厂厂主，名下经营着家族企业。1837年，迫于父命，恩格斯辍学经商并刻苦自学。

恩格斯出生的家庭在社会上极有地位。也许这种家族还从来不

①《马克思恩格斯全集》(第35卷)，人民出版社，1971年，第239页。
②《马克思恩格斯全集》(第35卷)，人民出版社，1971年，第460页。

曾有过像他那样在生活道路上完全和家世背道而驰的子弟。[①]

1841年，恩格斯作为志愿兵在柏林服役，同时利用空余时间在柏林大学旁听哲学课程并参加青年黑格尔派的活动。

我放弃了资产阶级的社交活动和宴会、波尔图酒和香槟酒，把自己的空闲时间几乎全部用来和普通工人交往；这样做，我感到既高兴又骄傲。感到高兴，是因为这样一来我在了解你们的实际生活时度过了许多愉快时光，否则这些时间也只是在上流社会的闲谈和令人厌烦的礼节中浪费掉；感到骄傲，是因为这样一来我就有机会对这个受压迫遭诽谤的阶级给以公正的评价。[②]

1844年，恩格斯通过实地考察英国工业社会情况写作《英国工人阶级状况》，揭露资产阶级剥削无产阶级现实，论证资本主义制度必然灭亡的历史命运。列宁评价该书是“世界社会主义文献中的优秀著作之一”。

1844年，恩格斯在从曼彻斯特返回德国的途中路过巴黎时认识了马克思，在此之前他已经和马克思通过信。这一年，他与马克思合写《神圣家族》，同年11月到翌年5月又合写《德意志意识形态》。

1847年，恩格斯写作《共产主义原理》，阐明共产主义理论的本质，为与马克思合著《共产党宣言》做好了理论准备。

1849年5月，在爱北斐特参加武装起义，亲临前线参加战斗。

1873年至1882年，恩格斯写作《自然辩证法》，系统论述唯物辩证法的基本规律和范畴，阐述马克思主义的科学观、自然观，实现了马克思主义自然观和历史观的统一。

---

① 中共中央党史和文献研究院:《恩格斯画传》，重庆出版社，2020年，第13页。

②《马克思恩格斯选集》(第三卷)，人民出版社，2012年，第81页。

1876年开始,恩格斯写作《反杜林论》,第一次从哲学、经济学和科学社会主义系统阐述了马克思主义的基本理论,是"每个觉悟工人必读的书籍"。

1881年,马克思逝世后,恩格斯承担整理和出版《资本论》遗稿(第二、三卷)的工作,还肩负领导国际工人运动的重担。

1884年,恩格斯撰写《家庭、私有制和国家的起源》,进一步完善了唯物史观,对于排除国际共产主义运动中存在的各种错误观念产生了极大影响。

1886年,恩格斯撰写《路德维希·费尔巴哈和德国古典哲学的终结》,全面分析评价德国古典哲学,论述马克思主义哲学产生的自然科学基础及其在哲学领域的变革意义。

1889年,恩格斯直接领导各国社会主义者在巴黎成立第二国际。

1895年8月5日,恩格斯在伦敦逝世。

马克思一生在研究资本,但自己的生活中最缺乏的就是资本。他一生不善于理财,对金钱看得很淡,也从来没有什么财富的概念,这导致他和燕妮的生活经常性陷入困顿之中。为了支持马克思的科学研究,同时为了给和革命事业提供经费,恩格斯不得不经常性中断自己的研究工作从事商业活动。比如,从1850年11月重返曼彻斯特欧门-恩格斯公司,一直到1869年彻底退出公司,在这近20年时间里,恩格斯无私地给予了马克思一家大量的经济资助,对马克思从事研究工作起到了至关重要的作用。恩格斯甚至还曾立下一份遗嘱,说如果自己先去世,马克思将是他全部财产的唯一继承人。

> 半辈子依靠别人,一想起这一点,简直使人感到绝望。这时唯一能使我挺起身来的,就是我意识到我们两人从事着一个合伙的事业,而我则把自己的时间用于这个事业的理论方面和党的方面。①

---

①《马克思恩格斯全集》(第31卷),人民出版社,1972年,第135页。

如果不是恩格斯牺牲自己而不断给予资助，马克思不但无法写成《资本论》，而且势必会死于贫困。[①]

在马克思去世后，恩格斯立刻放下自己手头的研究工作，甘当“第二小提琴手”，将大量精力投入整理和出版马克思手稿和遗作的工作中。在他看来，决不能辜负自己的老友，决不能让这些人类闪光的思想孤单地放在那里任由岁月掩埋，必须将它们公布于世，为人类解放的伟大事业提供科学正确的思想指引。

首先要出版《资本论》第二卷，这不是一件小事。第二册的手稿有四稿或五稿，其中只有第一稿是写完了的，而后几稿都只是开了个头。这需要花费不少的劳动，因为象马克思这样的人，他的每一个字都贵似金玉。但是，我喜欢这种劳动，因为我又和我的老朋友在一起了。[②]

自从我们失去了马克思之后，我必须代替他。我一生所做的是我注定要做的事，就是拉第二小提琴，而且我想我做得还不错。我很高兴我有像马克思这样出色的第一小提琴手。当现在突然要我在理论问题上代替马克思的地位去拉第一小提琴时，就不免要出漏洞，这一点没有人比我自己更强烈地感觉到。而且只有在时局变得更动荡一些的时候，我们才会真正感受到失去马克思是失去了什么。我们之中没有一个人像马克思那样高瞻远瞩，在应当迅速行动的时刻，他总是作出正确的决定，并立即切中要害。[③]

---

①《列宁专题文集 论马克思主义》，人民出版社，2009年，第5~6页。
②《马克思恩格斯全集》（第36卷），人民出版社，1975年，第28页。
③《马克思恩格斯文集》（第十卷），人民出版社，2009年，第525页。

古老传说中有各种非常动人的友谊故事,但马克思和恩格斯的关系超过了古人关于人类友谊的一切最动人的传说。1886年,在写给朋友的一封信中,谈到为什么他们共同创造的理论要以马克思的名字命名时,恩格斯是这样解释的。

> 我和马克思共同工作40年,在这以前和这个期间,我在一定程度上独立地参加了这一理论的创立,特别是对这一理论的阐发。但是,绝大部分基本指导思想(特别是在经济和历史领域内),尤其是对这些指导思想的最后的明确的表述,都是属于马克思的。我所提供的,马克思没有我也能够做到,至多有几个专门的领域除外。至于马克思所做到的,我却做不到。马克思比我们大家都站得高些,看得远些,观察得多些和快些。马克思是天才,我们至多是能手。没有马克思,我们的理论远不会是现在这个样子。所以,这个理论用他的名字命名是理所当然的。[①]

1895年8月10日,在伦敦威斯敏斯特桥的滑铁卢车站大厅里,恩格斯的亲朋好友为他举行了简朴的葬礼,随后骨灰被撒入大海。一个月后,25岁的俄国社会民主党人列宁在悼念恩格斯的文章中引用了俄国诗人涅克拉索夫的热情洋溢的诗句作为开头:“一盏多么明亮的智慧之灯熄灭了,一颗多么伟大的心停止跳动了!”[②]随后列宁写下了这段文字。

> 在他的朋友卡尔·马克思(1883年逝世)之后,恩格斯是整个文明世界中最卓越的学者和现代无产阶级的导师……马克思和恩格斯对工人阶级的功绩,可以这样简单地来表达:他们教会了工人阶级自我

---

①《马克思恩格斯选集》(第四卷),人民出版社,2012年,第248页。

②《列宁专题文集 论马克思主义》,人民出版社,2009年,第51页。

认识和自我意识，用科学代替了幻想。正因为如此，恩格斯的名字和生平是每个工人都应该知道的……[①]

二、马克思主义为什么是科学真理？

1913年，为纪念马克思去世30周年，列宁在《马克思主义的三个来源和三个组成部分》中写道："马克思学说具有无限力量，就是因为它正确。"[②]马克思主义为什么正确？为什么是科学真理？这需要我们进一步做出回答。

（一）马克思主义的科学内涵

马克思主义是由马克思和恩格斯创立并为后继者所不断发展的科学理论体系，是关于自然、社会和人类思维发展一般规律的学说，是关于社会主义必然代替资本主义、最终实现共产主义的学说，是关于无产阶级解放、全人类解放和每个人自由而全面发展的学说，是无产阶级政党和社会主义国家的指导思想，是指引人民创造美好生活的行动指南。[③]

理解和把握马克思主义的科学内涵，需要我们从以下几个方面入手。

其一，马克思主义的创始人是马克思和恩格斯，但马克思主义并不单单指代马克思和恩格斯两个人的理论和观点，而是包括马克思、恩格斯及其后继者在内的，运用马克思主义所开辟的基本立场、观点和方法与时俱进推进人类解放事业所产生的所有理论成果。比如，列宁将马克思主义基本原理与俄国具体实际相结合，通过领导布尔什维克革命，建立起世界上

① 《列宁专题文集 论马克思主义》，人民出版社，2009年，第51~53页。

② 《列宁专题文集 论马克思主义》，人民出版社，2009年，第67页。

③ 本书编写组：《马克思主义基本原理》（2023年版），高等教育出版社，2023年，第2页。

第一个社会主义国家——苏联，并在此基础上将马克思主义推进到20世纪，形成了列宁主义。再比如，中国共产党人将马克思主义与中国具体实际和中华优秀传统文化相结合，形成了中国化的马克思主义，在推进中国革命、建设、改革的不懈奋斗中，先后形成了毛泽东思想和中国特色社会主义理论体系，这些都是中国化马克思主义的重要理论成果。习近平新时代中国特色社会主义思想是马克思主义中国化的最新理论成果，是当代中国马克思主义、二十一世纪马克思主义，是中华文化和中国精神的时代精华，实现了马克思主义中国化新的飞跃，为马克思主义的发展作出了时代性、原创性的贡献。可见，马克思主义是随着时代、历史和实践的发展而不断与时俱进的开放的理论体系，这也解释了为什么马克思主义在穿越两个世纪之后依然对世界、对中国、对我们发挥着至关重要的指导意义。

其二，马克思主义的研究对象是包括自然、社会和人类思维在内的整个世界的一般规律。因此，马克思主义是一个博大精深的理论体系，哲学、政治经济学和科学社会主义是马克思主义的三个基本组成部分，但是马克思主义实际上在政治学、文化学、新闻学、社会学、女性学、生态学、军事学、教育学、科学观等诸多领域都具有普遍性的指导意义。

> 马克思主义经典作家眼界广阔、知识丰富，马克思主义理论体系和知识体系博大精深，涉及自然界、人类社会、人类思维各个领域，涉及历史、经济、政治、文化、社会、生态、科技、军事、党建等各个方面，不下大气力、不下苦功夫是难以掌握真谛、融会贯通的。[①]

其三，人类社会从哪里来、往哪里去？社会发展的根本动力是什么？谁是历史的创造者？这一系列重大问题，既是“终极之问”，更是“历史之谜”，在人类思想史上曾经长期困扰着人们，却得不到正确的解答。马克

① 习近平：《在哲学社会科学工作座谈会上的讲话》，人民出版社，2016年，第11页。

思、恩格斯创立的历史唯物主义，以无可辩驳的科学性证明人类社会发展是一个自然历史过程，破天荒地指出，历史的发源地不是在“天上的云雾中”，而是在“尘世的粗糙的物质生产中”，从而把历史观真正变成了科学。这就为人们正确认识和把握社会发展规律和趋势，推动人类文明进步和社会发展，提供了科学指导、指明了前进方向。

其四，唯物史观和和剩余价值理论是马克思一生最伟大的两个发现。马克思主义运用唯物史观解剖资本主义社会，科学地发现了资本主义剥削的秘密，找到了推翻资本主义社会的力量和道路，指明了资本主义必将为社会主义和共产主义所代替的历史必然性。

> 马克思和恩格斯的具有世界历史意义的伟大功绩，在于他们用科学的分析证明了，资本主义必然崩溃，资本主义必然过渡到不再有人剥削人现象的共产主义。
>
> 马克思和恩格斯的具有世界历史意义的伟大功绩，在于他们向各国无产者指出了无产者的作用、任务和使命就是率先起来同资本进行革命斗争，并在这场斗争中把一切被剥削的劳动者团结在自己的周围。[①]

其五，马克思主义是为人民求解放的理论，实现没有剥削、没有压迫，每个人自由全面发展的共产主义社会是马克思主义最崇高的社会理想。

> 马克思主义博大精深，归根到底就是一句话，为人类求解放。[②]

---

①《列宁专题文集 论马克思主义》，人民出版社，2009年，第81~82页。

② 习近平：《在纪念马克思诞辰200周年大会上的讲话》，人民出版社，2018年，第8页。

其六,无产阶级政党和社会主义国家必须坚持以马克思主义为根本指导思想,确定和坚持马克思主义为意识形态领域指导地位的根本制度,决不能是别的什么主义,这一点绝对毋庸置疑,也绝对不可动摇。无产阶级政党和社会主义国家必须在各个方面始终坚持以人民为中心,为人民而奋斗,不断领导人民创造美好生活。

> 马克思主义是我们立党立国的根本指导思想,是我们党的灵魂和旗帜。中国共产党坚持马克思主义基本原理,坚持实事求是,从中国实际出发,洞察时代大势,把握历史主动,进行艰辛探索,不断推进马克思主义中国化时代化,指导中国人民不断推进伟大社会革命。中国共产党为什么能,中国特色社会主义为什么好,归根到底是因为马克思主义行!①

(二)马克思主义的创立和发展

> 共产党人的理论原理,决不是以这个或那个世界改革家所发明或发现的思想、原则为根据的。这些原理不过是现存的阶级斗争、我们眼前的历史运动的真实关系的一般表述。②
>
> 没有革命的理论,就不可能有被压迫阶级的即历史上最革命的阶级的世界上最伟大的解放运动。革命理论是不能臆造出来的,它是从世界各国的革命经验和革命思想的总和中生长出来的。这种理论在19世纪后半期形成。它叫做马克思主义。③

---

①《习近平谈治国理政》(第四卷),外文出版社,2022年,第9~10页。

②《马克思恩格斯文集》(第二卷),人民出版社,2009年,第44~45页。

③《列宁专题文集 论马克思主义》,人民出版社,2009年,第298页。

问题是时代的声音。任何伟大的理论都是为解决时代和历史的问题而创立的,也正是由于解决了这些问题,才成就了其卓越的历史地位。马克思主义同样不能例外。它的产生纵然离不开马克思、恩格斯卓越的智慧和才能,但从根本上讲,是时代的挑战和历史的担当造就了伟大的马克思主义。

1.马克思主义的创立条件

首先,资本主义经济的发展为马克思主义的产生提供了经济、社会历史条件。

19世纪,西欧资本主义发展突飞猛进。率先完成工业革命的英国在主要行业都已经确立起以机器生产为主导的工厂大工业。在法国,伴随着工商业的发展,铁路、运河、城市不断兴起。虽然德国尚未统一,但资本主义工业显然扩大了许多,采煤、冶金、纺织等行业得到迅速发展。工业革命和科技进步极大地提高了劳动生产率,促进了生产力的发展。这一切都进一步巩固了资产阶级的先进地位。

> 资产阶级在它的不到一百年的阶级统治中所创造的生产力,比过去一切世代创造的全部生产力还要多,还要大。自然力的征服,机器的采用,化学在工业和农业中的应用,轮船的行驶,铁路的通行,电报的使用,整个整个大陆的开垦,河川的通航,仿佛用法术从地下呼唤出来的大量人口——过去哪一个世纪料想到在社会劳动里蕴藏有这样的生产力呢?[①]

工业革命不仅是一场生产力的革命,也是一场生产关系的革命。伴随以资本主义大工业为代表的生产力水平的突飞猛进,贫富分化日益加剧。社会财富越来越集中在少数有产者手中,无产阶级的贫困状况日益严重,

---

①《马克思恩格斯选集》(第一卷),人民出版社,2012年,第405页。

处在随时滑入赤贫深渊的边缘。

> “有一个压延厂,名义上的工作日是从早晨6点到晚上5点半。有一个儿童,每星期有4个夜晚,至少要干到第二天晚上8点半……这样一直继续了6个月。”“另一个儿童,9岁时,有时一连做3班,每班12小时;10岁时,有时一连干两天两夜。”“第三个儿童,今年10岁,每星期有三天都是从早晨6点一直干到夜间12点,其余几天干到晚上9点。”“第四个儿童,今年13岁,整个星期都是从下午6点干到第二天中午12点,有时接连做3班……”“第五个儿童,今年12岁,在斯泰夫利铸铁厂做工,他一连14天都是从早晨6点干到夜间12点,他已经不能再这样干下去了。”①
>
> 在一个1500立方英尺的地下室里住着10个人…… 在文森特街、格林–艾尔广场和利斯,有223栋房子住着1450人,可是只有435个床铺和36个厕所…… 我所指的床铺是连一卷肮脏的破布或一小堆刨花也都算在内的,每个床铺平均睡3.3人,有些甚至睡5—6个人。很多人没有床,穿着衣服睡在光秃秃的地上,青年男女,已婚的和未婚的,都混睡在一起。这些房子大都是些阴暗、潮湿、污秽、发臭的洞穴,根本不适合人住,这还用得着说吗? 这里是引起疾病和死亡的中心。②

不仅如此,伴随资本主义发展而来的还有其与生俱来的周期性的经济危机。每一次危机不仅使生产力遭到剧烈破坏,也对本已贫困不堪的无产阶级带来致命威胁。因此,如何看待资本主义这一历史的“怪胎”? 如何看待商品作为资本主义社会细胞本身所表现出来的“简单平凡”和“微妙怪

---

① 马克思:《资本论(纪念版)》(第一卷),人民出版社,2018年,第299页。
② 马克思:《资本论(纪念版)》(第一卷),人民出版社,2018年,第764页。

诞”的矛盾？这就迫切需要有人给出科学的理论解释。

> 共产主义的产生是由于大工业以及由大工业带来的后果，是由于世界市场的形成，是由于随之而来的不可遏止的竞争，是由于目前已经完全成为世界市场危机的那种日趋严重和日益普遍的商业危机，是由于无产阶级的形成和资本的积聚，是由于由此产生的无产阶级和资产阶级之间的阶级斗争。共产主义作为理论，是无产阶级立场在这种斗争中的理论表现，是无产阶级解放的条件的理论概括。①

其次，无产阶级在反抗资产阶级剥削和压迫的斗争为马克思主义产生提供了阶级基础。

资本主义的残酷压榨不能不引起工人的激烈反抗。19世纪三四十年代，欧洲爆发了三大工人运动，分别是法国里昂工人起义、英国宪章运动和德国西里西亚纺织工人起义。这说明，无产阶级作为自在自为的阶级开始形成自觉的阶级意识，并且作为独立的政治力量开始登上历史的舞台。

> 17世纪30年代，一个荷兰人在伦敦附近开办的一家风力锯木场毁于平民的暴行。18世纪初在英国，水力锯木机好不容易才战胜了议会支持的民众反抗。1758年，埃弗里特制成了第一台水力剪毛机，但是它被10万名失业者焚毁了。5万名一向以梳毛为生的工人向议会请愿，反对阿克莱的梳毛机和梳棉机。②

无产阶级虽然已经觉醒，但由于没有科学的理论指导，并不能揭露资本主义剥削的秘密，也无法找到正确的革命道路，无法有效团结自己的朋

---

①《马克思恩格斯文集》（第一卷），人民出版社，2009年，第672页。

② 马克思：《资本论（纪念版）》（第一卷），人民出版社，2018年，第492~493页。

友以反对自己的敌人。时代和历史迫切需要有人站出来用科学真理武装斗争起来的群众。

最后,19世纪西欧三大先进理论思潮为马克思主义的创立提供了直接的理论来源。德国古典哲学、英国古典政治经济学和英法空想社会主义为马克思主义诞生提供了直接的理论来源。

> 不仅如此,哲学史和社会科学史都十分清楚地表明:马克思主义同“宗派主义”毫无相似之处,它绝不是离开世界文明发展大道而产生的一种故步自封、僵化不变的学说。恰恰相反,马克思的全部天才正是在于他回答了人类先进思想已经提出的种种问题。他的学说的产生正是哲学、政治经济学和社会主义极伟大的代表人物的学说的直接继续。
>
> 马克思学说具有无限力量,就是因为它正确。它完备而严密,它给人们提供了决不同任何迷信、任何反动势力、任何为资产阶级压迫所作的辩护相妥协的完整的世界观。马克思学说是人类在19世纪所创造的优秀成果——德国的哲学、英国的政治经济学和法国的社会主义的当然继承者。[①]

(1)德国古典哲学

马克思、恩格斯是生活在19世纪的德国人,自然对以康德、费希特、谢林、黑格尔、费尔巴哈等为代表的德国古典哲学是十分熟悉的,并且多次公开表示自己从中受益匪浅。

青年时期的马克思、恩格斯深受黑格尔哲学的影响,他们不但热情洋溢参加“青年黑格尔派”运动,甚至在书信中一度宣传自己几乎将要成为黑格尔主义者了。

①《列宁专题文集 论马克思主义》,人民出版社,2009年,第66~67页。

——我正处于要成为黑格尔主义者的时刻。我能否成为黑格尔主义者,当然还不知道,但施特劳斯帮助我了解了黑格尔的思想,因而这对我来说是完全可信的。何况他的(黑格尔的)历史哲学本来就写出了我的心里话。①

将近30年以前,当黑格尔辩证法还很流行的时候,我就批判过黑格尔辩证法的神秘方面。但是,正当我写《资本论》第一卷时,今天在德国知识界发号施令的、愤懑的、自负的、平庸的模仿者们,却已高兴地像莱辛时代大胆的莫泽斯·门德尔松对待斯宾诺莎那样对待黑格尔,即把他当做一条"死狗"了。因此,我公开承认我是这位大思想家的学生。②

黑格尔哲学对马克思、恩格斯影响最为巨大的地方就是他深邃的辩证法思想。作为德国古典哲学中的辩证法大师,黑格尔在近代第一次把整个自然、历史和精神的世界描写为一个不断运动、变化和发展的过程。他提出矛盾是事物运动的源泉、运动从量变向质变转化。他把发展的过程看作"否定之否定"的正反合运动过程。总之,黑格尔"第一个全面地有意识地叙述了辩证法的一般运动形式"。

辩证法在黑格尔手中神秘化了,但这决没有妨碍他第一个全面地有意识地叙述了辩证法的一般运动形式。在他那里,辩证法是倒立着的。必须把它倒过来,以便发现神秘外壳中的合理内核。

……

辩证法在对现存事物的肯定的理解中同时包含对现存事物的否

①《马克思恩格斯全集》(第47卷),人民出版社,2004年,第224页。
②《马克思恩格斯选集》(第二卷),人民出版社,2012年,第94页。

定的理解,即对现存事物的必然灭亡的理解;辩证法对每一种既成的形式都是从不断的运动中,因而也是从它的暂时性方面去理解;辩证法不崇拜任何东西,按其本质来说,它是批判的和革命的。[①]

然而正如马克思所说,辩证法在黑格尔手中神秘化了。为了服务于其围绕"绝对精神"为中心的唯心主义哲学体系,黑格尔并不是从现实中的辩证法推出概念上的辩证法,而是认为主观思维的辩证法决定了客观世界的辩证法,自然和社会不过是思维概念外化的不真实的表现罢了。于是,黑格尔最终将伟大的辩证法精神窒息在唯心主义的神秘外壳之中。

我的辩证方法,从根本上来说,不仅和黑格尔的辩证方法不同,而且和它截然相反。在黑格尔看来,思维过程,即甚至被他在观念这一名称下转化为独立主体的思维过程,是现实事物的创造主,而现实事物只是思维过程的外部表现。我的看法则相反,观念的东西不外是移入人的头脑并在人的头脑中改造过的物质的东西而已。[②]

马克思、恩格斯从客观存在的现实世界出发对黑格尔的辩证法进行了彻底"颠倒",为其找到了唯物主义的坚实根基,实现了唯物论与辩证法的有机统一。

同样,我也感到我们还要还一笔信誉债,就是要完全承认,在我们的狂飚突进时期,费尔巴哈给我们的影响比黑格尔以后任何其他哲学家都大。[③]

---

①《马克思恩格斯选集》(第二卷),人民出版社,2012年,第94页。

②《马克思恩格斯选集》(第二卷),人民出版社,2012年,第93页。

③《马克思恩格斯文集》(第四卷),人民出版社,2009年,第266页。

除了批判继承黑格尔的辩证法，马克思、恩格斯还从现实的人的实践活动出发，对费尔巴哈的唯物论进行了批判和改造，创立了现代辩证唯物主义，亦即实践的唯物主义。

从前的一切唯物主义——包括费尔巴哈的唯物主义——的主要缺点是：对对象、现实、感性，只是从客体的或者直观的形式去理解，而不是把它们当做人的感性活动，当做实践去理解，不是从主体方面去理解。①

诚然，费尔巴哈与"纯粹的"唯物主义者相比有很大的优点：他承认人也是"感性对象"。但是，他把人只看做是"感性对象"，而不是"感性活动"，因为他在这里也仍然停留在理论领域，没有从人们现有的社会联系，从那些使人们成为现在这种样子的周围生活条件来观察人们——这一点且不说，他还从来没有看到现实存在着的、活动的人，而是停留于抽象的"人"……②

费尔巴哈的唯物主义从人与宗教的关系出发，认为宗教不过是人的本质异化的产物，将上帝从天国拉回到人间。然而费尔巴哈所理解的人只是人的动物式的自然属性和抽象性的"一般的人"。这样的人只是单纯受动性的人，并不能创造任何新的东西，而且离开了社会关系讲人和人的本质，这本身就与人的存在是不相符的。马克思主义哲学的立足点是"现实的人"。所谓现实的人，即是指具体的、由社会关系所决定的、具有能动性的、处于实践活动中的人。

---

①《马克思恩格斯文集》(第一卷)，人民出版社，2009年，第503页。

②《马克思恩格斯文集》(第一卷)，人民出版社，2009年，第530页。

> 首先应当避免重新把“社会”当作抽象的东西同个体对立起来。个体是社会存在物。[①]
>
> 旧唯物主义的立脚点是“市民”社会;新唯物主义的立脚点则是人类社会或社会化的人类。[②]

社会是以一定的物质生产活动为基础的相互联系的人们的总和。人和社会相统一的基础是实践。人类社会的生产力、生产关系、政治制度、社会意识都不仅是人类活动的条件,而且是人类活动的产物。

由此,马克思主义不仅将人与自然的关系由主客观关系转化为建立在实践活动基础上的主客体关系,彻底消解了横亘在人与自然之间不可逾越的抽象对立,而且将唯物主义的基本原则贯彻进社会历史领域,找到了从人的实践出发揭开历史之谜的崭新的科学路径。

(2)英国古典政治经济学

以亚当·斯密和大卫·李嘉图为代表的英国古典政治经济学是资本主义上升时期,代表新兴资产阶级利益的理论体系。英国古典政治经济学将研究由流通过程延伸到资本主义的生产过程,提出了劳动价值论,把工资归结为工人维持自身及其后代所必需的生活资料的价值,论证了资本主义自由竞争制度相对于封建专制制度的合理性,在一定程度上揭示了资本主义经济的内部联系。黑格尔就曾经直接表示自己对政治经济学充满了极大的兴趣。

> 这门科学使思想感到荣幸,因为它替一大堆的偶然性找出了规律。在这里,一切的联系怎样地起着反作用,各特殊领域怎样地分类并影响别的领域,以及别的领域又怎样促进或阻挠它,这些都是有趣

---

①《马克思恩格斯全集》(第3卷),人民出版社,2002年,第302页。

②《马克思恩格斯选集》(第一卷),人民出版社,2012年,第140页。

的奇观。[①]

拿英国来说。英国古典政治经济学是属于阶级斗争不发展的时期的。它的最后的伟大的代表李嘉图,终于有意识地把阶级利益的对立、工资和利润的对立、利润和地租的对立当做他的研究的出发点,因为他天真地把这种对立看做社会的自然规律。这样,资产阶级的经济科学也就达到了它的不可逾越的界限。[②]

然而英国古典政治经济学不肯正视资本主义生产力与生产关系的矛盾,将资本对劳动的剥削视为永恒的自然关系,暴露出极大的阶级局限性和历史局限性。

马克思批判地继承了古典政治经济学的科学成分,克服了由于阶级局限和历史局限所造成的理论缺陷,全面深刻揭示了资本主义经济的内在矛盾和发展趋势,创立了劳动二重性理论、剩余价值理论,全面分析了资本主义生产、分配和交换的内在规律,揭示出资本主义灭亡和社会主义胜利的必然性,完成了政治经济学发展史上的伟大革命。

(3)英法空想社会主义

空想社会主义思想伴随资本主义制度同步产生。空想社会主义的开山之作是1516年英国人托马斯·莫尔所著《乌托邦》一书。空想社会主义在批判资本主义制度的同时对未来社会进行了美好的展望。早在特里尔读书时,马克思就与威斯特华伦男爵(燕妮的父亲)多次就浪漫主义文学和空想社会主义作品进行交流探讨。在空想社会主义发展的三个时期中,圣西门、傅利叶、欧文三大空想家最值得重视。他们在批判资本主义的过程中,形成了比较丰富的经济思想、详细描述了未来理想中的和谐社会,甚至直接进行了小规模的社会实验。这些都成为科学社会主义

①[德]黑格尔:《法哲学原理》,商务印书馆,1961年,第205页。
②《马克思恩格斯文集》(第五卷),人民出版社,2009年,第16页。

的直接思想来源。

德国的理论上的社会主义永远不会忘记,它是站在圣西门、傅立叶和欧文这三个人的肩上的。虽然这三个人的学说含有十分虚幻和空想的性质,但他们终究是属于一切时代最伟大的智士之列的,他们天才地预示了我们现在已经科学地证明了其正确性的无数真理。[①]

但是空想社会主义没有能够指出真正的出路。它既不会阐明资本主义制度下雇佣奴隶制的本质,又不会发现资本主义发展的规律,也不会找到能够成为新社会的创造者的社会力量。[②]

然而空想社会主义由于不能科学地指出资本主义剥削的秘密,没有找到通往未来社会的途径和依靠的力量,这决定了其对资本主义的批判只能流于道德评价,对未来社会的憧憬只能是海市蜃楼。马克思主义发现了唯物史观和剩余价值学说,从而将对资本主义的批判和对未来社会的追求建立在科学真理的基础上,引领社会主义思想从空想走向科学。

2.马克思主义的发展

马克思主义在它的创始人那里以成熟的理论形态问世后,马克思、恩格斯特别注意用实践和科学的发展对自己的理论进行检验、修正和充实,反复告诫后来者千万不要把他们的理论当作终极不变的真理教条对待,而要随着时代和实践的发展"随时随地以当时的历史条件为转移"。

(1)恩格斯及其学生

在马克思去世后,恩格斯将自己的整个余生都用来处理自己的伟大朋友的遗作,特别是在整理大量马克思手稿、出版《资本论》后两卷的基础上,恩格斯在《反杜林论》《路德维希·费尔巴哈和德国古典哲学的终结》《家庭、

①《马克思恩格斯文集》(第二卷),人民出版社,2009年,第218页。
②《列宁专题文集 论马克思主义》,人民出版社,2009年,第71页。

私有制和国家的起源》《自然辩证法》等著作和大量书信中来向世人展示马克思的思想，并对马克思主义进行系统化和完善化。

在恩格斯去世后，他们的学生承担起了宣传和阐释马克思主义的历史重任。狄慈根就哲学基本问题、哲学的党性原则进行了阐释；梅林重点阐述了历史唯物主义对哲学社会功能的规定，并通过撰写《马克思传》向世人展示他所理解的马克思主义的精髓；考茨基在批判资本主义的过程中展现了哲学的本质；拉布里奥拉对社会有机体和社会意识独立性的阐释中强调马克思主义对待哲学基本问题的全面性和系统性；普列汉诺夫试图在各个方面对马克思主义进行系统化和条理化解读，并首次用“辩证唯物主义”和“历史唯物主义”来称谓马克思主义哲学。

（2）列宁主义

作为“20世纪的马克思主义”，列宁主义是马克思主义发展史上的一个新的里程碑。与马克思、恩格斯不同，列宁的身份首先是一个政治家和社会活动家，他的所思所为永远离不开俄国当下的现实，这种深刻的现实关怀使他成为活学活用马克思主义的典型，亦即一方面用马克思主义基本原理来指导俄国革命和建设的实践，另一方面用俄国具体实际来充实和完善马克思主义。

列宁对马克思主义理论的发展和完善是全面的和系统的。在长期的理论斗争和革命实践中，列宁扩展了恩格斯的哲学基本问题，提出了哲学的党性原则，丰富了辩证唯物主义思想，提出划分两条认识路线的标准；列宁重视革命的策略问题，提出构建社会主义意识形态的“灌输”理论，极大地推进了马克思主义建党学说；列宁首次提出一国胜利论，创建了帝国主义论和新经济政策，在马克思主义指导下探索出经济文化落后国家建设社会主义的现实道路，等等。

更重要的还在于，列宁及其领导下的布尔什维克党不失时机领导俄国工人阶级和革命人民夺取了俄国十月革命的伟大胜利，使马克思、恩格斯理想中的社会主义变成现实，把马克思主义推到列宁主义极端，从而开创了世界历史的新纪元。

(3)西方马克思主义

1923年,匈牙利人卢卡奇在其代表作《历史与阶级意识》中首开"西方马克思主义"之先河,开辟出一条既不同于"第二国际"又不同于"列宁主义"的"发展马克思主义"的路线。以资本主义国家中的马克思主义者或左翼学者为代表,通过柯尔施《马克思主义和哲学》和葛兰西"实践哲学",西方马克思主义在20世纪五六十年代发展成一种广泛的社会思潮。他们强调马克思主义作为科学的"批判方法",运用各种西方社会思想对马克思主义进行"比较""嫁接"或"补充",发展出"黑格尔主义的马克思主义""分析主义的马克思主义""实证主义的马克思主义""结构主义的马克思主义""女性学马克思主义"等诸多流派,特别是以社会批判理论著称的"法兰克福学派",其结合当代资本主义现实对资本主义社会进行了多维度的研究与批判。

西方马克思主义拓展和丰富了马克思主义的研究视域,对于我们从马克思主义视角正确认识当代资本主义的新变化提供了重要的理论参考。对此,我们既要积极学习借鉴西方马克思主义研究有益成果来推进当代中国马克思主义发展,又要时刻坚定马克思主义的科学立场,努力学习和掌握好马克思主义基本原理,对西方马克思主义保持清醒认知和警醒判断,防止被其部分理论观点引上歪路和邪路。

> 当代世界马克思主义思潮,一个很重要的特点就是他们中很多人对资本主义结构性矛盾以及生产方式矛盾、阶级矛盾、社会矛盾等进行了批判性揭示,对资本主义危机、资本主义演进过程、资本主义新形态及本质进行了深入分析。这些观点有助于我们正确认识资本主义发展趋势和命运,准确把握当代资本主义新变化新特征,加深对当代资本主义变化趋势的理解。对国外马克思主义研究新成果,我们要密切关注和研究,有分析、有鉴别,既不能采取一概排斥的态度,也不能

> 搞全盘照搬。同时，我们要坚持把自己的事情办好，不断发展中国特色社会主义，不断壮大我国综合国力，充分展示我国社会主义制度的优越性。[①]

(4)马克思主义中国化

俄国十月革命一声炮响，给中国送来了马克思列宁主义，从此中国革命的道路便有了明确方向。中国共产党从成立之日起就把马克思列宁主义写在了自己的旗帜上，确立为自己的指导思想，并在革命、改革、建设、复兴的不同时期将马克思主义与中国具体实际相结合，与中华优秀传统文化相结合，创造出中国化的马克思主义，引领拥有五千年光辉历史的中华文明实现了当代复兴。

毛泽东思想是马克思列宁主义在中国的创造性运用和发展，是被实践证明了的关于中国革命和建设的正确的理论原则和经验总结，是马克思主义中国化的第一次历史性飞跃。以邓小平理论、“三个代表”重要思想和科学发展观为代表的中国特色社会主义理论体系，实现了马克思主义中国化新的飞跃。习近平新时代中国特色社会主义思想是当代中国马克思主义、二十一世纪马克思主义，是中华文化和中国精神的时代精华，实现了马克思主义中国化新的飞跃。

> 马克思主义揭示了人类社会发展规律，是认识世界、改造世界的科学真理。同时，坚持和发展马克思主义，从理论到实践都需要全世界的马克思主义者进行极为艰巨、极具挑战性的努力。一百年来，党坚持把马克思主义写在自己的旗帜上，不断推进马克思主义中国化时

---

①《习近平在中共中央政治局第四十三次集体学习时强调 深刻认识马克思主义时代意义和现实意义 继续推进马克思主义中国化时代化大众化》，《人民日报》，2017年9月30日。

代化，用博大胸怀吸收人类创造的一切优秀文明成果，用马克思主义中国化的科学理论引领伟大实践。马克思主义的科学性和真理性在中国得到充分检验，马克思主义的人民性和实践性在中国得到充分贯彻，马克思主义的开放性和时代性在中国得到充分彰显。马克思主义中国化时代化不断取得成功，使马克思主义以崭新形象展现在世界上，使世界范围内社会主义和资本主义两种意识形态、两种社会制度的历史演进及其较量发生了有利于社会主义的重大转变。[①]

（三）马克思主义的鲜明特征

马克思主义是科学的理论，创造性地揭示了人类社会发展规律。

马克思主义是人民的理论，第一次创立了人民实现自身解放的思想体系。

马克思主义是实践的理论，指引着人民改造世界的行动。

马克思主义是不断发展的开放的理论，始终站在时代前沿。[②]

科学性、人民性、实践性、发展性是马克思主义的鲜明特征，代表着马克思主义的理论形象和实践品格。

1.科学的理论

马克思主义是对自然、社会和人类思维本质和规律的真理性反映。人类社会从哪里来、往哪里去？看起来扑朔迷离、一片混乱的社会历史现象背后究竟有无规律可循？社会发展的根本动力是什么？谁是历史的创造者？这一系列重大问题，既是“终极之问”，更是“历史之谜”，在人类思想史

①《中共中央关于党的百年奋斗重大成就和历史经验的决议》，人民出版社，2021年，第63~64页。

② 习近平：《在纪念马克思诞辰200周年大会上的讲话》，人民出版社，2018年，第7~9页。

上曾经长期困扰着人们,却得不到正确的解答。

> 我们仅仅知道一门唯一的科学,即历史科学。历史可以从两方面来考察,可以把它划分为自然史和人类史。但这两方面是不可分割的;只要有人存在,自然史和人类史就彼此相互制约。①

历史的本质是追求自己目的的人的活动。唯物史观从科学的实践观出发,把人的活动首先理解为物质生产活动,把历史理解为物质生产基础上的人类活动的展开过程。

> 正像达尔文发现有机界的规律一样,马克思发现了人类历史的发展规律,即历来为繁芜丛杂的意识形态所掩盖着的一个简单事实:人们首先必须吃、喝、住、穿,然后才能从事政治、科学、艺术、宗教等等;所以,直接的物质的生活资料的生产,从而一个民族或一个时代的一定的经济发展阶段,便构成基础,人们的国家设施、法的观点、艺术以至宗教观念,就是从这个基础上发展起来的,因而,也必须由这个基础来解释,而不是像过去那样做得相反。②

2.人民的理论

> 自然界没有造出任何机器,没有造出机车、铁路、电报、自动走锭精纺机等等。它们是人的产业劳动的产物,是转化为人的意志驾驭自然界的器官或者说在自然界实现人的意志的器官的自然物质。它们

---

①《马克思恩格斯文集》(第一卷),人民出版社,2009年,第516页。

②《马克思恩格斯选集》(第三卷),人民出版社,2012年,第1002页。

是人的手创造出来的人脑的器官;是对象化的知识力量。①

物质生产实践是人类社会存在发展的基础,这意味着直接从事生产劳动的人民群众是历史当之无愧的创造者。人民群众不仅是社会物质财富的创造者,而且是社会精神财富的创造者,也是推动社会变革的决定性力量。这是马克思主义人民性品格的现实根据。马克思主义的最终理想是推翻那些使人成为被压迫的、被奴役的社会关系,实现无产阶级的自由和解放,实现每个人的自由全面发展,这决定了其不仅要把人民群众放在理论视域的中心位置,而且也必然要在现实的革命实践中坚持人民至上的政治立场,为实现所有人的自由解放而不懈奋斗。

中国共产党人的初心和使命,就是为中国人民谋幸福,为中华民族谋复兴。这个初心和使命是激励中国共产党人不断前进的根本动力。全党同志一定要永远与人民同呼吸、共命运、心连心,永远把人民对美好生活的向往作为奋斗目标,以永不懈怠的精神状态和一往无前的奋斗姿态,继续朝着实现中华民族伟大复兴的宏伟目标奋勇前进。②

3.实践的理论

马克思主义哲学本质上是一种实践哲学。实践的观点是马克思主义认识论的首要的和基本的观点。实践的观点在马克思主义理论的系统结构中居于核心地位,正是立足现实中人的实践活动,马克思主义实现了唯物论与辩证法、本体论与认识论、自然观和历史观的有机统一和协调一体。

---

①《马克思恩格斯文集》(第八卷),人民出版社,2009年,第197~198页。

② 习近平:《决胜全面建成小康社会 夺取新时代中国特色社会主义伟大胜利——在中国共产党第十九次全国代表大会上的报告》,人民出版社,2017年,第1页。

马克思主义不是书斋里的学问，它从现实实践中的问题出发，通过深刻透彻的理论指导实践，解放人民。早在1843年，马克思就在《〈黑格尔法哲学批判〉序言》文中强调指出："批判的武器当然不能代替武器的批判，物质力量只能用物质力量来摧毁；但是理论一经掌握群众，也会变成物质力量。理论只要说服人，就能掌握群众；而理论只要彻底，就能说服人。"[①]

哲学家们只是用不同的方式解释世界，问题在于改变世界。[②]

思想本身根本不能实现什么东西。思想要得到实现，就要有使用实践力量的人。[③]

社会生活在本质上是实践的。凡是把理论诱入神秘主义的神秘东西，都能在人的实践中以及对这种实践的理解中得到合理的解决。[④]

哲学就其性质来说，从未打算把禁欲主义的教士长袍换成报纸的轻便服装。然而，哲学家并不像蘑菇那样是从地里冒出来的，他们是自己的时代、自己的人民的产物，人民的最美好、最珍贵、最隐蔽的精髓都汇集在哲学思想里。正是那种用工人的双手建筑铁路的精神，在哲学家的头脑中建立哲学体系。哲学不是在世界之外，就如同人脑虽然不在胃里，但也不在人体之外一样。当然，哲学在用双脚立地以前，先是用头脑立于世界的；而人类的其他许多领域在想到究竟是"头脑"也属于这个世界，还是这个世界是头脑的世界以前，早就用双脚扎根大地，并用双手采摘世界的果实了。[⑤]

---

①《马克思恩格斯文集》(第一卷)，人民出版社，2009年，第11页。
②《马克思恩格斯文集》(第一卷)，人民出版社，2009年，第502页。
③《马克思恩格斯文集》(第一卷)，人民出版社，2009年，第320页。
④《马克思恩格斯文集》(第一卷)，人民出版社，2009年，第505~506页。
⑤《马克思恩格斯全集》(第1卷)，人民出版社，1995年，第219~220页。

4.发展的理论

任何一种理论要获得持久的影响力，就不能保守残缺、故步自封，而必须在现实中检验，在现实中发展。马克思主义就是不断发展的、开放的理论，具有与时俱进的思想品质。

不管最近25年来的情况发生了多大的变化，这个《宣言》中所阐述的一般原理整个说来直到现在还是完全正确的。某些地方本来可以作一些修改。这些原理的实际运用，正如《宣言》中所说的，随时随地都要以当时的历史条件为转移，……①

马克思的整个世界观不是教义，而是方法。它提供的不是现成的教条，而是进一步研究的出发点和供这种研究使用的方法。②

我们的理论是发展着的理论，而不是必须背得烂熟并机械地加以重复的教条。③

只有不可救药的书呆子，才会单靠引证马克思关于另一历史时代的某一论述，来解决当前发生的独特而复杂的问题。④

现在必须弄清一个不容置辩的真理，这就是马克思主义者必须考虑生动的实际生活，必须考虑现实的确切事实，而不应当抱住昨天的理论不放，因为这种理论和任何理论一样，至多只能指出基本的、一般的东西，只能大体上概括实际生活中的复杂情况。

“我的朋友，理论是灰色的，而生活之树是常青的。”⑤

马克思、恩格斯、列宁、斯大林的理论，是“放之四海而皆准”的理论。不应当把他们的理论当作教条看待，而应当看作行动的指南……

①《马克思恩格斯文集》（第二卷），人民出版社，2009年，第5页。
②《马克思恩格斯文集》（第十卷），人民出版社，2009年，第691页。
③《马克思恩格斯文集》（第十卷），人民出版社，2009年，第562页。
④《列宁专题文集 论马克思主义》，人民出版社，2009年，第299页。
⑤《列宁专题文集 论马克思主义》，人民出版社，2009年，第169页。

共产党员是国际主义的马克思主义者，但是马克思主义必须和我国的具体特点相结合并通过一定的民族形式才能实现。马克思列宁主义的伟大力量，就在于它是和各个国家具体的革命实践相联系的。对于中国共产党说来，就是要学会把马克思列宁主义的理论应用于中国的具体的环境。成为伟大中华民族的一部分而和这个民族血肉相联的共产党员，离开中国特点来谈马克思主义，只是抽象的空洞的马克思主义。因此，使马克思主义在中国具体化，使之在其每一表现中带着必须有的中国的特性，即是说，按照中国的特点去应用它，成为全党亟待了解并亟须解决的问题。洋八股必须废止，空洞抽象的调头必须少唱，教条主义必须休息，而代之以新鲜活泼的、为中国老百姓所喜闻乐见的中国作风和中国气派。①

拥有马克思主义科学理论指导是我们党鲜明的政治品格和强大的政治优势。实践告诉我们，中国共产党为什么能，中国特色社会主义为什么好，归根到底是马克思主义行。党的十八大以来，国内外形势新变化和实践新发展，迫切需要我们深入回答一系列重大理论和实践问题。我们坚持把马克思主义基本原理同中国具体实际相结合、同中华优秀传统文化相结合，形成了新时代中国特色社会主义思想，实现了马克思主义中国化新的飞跃。全党要把握好新时代中国特色社会主义思想的世界观和方法论，坚持好、运用好贯穿其中的立场观点方法，在新时代伟大实践中不断开辟马克思主义中国化时代化新境界。②

---

① 中共中央文献研究室：《建国以来重要文献选编》（第15册），中央文献出版社，2011年，第650~651页。

②《习近平在省部级主要领导干部“学习习近平总书记重要讲话精神，迎接党的二十大”专题研讨班上发表重要讲话强调 高举中国特色社会主义伟大旗帜 奋力谱写全面建设社会主义现代化国家崭新篇章》，《人民日报》，2022年7月28日。

三、马克思主义跟我们有什么关系?

英国马克思主义理论家特里·伊格尔顿在他的著作《马克思为什么是对的》中开篇便提出了当前世界有关马克思主义"已经过时"的十个代表性观点。[①]中国学者陈学明在《中国为什么还需要马克思主义》一书中,同样开篇也细数了国际国内关于马克思主义的十大怀疑。[②]无论是"十大观点"还是"十大怀疑",其基本的路数都是认为马克思主义这个将近两百年前的理论不但已经不再适用于今天这样一个多样化的世界了,而且宣扬暴力革命的理论企图还会对今天的世界和我们产生极其严重的消极影响。

事实真的如此吗? 如果真是这样的话,那为什么资本主义一遇到危机和困顿,马克思主义的著作在西方便会热卖和脱销呢? 如果真的是这样,那当代资本主义为何会日渐衰落、不得人心呢? 如果真的是这样,那以马克思主义为指导思想的中国为什么一路走来却风景独好,占据道义和真理的高地呢?

不可否认,马克思主义自诞生以来,对世界历史便产生了巨大的影响力。毋庸置疑,时代在发展,世界在变化,但马克思主义的基本原理不但亘古未变,而且在今天依然发挥着无可取代的影响力,指引着世界和中国前进的方向和道路。

(一)站在历史正确的一边:马克思主义是观察当代世界变化的认识工具

走近新千年第三个十年的门槛,世界呈现这样的图景:国际金融危机对西方自由主义秩序造成严重冲击;经济格局"南升北降",全球化进程遭

---

① 这十大观点是:过时论、实践有害论、宿命论、乌托邦论、经济决定论、机械唯物主义、阶级消亡论、暴力革命论、集权国家论、边缘化论。

② 这十大怀疑是:马克思主义已经过时? 马克思主义已经破产? 马克思主义不具有普遍指导意义? 马克思主义已被创立者抛弃? 马克思主义基本理论已失效? 马克思主义不适用于中国? 马克思主义会被中华传统文化"吃掉"? 马克思主义不能指导建设? 马克思主义不符合中国市场经济的要求? 马克思主义与改革开放的成功无关?

遇逆流；新技术、新产业革命催生发展理念和发展模式深刻变化。与此同时，恐怖主义威胁未除，地区冲突战火难息，大国博弈驶进未知水域……世界，仿佛正进入“无锚之境”，何去何从？

习近平指出：“我们看世界，不能被乱花迷眼，也不能被浮云遮眼，而要端起历史规律的望远镜去细心观望。”[①]马克思主义给予我们观察世界变化的宏大视野和锐利目光，给予我们展望未来的长远眼光和战略定力。正是坚持以马克思主义为指导，我们才能透视世界风云，做出正确决策。比如，在马克思主义看来，经济全球化作为生产力发展的客观结果，在利益关系的驱使下，不同民族国家之间的关系必然变得愈加紧密，从而实现优势互补，命运与共，最终带来世界历史的进一步的发展和深化。了解到这一点，就会发现今天世界范围内的保护主义、单边主义、脱钩论等逆全球化、反全球化行径不仅不得人心，而且也违背了历史发展的客观规律，最终只会伤人害己，搬起石头砸自己的脚。看清楚这一点，我们也就明白了为什么我们要站在历史正确的一边。我们坚持经济全球化社会生产力发展的客观要求和科技进步的必然结果，不是哪些人、哪些国家人为制造出来的。我们坚持开放的大门不会关闭，坚持推动构建人类命运共同体。正如习近平所说：“世界经济的大海，你要还是不要，都在那儿，是回避不了的。想人为切断各国经济的资金流、技术流、产品流、产业流、人员流，让世界经济的大海退回到一个一个孤立的小湖泊、小河流，是不可能的，也是不符合历史潮流的。”[②]

> 把握国际形势要树立正确的历史观、大局观、角色观。所谓正确历史观，就是不仅要看现在国际形势什么样，而且要端起历史望远镜

---

①《习近平谈治国理政》（第二卷），外文出版社，2017年，第442页。

② 习近平：《论坚持推动构建人类命运共同体》，中央文献出版社，2018年，第402~403页。

回顾过去、总结历史规律,展望未来、把握历史前进大势。所谓正确大局观,就是不仅要看到现象和细节怎么样,而且要把握本质和全局,抓住主要矛盾和矛盾的主要方面,避免在林林总总、纷纭多变的国际乱象中迷失方向、舍本逐末。所谓正确角色观,就是不仅要冷静分析各种国际现象,而且要把自己摆进去,在我国同世界的关系中看问题,弄清楚在世界格局演变中我国的地位和作用,科学制定我国对外方针政策。当前,我国处于近代以来最好的发展时期,世界处于百年未有之大变局,两者同步交织、相互激荡。做好当前和今后一个时期对外工作具备很多国际有利条件。①

(二)始终心怀国之大者:马克思主义是指引当代中国发展的行动指南

马克思主义是我们立党立国、兴党兴国的根本指导思想。实践告诉我们,中国共产党为什么能,中国特色社会主义为什么好,归根到底是马克思主义行,是中国化时代化的马克思主义行。拥有马克思主义科学理论指导是我们党坚定信仰信念、把握历史主动的根本所在。②

我们的任务,是领导一个几万万人口的大民族,进行空前的伟大的斗争。所以,普遍地深入地研究马克思列宁主义的理论的任务,对于我们,是一个亟待解决并须着重地致力才能解决的大问题。我希望从我们这次中央全会之后,来一个全党的学习竞赛,看谁真正地学到了一点东西,看谁学的更多一点,更好一点。在担负主要领导责任的观点上说,如果我们党有一百个至二百个系统地而不是零碎地、实际地而不是空洞地学会了马克思列宁主义的同志,就会大大地提高我们

---

①《习近平著作选读》(第二卷),人民出版社,2023年,第177~178页。

② 习近平:《高举中国特色社会主义伟大旗帜 为全面建设社会主义现代化国家而团结奋斗——在中国共产党第二十次全国代表大会上的报告》,人民出版社,2022年,第16页。

党的战斗力量，并加速我们战胜日本帝国主义的工作。[①]

马克思主义是我们立党立国的根本指导思想，是我们党的灵魂和旗帜。中国特色社会主义事业的成功证明了马克思主义的科学真理和实践伟力。中华民族伟大复兴的实现，需要继续坚持马克思主义在意识形态领域内指导地位的根本制度。中国特色社会主义进入新时代，党所处的历史方位、发展目标、改革任务、外部环境等都发生了新的变化，其矛盾的尖锐性、形势的复杂性、挑战的风险性、较量的残酷性前所未有，应对各种困难局面的伟大斗争不亚于战场上的生死拼搏。当此之时，最重要的是在马克思主义的指引下，做好我们自己的事情。

继续坚定坚持坚守马克思主义带给中国人民的坚定信仰和崇高理想。共同的信仰和理想，是我们凝心聚力推进共同事业的思想保证。一百多年来，对马克思主义的信仰，对社会主义和共产主义的信念，是共产党人的政治灵魂，是共产党人经受住任何考验的精神支柱。心有所信，方能行远。在实现中华民族伟大复兴的新征程上，我们必须继续树牢伟大理想、继续坚定伟大信仰，继续补足精神之钙，才能战胜惊涛骇浪，不断从胜利走向胜利。

马克思主义是我们的“看家本领”，解决新征程上的新问题需要我们学好用好看家本领，推动理论创新与实践创新协调互动。辩证唯物主义坚持联系、发展地看问题，视矛盾分析法为根本性的认识方法，坚持“两点论”与“重点论”的统一。习近平多次告诫全党要对“国之大者”心中有数。“国之大者”的核心要义体现在国家稳定发展的“根本大计”之中，体现在中国共产党治国理政的“根本大纲”之中。保护好生态环境是中华民族存续发展的根基，是实现可持续发展的保障，是利国利民的千秋大计，当然是“国之大者”。抓好农业生产，保证粮食安全是“国之大者”。办好教育、抓好科技

①《毛泽东选集》(第二卷)，人民出版社，1991年，第533页。

创新,解决好“卡脖子”技术是“国之大者”。时刻做到以人民为中心,扎实推进全体人民共同富裕是“国之大者”。在社会主义市场经济条件下规范和引导资本健康发展,教育引导资本主体践行社会主义核心价值观,讲信用信义、重社会责任,走人间正道同样是“国之大者”。

中国特色社会主义的伟大成就以无可辩驳的事实证明,马克思主义始终是指引当代中国发展的行动指南。背离或放弃马克思主义,我们党就会失去灵魂、迷失方向,我们的事业将会前功尽弃、功亏一篑。因此,在坚持以马克思主义为指导这一根本问题上,我们必须坚定不移,任何时候任何情况下都不能动摇。

(三)和而不同、命运与共:马克思主义是引领人类社会进步的科学真理

> 普世文明的概念是西方文明的独特产物。19世纪,“白人的责任”的思想有助于为西方扩大对非西方社会的政治经济统治作辩护。20世纪末,普世文明的概念有助于为西方对其他社会的文化统治和那些社会模仿西方的实践和体制的需要作辩护。普世主义是西方对付非西方社会的意识形态。①
>
> 文明是包容的,人类文明因包容才有交流互鉴的动力。海纳百川,有容乃大。人类创造的各种文明都是劳动和智慧的结晶。每一种文明都是独特的。在文明问题上,生搬硬套、削足适履不仅是不可能的,而且是十分有害的。一切文明成果都值得尊重,一切文明成果都要珍惜。②
>
> 丰富多彩的人类文明都有自己存在的价值。要理性处理本国文明与其他文明的差异,认识到每一个国家和民族的文明都是独特的,

---

① [美]塞缪尔·亨廷顿:《文明的冲突》,周琪、刘绯、张立平等译,新华出版社,2017年,第58页。

② 习近平:《论坚持推动构建人类命运共同体》,中央文献出版社,2018年,第78页。

坚持求同存异、取长补短,不攻击、不贬损其他文明。不要看到别人的文明与自己的文明有不同,就感到不顺眼,就要千方百计去改造、去同化,甚至企图以自己的文明取而代之。[①]

回首170多年前,《共产党宣言》中一句"全世界无产者联合起来",宣告了马克思主义的天下情怀和世界使命。马克思主义博大精深,但归根结底就是一句话,为人类求解放。从野蛮走向文明,既是人类社会持续进步的动力,也是人类历史不断发展的目的。保存、发展与传承人类文明的优秀果实,并在此基础上实现每个人自由全面的发展,既是马克思主义的不变初心,又是马克思主义的崇高理想。

当今世界格局正处在加快演变的历史进程之中,产生了大量深刻复杂的现实问题,提出了大量亟待回答的理论课题。这就需要我们加强对当代资本主义的研究,分析把握其出现的各种变化及其本质,深化对资本主义和国际政治经济关系深刻复杂变化的规律性认识。时代在变化,社会在发展,尽管我们所处的时代同马克思所处的时代相比发生了巨大而深刻的变化,但是我们依然处在马克思主义所指明的历史时代。因为资本逻辑依然是当代资本主义社会运行的主导逻辑和最高法则,而马克思主义依然是深刻剖析资本主义的科学方法,是彻底医治资本创伤的最有力良方。这是我们对马克思主义保持坚定信心、对社会主义保持必胜信念的科学根据。

四、青年人要多读些马克思主义经典

马克思主义经典著作,蕴含和集中体现着马克思主义基本原理,是马克思主义理论的本源和基础。习近平多次强调"要教育引导学生多读读马克思主义经典著作"。青年学生正处在人生道路的起步阶段,最需要悉心培育和科学指引。通过阅读经典著作,品尝真理味道、掌握科学精髓,可以

① 习近平:《论坚持推动构建人类命运共同体》,中央文献出版社,2018年,第161页。

引导他们坚定理想信念、提高理论素养,掌握认识世界、改造世界的强大思想武器。

(一)坚定理想信念

青年的理想信念关乎国家未来。青年学生要成为社会主义建设者和接班人,必须树立崇高的理想信念,给心灵埋下真善美的种子。特别是在当下,科技进步、文化多彩、价值碰撞,青年学生拥有更多选择空间,但也面临更多挑战与诱惑。能否抵制错误思潮,避免急功近利,摆脱精神庸俗,追求更有高度、更有品位的人生目标,时刻面临考验。

理想信念的确立,并不是一时冲动,而是一种理性选择,必须有深厚的理论信仰作支撑。通过走进经典著作,青年学生可以触摸经典作家有血有肉、可亲可敬的立体形象,感悟他们真诚朴实、重情重义的人格魅力,领略他们为人类求解放的崇高理想,在今后的成长道路上始终保持蓬勃朝气、昂扬锐气和浩然正气。通过与经典著作"亲密接触",青年学生可以体会经典作家高深的理论造诣和彻底的批判精神,理解他们为探索人类社会发展规律所创立的科学理论,树立对马克思主义的信仰、对中国特色社会主义的信念、对中华民族伟大复兴中国梦的信心。

(二)提高理论素养

学习理论最有效的办法是读原著、学原文、悟原理。长期以来,青年学生学习马克思主义主要依靠教科书。教科书作为马克思主义理论的高度凝练和抽象概括,固然有助于较快熟悉基本立场、观点和方法。但正如马克思所言,"每个原理都有其出现的世纪"。马克思主义的任何一条原理都是历史和时代的产物,只有回到具体历史环境和特殊语境,才能理解其深刻意蕴,掌握其理论精髓。否则,浮光掠影、浅尝辄止难免会将科学理论简单化、教条化甚至庸俗化。

不仅如此,马克思主义经典著作是党的创新理论的源泉,只有掌握本源,才能领会为什么党的创新理论开辟了马克思主义发展的新境界。从《神圣家族》中的群众史观到坚持以人民为中心的发展思想;从《德意志意识形态》中的唯物史观到新时代我国社会主要矛盾转化；从《共产党宣言》中的“世界历史”思想到推动构建人类命运共同体；从《自然辩证法》中的“物质变换”思想到坚持人与自然和谐共生……通过反复阅读、深刻研究，青年学生不仅可以认识经典著作历久弥新的永恒价值，而且能够自觉将其同党的创新理论结合起来，同我们正在做的事情结合起来，进一步坚定理论自信。

（三）增强实际能力

一语不能践，万卷徒空虚。马克思主义不是书斋里的学问，具有鲜明的实践品格。习近平强调，“坚持以马克思主义为指导，最终要落实到怎么用上来”。阅读经典，不是为了纸上谈兵，而是要自觉以其为行动指南，增强分析解决实际问题的能力。

不少青年学生在阅读经典著作以后，无不被经典作家风趣的语言风格、严密的逻辑体系和彻底的批判精神折服，产生强烈的认同与共鸣，生出“酣畅淋漓”的久违之感。但随着热情消逝，生活也回到了老样子。实际上，马克思主义只有内化于心，才能外化于行。仅凭一时激情远远不够，必须以持久的学习和深沉的思考为基础，常学常用、常修常炼，做到真学真懂，才能有效管用、解决问题。

第二讲

听说『躺平』会使人快乐，你怎么看？

一段时间以来，“躺平”似乎成了年轻人中间最时髦的社交用语。这个社会处处都是“套路”，人人都是“卷王”。太累了，卷不动了，怎么办？“躺平”挺好。“躺平”真的挺好吗？“躺平”真的使你快乐吗？事实上，对于大多数年轻人来说，“卷不动”可能是确切的，但“躺平”似乎只是聊以自嘲。“躺平”意味着不再进取、甘于平庸，没有一个年轻人愿意在最美好的年华里就此沉沦。换一个角度来看，与动物的生存相比，人类由于理性的存在，总是在精神与现实之间过着双重化的生活。在精神世界里，我们追问信仰和价值，在现实维度中，我们谈论富足和自由。况且，快乐本质上是一种主体内部的精神体验，而这种精神体验的满足，并不能在主观世界自给自足，必须用现实中的满足来获取和支撑。

一、哲学基本问题与不同形态的哲学流派

每一个时代的理论思维，包括我们这个时代的理论思维，都是一种历史的产物，它在不同的时代具有完全不同的形式，同时具有完全不同的内容。①

马克思主义哲学是马克思主义理论的基石。作为一种哲学形态，马克思主义哲学不仅回避不了哲学的基本问题，而且显然也不能离开整个西方哲学历史的演化逻辑。只有搞清楚这两个问题，我们才能真正理解为什么哲学是“时代精神的精华”，为什么马克思是“顶天立地的伟人”，也才能真正把握马克思主义的革命意义和深远价值。

（一）何为哲学

什么是哲学？这个问题仿佛极为简单，又似乎艰深至极。的确，每个人心中都会有一个哲学的定义，但每个人的定义却又各不相同，甚至相差悬殊。以至于某些从事哲学研究的学者惊呼道“对于一个研究哲学的人，最深刻的问题莫过于回答什么是哲学”。

---

①《马克思恩格斯文集》（第九卷），人民出版社，2009年，第436页。

其实，搞清楚什么是哲学，最简单的方式莫过于诉诸词源学。从词源上看，英文中哲学称作PHILOSOPHY，但这个词汇在拉丁文中实际上由两部分构成，分别是Philein和Sophia，前者是“爱”的意思，后者表示“智慧”。可见，哲学意指即是“爱智慧”。换句话说，哲学不仅指一种智慧，还表示对这种智慧的态度。

那么什么是智慧呢？智慧等同于知识吗？苏格拉底是古希腊最伟大的哲学家之一，也在当时被公认为“最智慧的人”，可是苏格拉底却时刻以“自己确实一无所知”来警醒自己。为什么呢？原因在于，苏格拉底慕名去拜访了在他生活的时代和国度里那些被公认为有智慧的人，这些人包括政治家、诗人、工匠等，可是拜访的结果却发现这些人只是徒有其名自认为有智慧，或者在某一个方面比其他人更多地掌握了专门的知识，便以为自己在所有重大问题上都比别人更有智慧。

> 我这个人，打个不恰当的比喻说，是一只牛虻，是神赐给这个国家的；这个国家好比一匹硕大的骏马，可是由于太大，行动迂缓不灵，需要一只牛虻叮叮它，使它的精神焕发起来。我就是神赐给这个国家的牛虻，随时随地紧跟着你们，鼓励你们，说服你们，责备你们。[①]

可见，哲学上所理解的智慧并不能等同于知识，因为很多情况下，我们可能做不到完全将胸中的知识转化为实践中的智慧。也可能会被这些知识所束缚，认为这些不证自明的东西具有真理的本质，于是不仅丧失了反思意识和批判精神，而且毫无保留地予以接受并奉行。

当我们把目光从西方拉回到中国哲学传统中，事实上则进一步确证了智慧与知识的非同一性。中国文明源远流长，显然从不缺乏哲学和哲学

---

① 北京大学哲学系外国哲学史教研室编译：《西方哲学原著选读》(上卷)，商务印书馆，1981年，第69页。

家。但将PHILOSOPHY译为"哲学"则是近代以来的事情。19世纪,被誉为"日本近代哲学之父"的日本著名哲学家西周(1829—1897)首次用汉语"哲学"来翻译PHILOSOPHY,其后中国学者黄遵宪将这一翻译引入国内并沿用至今。

冯友兰先生是现代新儒家的代表人物之一,在《中国哲学简史》这部哲学入门小书中,他是这样定义哲学的。

> 至于我所说的哲学,就是对于人生的有系统的反思的思想。每一个人,只要他没有死,他都在人生中。但是对于人生有反思的思想的人并不多,其反思的思想有系统的人就更少。哲学家必须进行哲学化;这就是说,它必须对于人生反思地思想,然后有系统地表达他的思想。①
>
> 按照中国哲学的传统,它的功用不在于增加积极的知识(积极的知识,我是指关于实际的信息),而在于提高精神的境界——达到超乎现世的境界,获得高于道德价值的价值。②

可见,中国哲学在本质上与西方不同,并不擅于理性思辨和概念探究,而是注重心性修养和道德践履。但在究竟何为哲学方面,同样没有将其与知识混为一谈,甚至认为过多的知识可能会遮蔽道德本心,主张在反思批判中直指本心,追求一种"不知之知"。

所以,哲学作为"智慧之学",这并不是说,哲学的理论就是一些现成的原理和知识,我们只需要将其背下来就能一劳永逸获得最高的智慧,成为令人羡慕的哲学家。苏格拉底曾说:"未经审视的生活是不值得过的。"哲学的目的和作用其实就是教会我们审视自己的生活,弄清楚为什么我们懂

---

① 冯友兰:《中国哲学简史》,涂又光译,北京大学出版社,2013年,第1页。

② 冯友兰:《中国哲学简史》,涂又光译,北京大学出版社,2013年,第5页。

得了那么多知识，却还是不能过好这一生。就像德国古典哲学的集大成者黑格尔所讲的那样，哲学要做“密涅瓦的猫头鹰”，不是在艳阳高照的空中遨游，而是在黄昏的薄暮中起飞。哲学的爱智慧，就是追问和反思种种人们熟知的问题，并在这种追问和反思中去抵达本心、经略现世。正因为此，哲学是一种反思的智慧、批判的智慧、变革的智慧——变革人们的思维方式、价值观念和审美意识，从而进一步变革人的存在方式以及人与世界的关系。

> 哲学之所以应该学习并不在于它能对于所提出的问题提供任何确定的答案，因为通常不可能知道有什么确定的答案是真确的，而是在于这些问题的本身；原因是，这些问题可以扩充我们对于一切可能事物的概念，丰富我们心灵方面的想象力，并减低教条式的自信，这些都可能禁锢心灵的思考作用。[①]

因此，关于何为哲学，我愿意用两个字进行最后总结——“破执”。

（二）哲学基本问题

所谓哲学基本问题，就是任何形式的哲学都绕不过去、不可避免，必须要首先做出回答的问题。由于所有哲学都不过是要探讨人与世界的关系，而人作为世界上最独特的存在物同时过着精神生活和现实生活这样的双重世界，所以哲学的基本问题无非就是要对主观与客观、精神与现实、思维与存在的关系问题给出一个说法。

> 全部哲学，特别是近代哲学的重大的基本问题，是思维和存在的关系问题。
>
> ……

① [英]罗素:《哲学问题》，何兆武译，商务印书馆，2007年，第133页。

思维对存在的地位问题，这个在中世纪的经院哲学中也起过巨大作用的问题：什么是本原的，是精神，还是自然界？——这个问题以尖锐的形式针对着教会提了出来：世界是神创造的呢，还是从来就有的？

哲学家依照他们如何回答这个问题而分成了两大阵营。凡是断定精神对自然界说来是本原的，从而归根到底承认某种创世说的人（而创世说在哲学家那里，例如在黑格尔那里，往往比在基督教那里还要繁杂和荒唐得多），组成唯心主义阵营。凡是认为自然界是本原的，则属于唯物主义的各种学派。

……

但是，思维和存在的关系问题还有另一个方面：我们关于我们周围世界的思想对这个世界本身的关系是怎样的？我们的思维能不能认识现实世界？我们能不能在我们关于现实世界的表象和概念中正确地反映现实？用哲学的语言来说，这个问题叫做思维和存在的同一性问题，绝大多数哲学家对这个问题都作了肯定的回答。①

哲学基本问题可以分为两个方面：其一，思维与存在何者为第一性，也就是哪一个是世界的本原的问题；其二，思维与存在是否存在同一性，亦即我们的思维能否反映客观世界本质和规律的问题。

第一个问题实际上是本体论问题。古往今来的哲学家们纷纷给出了不一样的回答。有的坚持物质第一性，精神第二性，物质决定意识；反之则认为思维精神才是世界的真实本原，而现实中的物质世界是被精神所决定、由其所派生出来的不可靠的存在。比如，古希腊第一个哲学家泰勒斯就提出世界的本原是水，阿那克西曼德认为万物的本原是无限者，阿那克西美尼则认为这种无限者就是气，赫拉克利特提出火才是世界的本原，毕

①《马克思恩格斯文集》（第四卷），人民出版社，2009年，第277~278页。

达哥拉斯认为世界本质上是由数构成的，巴门尼德则提出世界的本原是存在（being），及至古希腊哲学的顶峰，柏拉图提出了世界本原的“理念说”，亚里士多德提出了“实体说”……再比如，中国古代关于“金木水火土”五行创世的学说，老子提出的“道生一、一生二、二生三、三生万物”及春秋管仲提出“水者，何也？万物之本原也”。……在这其中，一些哲学家坚持某种物质形态是万事万物最终的那个“一”，另一些哲学家则从精神创世说出发，将人类自身的思维或在人之外的、某种看不见、摸不到的精神事物视为创生万物的本原。虽然他们的回答千差万别，甚至针锋相对，但是实际上都是在回答哲学基本问题的第一个问题。

第二个问题实际上涉及哲学上的认识论问题。实际上这在西方近代哲学中表现得最为充分。法国哲学家笛卡尔建立了近代哲学的第一个体系，因此他也当之无愧被称为“近代哲学之父”。正如黑格尔所评价的那样，笛卡尔事实上是近代哲学真正的创始人，“他是一个彻底从头做起、带头重建哲学的基础的英雄人物，哲学在奔波了一千年之后，现在才回到这个基础上面”。从笛卡尔起，“哲学一下转入了一个完全不同的范围，一个完全不同的观点，也就是转入主观性的领域，转入确定的东西”[①]。在《谈谈方法》中，笛卡尔对自己早年所学的各种知识如神学、哲学、逻辑学都表示怀疑，他认为现有的这些知识并未建立在可靠的基础之上，未经充分的考察，因此不能够成为自己哲学的基础。因此，他运用普遍怀疑的方法对原有的一切知识和思想体系进行推敲与批判，从而为自己的哲学体系寻找最牢固可靠的，不可怀疑的第一真理。笛卡尔哲学的起点是“普遍怀疑”。你说世界的本原是水，他说世界的本原是火，我说世界的本原是“理念”……请注意，这里所有的论断都是“你说”“他说”“我说”，即都是人类凭借自己的感觉或经验得出的结论。那世界的本原究竟是什么，是不是与我们思维

① ［德］黑格尔：《哲学史讲演录》（第四卷），贺麟、王太庆译，商务印书馆，1978年，第63、69页。

中的结论相符合呢？换言之，我们思维中的世界是不是符合现实世界的本来面目呢？

笛卡尔认为，我们无法分清梦中的感觉和清醒时的感觉，感觉会欺骗我们。例如，我们曾经梦到自己在火炉旁看书，醒来却发现自己躺在被窝里，我们怎么知道现在是不是也在做梦呢？因此，感觉是不可靠的，由于周围世界都是我们感知的对象，因此，我们眼里的这个世界也是值得怀疑的。正是在这样的前提下，笛卡尔拒绝一切“不证自明”真理存在的合法性，要将所有人类知识放在理性的法庭进行审判。在通过普遍怀疑排斥掉一切学问之后，笛卡尔终于发现了自己心中那个“清晰明白的”第一真理。他认为，我们可以对一切存在物进行怀疑，但是有一样东西却是不可怀疑的，那就是“我在怀疑”这件事情本身。因为，即使对“我在怀疑”进行怀疑，仍证明了“我在怀疑”。也就是说，思想可以怀疑思想的一切对象和内容，却不能怀疑“我在怀疑”。由此他得出第一真理“我思，故我在”。

“我思”是以意识活动为对象的自我意识，即后来哲学家所说的反思的意识。只要“我思”，那就必定“我在”。至此，借助于“我思”，笛卡尔重新建立起一个经过理性审判后的崭新的理性世界。

大体而言，以笛卡尔为代表，包括此后的斯宾诺莎、莱布尼茨等人构成了近代哲学唯理论路线，而与之相对，洛克、贝克莱、休谟哲学则坚持认识论上的经验论路线，这便构成了近代哲学的两大主流形态。唯理论者抓住了“先天观念”，认为“天赋观念”是知识的唯一源泉。在思维和存在的关系上，思维、精神、灵魂在唯理论这里占据着更加突出的地位。而经验论则不然，他们认为知识来源于对经验的总结，认为从客观事实出发的感觉经验是知识的唯一源泉。这样，唯理论和经验论就在思维和存在的关系上各执一词，经验论无法说明知识的普遍必然性，而唯理论则无法说明知识的客观现实性。

及至德国古典哲学，康德在经验论与唯理论之争陷入僵局的时候，在休谟的彻底经验论的启发下，重新寻求着思维和存在结合的途径，他通过

“先天综合判断”这种方法来获得知识，即知识是先天的形式和后天的经验对象的结合，坚持认为人类可以在思维中把握到客观世界的现象，但却无法真正抵达现象背后的那个“自在之物”。到了黑格尔这里，他以“绝对精神”为世界的本原，认为“绝对精神”经过自我否定的辩证运动，把自己外化为自然、人类社会和自我意识，在经过否定之否定的循环之后，最终回复自身。亦即从思维出发，由思维派生出存在，而存在又必须符合思维。这样，也就实现了思维和存在在思维中的同一。

（三）不同形态的哲学流派

根据对哲学基本问题的不同回答，现在我们可以划分出不同类型的哲学形态了。

首先，根据对于思维与存在何者为第一性的回答，全部哲学可以划分为唯物主义和唯心主义。唯物主义哲学坚持认为世界的本原是物质，物质第一性，精神第二性，意识是物质的产物；唯心主义哲学认为世界的本原是精神，意识第一性，物质第二性，物质是意识的产物。

唯物主义哲学根据其对“物”不同的理解方式按照历史发展顺序先后划分为古代朴素的唯物主义、近代形而上学（机械的）唯物主义和马克思主义的实践的唯物主义（现代辩证唯物主义）。前述泰勒斯、阿那克西美尼、赫拉克利特等人的本体论学说，包括中国古代五行观念，由于其所理解的物质都不过是某一种或几种人类经验中的具体的物质形态，带有明显的直观性、经验性，因此都属于古代朴素唯物主义的范围。近代形而上学（机械的）唯物主义包括17世纪英国唯物主义（培根、霍布斯）、18世纪法国唯物主义（爱尔维修、霍尔巴赫、拉美特利）和德国费尔巴哈的唯物主义。这一时期的唯物主义继承了古代唯物主义关于物质的学说，并吸收了近代物理学、力学等自然科学发展的成果，但囿于历史条件和理解方式上的局限性，并没有超越对物质的感性直观或形而上学的理解方式。比如，他们把物质归结为某种原始的实体——分子或原子；他们不了解运动、变化、发展才是世界的本质，试图抽象地寻找物质不变的终极形态；无法将物质原则贯彻进人类历史领域，不能解释社会运动的客观实在性，在自然观上坚持唯物主义原则，在历史观上滑向唯心主义原则。

唯心主义哲学根据其对“心”的不同理解又可以进一步划分为主观唯心主义和客观唯心主义。主观唯心主义把个人的某种主观精神如感觉、经验、心灵、意识、观念和意志看作世界上一切事物产生和存在的根源与基础，而世界上的一切事物则是由这些主观精神所派生的，是这些主观精神的显现。比如，法国哲学家贝克莱的“存在即是被感知”“物是感觉的集合”、我国宋代陆九渊的“宇宙便是吾心，吾心即是宇宙”，等等。客观唯心主义主张某种客观的精神或原则是先于物质世界并独立于物质世界而存在的本体，而物质世界则不过是这种客观的精神或原则的外化和表现。比如柏拉图的“理念论”、黑格尔的“绝对精神”、庄子的“道生物”、朱熹的“理本论”，等等。

> 凡生活中真实的伟大的神圣的事物，其所以真实、伟大、神圣，均由于理念。①

其次，根据对于思维与存在是否具有同一性的回答，全部哲学可以划分为可知论和不可知论。前者认为我们身外的这个客观世界的现象、本质、规律都是可以被人类思维把握的，世界是可以被认识的；后者坚持认为世界是不能被人所认识或不能完全认识的。由于主张人类不能正确认识这个世界，所以就难免滑向怀疑主义和相对主义的深渊。比如，古希腊皮浪的怀疑主义主张“不作任何判断才能使灵魂安宁”，中国古代庄子认为“子非鱼，安知鱼之乐”。

> 毛嫱丽姬，人之所美也。

---

①［德］黑格尔：《小逻辑》，贺麟译，商务印书馆，1980年，第35页。

鱼见之深入，鸟见之高飞，麋鹿见之决骤，四者孰知天下之正色哉？自我观之，仁义之端，是非之涂，樊然淆乱，吾恶能知其辩。①

二、以实践为基础，建构科学的物质范畴

辩证唯物主义认为，世界的物质统一性原理是马克思主义哲学的基石，正是立足这一原理，马克思主义才最终建立起历史唯物主义的大厦，解开了困扰人类数千年的历史规律之谜。牢牢把握世界的物质统一性原理，首先要解决的就是如何正确理解物质概念，以及怎样建构起科学的物质范畴。

古代朴素唯物主义立足感性直观，将物质等同于经验世界某一种具象化的物质形态或神秘化的物质元素。例如，泰勒斯认为，世界的本原是水，阿那克西美尼认为气是世界的本原，赫拉克利特将火指认为世界的本原。他说："这个世界，对于一切存在物都是一样的，它不是任何神所创造的，也不是任何人所创造的；它过去、现在、未来永远是一团永恒的活火，在一定的分寸上燃烧，在一定的分寸上熄灭。"②及至我国古代的"五行学说"，汉代王充的"气本论"，等等。虽然这些朴素的本体论学说代表着古人抽象智慧的升华，但囿于理性思维的局限性，还仅停留在经验性的物理学或自然哲学程度，没有上升到具有普遍性的哲学层次。

近代唯物主义在继承了古代哲学原子论基础上，进一步将其与物理学、力学等自然科学的研究成果相结合，在此基础上从不可再分的物质结构出发去寻找世界的本原和始基，最终发展成一种僵化的机械论哲学。例如，英国哲学家培根就和古希腊哲学家德谟克利特一样，认为自然界的万

---

①《庄子》，方勇译注，中华书局，2010年，第35页。

② 北京大学哲学系外国哲学史教研室编译：《西方哲学原著选读》（上卷），商务印书馆，1981年，第21页。

物是由一些物质微粒构成的,并称其为"分子"。这些"分子"不仅永恒存在和自己运动,而且具有极其多样的运动形式。法国哲学家霍尔巴赫把人看作一种自然物,是由自然中发展出来,受自然物支配的必然性的产物。在他看来,灵魂是肉体的作用,思维是物质的分子运动,肉体强壮的人思维必然强大,肉体消灭精神也就不复存在了。人体是一座时钟,说灵魂不灭就等于说钟坏了以后还可以报时,精神归根结底也就是一种机械运动。在此基础上,法国哲学家拉美特利更是专门写了《人是机器》,将人视为一架自己驱动自己的永动机,用以论证机械论唯物主义的科学性和正确性。恩格斯说:"唯物主义在它的第一个创始人培根那里,还包含着全面发展的萌芽。一方面,物质带着诗意的感性光辉对整个人发出微笑。另一方面,那种格言警句式的学说却还充满了神学的不彻底性。"①

不难看出,近代形而上学唯物主义虽然突破了具象化的物质形态,但却是站在纯粹自然科学的角度,将物质等同于特定条件下物质结构的原子层次,暴露出其非辩证性、非社会性、非历史性的局限,实则依然没有突破具象化、直观化的物质范畴,并且将这一倾向错误地引入了社会历史领域,造成了马克思眼里的"半截子的唯物主义"。

由此可见,古近代的物质概念实际上都属于从"物"出发理解世界统一性的"物本主义"的唯物论范畴,是具有自然倾向的、见物不见人的本体论哲学。即使费尔巴哈的人本学实际上理解的人不过也还是肉体性、受动性、必然性的"自然人",人性依然从属于物性。

当我们对古近代唯物主义有了初步了解以后,再看马克思在《关于费尔巴哈的提纲》中的第一条,才能深刻把握马克思的现代辩证唯物主义的革命性意义。

从前的一切唯物主义——包括费尔巴哈的唯物主义——的主要

① 《马克思恩格斯文集》(第三卷),人民出版社,2009年,第503页。

缺点是:对对象、现实、感性,只是从客体的或者直观的形式去理解,而不是把它们当做人的感性活动,当做实践去理解,不是从主体方面去理解。因此,结果竟是这样,和唯物主义相反,唯心主义却把能动的方面发展了,但只是抽象地发展了,因为唯心主义当然是不知道现实的、感性的活动本身的。①

马克思的实践的唯物主义(现代辩证唯物主义)的立足点首先是人不是物。而且这里的人也不是费尔巴哈那个物的意义上的人,而是拥有自由意志且处于实践状态下的人。因此,马克思主义选择切入世界统一性问题的视角是人的实践活动。只是立足于此,马克思主义才实现了物质观的革命性变革。

在马克思主义看来,正是在实践中,人们才认识到物质的客观性和先在性,才逐渐形成了对物质的科学认识。因此,只有从实践出发,才能正确把握世界的物质统一性原理。离开实践去谈论物质,完全就是一种非法。

对象、物、物体是在我们之外、不依赖于我们而存在着的,我们的感觉是外部世界的映象,这个结论是由一切人在生动的人类实践中作出来的。②

当我们寻找到实践这个阿基米德支点以后,再去看列宁的物质概念时,便会豁然开朗。

物质是标志客观实在的哲学范畴,这种客观实在是人通过感觉

①《马克思恩格斯文集》(第一卷),人民出版社,2009年,第503页。
②《列宁选集》(第二卷),人民出版社,1995年,第78页。

> 感知的，它不依赖于我们的感觉而存在，为我们的感觉所复写、摄影、反映。①

理解把握列宁的物质概念，需要抓住以下三个要点。

首先，物质是标志客观实在的哲学范畴，物质的唯一特性是客观实在性。

> 物质概念，除了表示我们通过感觉感知的客观实在之外，不表示任何其他东西。②

物质范畴在马克思主义看来，不是一个简单的经验性概念，而是一个具有高度抽象的哲学范畴。马克思主义没有将关注点放在任何具象化经验化的物质实体，而是善于从哲学层次把握一切物质实体共同的本质属性，即客观实在性。那么到底什么才是客观实在性呢？

其次，客观实在是不依赖于我们的感觉而存在，但人可以通过感觉感知的。

这里有两个意思，其一是说，客观实在的物质并不是受动的、被决定的，反而它是能够决定他者的；其二是说，这个他者是我们的思维和意识，我们可以通过感觉感知到客观实在的物质，使其进入我们的头脑中，在思维中再现客体。因此，马克思才说精神很“倒霉”，受到物质的纠缠，因为他没有主体性，是受动的、被决定的。那么到这里为止，我们看到的意识实际上还只是物质的一种附属物。

> “精神”从一开始就很倒霉，受到物质的“纠缠”，物质在这里表现

---

①《列宁专题文集 论辩证唯物主义和历史唯物主义》，人民出版社，2009年，第35页。

②《列宁选集》（第二卷），人民出版社，1995年，第198页。

为振动着的空气层、声音，简言之，即语言。[①]

意识在任何时候都只能是被意识到了的存在，而人们的存在就是他们的现实生活过程。[②]

最后，借助于实践，我们可以对客观实在进行复写、摄影和反映。

到这里，我们发现一直“倒霉”的意识终于站起来了，能动性一下子凸显出来了。虽然在认识路线上马克思主义坚持从物质到感觉和思维，但实际上这种认识并不只是消极被动的反映，而是在实践基础上的能动性、创造性的反映。人对任何客观实在的感知要通过实践来实现，并且这些感知材料必须经过大脑思维的复杂处理转变成关于事物的本质和规律之后存储在我们的思维中，进而再次以实践的方式回应现实，作用于客观实在。所以在这个阶段上，意识便成了“地球上最美丽的花朵”。

值得注意的是，因为实践本身就是一种具有客观实在性的活动，其基本指向首先就是人类为满足自然必然性不得不从事的物质生产活动。并且在此基础上形成的社会关系也是不以人的意志为转移的客观实在物，所以马克思才说全部社会生活是具有客观实在性的，在本质上是实践的。由此，通过实践，我们找到了解答全部历史之谜的那把钥匙。

可以看到，正是借助于实践概念，马克思主义已经在物质范畴里实现了本体论（唯物论）、辩证法、认识论和历史观的辩证统一，而这也正是马克思主义的物质范畴所彰显的革命性意义和时代性价值。

三、“倒霉”的意识何以开出“地球上最美丽的花朵”？

正是基于建立在实践基础上的科学的物质概念，我们才可以从意识的起源和本质来定义意识及其能动作用。

---

①《马克思恩格斯文集》（第一卷），人民出版社，2009年，第533页。

②《马克思恩格斯文集》（第一卷），人民出版社，2009年，第525页。

在刘慈欣的科幻小说《三体》第二部《黑暗森林》中,由于智子的存在,地球相对于三体星而言变成了单向透明的存在。为了化被动为主动,PDC(行星防御理事会)主席萨伊启动了一场事关人类未来的豪赌——面壁计划。在她看来,相对于思维透明的三体人而言,隐藏在人类头脑中的思维,无疑是可以抵御智子窥探的最隐秘同时也是最后的武器。的确,人是独具理性的动物,正是思维和意识使人类在几亿年的生物进化过程中开创出独特的文化进化模式,一举成为这个美丽星球上的优势种群。正是看到了思维和意识之于人类存在的独特重要性,恩格斯不无感慨地将意识称作“地球上最美丽的花朵”。

(一)意识的起源和本质

从起源上看,意识是自然界长期发展的产物、是社会历史的产物。

我们知道,至今为止,单纯的自然进化在历经非生命物质所具有的反应特性、低等生物的刺激感应性,只产生了高等动物的感觉和心理。虽然这些感觉和心理还不足以媲美人类意识,但却是人类意识的基础。所以,自然界的长期发展无疑是人类意识的前提。那么,从动物感觉心理跨越到人类意识的飞跃,我们要去哪里寻找答案呢?答案只能是人类社会历史。

> 我们首先应当确定一切人类生存的第一个前提,也就是一切历史的第一个前提,这个前提是:人们为了能够“创造历史”,必须能够生活。但是为了生活,首先就需要吃喝住穿以及其他一些东西。因此第一个历史活动就是生产满足这些需要的资料,即生产物质生活本身,而且,这是人们从几千年前直到今天单是为了维持生活就必须每日每时从事的历史活动,是一切历史的基本条件。[①]
>
> 劳动是整个人类生活的第一个基本条件,而且达到这样的程度,

---

①《马克思恩格斯文集》(第一卷),人民出版社,2009年,第531页。

以致我们在某种意义上不得不说:劳动创造了人本身。①

物质生产实践(劳动)是人类社会历史的第一个活动,由此,劳动便成为人类意识得以产生的决定要素。同样,正是看到了劳动在人类演进中的决定性作用,恩格斯才专门写下了《劳动在从猿到人转变过程中的作用》。

意识一开始就是社会的产物,而且只要人们存在着,它就仍然是这种产物。②

首先是劳动,然后是语言和劳动一起,成了两个最主要的推动力,在它们的影响下,猿脑就逐渐地过渡到人脑;后者和前者虽然十分相似,但是要大得多和完善得多。随着脑的进一步的发育,脑的最密切的工具,即感觉器官,也进一步发育起来。正如语言的逐渐发展必然伴随有听觉器官的相应的完善化一样,脑的发育也总是伴随有所有感觉器官的完善化…… 脑和为它服务的感官、越来越清楚的意识以及抽象能力和推理能力的发展,又反作用于劳动和语言,为这二者的进一步发展不断提供新的推动力。③

人通过劳动满足物质需要,维持生命体的存在和延续;在劳动过程中产生了交往关系以及用于交往的语言和文字,通过这些又进一步促进了理性思维的发展和深化,逐渐学会把握世界的本质和规律;最终完成了从生物进化向文化进化的飞跃。

从本质上看,意识是人脑的机能和属性、意识对客观世界的主观映像。

---

①《马克思恩格斯文集》(第九卷),人民出版社,2009年,第550页。
②《马克思恩格斯文集》(第一卷),人民出版社,2009年,第533页。
③《马克思恩格斯文集》(第九卷),人民出版社,2009年,第554页。

意识是物质的产物,但并不是物质本身。他得以产生的前提是物质性的人脑的存在。没有人脑,我们不但没有意识,甚至可能也不会成为生命。但是人脑并不是意识的来源,而只是处理、存储意识的器官,这相当于电脑的处理器和硬盘的功能。从意识产生的工作机理来看,外部刺激信号被人体的感觉器官接收,进入人脑,人脑加工处理,形成理性认识,存储在人脑的同时向身体器官发出指令,产生实践活动。可以看到,在此过程中,人脑既不是起点,也不是终点,而是重要的载体和中介。

问题在于,意识的来源究竟何在呢?

> 观念的东西不外是移入人的头脑并在人的头脑中改造过的物质的东西而已。[①]

毫无疑问,人的意识来自客观世界,意识的本质是对客观世界的主观映像,是主观与客观的统一体。实际上,这里值得我们注意的恰恰是"主观"二字,它彰显的正是意识的能动作用或者说创造性作用,也是意识"美丽"之所在。

(二)正确发挥意识能动性

> 人的意识不仅反映客观世界,并且创造客观世界。[②]

在《哲学笔记》中,列宁在读到黑格尔的《逻辑学》时,写下了上边这句令人费解的文字。作为科学的辩证唯物主义,世界统一于物质难道不是马

①《马克思恩格斯文集》(第五卷),人民出版社,2009年,第22页。
②《列宁专题文集 论辩证唯物主义和历史唯物主义》,人民出版社,2009年,第138页。

克思主义哲学的基石吗？如何理解这句话的本真含义呢？事实上，列宁在这里所表达的无非是两个意思。一方面，在黑格尔看来，不管是人的意识还是客观世界，实际上并不是自在自为的现实存在物，从本质上看，它们不过是绝对精神外化、异化的产物，真正创造世界的是绝对精神，而不是人的主观意识。在绝对精神和人的意识之间，列宁站在马克思、恩格斯的肩膀上，再次否定了绝对精神作为客观唯心主义的典型表征的合法性。另一方面，列宁突出确认了人的意识所具有的主观能动作用，强调人的意识借助于实践活动对象化为外部世界所具有的创造力和影响力。由此我们便可以确认，所谓意识的能动性，实际上就是意识在受物质决定作用的同时所具有的相对独立性或创造性作用，亦即人的意识所具有的积极反映世界和改造世界的能力和活动。

首先，意识的创造性作用发生在主观世界，体现为“反映客观世界”的能力。

在实践的基础上，人脑从感觉、知觉、表象等感性材料入手，通过一系列复杂结构和工作机理，最终得到关于事物本质和规律的理性认识，也就是抵达真理。这种理性认识是对单纯反映活动的延展，也是创造性的实现。但这里的创造性还仅停留在主观思维层面。

> 如果上帝的观念是鸟类创造的，那么上帝一定是长着羽毛的动物；假如牛能画画，那么它画出来的上帝一定是一条牛。
>
> 描神画鬼，毫无对证，本可以专靠了神思，所谓天马行空似的挥写，然而他们写出的，也不过是三只眼，长颈子，就是在常见的人体上，增加了眼睛一只，增长了颈子二三尺而已。①

宗教和鬼神观念，在我们的生活中十分常见，而无论是费尔巴哈还是

① 鲁迅：《且介亭杂文二集》，人民文学出版社，2022年，第5页。

鲁迅，在写下上述文字时，已经预示着它们开始接触到宗教或鬼神观念的本质了。在此基础上，当费尔巴哈得出“神学就是人本学，人的神不外就是人的被神话了的本质”，或者当马克思写道“宗教是人民的鸦片”，恩格斯认为“一切宗教都不过是支配着人们日常生活的外部力量在人们头脑中的幻想的反映”[①]的时候，这说明我们人类已经彻底把握到了宗教、鬼神观念的本质，实现了对其本质和规律的理性认知。所以，从感性认识（意见）——人脑机能——理性认识（真理），这既体现出意识的反映性，实际上更是意识创造性功能的直接体现。

> 时代的艰苦使人对于日常生活中平凡的琐屑兴趣予以太大的重视，现实上很高的利益和为了这些利益而作的斗争，曾经大大地占据了精神上一切的能力和力量以及外在的手段，因而使得人们没有自由的心情去理会那较高的内心生活和较纯洁的精神活动，以致许多较优秀的人才都为这种艰苦环境所束缚，并且部分地被牺牲在里面。因为世界精神太忙碌于现实，所以它不能转向内心，回复到自身。[②]

由此，我们来看黑格尔这里讲到的，无非就是让我们能够专注于深沉的思维活动，给理性思考一点时间，去认真消化意见，抵达真理。

当然，意识在反映世界时并不是随心所欲的，而是要受到时代环境、价值立场、知识储备等个体意识差异的影响，难免会产生谬误。比如说，从理论上看，有培根的四假象说（族类、洞穴、市场、剧场），从现实中看，一千个读者眼中就会有一千个哈姆雷特。正是由于个体意识存在偏差性、特殊性，才有了真理与谬误的区别，才有了价值评价的科学与非科学之分。

---

①《马克思恩格斯文集》（第九卷），人民出版社，2009年，第333页。

②［德］黑格尔：《哲学史讲演录》（第1卷），贺麟、王太庆译，商务印书馆，1959年，第1页。

其次，意识的创造性作用发生在客观世界，体现为“创造客观世界”的能力。

> 世界不会满足人，人决心以自己的行动来改变世界。[①]

意识的创造性虽然首先发生在主观世界，体现为从感性认识到理性认识的飞跃，但这也只是意识创造性的一个方面。因为单纯发生在主观世界的创造性并不能配上“地球上最美丽的花朵”称号。意识创造性的发挥更重要的还体现为其向现实世界的转化。

意识向现实世界转化，首先体现为实践之前的目的性和计划性，也就是以计划、方案、蓝图的方式在思想中对实践过程和目的进行精神预演。

> 蜘蛛的活动与织工的活动相似，蜜蜂建筑蜂房的本领使人间的许多建筑师感到惭愧。但是，最蹩脚的建筑师从一开始就比最灵巧的蜜蜂高明的地方，是他在用蜂蜡建筑蜂房以前，已经在自己的头脑中把它建成了。劳动过程结束时得到的结果，在这个过程开始时就已经在劳动者的表象中存在着，即已经观念地存在着。他不仅使自然物发生形式变化，同时他还在自然物中实现自己的目的，这个目的是他所知道的，是作为规律决定着他的活动的方式和方法的，他必须使他的意志服从这个目的。[②]

最后，意识创造世界还体现在主观形式的外化和对象化过程，也就是借助实践回归客观实在，改造客观世界的过程。这里既包括根据自然规律

①《列宁专题文集 论辩证唯物主义和历史唯物主义》，人民出版社，2009年，第138页。
②《马克思恩格斯文集》（第五卷），人民出版社，2009年，第208页。

变革自在自然为人化自然，也包括根据社会发展规律，创立社会制度，推进历史和文明进程。

需要注意的是，不管我们在头脑中规划蓝图还是从事现实中的实践活动，实际上都是在发挥我们主观能动性，但世界的物质统一性要求我们发挥主观能动性一定要秉承物质的第一性原则，将尊重客观规律放在第一位。

当然还有，我们不要忘了，人类本身也具有客观实在性，是物质世界的一员。因为我们自己也是意识创造性的对象，所以意识还具有调控人的行为和生理活动的作用。比如，医学和心理学中的安慰剂效应（Placebo Effect），指病人虽然获得无效的治疗，但却“预料”或“相信”治疗有效，而让病患症状得到舒缓的现象。这种似是而非的现象在医学和心理学研究中都并不鲜见。由此，不少医生在对病人进行治疗时，不得不将这种“安慰剂效应”考虑进去。这种现象说明，我们在对现实进行分析的时候，很明显地掺杂了很多个人因素，包括我们的期望、经验和信念等。安慰剂效应的存在提醒我们，积极健康的心态，充盈饱满的精神让我们由内而外流露出从容与自信，在情绪和生理上产生积极有益的影响；而彷徨、焦虑、精神内耗，也总会体现为外在的懈怠与沉沦，并最终给人类的生理状况造成消极影响。

（三）意识与人工智能

所谓人工智能（Artificial Intelligence），即是指人的部分智能活动机器化，让机器具有完成某种复杂目标的能力，它实质上是对人脑组织结构与思维运行机制的模仿，是人类智能物化的结果。人工智能是20世纪中期以来科学技术发展所取得的重大成果之一，它的诞生和发展对人类社会生活甚至文明进展都产生了巨大的影响。毫无疑问，今天我们都生活在一个充满人工智能的时代里，建立在大数据与不断升级的各种算法技术基础上的现代人工智能技术，正在深刻影响当代人类生活，并重塑人类历史的当下形态。正是看到这种影响的深刻性和深远性，人类开始担心未来人工智能究竟能够发展到什么程度？它们会不会进化出人类意识？甚至会不会统治人类乃至于取代人类？

面对人工智能，我们首先要解决的问题是厘清人工智能和人类意识究竟是什么关系？二者能否等同视之或者究竟有什么样的区别？

首先，人工智能是人类智能的延伸和补充。虽然对人脑的结构和机理我们还没有做到完全认知，但今天的生物医学已经证明，意识活动是人脑神经细胞通过传递生物电处理信息流的过程。这一流程可以简单表述为：外部刺激信号—传入神经—中枢神经—传出神经—效应器。人工智能作为人类的创造物，本身并不具备自主性，而是人类意识活动对象化的客观存在物。人类根据数学模型，制定某种算法、逻辑和规则的同时，将这些逻辑规则和原始资料交由人工智能代替人脑的计算功能，不仅如此，人工智能所具有的相较于人类认知心理的稳定性，使其可以摆脱情绪、兴趣等非理性因素的影响，从而能够得到更为准确、全面的理性认知。

其次，人的意识不同于物质最大的地方在于其具有主观能动性或创造性。而这种创造性本身来源于建立在社会生活基础上的，由世界观、人生观、价值观、情感、意志、兴趣、爱好等心理活动所建构起来的主观世界。换句话说，人类意识本质上是一种建立在社会性基础上的知情意的复杂结构体。人工智能可以在人类主导的逻辑规则基础上部分取代人类的知识，但由于其本身并不具有社会性的丰富联系和客观条件，因此仅作为机器进化的结果，实际上并不能具有人类意识的创造性维度，也不能自主生成更加复杂的情感和意志。

由此可见，人工智能的产生和发展，不仅进一步充实和深化了辩证唯物主义的意识论，而且实质上证明和强化了辩证唯物主义意识论的科学性和真理性。一方面，人工智能进一步表明了意识是人脑的机能和物质的属性。人工智能不仅在一定范围内模拟和物化人类意识，在一定程度上延伸和扩展物质性的人脑的机能，而且不断突破大脑作为人类自然器官的诸多限制,弥补和克服了人类思维的短处和不足。另一方面,人工智能确证了意识对物质具有的反作用原理。人工智能的出现和发展说明了人类意识正在逐步将原来属于大脑自身的部门机能分化出来,转化为机械的无理的运动,在某种意义上创造出一个属于人类体外的、具有客观实在性的"大脑"。这恰恰印证了意识对客观世界所具有的能动的反作用。

四、世界物质统一性原理是马克思主义哲学的基石

> 世界的真正的统一性在于它的物质性,而这种物质性不是由魔术师的三两句话所证明的,而是由哲学和自然科学的长期的和持续的发展所证明的。①

辩证唯物主义认为,世界统一于物质,这一原理主要包括三个方面的基本内容。

首先,自然界统一于物质,这一点是确证无疑的。我们身处于其中的这个星球大约诞生于38亿年前。在漫长的时空里,地球经历一系列缓慢的演变与进化,最终呈现如今这幅五彩斑斓的世界图景。因此,相对于人类社会而言,自然界的存在不仅是客观的,而且是先在的,并且正是在自然进化的基础上,大约在7万年前才有了人类的祖先——"智人"。

其次,人的意识也统一于自然。从本质上看,虽然意识是社会历史的产物,但若是没有自然界长期进化与发展,尤其是离开了人体中专司意识的物质器官——大脑,人类无论如何都不会产生出意识,更谈不上成为站在生物食物链顶端的"宇宙之精华、万物之灵长"了。

> 究竟什么是思维和意识,它们是从哪里来的,那么就会发现,它们都是人脑的产物,而人本身是自然界的产物,是在自己所处的环境

①《马克思恩格斯文集》(第九卷),人民出版社,2009年,第47页。

> 中并且和这个环境一起发展起来的；这里不言而喻，归根到底也是自然界产物的人脑的产物，并不同自然界的其他联系相矛盾，而是相适应的。①

最后，人类社会统一于物质。

其一，人类社会本身就是物质性的存在物，科技水平、交往关系、身份认同、国家结构、政治机构、社会组织、家庭关系、文化传统、法律制度等社会基本构成要素本身就是具有客观实在性的物质存在物。

其二，人类社会从自然界产生，从本质上说是对自然界自在状态的一种否定性存在。虽然这种否定是要变自在自然为人化自然，但却必须要建立在自然界提供的基本物质资料和正确把握利用自然规律的基础上，甚至对于粮食、能源等人类基本生存必需品的获得，自然界至今仍然发挥着决定性作用。

> 我们对自然界的整个支配作用，就在于我们比其他一切生物强，能够认识和正确运用自然规律。②

其三，人类社会得以存在的第一个条件就是在自然界基础上通过劳动满足自己的吃喝住穿等生存需要，不仅如此，人类社会的发展和延续都必须建立在人类改造自然以满足自身需要的能力和水平——生产力水平基础上。古今中外，任何人类文明形态的崛起都必须建立在高度发达的生产力水平基础上，任何文明形态的衰落或湮没，生产力水平也必定首当其冲。

一当人开始生产自己的生活资料，即迈出由他们的肉体组织所决定的这一步的时候，人本身就开始把自己和动物区别开来。人们生产自己的生

①《马克思恩格斯文集》(第九卷)，人民出版社，2009年，第38页。

②《马克思恩格斯文集》(第九卷)，人民出版社，2009年，第560页。

活资料，同时间接地生产着自己的物质生活本身。[①]

五、实事求是，一切从实际出发

对于当代中国而言，世界的物质统一性原理最重要的指导意义就在于时刻提醒我们，必须坚持一切从实际出发制定政策、推动工作。

> 世界物质统一性原理是辩证唯物主义最基本、最核心的观点，是马克思主义哲学的基石。
>
> 遵循这一观点，最重要的就是坚持一切从客观实际出发，而不是从主观愿望出发。当代中国最大的客观实际是什么？就是我国仍处于并将长期处于社会主义初级阶段。这是我们认识当下、规划未来、制定政策、推进事业的客观基点，不能脱离这个基点，否则就会犯错误，甚至犯颠覆性的错误。[②]

客观实在是不以我们的意志为转移的，因此必须坚持一切从外部世界的客观实际出发。当代中国最大的实际就是我们正处于并将长期处于社会主义初级阶段。党的十九大做出了“我国社会主要矛盾已经转化为人民日益增长的美好生活需要和不平衡不充分的发展之间的矛盾”的重大论断。当前我国发展面临的主要问题是，创新能力不适应高质量发展要求，农业基础还不稳固，城乡区域发展和收入分配差距较大，生态环保任重道远，民生保障存在短板，社会治理还有弱项。归结起来，就是发展不平衡发展不充分。推动解决这些问题，就必须既积极有为又持之以恒努力。要坚持问题导向和目标导向，坚持系统观念，着力固根基、扬优势、补短板、强弱

---

①《马克思恩格斯文集》（第一卷），人民出版社，2009年，第519页。

② 习近平：《辩证唯物主义是中国共产党人的世界观和方法论》，《求是》，2019年第1期。

项，推动经济社会全面协调可持续发展。

当前，我国经济社会发展进入新发展阶段。所谓新发展阶段，既是全面建设社会主义现代化国家、向第二个百年奋斗目标进军的阶段，也是社会主义初级阶段中的一个阶段，同时是其中经过几十年积累、站到了新的起点上的一个阶段。所以，正确认识和把握新发展阶段，就必须坚持从新时代中国的客观实际出发，既不能妄自菲薄，也不能妄自尊大。而必须立足世情国情党情的深刻变化，既保持战略定力，又时刻与时俱进，胆子要大、步子要稳，防止在根本性问题上出现颠覆性错误。

> 还要指出，辩证唯物主义虽然强调世界的统一性在于它的物质性，但并不否认意识对物质的反作用，而是认为这种反作用有时是十分巨大的。[①]

马克思设想的共产主义是一个既实现物质财富极大丰富，又实现精神境界极大提高的理想社会。他们将生活在这样一个社会中的人称为实现了“自由而全面发展的人”。在各个历史时期，我们党都在思考和回应人民群众的物质需求和精神诉求，为实现人民对美好生活的向往而不息奋斗。特别是新时代以来的十年，中国日益“强起来”以后，人们不仅对“硬需求”有了更高期待，而且还有了更多追求文化内涵和精神境界的“软需求”。“富口袋”和“富脑袋”同时被摆上了天平的两端。

> 我国现代化是全体人民共同富裕的现代化……是物质文明和精神文明相协调的现代化。[②]

---

① 习近平：《辩证唯物主义是中国共产党人的世界观和方法论》，《求是》，2019年第1期。

②《习近平谈治国理政》（第四卷），外文出版社，2022年，第123页。

实现中国梦，是物质文明和精神文明均衡发展、相互促进的结果。没有文明的继承和发展，没有文化的弘扬和繁荣，就没有中国梦的实现。中华民族的先人们早就向往人们的物质生活充实无忧、道德境界充分升华的大同世界。中华文明历来把人的精神生活纳入人生和社会理想之中。所以，实现中国梦，是物质文明和精神文明比翼双飞的发展过程。随着中国经济社会不断发展，中华文明也必将顺应时代发展焕发出更加蓬勃的生命力。①

经济总量无论是世界第二还是世界第一，未必就能够巩固住我们的政权。经济发展了，但精神失落了，那国家能够称为强大吗？②

没有中华文化繁荣兴盛，就没有中华民族伟大复兴。一个民族的复兴需要强大的物质力量，也需要强大的精神力量。没有先进文化的积极引领，没有人民精神世界的极大丰富，没有民族精神力量的不断增强，一个国家、一个民族不可能屹立于世界民族之林。③

我们要建设的社会主义现代化强国，不仅要在物质上强，更要在精神上强。精神上强，才是更持久、更深沉、更有力量的。④

空谈误国，实干兴邦。综观人类历史，国破家亡总是发生在礼崩乐坏之后。因此“富脑袋”，首先，必须引导人民树立正确的价值观念、坚定理想信念，增强对马克思主义的信仰，对中国特色社会主义的信念，对实现中华民族伟大复兴中国梦的信心。其次，意识形态工作是党的一项极端重要的工作，因此必须牢牢把握意识形态工作领导权、管理权、话语权，为全体人民共同奋斗汇聚起强大的精神力量。再次，文化自信是最基本、最深沉、最

① 习近平：《在联合国教科文组织总部的演讲》，《人民日报》，2014年3月28日。

② 习近平：《做焦裕禄式的县委书记》，中央文献出版社，2015年，第35页。

③ 中共中央文献研究室编：《十八大以来重要文献选编》（中），中央文献出版社，2016年，第121页。

④ 习近平：《在纪念五四运动100周年大会上的讲话》，人民出版社，2019年，第11页。

持久的力量。必须推动中华优秀传统文化创造性转化、创新性发展，大力弘扬革命文化，建设社会主义先进文化，努力建设文化强国。最后，持续满足人民日益增长的精神文化需求，增加社会的精神文化财富。通过以文化人、以文育人，笃定文化自信，使先进的思想文化反过来转化为强大的物质力量，为中华民族伟大复兴提供源源不断的精神食粮。

对于新时代的我们而言，世界的物质统一性原理最重要的指导意义就在于时刻警醒我们，既要努力提升个人文化素养、道德品质和精神境界，善于总结思考，又要勇于实践，积极做“实干家”“行动派”，始终斗志昂扬。

> 青年要保持初生牛犊不怕虎、越是艰险越向前的刚健勇毅，勇立时代潮头，争做时代先锋。一切视探索尝试为畏途、一切把负重前行当吃亏、一切“躲进小楼成一统”逃避责任的思想和行为，都是要不得的，都是成不了事的，也是难以真正获得人生快乐的。①

德国哲学家叔本华曾在《人生的智慧》一书中谈到，“人生最大的两大痛苦，莫过于物质匮乏，精神空虚”。这句话放在当下，估计也会让很多年轻人心有戚戚焉。人类在追求物质幸福的过程中，从来没有放弃对精神富足的向往。事实上，相对于物质匮乏而言，精神空虚带给人的痛苦似乎更加难受。伴随脱贫攻坚的伟大胜利，中国人民已经自豪地向世界宣告从此告别了绝对贫困，但精神富裕作为共同富裕的重要内容和现代化强国的应有之义，已经吹响了新征程的号角，亟待我们继续为之不断憧憬和奋斗。今天的中国早已是世界第二大经济体，经济实力强起来后，我们更要深刻把握好社会主义与市场经济的关系，依法规范和引导我国资本健康发展，高度警惕资本逻辑对社会生活的侵蚀。不仅如此，百年变局叠加世纪疫情，全球发展在今天面临更多不确定的同时，我们实际上并不能置身事外，

---

① 习近平：《在纪念五四运动100周年大会上的讲话》，人民出版社，2019年，第8页。

难免受到影响。过去的40年里，中国经济一路狂奔、一骑绝尘。今日中国正逐渐由高速发展的新兴经济体向高质量增长的成熟经济体演变。面临着周期性因素和结构性因素叠加、短期问题和长期问题交织、外部冲击等多重影响。对于年轻人而言，要自觉避免“精神黑洞”“价值混乱”“意义缺失”“生活懈怠”等消极因素，自觉抵制功利主义、享乐主义、消费主义等不良习惯侵蚀，自觉远离佛系、内卷、躺平等消极心态影响。

> 但我要特别呼吁青年的精神，因为青春是生命中最美好的一段时间，尚没有受到迫切需要的狭隘目的系统的束缚，而且还有从事于无关自己利益的科学工作的自由。[①]

既然生活在人世，就不能没有生死、祸福、哀乐、是非，这是世间最朴素的定律。青年人一方面，要不负韶华、珍惜时光，充分吸收知识，敏于总结思考，丰富精神生活，涵养精神世界，提高精神境界；另一方面，要坚信努力必有回报，奋斗永不过时，练就过硬本领，自觉锤炼品格，勇担时代责任。最后，历史只会眷顾坚定者、奋进者、搏击者，而不会等待犹豫者、懈怠者、畏难者。善于使向上向善的精神和昂扬奋发的斗志转化为撸起袖子加油干的豪情，勇敢追求属于我们自己，也属于我们这个伟大民族的诗和远方。

---

① [德]黑格尔：《小逻辑》，贺麟译，商务印书馆，1980年，第35页。

第三讲

鱼与熊掌是否能够兼得？

一位喜欢旅行的老饕告诉我,每走到一个新的地方,他总是喜欢第一时间去品尝最地道的当地美食。因为离开了当地那方水土,食物即便做得再好,也会感觉失去了本真味道,不是那么正宗。我们想当然地认为,在意大利餐厅似乎就该看到西红柿意大利面,在波兰和爱尔兰餐厅里就该有很多马铃薯,在阿根廷餐厅就该有几十种牛排可以选择,印度餐厅里就该什么都要加辣椒、咖喱,在瑞士咖啡里就该有热巧克力,上面盖着像阿尔卑斯山一样高的鲜奶油……然而你可能不知道的是,西红柿、辣椒和可可的原产地在墨西哥,是西班牙人征服墨西哥之后才传到亚非;至于古罗马帝国的恺撒和意大利的但丁,也从来没有用叉子卷起西红柿意大利面;瑞士的威廉·泰尔从来没吃过巧克力;至于印度的佛陀也未曾在食物里加过辣椒。马铃薯一直要到400年前才传到了波兰和爱尔兰,在1492年,阿根廷完全没有牛排,只有羊驼排。这些想当然的本土美食距离其最初的诞生地竟然远隔重洋,有万里之遥。可见,早在几个世纪甚至数千年以前,我们生活于其中的这个世界便已然联结为一个有机的整体,不同的文明、民族、国家、人民之间发生着千丝万缕的联系,它们密不可分,甚至牢不可破,并随着岁月的流淌而变动不居。因此,正如恩格斯所描述的那样:

> 当我们通过思维来考察自然界或人类历史或我们自己的精神活动的时候,首先呈现在我们眼前的,是一幅由种种联系和相互作用无穷无尽地交织起来的画面,其中没有任何东西是不动的和不变的,而是一切都在运动、变化、生成和消逝。[①]

马克思主义的辩证法描述了世间万物的存在状态,揭示出人类世界的客观规律和运行法则,为我们正确认识世界和改造世界提供了一把金钥匙。

---

①《马克思恩格斯文集》(第九卷),人民出版社,2009年,第23页。

辩证法一词来源于拉丁文dialego一词,原意为进行对话和论战。在古希腊,辩证法主要用于揭露对方论断中的矛盾并克服这些矛盾以求得真理的艺术和技巧。苏格拉底就把辩证法看作揭露思维矛盾和通过对立意见的冲突而发现真理的最好方法。柏拉图认为,辩证法是指从低级概念到高级概念的思维运动,是认识理念的逻辑方法。亚里士多德则把辩证法视为一种证明方法。后来,推而广之,用这种辩证的思维方法研究世界,就变成了认识世界的方法。

古代朴素的辩证法。中国两千多年前的哲学思想中就包含着丰富的、朴素的辩证法思想。比如《周易·系辞》中的“一阴一阳之谓道”、老子《道德经》中的“祸兮福之所倚,福兮祸之所伏”以及“有无相生,难易相成,长短相形,高下相倾,音声相和,前后相随”。同样,在古代西方先哲的著述中也存在着丰富的辩证法思想。赫拉克利特在谈到对立统一时就曾强调“统一物是由两个对立面组成的,所以把它分成两半时,这两个对立面就暴露出来了”。

近代唯心主义辩证法。黑格尔是近代辩证法的集大成者,是当之无愧的辩证法大师。在黑格尔宏大叙述的哲学体系中,万事万物莫不是以“正—反—合”的方式展开与呈现的。黑格尔是第一次全面地有意识地叙述辩证法一般运动形式的哲学家。他明确而系统地表述了辩证法的基本规律和范畴,如量变质变规律、辩证否定规律、对立统一规律以及本质和现象、内容和形式、原因和结果、必然性和偶然性、可能性和现实性、自由和必然等范畴以及认识的辩证过程。黑格尔的辩证法思想是极其丰富和深刻的,达到了前所未有的高度,并成为马克思主义的重要来源。但是黑格尔的辩证法本质上却是唯心主义的,他认为客观物质世界是不能发展的,辩证发展的只能是“绝对精神”,自然、社会和人不过是“绝对精神”发展到一定阶段后异化的产物。黑格尔的辩证规律是作为思维规律强加给自然和历史的,而不是从它们当中抽象和概括出来的。辩证法的光芒被黑格尔唯心主义的哲学外壳掩盖和窒息了。

马克思主义唯物辩证法。在批判和继承黑格尔辩证法的基础上,马克思主义创立了唯物主义的辩证法。实现了辩证法和唯物论的高度统一、理论和实践的高度统一、科学性和革命性的高度统一,为马克思主义哲学的创立和发展打下了坚实的理论基础。

一、唯物辩证法的总观点和总特征

当今世界正经历百年未有之大变局,国际环境日趋复杂,经济全球化遭遇逆流,我们必须在一个更加不稳定不确定的世界中谋求我国发展。

> 当前,世界百年未有之大变局加速演进,新一轮科技革命和产业变革深入发展,国际力量对比深刻调整,我国发展面临新的战略机遇。同时,世纪疫情影响深远,逆全球化思潮抬头,单边主义、保护主义明显上升,世界经济复苏乏力,局部冲突和动荡频发,全球性问题加剧,世界进入新的动荡变革期。①

经济全球化是推动人类文明不断前进的重要的动力源泉。回首人类文明的现代化进程,全球化先后经历了四个阶段,呈现四种不同的历史样态。在全球化的1.0阶段,西方国家凭借先发优势抢占了发展先机,借助于航海技术的发展,西方国家主导建立起一体化的世界市场体制,并建立起西方主导下的一整套规则制度体系。然而在这个阶段,少数西方国家的发展与进步实质上是建立在充满血腥罪恶的基础上的不平等的全球化,西方国家的成就主要是通过战争、殖民、掠夺亚洲、非洲、拉丁美洲等非西方国家的卑劣手段得到的,这段不光彩的记忆被以血和火的文字镌刻在了人类的编年史上。在全球化的2.0阶段,伴随着亚非拉民族的觉醒和独立,人类步入冷战时代,呈现美苏争霸的时代画面。在这一阶段,全球化过程的多

---

①《习近平著作选读》(第一卷),人民出版社,2023年,第21~22页。

边机制逐步发展完善，西方国家主导经济全球化的能力逐步下降，世界经济的多边贸易体制逐步形成。“逆全球化”是经济全球化3.0时期的重要表征。进入21世纪，部分西方国家由于忌惮部分新兴经济体的快速成长，在逆全球化思维的蛊惑下，大肆奉行单边主义，助长贸易保护主义，肆意制造贸易摩擦，一时间全球性问题加剧，世界经济复苏乏力。进入新时代，作为负责任大国的中国审时度势提出了构建人类命运共同体的倡议，一举推动经济全球化迈入崭新的4.0时代。我们以高质量共建“一带一路”倡议为抓手，主张各国携手合作应对全球化问题，致力于妥善解决全球化红利分配不均衡的原有体制机制，得到了越来越多国家的支持，目前该倡议正付诸实践、落地生根。

> 我国不走一些国家通过战争、殖民、掠夺等方式实现现代化的老路，那种损人利己、充满血腥罪恶的老路给广大发展中国家人民带来深重苦难。
>
> 中国坚持经济全球化正确方向，推动贸易和投资自由化便利化，推进双边、区域和多边合作，促进国际宏观经济政策协调，共同营造有利于发展的国际环境，共同培育全球发展新动能，反对保护主义，反对“筑墙设垒”、“脱钩断链”，反对单边制裁、极限施压。①

回顾经济全球化走过的艰辛历程，我们不难发现为什么中国主张的人类命运共同体得到越来越多国家的支持和拥护。一方面，从价值情感上看，人类社会本身就是一个不可分割、荣辱与共的有机整体，而构建人类命运共同体重要理念则回应了各国人民求和平、谋发展、促合作的共同愿望，

---

① 习近平：《高举中国特色社会主义伟大旗帜 为全面建设社会主义现代化国家而团结奋斗——在中国共产党第二十次全国代表大会上的报告》，人民出版社，2022年，第23、61~62页。

指明了解决全球性问题的根本路径和方向。另一方面,从科学规律而言,推动构建人类命运共同体在本质上又是与马克思主义的世界历史思想一脉相承、与时俱进的时代表达,其本身就是符合人类社会发展规律的科学认知。

> 大工业建立了由美洲的发现所准备好的世界市场。世界市场使商业、航海业和陆路交通得到了巨大的发展。这种发展又反过来促进了工业的扩展,同时,随着工业、商业、航海业和铁路的扩展,资产阶级也在同一程度上发展起来,增加自己的资本,把中世纪遗留下来的一切阶级排挤到后面去。①
>
> 各个相互影响的活动范围在这个发展进程中越是扩大,各民族的原始封闭状态由于日益完善的生产方式、交往以及因交往而自然形成的不同民族之间的分工消灭得越是彻底,历史也就越是成为世界历史。例如,如果在英国发明了一种机器,它夺走了印度和中国的无数劳动者的饭碗,并引起这些国家的整个生存形式的改变,那么,这个发明便成为一个世界历史性的事实;同样,砂糖和咖啡是这样来表明自己在19世纪具有的世界历史意义的:拿破仑的大陆体系所引起的这两种产品的匮乏推动了德国人起来反抗拿破仑,从而就成为光荣的1813年解放战争的现实基础。由此可见,历史向世界历史的转变,不是“自我意识”、世界精神或者某个形而上学幽灵的某种纯粹的抽象行动,而是完全物质的、可以通过经验证明的行动,每一个过着实际生活的、需要吃、喝、穿的个人都可以证明这种行动。②

从唯物史观看来,伴随着大工业所带来的生产力的飞跃,人类社会从

①《马克思恩格斯文集》(第二卷),人民出版社,2009年,第32~33页。
②《马克思恩格斯文集》(第一卷),人民出版社,2009年,第540~541页。

民族历史走向世界历史，这是历史发展的客观要求和必然趋势。中国要发展，就必须遵循客观规律，在历史前进的逻辑中前进，在时代发展的潮流中发展。

> 世界经济的大海，你要还是不要，都在那儿，是回避不了的。想人为切断各国经济的资金流、技术流、产品流、产业流、人员流，让世界经济的大海退回到一个一个孤立的小湖泊、小河流，是不可能的，也是不符合历史潮流的。[①]

可见，经济全球化确实带来了新问题，但我们决不能就此把它一棍子打死，而是要坚持用全面、辩证、发展的眼光来分析看待它，消解其负面影响，引导其更好惠及每个国家、每个民族。经济全球化只是一个具体的例子，但辩证法却是我们处理任何问题的指导性原则。在这其中，普遍联系和永恒发展是唯物辩证法的总观点和总特征。

（一）普遍联系

> 形而上学的考察方式，虽然在相当广泛的、各依对象性质而大小不同的领域中是合理的，甚至必要的，可是它每一次迟早都要达到一个界限，一超过这个界限，它就会变成片面的、狭隘的、抽象的，并且陷入无法解决的矛盾，因为它看到一个一个的事物，忘记它们互相间的联系；看到它们的存在，忘记它们的生成和消逝；看到它们的静止，忘记它们的运动；因为它只见树木，不见森林。[②]
>
> 因为辩证法在考察事物及其在观念上的反映时，本质上是从它们

①《习近平谈治国理政》（第二卷），外文出版社，2017年，第478页。
②《马克思恩格斯文集》（第九卷），人民出版社，2009年，第24页。

的联系、它们的联结、它们的运动、它们的产生和消逝方面去考察的。①

从哲学上看,联系是指事物内部各要素之间和事物之间相互影响、相互制约、相互作用的关系。普遍性、客观性、条件性和多样性是联系的基本特征。联系的普遍性揭示出世界的物质统一性,表明任何事物都不能脱离其他事物孤立存在,都以直接或间接的方式处于内外交织或纵横交错的联系之中。在这方面,"蝴蝶效应"或"六度分隔理论"都提供了很好的例证。联系的客观性告诉我们事物之间的联系是其本身具有的固有状态和客观本性,而不是人们从外部强加的主观臆想。因此,我们必须善于从事物的固有联系中去把握事物,决不能用主观臆断的联系去取代或割裂事物之间的客观联系。联系的条件性告诉我们,虽然万事万物莫不处于普遍联系之中,但事物之间的联系都要中介或桥梁,这便是条件的重要性。在人类的主观能动性面前,条件是能够改变的,我们既可以充分利用有利条件,也可以化不利条件为有利条件,但前提是这种改变必须以尊重和遵循客观规律为前提。联系的多样性包括内部联系和外部联系、直接联系和间接联系、必然联系和偶然联系、本质联系和非本质联系,等等。联系的多样性要求我们必须具体问题具体分析。

人们自己创造自己的历史,但是他们并不是随心所欲地创造,并不是在他们自己选定的条件下创造,而是在直接碰到的、既定的、从过去承继下来的条件下创造。一切已死的先辈们的传统,像梦魇一样纠缠着活人的头脑。当人们好像刚好在忙于改造自己和周围的事物并创造前所未有的事物时,恰好在这种革命危机时代,他们战战兢兢地请出亡灵来为他们效劳,借用它们的名字、战斗口号和衣服,以便穿着这种久受崇敬的服装,用这种借来的语言,演出世界历史的新

①《马克思恩格斯文集》(第九卷),人民出版社,2009年,第25页。

的一幕。[①]

坚持和发展马克思主义，必须同中华优秀传统文化相结合。只有植根本国、本民族历史文化沃土，马克思主义真理之树才能根深叶茂。中华优秀传统文化源远流长、博大精深，是中华文明的智慧结晶，其中蕴含的天下为公、民为邦本、为政以德、革故鼎新、任人唯贤、天人合一、自强不息、厚德载物、讲信修睦、亲仁善邻等，是中国人民在长期生产生活中积累的宇宙观、天下观、社会观、道德观的重要体现，同科学社会主义价值观主张具有高度契合性。我们必须坚定历史自信、文化自信，坚持古为今用、推陈出新，把马克思主义思想精髓同中华优秀传统文化精华贯通起来、同人民群众日用而不觉的共同价值观念融通起来，不断赋予科学理论鲜明的中国特色，不断夯实马克思主义中国化时代化的历史基础和群众基础，让马克思主义在中国牢牢扎根。[②]

最后，从方法论上看，坚持唯物辩证法的联系观点就要学会用联系的眼光看问题。同时，善于分析事物的具体联系，确立起整体性、系统性、开放性观念，从动态中考察事物的普遍联系。

必须坚持系统观念。万事万物是相互联系、相互依存的。只有用普遍联系的、全面系统的、发展变化的观点观察事物，才能把握事物发展规律。我国是一个发展中大国，仍处于社会主义初级阶段，正在经历广泛而深刻的社会变革，推进改革发展、调整利益关系往往牵一发而动全身。我们要善于通过历史看现实、透过现象看本质，把握好全

---

①《马克思恩格斯文集》(第二卷)，人民出版社，2009年，第470~471页。

② 习近平：《高举中国特色社会主义伟大旗帜 为全面建设社会主义现代化国家而团结奋斗——在中国共产党第二十次全国代表大会上的报告》，人民出版社，2022年，第18页。

局和局部、当前和长远、宏观和微观、主要矛盾和次要矛盾、特殊和一般的关系，不断提高战略思维、历史思维、辩证思维、系统思维、创新思维、法治思维、底线思维能力，为前瞻性思考、全局性谋划、整体性推进党和国家各项事业提供科学思想方法。[①]

世界上的事物总是有着这样那样的联系，不能孤立地静止地看待事物发展，否则往往会出现盲人摸象、以偏概全的问题。正所谓“有无相生，难易相成，长短相形，高下相倾，音声相和，前后相随”。在观察社会发展时，一定要注意这种决定和被决定、作用和反作用的有机联系。对生产力标准必须全面准确理解，不能绝对化，不能撇开生产关系、上层建筑来理解生产力标准。改革开放以来，我们党提出的一系列“两手抓”，包括一手抓物质文明建设、一手抓精神文明建设，一手抓经济建设、一手抓法治建设，一手抓发展、一手抓稳定，一手抓改革开放、一手抓惩治腐败等，都是符合历史唯物主义要求的。[②]

（二）永恒发展

在辩证唯物主义看来，发展与运动和变化虽然都表示事物自身的一种活动状态，但它们在本质上却并不相同。运动和变化并不具有趋向性，可以是前进或者后退、上升或者下降，发展却是在运动、变化的基础上进一步揭示物质世界运动的整体趋势和方向性的范畴，是一种特殊的运动变化，即前进性、上升性的运动。

形而上学的考察方式，虽然在相当广泛的、各依对象性质而大小不同的领域中是合理的，甚至必要的，可是它每一次迟早都要达到一

① 习近平：《高举中国特色社会主义伟大旗帜 为全面建设社会主义现代化国家而团结奋斗——在中国共产党第二十次全国代表大会上的报告》，人民出版社，2022年，第20~21页。

② 习近平：《论党的宣传思想工作》，中央文献出版社，2020年，第36页。

> 个界限，一超过这个界限，它就会变成片面的、狭隘的、抽象的，并且陷入无法解决的矛盾，因为它看到一个一个的事物，忘记它们互相间的联系；看到它们的存在，忘记它们的生成和消逝；看到它们的静止，忘记它们的运动；因为它只见树木，不见森林。①
>
> 人类的历史，就是一个不断地从必然王国向自由王国发展的历史。这个历史永远不会完结。在有阶级存在的社会内，阶级斗争不会完结。在无阶级存在的社会内，新与旧、正确与错误之间的斗争永远不会完结。在生产斗争和科学实验范围内，人类总是不断发展的，自然界也总是不断发展的，永远不会停止在一个水平上。因此，人类总得不断地总结经验，有所发现，有所发明，有所创造，有所前进。停止的论点、悲观的论点、无所作为和骄傲自满的论点，都是错误的。②

发展的实质是新事物的产生和旧事物的灭亡。所谓新事物，即是合乎历史前进方向、具有远大前途的东西。与之相反，旧事物即是指丧失历史必然性、日趋灭亡的东西。新事物之所以会必然取代旧事物，其主要原因有三个方面。第一，就新事物与环境的关系而言，新事物之所以新，是因为有新的要素、结构和功能，它适应已经变化了的环境和条件；旧事物之所以旧，是因为它的各种要素和功能已经不适应环境和客观条件的变化，走向灭亡就成为不可避免的。第二，就新事物与旧事物的关系而言，新事物是在旧事物的“母体”中孕育成熟的，它既否定了旧事物中消极腐朽的东西，又保留了旧事物中合理的、适应新条件的因素，并添加了旧事物所不能容纳的新内容。这也正是新事物在本质上优越于旧事物、具有强大生命力的原因所在。第三，在社会历史领域，新事物是社会上先进的、富有创造力的

---

①《马克思恩格斯文集》（第九卷），人民出版社，2009年，第24页。

②《毛泽东文集》（第八卷），人民出版社，1999年，第325页。

人们创造性活动的产物,它从根本上符合人民群众的利益和要求,能够得到人民群众的拥护,因而必然战胜旧事物。

> 坚持以马克思主义为指导,必须落到研究我国发展和我们党执政面临的重大理论和实践问题上来,落到提出解决问题的正确思路和有效办法上来。要坚持用联系的发展的眼光看问题,增强战略性、系统性思维,分清本质和现象、主流和支流,既看存在问题又看其发展趋势,既看局部又看全局,提出的观点、作出的结论要客观准确、经得起检验,在全面客观分析的基础上,努力揭示我国社会发展、人类社会发展的大逻辑大趋势。①

坚持唯物辩证法的发展观点,要求我们既要区分新事物和旧事物,积极支持或扶持新事物的成长,又要反对用静止的观点看问题,既尊重现存事物存在的合理性,又学会把任何事物都当作动态过程来理解,把握事物所处的阶段和地位,不以一时成败而论英雄,与时俱进地看问题、想办法,勇敢追求没有最好,只有更好的美好生活。

二、唯物辩证法的三大规律

所谓规律,即是指事物变化发展过程中本身所固有的、本质的、必然的、稳定的联系。辩证唯物主义认为,世界的联系和发展是有规律的,这些规律是可以被我们的理智所把握的,这正是人类可以认识世界和改造世界的根本原因。唯物辩证法揭示的正是世界变化发展的一般规律,这就是对立统一规律、量变质变规律和否定之否定规律。

在唯物辩证法的三大规律中间,对立统一规律是其中的实质和核心。究其原因,主要有三。首先,对立统一规律揭示了事物普遍联系的根本内

① 习近平:《在哲学社会科学工作座谈会上的讲话》,人民出版社,2016年,第14页。

容和变化发展的内在动力,从根本上回答了事物为什么会有联系和为什么会发展的问题。其次,对立统一规律是贯穿量变质变规律、否定之否定规律以及唯物辩证法基本范畴的中心线索,也是理解这些规律的"钥匙"。量变质变规律所揭示的是量和质、量变和质变的对立统一关系,否定之否定规律揭示的是肯定和否定之间对立统一的关系。最后,对立统一规律提供了人们认识世界和改造世界的根本方法——矛盾分析方法。

两个相互矛盾方面的共存、斗争以及融合成一个新范畴,就是辩证运动。①

辩证法是一种学说,它研究对立面怎样才能够同一,是怎样(怎样成为)同一的——在什么条件下它们是相互转化而同一的,——为什么人的头脑不应该把这些对立面看做僵死的、凝固的东西,而应该看做活生生的、有条件的,活动的、彼此转化的东西。②

可以把辩证法简要地规定为关于对立面的统一的学说。这样就会抓住辩证法的核心,可是这需要说明和发挥。③

统一物质分为两个部分以及对它的矛盾着的部分的认识(参看拉萨尔的《赫拉克利特》一书第3篇(《论认识》)开头所引的斐洛关于赫拉克利特的一段话),是辩证法的实质(是辩证法的"本质"之一,是它的基本的特点或特征之一,甚至可说是它的基本的特点或特征)。④

①《马克思恩格斯文集》(第一卷),人民出版社,2009年,第605页。

②《列宁专题文集 论辩证唯物主义和历史唯物主义》,人民出版社,2009年,第132页。

③《列宁专题文集 论辩证唯物主义和历史唯物主义》,人民出版社,2009年,第141页。

④《列宁专题文集 论辩证唯物主义和历史唯物主义》,人民出版社,2009年,第148页。

辩证法的核心是对立统一规律,其他范畴如质量互变、否定之否定、联系、发展等等,都可以在核心规律中予以说明。盖所谓联系就是诸对立物间在时间和空间中互相联系,所谓发展就是诸对立物斗争的结果。至于质量互变、否定之否定,应与现象本质、形式内容等等,在核心规律的指导下予以说明。①

(一)对立统一规律

麦兜:麻烦你,鱼丸粗面。

校长:没有粗面。

麦兜:是吗? 来碗鱼丸河粉吧。

校长:没有鱼丸。

麦兜:是吗? 那牛肚粗面吧。

校长:没有粗面。

麦兜:那要鱼丸油面吧。

校长:没有鱼丸。

麦兜:怎么什么都没有啊? 那要墨鱼丸粗面吧。

校长:没有粗面。

麦兜:又卖完了? 麻烦你来碗鱼丸米线。

校长:没有鱼丸。

旁:麦兜啊,他们的鱼丸跟粗面卖光了,就是所有跟鱼丸和粗面的配搭都没了。

麦兜:哦! 没有那些搭配啊……麻烦你只要鱼丸。

校长:没有鱼丸。

麦兜:那粗面呢?

---

①《毛泽东文集》(第八卷),人民出版社,1999年,第326页。

校长:没有粗面。

……

——麦兜系列之《鱼丸粗面》

对立统一规律又称矛盾律。然而哲学上的矛盾跟我们平日所讲的矛盾到底有什么区别呢?这里,我们首先需要澄清这一问题。平日我们所讲的矛盾是逻辑矛盾,主要指人们的思维过程不合逻辑、违反逻辑规则造成的,它是思维中的自相矛盾,是叙述的矛盾。上文我们引用的《鱼丸粗面》的故事便是逻辑矛盾。哲学上的矛盾律又称为辩证矛盾,指的是客观事物自身所固有的、生活本身的矛盾,这种对立统一的现象广泛存在于万事万物之中,可以说大千世界概莫能外。

比如说,从1405年开始到1433年,大明派遣郑和进行了7次海上远洋,航行共拜访了30多个国家和地区,最远到达东非、红海。这是中国古代规模最大、船只和海员最多、时间最久的海上航行。这在历史上被解读为:明成祖积极、主动发展与藩国的邦交关系,对周边国家采用和平友好的态度,试图构建一个以中国为主导,有等级秩序的、和谐的理想世界秩序。大明以此为基础形成了和平外交模式,影响随后近三百年。

然而就是在郑和下西洋的一年之后,葡萄牙人首次越过了欧洲人认为的地理上的最南方,就是非洲的博哈多尔角,并从此揭开了地理大发现的序幕。欧洲快速完成了资本积累,全球进入了殖民时代,而欧洲也成了随后数百年世界的中心。

如果论国力,当时的大明可以"秒杀"整个欧洲,仅在探索时期的航船,大明的排水量吨位与载重量均是哥伦布时期的10倍以上。在航海技术上,郑和使用海道针经即指南针导航结合过洋牵星术的天文导航,在当时是最先进的航海导航技术。大明的船队,一次性航海人员多达2.7万名,是哥伦布的20倍以上。但是西方的地理大发现,为欧洲带来了大量的财富与资本,奠定了一直持续到今天的以西方为主导的世界秩序。而中国却缓慢的从世界之巅开始衰落,最终导致400年后,全球文明终于被西方世界所主导。

原因何在?中华民族以农耕文明为主,耕作需要依靠集体的力量抵御自然灾害的冲击,因此逐步形成了集体主义观念,以及仁义礼智信等传统价值观。几千年来,中华文明一直是建设者而非劫掠者。在此基础上,与世界各国进行和平贸易成为中华民族对外所塑造的世界秩序的主要特征。正所谓"吾闻古圣王,修德来远人"。(唐·皮日休《正乐府十篇·诮虚器》)而对比西方文明,几百年来恃强凌弱一直是其对外交往的基本原则。正所谓"如果不加入我们,就是我们的敌人"。(电影《教父》)劫掠的基因一直是西方文明的底层逻辑,从中世纪的北欧海盗,到地理大发现后的殖民掠夺,再到现在的美元体系。

可见,同样是对外交往,中西之间在方式与目的上却表现出截然不同的形象,并由此形成了各自不同的发展思维和现代化道路,这便是对外交往方面的对立统一规律。

1.矛盾的同一性和斗争性

矛盾是反映事物内部和事物之间对立统一关系的哲学范畴。对立和统一分别体现了矛盾的两种基本属性。矛盾的对立属性又称斗争性,矛盾的统一属性又称同一性。

矛盾的同一性是指矛盾着的对立面相互依存、相互贯通的性质和趋势。一方面,矛盾着的对立面共处于一个统一体中,相互依存,互为存在的前提;另一方面,矛盾着的对立面相互贯通,在一定条件下可以相互转化。

> 深入人民意识的辩证法有一个古老的命题:两极相联。①
>
> 正如吃了半个苹果以后就再不能有一个整苹果一样,没有对立的

①《马克思恩格斯文集》(第九卷),人民出版社,2009年,第442页。

另一面，就不可能有对立的这一面。①

辩证法根据我们直到目前为止的自然经验的结果，已经证明了：所有的两极对立，都以对立的两极的相互作用为条件；这两极的分离和对立，只存在于它们的相互依存和联结之中，反过来说，它们的联结，只存在于它们的分离之中，它们的相互依存，只存在于它们的对立之中。②

矛盾的斗争性是矛盾着的对立面相互排斥、相互分离的性质和趋势。

对立——如果一个事物包含着对立，那么它就同自身处在矛盾中，而且它在思想中的表现也是如此。例如，一个事物是它自身，同时又在不断变化，它本身含有“不变”和“变”的对立，这就是矛盾。③

矛盾的同一性和斗争性相互联结、相辅相成。没有斗争性就没有同一性，没有同一性也没有斗争性，斗争性寓于同一性之中，同一性通过斗争性来体现。矛盾的同一性是有条件的、相对的，矛盾的斗争性是无条件的、绝对的。矛盾的同一性和斗争性相结合，形成了事物之间的普遍联系，构成了事物的永恒运动，推动着事物的变化发展。

对立面的统一（一致、同一、均势）是有条件的、暂时的、易逝的、相对的。相互排斥的对立面的斗争是绝对的，正如发展、运动是绝对的一样。④

---

①《马克思恩格斯文集》（第四卷），人民出版社，2009年，第80页。

②《马克思恩格斯文集》（第九卷），人民出版社，2009年，第516页。

③《马克思恩格斯文集》（第九卷），人民出版社，2009年，第356页。

④《列宁专题文集 论辩证唯物主义和历史唯物主义》，人民出版社，2009年，第149页。

矛盾同一性和斗争性的辩证关系原理,要求我们在观察和处理问题时,必须善于把两者结合起来,在斗争性中把握同一性,在同一性中把握斗争性。

危和机总是同生并存的,克服了危即是机。随着境外疫情加速扩散蔓延,国际经贸活动受到严重影响,我国经济发展面临新的挑战,同时也给我国加快科技发展、推动产业优化升级带来新的机遇。要深入分析,全面权衡,准确识变、科学应变、主动求变,善于从眼前的危机、眼前的困难中捕捉和创造机遇。[①]

运用矛盾的同一性和斗争性原理指导实践,还要正确把握和谐对事物发展的作用。和谐是矛盾的一种特殊表现形式,体现着矛盾双方的相互依存、相互促进、共同发展。和谐并不意味着矛盾的绝对同一,和谐是相对的、有条件的,只有在矛盾双方处于平衡、协调、合作的情况下,事物才展现出和谐状态。社会的和谐、人与自然的和谐,都是在不断解决矛盾的过程中实现的。

同时,运用矛盾的同一性和斗争性辩证关系原理指导实践,还要大力发扬斗争精神。敢于斗争、善于斗争是马克思主义的鲜明特点,是中国共产党人的鲜明品格。在新时代新征程上,我们必须进行具有许多新的历史特点的伟大斗争,在斗争中应对挑战,在斗争中开拓前进。

坚持敢于斗争。敢于斗争、敢于胜利,是党和人民不可战胜的强大精神力量。党和人民取得的一切成就,不是天上掉下来的,不是别

①《习近平在浙江考察时强调 统筹推进疫情防控和经济社会发展工作 奋力实现今年经济社会发展目标任务》,《人民日报》,2020年4月2日。

人恩赐的，而是通过不断斗争取得的。党在内忧外患中诞生、在历经磨难中成长、在攻坚克难中壮大，为了人民、国家、民族，为了理想信念，无论敌人如何强大、道路如何艰险、挑战如何严峻，党总是绝不畏惧、绝不退缩，不怕牺牲、百折不挠。只要我们把握新的伟大斗争的历史特点，抓住和用好历史机遇，下好先手棋、打好主动仗，发扬斗争精神，增强斗争本领，凝聚起全党全国人民的意志和力量，就一定能够战胜一切可以预见和难以预见的风险挑战。①

——坚持发扬斗争精神。增强全党全国各族人民的志气、骨气、底气，不信邪、不怕鬼、不怕压，知难而进、迎难而上，统筹发展和安全，全力战胜前进道路上各种困难和挑战，依靠顽强斗争打开事业发展新天地。②

2.矛盾的普遍性和特殊性

矛盾的普遍性又称为矛盾的共性，是指矛盾存在于一切事物中，存在于一切事物发展过程的始终，事物始终在矛盾中运动。矛盾的特殊性又称为矛盾的个性，是指各个具体事物的矛盾、每一个矛盾的各个方面在发展的不同阶段上各有其特点。矛盾的特殊性决定了事物的不同性质。只有具体分析矛盾的特殊性，才能认清事物的本质和发展规律，并采取正确的方法和措施去解决矛盾，推动事物的发展。

运动本身就是矛盾；甚至简单的机械的位移之所以能够实现，也只是因为物体在同一瞬间既在一个地方又在另一个地方，既在同一

---

①《中共中央关于党的百年奋斗重大成就和历史经验的决议》，人民出版社，2021年，第69~70页。

② 习近平：《高举中国特色社会主义伟大旗帜 为全面建设社会主义现代化国家而团结奋斗——在中国共产党第二十次全国代表大会上的报告》，人民出版社，2022年，第27页。

个地方又不在同一个地方。这种矛盾的连续产生和同时解决正好就是运动……既然简单的机械的位移本身已经包含着矛盾,那么物质的更高级的运动形式,特别是有机生命及其发展,就更加包含着矛盾。我们在上面已经看到,生命首先正是在于:生物在每一瞬间是它自身,同时又是别的东西。所以,生命也是存在于物体和过程本身中的不断地自行产生并自行解决的矛盾;矛盾一停止,生命也就停止,死亡就到来。①

社会生活充满着矛盾;我们在历史上看到各民族之间,各社会之间,以及各民族、各社会内部的斗争,还看到革命和反动、和平和战争、停滞和迅速发展或衰落等不同时期的更迭,——这些都是人所共知的事实。②

在我们这个时代,每一种事物好像都包含有自己的反面。我们看到,机器具有减少人类劳动和使劳动更有成效的神奇力量,然而却引起了饥饿和过渡疲劳。财富的新源泉,由于某种奇怪的、不可思议的魔力而变成贫困的源泉。技术的胜利,似乎是以道德的败坏为代价换来的。③

由于文明时代的基础是一个阶级对另一个阶级的剥削,所以它的全部发展都是在经常的矛盾中进行的。生产的每一进步,同时也就是被压迫阶级即大多数人的生活状况的一个退步。对一些人是好事,对另一些人必然是坏事,一个阶级的任何新的解放,必然是对另一个阶级的新的压迫。这一情况的最明显的例证就是机器的采用,其后果现在已是众所周知的了。④

中国人早就知道矛盾的概念,所谓"一阴一阳之谓道"。矛盾是普

---

①《马克思恩格斯选集》(第三卷),人民出版社,2012年,第498~499页。
②《列宁专题文集 论马克思主义》,人民出版社,2009年,第15页。
③《马克思恩格斯文集》(第二卷),人民出版社,2009年,第580页。
④《马克思恩格斯文集》(第四卷),人民出版社,2009年,第196页。

遍存在的，矛盾是事物联系的实质内容和事物发展的根本动力，人的认识活动和实践活动，从根本上说就是不断认识矛盾、不断解决矛盾的过程。

问题是事物矛盾的表现形式，我们强调增强问题意识、坚持问题导向，就是承认矛盾的普遍性、客观性，就是要善于把认识和化解矛盾作为打开工作局面的突破口。当前，我国已经进入发展关键期、改革攻坚期、矛盾凸显期，我们面临的矛盾更加复杂，既有过去长期积累而成的矛盾，也有在解决旧矛盾过程中新产生的矛盾，大量的还是随着形势环境变化新出现的矛盾。这些矛盾许多是这个发展阶段必然出现的，是躲不开也绕不过去的。

我们党领导人民干革命、搞建设、抓改革，从来都是为了解决中国的现实问题。如果对矛盾熟视无睹，甚至回避、掩饰矛盾，在矛盾面前畏缩不前，坐看矛盾恶性转化，那就会积重难返，最后势必造成无法弥补的损失。“千丈之堤，以蝼蚁之穴溃；百尺之室，以突隙之烟焚。”矛盾积累到一定程度就会发生质的突变。对待矛盾的正确态度，应该是直面矛盾，并运用矛盾相辅相成的特性，在解决矛盾的过程中推动事物发展。①

矛盾的普遍性和特殊性是辩证统一的关系。

首先，普遍性和特殊性相互联结。普遍性寓于特殊性之中，不能脱离各种特殊事物而独立存在。特殊性中包含着普遍性，世界万物无论怎样特殊，总与同类中的其他事物有共同之处，总要服从这类事物的一般规律，不包含普遍性的特殊性是不存在的。割裂了二者的关系就会导致“白马非马”的诡异命题。

---

① 习近平：《论党的宣传思想工作》，中央文献出版社，2020年，第127~128页。

马者,所以命形也;白者,所以命色也。命色者,非命形也。故曰:白马非马。

白马者,马与白也。马与白,马也?故曰:白马非马。

——公孙龙《白马论》

其次,矛盾的普遍性和特殊性相互区别。二者的区别在于,共性只是包含个性中共同的、本质的东西,个性总有许多自己独有的特点,这是共性所包含不了的。矛盾的共性是无条件的、绝对的,矛盾的个性是有条件的、相对的。

一个国家走向现代化,既要遵循现代化一般规律,更要符合本国实际,具有本国特色。中国式现代化既有各国现代化的共同特征,更有基于自己国情的鲜明特色。①

最后,矛盾的普遍性和特殊性在一定条件下可以转化。由于事物范围的极其广大和发展过程的无限性,在这个场合为普遍性的东西,在另一场合下则变成了特殊性,反过来也是一个样。

矛盾的普遍性和特殊性关系原理是非常重要的问题,是正确理解矛盾学说的关键,不懂得它,就不能真正掌握唯物辩证法。同时,这一原理也是马克思主义普遍真理与中国具体实际相结合这一基本思想原则的理论基础。

这一共性个性、绝对相对的道理,是关于事物矛盾的问题的精髓,

①《习近平在学习贯彻党的二十大精神研讨班开班式上发表重要讲话强调 正确理解和大力推进中国式现代化》,《人民日报》,2023年2月8日。

不懂得它,就等于抛弃了辩证法。[①]

把马克思主义的普遍真理同我国的具体实际结合起来,走自己的道路,建设有中国特色的社会主义,这就是我们总结长期历史经验得出的基本结论。[②]

中国共产党坚持马克思主义基本原理,坚持实事求是,从中国实际出发,洞察时代大势,把握历史主动,进行艰辛探索,不断推进马克思主义中国化时代化,指导中国人民不断推进伟大社会革命。中国共产党为什么能,中国特色社会主义为什么好,归根到底是因为马克思主义行![③]

3.矛盾发展的不平衡性

矛盾发展的不平衡性是矛盾特殊性的重要表现。矛盾发展的不平衡性主要有两种情形:一种是主要矛盾和次要矛盾的不平衡,另一种是矛盾的主要方面和次要方面的不平衡。

事物是多种矛盾的集合体。首先,主要矛盾是指矛盾体系中处于支配地位、对事物发展起决定作用的矛盾。次要矛盾是矛盾体系中处于从属地位、对事物发展起次要作用的矛盾。主要矛盾和次要矛盾相互影响、相互作用,并在一定条件下可以相互转化。一方面,主要矛盾规定和影响着次要矛盾的存在和发展,对事物的发展起决定作用,主要矛盾解决得好,次要矛盾就可以比较顺利地得到解决;次要矛盾解决得好,反过来又影响着主要矛盾的解决。另一方面,主要矛盾和次要矛盾的地位不是一成不变的,在一定条件下可以相互转化,即主要矛盾转化为次要矛盾,次要矛盾上升为主要矛盾。基于主要矛盾和次要矛盾的这种关系,我们在观察和处理复

①《毛泽东选集》(第一卷),人民出版社,1991年,第320页。

②《邓小平文选》(第三卷),人民出版社,1993年,第3页。

③《习近平谈治国理政》(第四卷),外文出版社,2022年,第9页。

杂问题的时候,要首先抓住和解决主要矛盾,同时不忽略次要矛盾,做到统筹兼顾,还要注意主次矛盾的转化,不失时机转移工作重心。

其次,矛盾的主要方面是指在每一对矛盾中,处于支配地位、起着主导作用的一方;矛盾的次要方面是指处于被支配地位、不起主导作用的一方,则是矛盾的次要方面。矛盾的主要方面和次要方面相互影响、相互作用,并在一定条件下可以相互转化。一方面,矛盾的主要方面支配次要方面,事物的性质主要是由取得支配地位的矛盾的主要方面决定的;矛盾的次要方面也制约和影响着矛盾的主要方面。另一方面,矛盾的主要方面和次要方面的地位不是固定不变的,在一定条件下可以相互转化。由于事物的性质是由主要矛盾的主要方面所决定的,因此随着矛盾双方主次地位的转化,事物的性质也就发生了变化。基于矛盾的主要方面和次要方面的这种关系,我们在分析问题时,要分清主流和支流,抓住主流,正确把握事物的性质,同时不能忽视支流,并注意主流和支流的转化。

积极面对矛盾、解决矛盾,还要注意把握好主要矛盾和次要矛盾、矛盾的主要方面和次要方面的关系。"秉纲而目自张,执本而末自从。"面对复杂形势和繁重任务,首先要有全局观,对各种矛盾做到心中有数,同时又要优先解决主要矛盾和矛盾的主要方面,以此带动其他矛盾的解决。党的十八大以来,我们提出要协调推进全面建成小康社会、全面深化改革、全面依法治国、全面从严治党。在推进这"四个全面"过程中,我们既要注重总体谋划,又要注重牵住"牛鼻子"。比如,我们既对全面建成小康社会作出全面部署,又强调"小康不小康,关键看老乡";既对全面深化改革作出顶层设计,又强调突出抓好重要领域和关键环节的改革;既对全面推进依法治国作出系统部署,又强调以中国特色社会主义法治体系为总目标和总抓手;既对全面从严治党提出系列要求,又把党风廉政建设作为突破口,着力解决人民群众反映强烈的"四风"问题,着力解决不敢腐、不能腐、不想腐的问题。在任何

> 工作中，我们既要讲两点论，又要讲重点论，没有主次，不加区别，眉毛胡子一把抓，是做不好工作的。[①]

把主要矛盾和次要矛盾、矛盾的主要方面和次要方面的辩证关系运用到实际工作中，就是要坚持“两点论”和“重点论”的统一。“两点论”是指在分析事物的矛盾时，不仅要看到矛盾双方的对立，而且要看到矛盾双方的统一；不仅要看到矛盾体系中存在着主要矛盾、矛盾的主要方面，而且要看到次要矛盾、矛盾的次要方面。“重点论”是指要着重把握主要矛盾、矛盾的主要方面，并以此作为解决问题的出发点。“两点论”和“重点论”的统一要求我们，看问题既要全面地看，又要看主流、大势、发展趋势。

（二）量变质变规律

质和量是事物存在的最具有普遍性的规定。质与量的辩证统一思想古已有之。古希腊已有度这一观念，中国古代“物极必反”的思想中的极即是度的界限，即超过质就会向反面转化的极限。黑格尔喜欢谈的例子是秃头论证和谷堆论证。这两个论证是古希腊小苏格拉底学派诡辩论者提出的。有发的头拔去一毛，不是秃头，但拔去一毛又拔一毛，最后就成为秃头。在空地上丢下一颗谷粒，不是谷堆，但一颗又一颗，最后必成谷堆。黑格尔指出，这并不是玩笑，而是揭露了质和量的内在联系。

质是一事物区别于其他事物的内在规定性，量是事物的规模、程度、速度等可以用数量关系表示的规定性。事物的量和质是统一的，量和质的统一在度中得到体现。度是保持事物质的稳定性的数量界限，即事物的限度、幅度和范围，度的两端叫关节点或临界点，超出度的范围，此物就转化为他物。度这一哲学范畴启示我们，在认识和处理问题时要掌握适度原则。

---

① 习近平：《论党的宣传思想工作》，中央文献出版社，2020年，第129页。

质是与存在同一的直接的规定性……某物之所以是某物,乃由于其质,如失掉其质,便会停止其为某物……一般说来,质是与存在同一的、直接的规定性,而与即将加以考察的量不同,量虽然也同样是存在的规定性,然而不再是与存在直接地同一的规定性,而是与存在漠不相关的、对存在外在的规定性。——某物之所以为某物,是由于它的质,它在失去自己的质的时候,就不再是某物。①

量转化为质和质转化为量的规律。为了我们的目的,我们可以把这个规律表述如下:在自然界中,质的变化——在每一个别场合都是按照各自的严格确定的方式进行的——只有通过物质或运动(所谓能)的量的增加或减少才能发生。②

物理学的所谓常数,大多不外是这样一些关节点的标志,在这些关节点上,运动的量的增加或减少会引起相应物体的状态的质变,所以在这些关节点上,量转化为质。③

量变是事物数量的增减和组成要素排列次序的变动,是保持事物的质的相对稳定性的不显著变化,体现了事物发展渐进过程的连续性。质变是事物性质的根本变化,是事物由一种质态向另一种质态的飞跃,体现了事物发展渐进过程和连续性的中断。

量变和质变的辩证关系是:第一,量变是质变的必要准备。任何事物的变化都有一个量变的积累过程,没有量变的积累,质变就不会发生。第二,质变是量变的必然结果,并为新的量变开辟道路。单纯的量变不会永远持续下去,量变达到一定程度必然引起质变。只有质变才有新事物的产生和旧事物的灭亡,才能有事物的发展。第三,量变和质变是相互渗透的。

---

①[德]黑格尔:《哲学全书·第一部分·小逻辑》,梁志学译,人民出版社,2002年,第179页。

②《马克思恩格斯文集》(第九卷),人民出版社,2009年,第464页。

③《马克思恩格斯文集》(第九卷),人民出版社,2009年,第466~467页。

一方面，在总的量变过程中有阶段性和局部性的部分质变；另一方面，在质变过程中也有旧质在量上的收缩和新质在量上的扩张。量变和质变是相互依存、相互贯通的，量变引起质变。在新质的基础上，事物又开始新的量变，如此交替循环，构成了事物的发展过程。量变质变规律体现了事物发展的渐进性和飞跃性的统一。

> 没有物质或运动的增加或减少，即没有有关物体的量的变化，是不可能改变这个物体的质的。[①]
>
> 我们还可以从自然界和人类社会中举出几百个这样的事实来证明这一规律。例如，……许多人协作，许多力量融合为一个总的力量，用马克思的话来说，就产生"新力量"，这种力量和它的单个力量的总和有本质的差别。[②]
>
> 共产主义决不是"土豆烧牛肉"那么简单，不可能唾手可得、一蹴而就，但我们不能因为实现共产主义理想是一个漫长的过程，就认为那是虚无缥缈的海市蜃楼，就不去做一个忠诚的共产党员。革命理想高于天。实现共产主义是我们共产党人的最高理想，而这个最高理想是需要一代又一代人接力奋斗的。如果大家都觉得这是看不见摸不着的东西，没有必要为之奋斗和牺牲，那共产主义就真的永远实现不了了。我们现在坚持和发展中国特色社会主义，就是向着最高理想所进行的实实在在努力。[③]
>
> 没有广大人民特别是一代代青年前赴后继、艰苦卓绝的接续奋斗，就没有中国特色社会主义新时代的今天，更不会有实现中华民族伟大复兴的明天。千百年来，中华民族历经苦难，但没有任何一次苦

①《马克思恩格斯文集》(第九卷)，人民出版社，2009年，第464页。
②《马克思恩格斯文集》(第九卷)，人民出版社，2009年，第133页。
③《习近平谈治国理政》(第二卷)，外文出版社，2017年，第142页。

难能够打垮我们,最后都推动了我们民族精神、意志、力量的一次次升华。今天,我们的生活条件好了,但奋斗精神一点都不能少,中国青年永久奋斗的好传统一点都不能丢。在实现中华民族伟大复兴的新征程上,必然会有艰巨繁重的任务,必然会有艰难险阻甚至惊涛骇浪,特别需要我们发扬艰苦奋斗精神。奋斗不只是响亮的口号,而是要在做好每一件小事、完成每一项任务、履行每一项职责中见精神。奋斗的道路不会一帆风顺,往往荆棘丛生、充满坎坷。强者,总是从挫折中不断奋起、永不气馁。①

(三)否定之否定规律

任何事物内部都包含着肯定和否定两个方面。肯定因素是维持现存事物存在的因素,否定因素是促使现存事物灭亡的因素。正是由于事物中都包含着肯定方面,所以它才能存在;同样,正是由于事物中包含着否定方面,所以它又不是永恒不变的,会被新的事物所取代。当肯定方面居于主导地位时,事物保持原有的性质而继续存在。当否定方面处于主导地位时,事物丧失其原有的性质并发生质的改变。

唯物辩证法的否定观科学揭示了否定的深刻内涵。第一,否定是事物的自我否定、自我发展,是事物内部矛盾运动的结果。第二,否定是事物发展的环节,是旧事物向新事物的转变,是从旧质到新质的飞跃。只有经过否定旧事物才能向新事物转变。第三,否定是新旧事物联系的环节,新事物孕育产生于旧事物,新旧事物是通过否定环节联系起来的。第四,辩证否定的实质是"扬弃",即新事物对旧事物既批判又继承,既克服其消极因素又保留其积极因素。

否定之否定规律揭示了事物联系和发展的方向和道路。事物的发展

---

① 习近平:《在纪念五四运动100周年大会上的讲话》,人民出版社,2019年,第9~10页。

总是前进性与曲折性的统一。前进性体现在每一次否定都是质变，都把事物推进到新阶段；每一个周期都是开放的，前一个周期的终点是下一个周期的起点，不存在不被否定的终点。曲折性体现在回复性上，其中有暂时的停顿甚至是倒退。不仅如此，事物的发展都是通过否定来实现的，但这种否定并不是一次性完成的，其本质上是一种辩证否定，即“肯定—否定—否定之否定”。事物的发展经过两次辩证的否定，由肯定阶段到否定阶段，再到否定之否定阶段，从而使事物的发展表现为螺旋式上升和波浪式前进的过程。

> 辩证法在对现存事物的肯定的理解中同时包含对现存事物的否定的理解，即对现存事物的必然灭亡的理解；辩证法对每一种既成的形式都是从不断的运动中，因而也是从它的暂时性方面去理解；辩证法不崇拜任何东西，按其本质来说，它是批判的和革命的。①
>
> 否定的否定究竟是什么呢？它是自然界、历史和思维的一个极其普遍的、因而极其广泛地起作用的、重要的发展规律；这一规律，正如我们已经看到的，在动物界和植物界中，在地质学、数学、历史和哲学中起着作用。②
>
> 真正的、自然的、历史的和辩证的否定正是一切发展的推动力（从形式方面看）——对立面的划分，对立面的斗争和解决，在这里（历史上是部分地，思维中是完全地），在既得经验的基础上，重新达到了原来的出发点，但这是在更高阶段上达到的。③
>
> 从资本主义生产方式产生的资本主义占有方式，从而资本主义的私有制，是对个人的、以自己劳动为基础的私有制的第一个否定。但

---

①《马克思恩格斯文集》（第五卷），人民出版社，2009年，第22页。

②《马克思恩格斯文集》（第九卷），人民出版社，2009年，第148页。

③《马克思恩格斯文集》（第九卷），人民出版社，2009年，第357页。

资本主义生产由于自然过程的必然性,造成了对自身的否定。这是否定的否定。这种否定不是重新建立私有制,而是在资本主义时代的成就的基础上,也就是说,在协作和对土地及靠劳动本身生产的生产资料的共同占有的基础上,重新建立个人所有制。[①]

历史方面的情形也没有两样。一切文明民族都是从土地公有制开始的。在已经越过某一原始阶段的一切民族那里,这种公有制在农业的发展进程中变成生产的桎梏。它被废除,被否定,经过了或短或长的中间阶段之后转变为私有制。但是,在土地私有制本身所导致的较高的农业发展阶段上,私有制又反过来成为生产的桎梏——目前无论小地产还是大地产方面的情况都是这样。因此就必然地产生出把私有制同样地加以否定并把它重新变为公有制的要求。但是,这一要求并不是要重新建立原始的公有制,而是要建立高级得多、发达得多的共同占有形式,这种占有形式决不会成为生产的束缚,恰恰相反,它会使生产摆脱束缚,并且会使现代的化学发现和机械发明在生产中得到充分的利用。[②]

一切东西都有好的一面和坏的一面,重要的是,好的一面应当吸收,而坏的一面则应抛弃。但是由于每件事物,每个人,每种理论都有这种好的一面和坏的一面,因此从这种意义上说,每件事物,每个人,每种理论差不多既是好的,又是坏的,就像任何别的东西一样,因而从这种观点看来,着急去肯定或否定这一事物或那一事物是蠢举。[③]

发展似乎是在重复以往的阶段,但它是以另一种方式重复,是在更高的基础上重复(“否定的否定”)。[④]

辩证法的特征的和本质的东西不是单纯的否定,不是徒然的否

---

①《马克思恩格斯文集》(第五卷),人民出版社,2009年,第874页。
②《马克思恩格斯文集》(第九卷),人民出版社,2009年,第145~146页。
③《马克思恩格斯文集》(第三卷),人民出版社,2009年,第366~367页。
④《列宁专题文集 论马克思主义》,人民出版社,2009年,第12页。

> 定，不是怀疑的否定、动摇、疑惑，——当然，辩证法自身包含着否定的要素，并且这是它的最重要的要素，——不是这些，而是作为联系环节、作为发展环节的否定，它保持着肯定的东西，即没有任何动摇，没有任何折中。①
>
> 人的认识不是直线（也就是说，不是沿着直线进行的），而是无限地近似于一串圆圈、近似于螺旋的曲线。这一曲线的任何一个片断、碎片、小段都能被变成（被片面地变成）独立的完整的直线，而这条直线能把人们（如果只见树木不见森林的话）引到泥坑里去，引到僧侣主义那里去（在那里统治阶级的阶级利益就会把它巩固起来）。直线性和片面性，死板和僵化，主观主义和主观盲目性就是唯心主义的认识论根源。②

举一个例子。近代，中国逐步沦为半殖民地半封建社会，国家蒙辱、人民蒙难、文明蒙尘，中华民族遭受了前所未有的劫难。向西方学习无疑成为无数有识之士的坚定共识。1929年，胡适在《中国今日的文化冲突》中提出，“中国必须充分接受现代文明，特别是科学、技术与民主。一个国家的思想家和领导人没有理由也毫无必要担心传统价值的丧失”。第二年，胡适又在《介绍我自己的思想》一文中解释为什么要学习西方，“我们必须承认我们自己百事不如人。不但物质上不如人，机械上不如人，并且政治、社会、道德上都不如人”③。一时间，胡适成为“全盘西化”主张的旗手。

时间转眼来到2021年。2021年3月22日至25日，习近平在福建考察时专程来到了南平武夷山朱熹园，了解朱熹生平及理学研究等情况。总书

---

①《列宁专题文集 论辩证唯物主义和历史唯物主义》，人民出版社，2009年，第141页。

②《列宁专题文集 论辩证唯物主义和历史唯物主义》，人民出版社，2009年，第152页。

③ 于幼军：《社会主义初级阶段文化论》，人民出版社，1999年，第185页。

记在考察时感触颇深地说道:“我们走中国特色社会主义道路,一定要推进马克思主义中国化。如果没有中华五千年文明,哪里有什么中国特色?如果不是中国特色,哪有我们今天这么成功的中国特色社会主义道路?我们要特别重视挖掘中华五千年文明中的精华,把弘扬优秀传统文化同马克思主义立场观点方法结合起来,坚定不移走中国特色社会主义道路。”①中华优秀传统文化是中华民族的根和魂。只有推动中华优秀传统文化创造性转化、创新性发展,继承革命文化,发展社会主义先进文化,不忘本来、吸收外来、面向未来,才能更好构筑中国精神、中国价值、中国力量,为人民提供精神指引。可见,面对近代中国的破落景象,学习西方先进文化,从西方先进思想和理论中找寻自立自强之路,这是对中华民族传统文化的一种否定,正是在这种否定的过程中我们寻找到马克思主义这一强大的思想武器。在中华民族站起来、富起来、强起来的过程中对中华优秀传统文化进行创造性转化和创新性发展,将马克思主义与中华优秀传统文化相结合,推动马克思主义中国化时代化,则是否定之否定。

坚持否定之否定规律要求我们必须反对“直线论”和“循环论”的错误倾向。前者只看到事物发展的前进性,否认事物发展的曲折性;后者只看到事物发展的曲折性,否认事物发展的前进性。否定之否定规律对于人们的认识和实践活动具有重要的指导意义。按照否定之否定规律办事,就要求我们树立辩证的否定观,反对形而上学地肯定一切或否定一切,要对事物采取科学分析的态度,使实践活动符合事物自我否定的辩证本性。同时,又要求我们正确看待事物发展的过程,既要看到道路的曲折,更要看到前途的光明。

三、在伟大斗争中奋勇前进

敢于斗争、善于斗争是中国共产党与生俱来的精神品格,协同推进社

---

①《习近平谈治国理政》(第四卷),外文出版社,2022年,第315页。

会革命和自我革命也是我们党一以贯之的指导思想。习近平曾指出:“我们党是生于忧患、成长于忧患、壮大于忧患的政党。”现实的忧患、复兴的艰难、内外的挑战培养了我们党的斗争精神、磨砺了我们党的斗争意志、锻造了我们党的斗争品格,为我们协同推进社会革命和自我革命、走好新时代的长征路提供了强大的精神武器。

(一)在高扬马克思主义斗争性理论品格中坚守初心

思想走在行动之前,就像闪电走在雷鸣之前一样,思想的武器一旦深入群众、武装头脑,就会迸发出强大的历史伟力。马克思主义是科学性与革命性的统一,这意味着它不仅是关于自然、社会和人类思维发展本质和规律的科学理论,更是指引无产阶级进行伟大斗争、引领共产党人推进伟大革命的根本思想武器。

辩证唯物主义认为,矛盾是普遍存在的,是事物联系的实质内容和事物发展的根本动力。人的认识活动和实践活动,从根本上说就是不断认识矛盾、不断解决矛盾的过程。因此,“对实践的唯物主义者即共产主义者来说,全部问题都在于使现存世界革命化,实际地反对并改变现存的事物”。矛盾的普遍性使矛盾双方的斗争性成为一种常态,以否定的形式推动着新事物的不断产生和旧事物的不断灭亡。正是基于这种批判的、革命的精神,马克思主义哲学内在地具有解放思想、实事求是、与时俱进的根本要求;反对因循守旧、墨守成规,反对把自己的学说当成僵死的教条,反对对一切已丧失生命力的事物采取妥协的态度,坚持主观与客观的统一、理论与实践的统一、继承与创新的统一。

辩证唯物主义是中国共产党人的世界观和方法论,矛盾分析法是中国共产党人认识世界和改造世界的根本方法。“我们不但善于破坏一个旧世界,我们还将善于建设一个新世界。”马克思主义产生和发展、社会主义国家诞生和发展的历程充满着斗争的艰辛。建立中国共产党、成立中华人民共和国、实行改革开放、推进新时代中国特色社会主义事业,都是在斗争中诞生、在斗争中发展、在斗争中壮大的。因此,强调保持斗争精神,不仅是中国特色社会主义伟大事业的现实要求,也是在新时代坚持马克思主义的内在要求。

唯物史观也认为,人类社会的发展是一个过程,支撑这一过程的根本动力是生产力与生产关系、经济基础与上层建筑这一人类社会发展的基本矛盾。正是生产关系一定要适应生产力状况、上层建筑一定要适应经济基础状况的发展要求,决定了永葆斗争精神的必要性、长期性和艰巨性。一方面,矛盾从来不止一种形式,政治矛盾、经济矛盾、文化矛盾都是矛盾的表现形式,也需要采取不同的斗争方式。革命是解决矛盾的手段,改革同样也是应对矛盾的办法。另一方面,在社会领域内,除了社会基本矛盾,还有社会主要矛盾。基本矛盾规定和制约着主要矛盾的存在和发展,主要矛盾是基本矛盾的具体体现。这决定了我们不仅要善于分析矛盾,还要善于抓主要矛盾和矛盾的主要方面,合理选择斗争方式、把握斗争火候,调动一切积极因素,在斗争中争取团结,在斗争中谋求合作,在斗争中争取共赢。

一切胜利源于斗争。习近平曾指出:“我们要勇于全面深化改革,自觉通过调整生产关系激发社会生产力发展活力,自觉通过完善上层建筑适应经济基础发展要求,让中国特色社会主义更加符合规律地向前发展。”新中国成立70多年来,我国社会主义建设之所以取得如此巨大的成就是与我们党准确把握和正确处理我国社会的主要矛盾并灵活采取斗争策略分不开的。

政党是革命的先锋队。无产阶级政党是以争取和维护无产阶级利益、解放无产阶级乃至全人类为任务和目的的政治组织。恩格斯指出:“要使工人摆脱旧政党的这种支配,最好的办法就是在每一个国家里建立一个无产阶级的政党。”列宁根据无产阶级革命的新形势,提出了“思想上以马克思主义理论为指导”“政治上有远大目标和反映时代特点的党纲”“策略上坚持无产阶级领导的群众性革命”“组织上坚持党是一切组织中的最高组织形式”等一系列建党原则。革命胜利后,面对党的地位和任务的变化,列宁强调指出，无产阶级执政党要想巩固党的战斗力必须持之以恒不断强化党的执政能力建设：在政治上与一切错误立场和路线作斗争，在思想上与狂妄自大、精神懈怠作斗争，在组织上与一切危害党的团结的思想行动作斗争，在作风上与官僚主义作斗争，保持党同人民的血肉联系。

一场社会革命要取得最终胜利，往往需要一个漫长的历史过程。习近平指出，“各种敌对势力决不会让我们顺顺利利实现中华民族伟大复兴，这就是为什么我们要郑重提醒全党必须准备进行具有许多新的历史特点的伟大斗争的一个原因”。当前，我们正面临世界百年未有之大变局和中华民族伟大复兴的战略全局，两个大局历史交汇亟须我们初心不改、矢志不渝，以大无畏的斗争精神协调推进社会革命和自我革命，开辟中国特色社会主义发展的新境界。

（二）在中华民族的伟大斗争史中书写人类史册

中华民族在长期斗争中磨砺了自强不息的品质，根植于中华民族血脉深处自强不息的精神基因，支撑着中华民族绵延5000多年的灿烂文明源远流长。中国共产党在中华民族的风雨飘摇中诞生，自成立之日起，中国共产党既是马克思主义革命性品格的引领者和践行者，又是中华优秀斗争精神的传承者和弘扬者，肩负着实现中华民族伟大复兴的庄严使命。

回望历史，中华文明曾一度居于世界文明的中心地位，但步入近代以后，中华民族却遭受了前所未有的苦难与摧残。一次次的割地赔款碾压着国人的自尊，摧残着中华民族五千年文明累积起来的民族自信。

正是在这样的历史条件下，中国共产党在中国社会的剧烈动荡中诞生，在革命征程的磨砺锤炼中成长，在建功立业的砥砺奋进中壮大。“一唱雄鸡天下白。”新中国的成立，结束了中华民族的内忧外患，积贫积弱、民不聊生、国之不国的悲惨命运，开启了不断发展壮大、走向复兴的历史进程，揭开了续写中华灿烂文明的崭新一页。没有共产党，就没有新中国，新的国号、新的山河、新的世界、新的气象、新的人民政权，都是共产党辛劳为民族、一心救中国，带领人民在艰苦斗争中取得的。

新中国成立70多年来,中国共产党带领中国人民创造了世所罕见的发展奇迹。特别是党的十八大以来,以习近平同志为核心的党中央以巨大的政治勇气和强烈的责任担当,励精图治、激浊扬清,意识形态领域正本清源,反“四风”刮骨疗毒,反腐败雷霆万钧,机构改革大刀阔斧,军队改革体系重构,“三大攻坚战”成效卓著,大国外交开创新局……其间有多少振聋发聩、惊心动魄,又有多少荡气回肠、前所未有,如果没有斗争精神、斗争本领,党和国家事业怎么可能取得全方位、开创性成就,发生深层次、根本性变革!

忆往昔峥嵘岁月,中国共产党人正是靠着始终保持斗争姿态,葆有斗争精神,乘风破浪,一次次以“踏平坎坷成大道,斗罢艰险又出发”的顽强意志,书写着中华民族的绚丽华章。

(三)在进行新的历史特点的伟大斗争中奋发作为

当今世界正经历百年未有之大变局,中华民族伟大复兴正处在滚石上山的关键时期。在前进道路上,我们面临的风险考验只会越来越多、越来越复杂,甚至会遇到难以想象的惊涛骇浪,面临的各种斗争不是短期的而是长期的,至少要伴随我们实现第二个百年奋斗目标全过程。党的十八大以来,习近平反复强调,全党必须准备进行具有许多新的历史特点的伟大斗争。这既是对全党同志在精神状态上的提醒,同时也彰显了我们党准备进行好具有许多新的历史特点的伟大斗争的决心和信心。

置身于当今世界百年未有之大变局中,全球新一轮科技革命和产业革命方兴未艾,世界政治经济格局深刻调整,而中国的崛起也正面临着新的国际风险。我们越是发展壮大,越是走近世界舞台中央,就越处于国际矛盾的风口浪尖,遇到的风险挑战就越大,面临的外部风险就会越多。面对发展进程中无法逃避的、具有新的历史特点的风险挑战,我们必须艰苦卓绝地进行伟大斗争,破解实现中华民族实现伟大复兴进程中的诸多难题,实现伟大梦想。

今天的中国,正处于“两个一百年”奋斗目标的历史交汇,从“富起来”

到“强起来”的时代关口，是一个船到中流浪更急、人到半山路更陡的时候，是一个愈进愈难、愈进愈险而又不进则退、非进不可的时候。社会主义现代化强国建设，是一个宏大的命题，是一个崭新的课题，也是推进伟大事业的目标。中国人民对美好生活需求具有新的期待，人民对美好生活需求的“清单”正在不断拉长扩容。教育、就业、住房、医疗、社会保障和文化享受，解决了“有没有”，大家更关注的是“好不好。”“群众利益无小事”，哪个问题都需要严肃对待，久久为功。“宝剑锋从磨砺出，梅花香自苦寒来”，要继续推进中国特色社会主义伟大事业，全党必须准备付出“更为艰巨、更为艰苦”的努力，进行伟大斗争。

党的十八大以来，我们党以刀刃向内的勇气向党内顽瘴痼疾开刀，以强烈的历史使命感、深沉的忧患意识和顽强的意志品质，书写了一个百年大党“自我革命”的崭新篇章，在这场“输不起的斗争”中交出了一份优异答卷，也充分彰显了我们党进行自我革命的决心和能力。但也必须看到，我们党面临的执政考验、改革开放考验、市场经济考验、外部环境考验将是长期的、复杂的，面临的精神懈怠危险、能力不足危险、脱离群众危险、消极腐败危险将是尖锐的、严峻的。正如党的十九大报告指出的那样，“中国特色社会主义进入新时代，我们党一定要有新气象新作为，全面从严治党永远在路上”。历史和现实都已告诫过我们，一个政党、一个国家、一支队伍，如果失去了斗争意志和斗争精神，是非常可怕的，中国共产党带领中国人民，于“漏舟之中”走向站起来，于“濒临崩溃边缘”走向富起来，于“滚石上山”走向强起来，无不显示出勇于斗争的重要性。“涉深水者得蛟龙”。在新时代，我们党必须进行伟大斗争，与一切损害党的先进性和纯洁性的因素作斗争，推动党的建设新的伟大工程取得更大进步。

“历史的道路，不全是平坦的，有时走到艰难险阻的境界，这是全靠雄健的精神才能够冲过去的。”时不我待，唯有继续朝乾夕惕、夙兴夜寐，在进行伟大斗争进程中，建设伟大工程、推进伟大事业、实现伟大梦想，让新时代的中国千帆竞发、百舸争流，奔向更广阔的未来。

(四)在发扬伟大斗争精神中奏响更美的时代华章

习近平强调,中华民族伟大复兴,绝不是轻轻松松、敲锣打鼓就能实现的,实现伟大梦想必须进行伟大斗争。当面对长期复杂的严峻形势和斗争任务,政治上的集中统一、坚强有力至关重要,党的坚强领导是我们国家和民族最大的政治优势。必须做到坚决维护习近平总书记党中央的核心、全党的核心地位,坚决维护党中央权威和集中统一领导;必须增强"四个意识",坚定"四个自信"。我们党要团结带领人民有效应对重大挑战、抵御重大风险、克服重大阻力、解决重大矛盾,胜利实现我们党确定的目标任务,必须发扬斗争精神,增强斗争本领。

坚定斗争意志是发扬斗争精神、增强斗争本领的根本。综观100多年的党史、70多年新中国史,中国共产党人正是在长期革命、建设和改革的斗争实践中,不断将忘战必危、敢战能胜的斗争意志传递给亿万民众,引领中华民族走上了伟大复兴的道路。当严峻形势和斗争任务摆在面前时,斗争意志是忘战必危的忧患意识,避免"承平日久,人不知兵",我们要时刻保持警惕,以枕戈待旦的状态投身新的斗争;是来之能战的从容,我们骨头要硬,不能胆怯、不能当逃兵;是战之必胜的自信,要敢于出击、敢战能胜。中国共产党人,必须保持"咬定青山不放松"的韧劲,坚持"立根原在破岩中"的斗争定力,坚定"千磨万击还坚劲"的斗争品质,发挥"任尔东西南北风"的应对力,发扬"敢教日月换新天"的斗争精神。在大是大非面前敢于亮剑,不做"开明绅士";在矛盾冲突面前敢于迎难而上,不做"逃避者";在危机困难面前敢于挺身而出,不做置身事外者;在歪风邪气面前敢于坚决斗争,不做凡事都是"好好好""是是是"的"老好人"。斗争意志不是与生俱来的,需要在严峻复杂的斗争中锤炼,这就要求中国共产党人"千万不能在一片喝彩声、赞扬声中丧失革命精神和斗志",要主动投身于新的斗争实践,打磨斗争意志这把"精神利刃"。

我们共产党人的斗争,从来都是奔着矛盾问题、风险挑战去的。当前和今后一个时期,我国发展进入各种风险挑战不断积累甚至集中显露的时期，面临的重大斗争不会少。中国共产党人要以“功成不必在我”但“功成必定有我”的历史担当，保持充沛顽强的斗争精神，敢于“啃硬骨头”，敢于同经济、政治、文化、社会和生态文明建设等方面的各种风险挑战作斗争。有矛盾就有斗争。社会是在矛盾运动中前进的。善于把握规律，是我们党领导推动工作的制胜法宝，也是我们提高斗争本领的重要途径。我们党正是在准确把握规律基础上，实现了中国革命、建设、改革不断走向胜利。这就要求中国共产党人，面对工作中遇到的多方面斗争，坚持增强忧患意识和保持战略定力相统一、坚持战略判断和战术决断相统一、坚持斗争过程和斗争实效相统一。

每一代人有每一代人的长征路，当前我们的改革已进入爬山过坎、滚石上山的关键时期，作为新时代的中国共产党人，必须永葆斗争品质，发扬斗争精神，才能克服新长征路上的“娄山关”“腊子口”和“雪山草地”，才能完成实现中华民族伟大复兴的历史使命。

第四讲

知行合一真就那么难吗？

你相信世上有鬼吗?你相信历史上有秦朝吗?你相信地球上有南极洲吗?有些东西我们虽没有亲眼见过,更没有亲身体验过,然而却坚定地选择了相信或者不信,缘何如此?

2022年9月11日,北京警方官方账号@平安北京在其微博发布一则消息称"近期,北京警方在侦破一起违法犯罪案件中,将演员李某某(男,35岁)查获,该人对多次嫖娼的违法事实供认不讳,其已被依法予以行政拘留"。后据央视核实,李某某即青年演员李易峰。此消息一出,顿时引发网民的高度关注,但吊诡的是,仍有一些粉丝执迷不悟,奉行"三不"策略:不相信、不接受、不抛弃。也就是说,不相信李易峰嫖娼,不接受警方通报的内容,对李易峰更是不离不弃。9月12日,人民网发表题为"李易峰的'粉丝',该放手就要放手!"的评论,评论称"李易峰的'粉丝'该醒醒了!该放手就要放手!不要活在幻象中,不要在虚幻中迷失自我,更不能被不法分子坑骗了还为不法分子辩护"。

青年学生涉世未深,一旦认定了偶像,便不由自主地加以"神化"。这是因为他们缺乏最基本的独立思考能力,把所谓的偶像想象得过于完美。可见,某种意识一旦在我们的脑海里根深蒂固,要想轻易改变我们的想法是多么地不容易啊。这就涉及本讲我们所谈的主题,即认识和实践究竟是一种什么关系。以及为什么我们要从实践中不断汲取真知而后再用其去指导实践。

一、科学的实践观及其意义

实践的概念并不是马克思主义哲学首先提出来的。哲学史上不少哲学家都探讨过实践概念。中国古代哲学家荀子强调:"不闻不若闻之,闻之不若见之,见之不若知之,知之不若行之。"[①]明确肯定了具有实践意义的

① 胡适:《中国哲学史大纲》(卷上),东方出版社,1996年,第302页。

“行”的重要性。王夫之强调“知行相资以为用”“力行而后知真”[①],强调在实践中获得真理。在西方,实践(praxis)一词源自古希腊,《荷马史诗》里就有过零星使用,此后被广泛用于表示各种事物的活动。及至亚里士多德,实践成为一种专门属人的概念,用来指称人的行为。亚里士多德明确说:“在动物中,只有人是实践的本原,我们不能说其他动物会实践”,“感觉不是实践的本原,野兽虽然有感觉,但没有实践。”[②]实践从此成为一个对人进行哲学反思的基础性概念。根据亚里士多德的目的因,人的活动可以区分为制作与实践两类。制作有外在的目的,实践则没有,良好的实践自身即是目的。实践是对人的所有非生产性活动的总称,从穿衣、吃饭到打仗、沉思都是实践。费尔巴哈也明确提出了实践的作用,强调“如果有可能为着新原则建立某个新的机构,那么这就是实践的结果,是我们绝不容忽视的实践”。“理论所不能解决的那些疑难,实践会给你解决”[③]。但是费尔巴哈理解的实践只不过是人的生活活动,甚至将其视为被利己主义所玷污的活动,根本不懂得实践是改造客观世界的社会活动。

(一)何为实践

马克思批判了唯心主义和旧唯物主义的实践观,创立了科学的实践观。科学的实践观从主观和客观、主体和客体的统一中把握实践,揭示了实践的本质,指明了实践是人类能动地改造世界的社会性的物质活动,科学阐明了人类实践活动的特点、结构、形式和实践标准等问题,深刻揭示出实践与认识的发展规律,形成了完整科学的理论体系。

> 因为对社会主义的人来说,整个所谓世界历史不外是人通过人的劳动而诞生的过程,是自然界对人来说的生成过程,所以关于他通过

① 本书编写组:《中国哲学史》(下册),人民出版社,2012年,第10页。

② 王普明:《亚里士多德论实践概念》,《中国社会科学报》,2020年12月22日。

③《费尔巴哈哲学著作选集》(上卷),荣震华、李金山译,商务印书馆,1984年,第248页。

自身而诞生、关于他的形成过程,他有直观的、无可辩驳的证明。因为人和自然界的实在性,即人对人来说作为自然界的存在以及自然界对人来说作为人的存在,已经成为实际的、可以通过感觉直观的,所以关于某种异己的存在物、关于凌驾于自然界和人之上的存在物的问题,即包含着对自然界的和人的非实在性的承认的问题,实际上已经成为不可能的了。①

从前的一切唯物主义——包括费尔巴哈的唯物主义——的主要缺点是:对对象、现实、感性,只是从客体的或者直观的形式去理解,而不是把它们当做人的感性活动,当做实践去理解,不是从主体方面去理解。因此,结果竟是这样,和唯物主义相反,唯心主义却把能动的方面发展了,但只是抽象地发展了,因为唯心主义当然是不知道现实的、感性的活动本身的。②

环境的改变和人的活动或自我改变的一致,只能被看做是并合理地理解为革命的实践。③

全部社会生活在本质上是实践的。凡是把理论引向神秘主义的神秘东西,都能在人的实践中以及对这种实践的理解中得到合理的解决。④

哲学家们只是用不同的方式解释世界,问题在于改变世界。⑤

要理解,就必须从经验开始理解、研究,从经验上升到一般。要学会游泳,就必须下水。⑥

①《马克思恩格斯文集》(第一卷),人民出版社,2009年,第196页。
②《马克思恩格斯文集》(第一卷),人民出版社,2009年,第503页。
③《马克思恩格斯文集》(第一卷),人民出版社,2009年,第500页。
④《马克思恩格斯文集》(第一卷),人民出版社,2009年,第501页。
⑤《马克思恩格斯文集》(第一卷),人民出版社,2009年,第502页。
⑥《列宁专题文集 论辩证唯物主义和历史唯物主义》,人民出版社,2009年,第138页。

对象、物、物体是在我们之外、不依赖于我们而存在着的,我们的感觉是外部世界的映象。这个结论是由一切人在生动的人类实践中作出来的,唯物主义自觉地把这个结论作为自己认识论的基础。①

生活、实践的观点,应该是认识论的首要的和基本的观点。②

世界不会满足人,人决心以自己的行动来改变世界。③

——马克思主义是实践的理论,指引着人民改造世界的行动。马克思说,"全部社会生活在本质上是实践的","哲学家们只是用不同的方式解释世界,问题在于改变世界"。实践的观点、生活的观点是马克思主义认识论的基本观点,实践性是马克思主义理论区别于其他理论的显著特征。马克思主义不是书斋里的学问,而是为了改变人民历史命运而创立的,是在人民求解放的实践中形成的,也是在人民求解放的实践中丰富和发展的,为人民认识世界、改造世界提供了强大精神力量。④

马克思主义哲学认为,实践是历史主体认识改造历史客体的最基本的活动。首先,在实践活动中,作为历史主体的人把自己当作一种现实的物质力量运动起来,借助于一定的中介手段,同历史客体发生关系,把自己的活动传导给历史客体,使历史客体发生某种改变。同时,历史主体也接受历史客体的作用,使历史主体自身也发生某种改变。所以,实践是历史主体和历史客体之间的实际的相互作用和物质、能量、信息的交换过程,是一种真正现实的、感性的客观活动过程。其次,作为实践主体的人不仅是一

①《列宁专题文集 论辩证唯物主义和历史唯物主义》,人民出版社,2009年,第24页。

②《列宁专题文集 论辩证唯物主义和历史唯物主义》,人民出版社,2009年,第49页。

③《列宁专题文集 论辩证唯物主义和历史唯物主义》,人民出版社,2009年,第138页。

④ 习近平:《在纪念马克思诞辰200周年大会上的讲话》,人民出版社,2018年,第9页。

种自然物质实体,而且是社会地组织起来的有意识、能思维的主体。人在实践中,不仅要发挥和运用自己的体力,而且要发挥自己意识、思维的功能,通过操作一定的中介手段,作用于外部对象即历史客体,使之按照自己的目的发生改变。因此,实践是一种表现出历史主体主观能动性的真正显示的、感性的客观活动。实践是精神的东西和物质的东西、主观的东西和客观的东西相统一的过程,是主观见之于客观的过程。

科学的实践观具有深刻的理论意义,主要表现在以下四个方面。

第一,在唯物论方面,克服了旧唯物主义的根本缺陷,为辩证唯物主义的创立奠定了科学的理论基础。第二,在认识论方面,揭示了实践对认识的决定作用,为能动的、革命的反映论的创立奠定了科学的理论基础。第三,在历史观方面,在人类思想史上第一次揭示了社会生活的实践本质,为唯物史观的创立奠定了科学的理论基础。第四,在方法论方面,为人们能动地认识世界和改造世界提供了基本的思想方法和工作方法。

(二)实践的本质与特征

实践是人类能动地改造世界的社会性的物质活动,具有客观实在性、自觉能动性和社会历史性三个基本特征。

1.客观实在性

实践是人类改造世界的客观物质活动,它虽然是人类有目的、有意识的行为,但本质上是客观的、物质的活动。纯粹的精神活动本身不能引起客观物质世界的任何变化。实践的客观物质性具体表现为:实践的主体、实践的对象、实践的手段、实践的结果都是物质的、可感知的。

> 实践高于(理论的)认识,因为它不仅具有普遍性的品格,而且还具有直接现实性的品格。[①]

①《列宁专题文集 论辩证唯物主义和历史唯物主义》,人民出版社,2009年,第139页。

伟大梦想不是等得来、喊得来的，而是拼出来、干出来的。①

2. 自觉能动性

实践活动是一种有意识、有目的的活动。目的性是能动性的主要表现。与动物的生物本能相比，人是有思维有理性的社会性动物。人在行动前，就有一个明确的目的，根据客观事实，引出思想、理论、意见，提出计划、方针、办法，然后运用一定的物质手段去改造客观世界，使之符合自己的需要，达到自己的目的。可见，实践过程贯穿了人的自觉的目的和意志，使客观世界按照人的要求和目的得到改造。

动物仅仅利用外部自然界，简单地通过自身的存在在自然界中引起变化；而人则通过他所作出的改变来使自然界为自己的目的服务，来支配自然界。②

人的意识不仅反映客观世界，并且创造客观世界。③

我们党一贯重视理论工作，强调理论必须同实践相统一。理论一旦脱离了实践，就会成为僵化的教条，失去活力和生命力。实践如果没有正确理论的指导，也容易“盲人骑瞎马，夜半临深池”。理论对规律的揭示越深刻，对社会发展和变革的引领作用就越显著。我们坚持和发展中国特色社会主义，必须高度重视理论的作用，增强理论自信和战略定力，对经过反复实践和比较得出的正确理论，不能心猿意马、犹豫不决，要坚定不移坚持。④

① 习近平：《论坚持全面深化改革》，中央文献出版社，2018年，第524页。

②《马克思恩格斯文集》（第九卷），人民出版社，2009年，第559页。

③《列宁专题文集 论辩证唯物主义和历史唯物主义》，人民出版社，2009年，第138页。

④ 习近平：《论党的宣传思想工作》，中央文献出版社，2020年，第131页。

3.社会历史性

实践从一开始就是社会性的活动。作为实践主体的人总是处在一定社会关系中,任何人的活动都离不开与社会的联系。实践的内容、性质、范围、水平,以及方式都受一定社会历史条件的制约,随着一定社会历史条件的变化而变化,因此实践又是历史地发展着的实践。

党的十八大以来,我到地方考察70余次,每到一个地方,我都要瞻仰对党具有重大历史意义的革命圣地、红色旧址、革命历史纪念场所,有的是专程去瞻仰革命旧址和纪念场所,主要的基本上都走到了。每到一地,我都是怀着崇敬之心,重温那一段段峥嵘岁月,回顾党一路走过的艰难历程,灵魂都受到一次震撼,精神都受到一次洗礼。我这样做的目的,就是要推动全党全国特别是广大青少年学习党史、铭记党史,勿忘昨天的苦难辉煌,无愧今天的使命担当,不负明天的伟大梦想,真正做到以史为鉴、开创未来,真正坚定历史自信。只要我们持之以恒这样做,就一定能收到明显成效。[①]

历史是不断向前的,要达到理想的彼岸,就要沿着我们确定的道路不断前进。每一代人有每一代人的长征路,每一代人都要走好自己的长征路。今天,我们这一代人的长征,就是要实现"两个一百年"奋斗目标、实现中华民族伟大复兴的中国梦。

今天的长征同当年的红军长征相比,同改革开放以来我们已经走过的新长征之路相比,虽然在环境、条件、任务、力量等方面有一些差异甚至有很大不同,但都是具有开创性、艰巨性、复杂性的事业。[②]

青年朋友们!一代人有一代人的长征,一代人有一代人的担当。建成社会主义现代化强国,实现中华民族伟大复兴,是一场接力跑。

---

① 习近平:《更好把握和运用党的百年奋斗历史经验》,《求是》,2022年第13期。
②《习近平谈治国理政》(第二卷),外文出版社,2017年,第48~49页。

我们有决心为青年跑出一个好成绩，也期待现在的青年一代将来跑出更好的成绩。衷心希望新时代中国青年积极拥抱新时代、奋进新时代，让青春在为祖国、为人民、为民族、为人类的奉献中焕发出更加绚丽的光彩！[①]

（三）实践的结构与形式

实践的基本结构包括：实践的主体、实践的客体和实践的中介。实践主体是指具有一定的主体能力、从事现实社会实践活动的人，是自主性和能动性因素。实践客体是指实践活动所指向的对象，客观事物只有在被纳入主体实践活动的范围之内，为实践主体活动所指向并与主体相互作用时才成为现实的实践客体。实践中介是指各种形式的工具、手段及运用、操作这些工具、手段的程序和方法。

社会生活在本质上是实践的。人类社会生活一切领域的活动都属于实践。实践的类型包括变革自然的生产实践活动、处理人与人之间的社会关系、变革社会的实践活动和科学实验活动。这三项实践活动，最深刻地体现了社会实践的本质特征，在历史主体认识和改造世界中具有决定性的作用。

（四）实践决定认识

辩证唯物主义认为，在实践和认识之间，实践是认识的基础，实践在认识活动中起着决定性的作用。

1.实践是认识的来源

认识的内容是在实践活动的基础上产生和发展的。人们只有通过实践实际地改造和变革对象，才能准确把握对象的属性、本质和规律，形成正确的认识，并以这种认识指导人的实践活动。

人们是自己的观念、思想等等的生产者，但这里所说的人们是现实的、

---

① 习近平：《论中国共产党历史》，中央文献出版社，2021年，第252页。

从事活动的人们,他们受自己的生产力和与之相适应的交往的一定发展——直到交往的最遥远的形态——所制约。①

2.实践是认识发展的动力

实践的需要推动认识的产生和发展,推动人类的科学发现和技术发明,推动人类的思想进步和理论创新。

人们的观念、观点和概念,一句话,人们的意识,随着人们的生活条件、人们的社会关系、人们的社会存在的改变而改变,这难道需要经过深思才能了解吗?②

社会一旦有技术上的需要,这种需要就会比十所大学更能把科学推向前进。③

3.实践是认识的目的

人们通过实践获得认识,不是"猎奇"或"雅兴",不是为认识而认识,其最终目的是为实践服务,指导实践,以满足人们生活和生产的需要。

对实践的唯物主义者即共产主义者来说,全部问题都在于使现存世界革命化,实际地反对并改变现存的事物。④

4.实践是检验认识真理性的唯一标准

认识是否具有真理性,既不能从认识本身得到证实,也不能从认识对象中得到回答,只有在实践中才能得到验证。

理论的对立本身的解决,只有通过实践方式,只有借助于人的实践力量,才是可能的;因此,这种对立的解决绝对不只是认识的任务,而是现实生活的任务,而哲学未能解决这个任务,正是因为哲学把这仅仅看做理论的任务。⑤

---

①《马克思恩格斯文集》(第一卷),人民出版社,2009年,第524~525页。
②《马克思恩格斯文集》(第二卷),人民出版社,2009年,第50~51页。
③《马克思恩格斯选集》(第四卷),人民出版社,2012年,第648页。
④《马克思恩格斯文集》(第一卷),人民出版社,2009年,第527页。
⑤《马克思恩格斯文集》(第一卷),人民出版社,2009年,第192页。

人的思维是否具有客观的[gegenst ndliche]真理性，这不是一个理论的问题，而是一个实践的问题。人应该在实践中证明自己思维的真理性，即自己思维的现实性和力量，自己思维的此岸性。关于离开实践的思维的现实性或非现实性的争论，是一个纯粹经院哲学的问题。①

对恩格斯来说，整个活生生的人类实践是深入到认识论本身之中的，它提供真理的客观标准。②

现在一切都在于实践，现在已经到了这样一个历史关头：理论在变为实践，理论由实践赋予活力，由实践来修正，由实践来检验。③

二、认识的本质与过程

例一：安慰剂效应

安慰剂效应，1955年由毕阙博士(Henry K. Beecher)提出，亦理解为“非特定效应”(non-specific effects)或受试者期望效应(subject-expectancy effect)。指病人虽然获得无效的治疗，但却“预料”或“相信”治疗有效，而让病患症状得到舒缓的现象。这种似是而非的现象在医学和心理学研究中都并不鲜见。由此，不少医生在对病人进行治疗时，不得不将这种“安慰剂效应”考虑进去。这种现象说明，我们在对现实进行分析的时候，很明显地掺杂了很多个人因素，包括我们的期望、经验和信念等。

例二：培根“四假象”说

文艺复兴时期英国哲学家弗朗西斯·培根(Francis Bacon)在谈到人类如何才能获得正确的认识时，提出了著名的“四假象”说。在他看来，现在劫持着人类理解力并在其中扎下深根的假象和错误的概念，不仅围困着人们的心灵，以致真理不得其门而入，而且即在得到门径之后，他们还要在科

---

①《马克思恩格斯文集》(第一卷)，人民出版社，2009年，第503~504页。

②《列宁专题文集 论辩证唯物主义和历史唯物主义》，人民出版社，2009年，第90页。

③《列宁选集》(第三卷)，人民出版社，2012年，第381页。

学刚刚更新之际,聚拢一起来搅扰我们。除非人们预先得到危险警告而尽力增强自己,以防御他们的猛攻。围困人们心灵的假象共有四类:第一类叫做族类的假象,第二类叫做洞穴的假象,第三类叫做市场的假象,第四类叫做剧场的假象。

族类假象根植于人性本身中,也即根植于人这一族或这一类中。在培根看来,"若断言人的感官是事物的量尺,这是一句错误的话。正相反,不论感官或者心灵的一切觉知总是依个人的量尺,而不是依宇宙的量尺。而人类理解力则正如一面凹凸镜,他接受光线既不规则,于是就因在反映事物时掺入了他自己的性质而使得事物的性质变形和褪色。"

洞穴假象是各个人的假象,因为每一个人都各有其自己的洞穴,使自然之光曲折和变色。"这个洞穴的形成,或是由于这人自己固有的独特的本性,或是由于他所受的教育和与别人的交往,或者由于他阅读一些书籍,而对其权威性发生崇敬或赞美,又或者是由于各种感印,这种感印又是因人心之不同而作用各异的,以及类此等等。"

> 市场假象指的是人们是靠谈话来联系的,而所利用的文字"则是依照一般俗人的了解。因此,选用文字之失当害意就惊人地障碍着理解力"①。

剧场假象是从哲学的各种各样的教条,以及一些错误的论证法则移植到人们心中的……一切公认的学说体系只不过是许多舞台戏剧,表现着人们依照虚构的布景的式样而创造出来的一些世界。

(一)认识的本质

认识的本质是主体在实践基础上对客体的能动反映,这是辩证唯物主义认识论对认识本质的科学回答。人的认识过程是一个在实践基础上不

① [英]培根:《新工具》,许宝骙译,商务印书馆,1984年,第21页。

断深化的发展过程，既表现为实践基础上由感性认识到理性认识，再从理性认识到实践的具体认识过程；又表现为从实践到认识，再从认识到实践的循环往复和无限发展的总过程。

> 从物到感觉和思想呢，还是从思想和感觉到物？恩格斯坚持第一条路线，即唯物主义的路线。马赫坚持第二条路线，即唯心主义的路线。[①]

辩证唯物主义认识论具有两个突出的特点：一是把实践的观点引入认识论。辩证唯物主义认识论把实践的观点作为整个认识论的基础，以实践的观点阐述人的认识活动及其规律，科学地规定了认识的主体和客体及其相互关系，对认识的产生和发展、认识的目的和作用、认识正确与否的检验标准等一系列重要的认识论问题，作出了同旧唯物主义认识论完全不同的科学解释。二是把辩证法应用于反映论考察认识的发展过程。它科学地揭示了认识过程中多方面的辩证关系，例如主观和客观、认识和实践、感性和理性、真理的绝对性和相对性、真理和价值等方面的关系，把认识看成一个由不知到知、由浅入深的充满矛盾的能动的认识过程，全面地揭示了认识过程的辩证性质。这种以实践观点和辩证观点为特征的能动反映论，不仅克服了旧唯物主义认识论的局限性，也彻底驳倒了不可知论所认为的人的认识能否正确反映客观事物是无法证明的这一观点。

（二）认识的过程

人们认识一定事物的过程，是一个从实践到认识，再从认识到实践的过程。

①《列宁专题文集 论辩证唯物主义和历史唯物主义》，人民出版社，2009年，第6页。

1.从实践到认识

意识在任何时候都只能是被意识到了的存在,而人们的存在就是他们的现实生活过程。如果在全部意识形态中,人们和他们的关系就像在照相机中一样是倒立成像的,那么这种现象也是从人们生活的历史过程中产生的,正如物体在视网膜上的倒影是直接从人们生活的生理过程中产生的一样。①

人的正确思想是从哪里来的?是从天上掉下来的吗?不是。是自己头脑里固有的吗?不是。人的正确思想,只能从社会实践中来,只能从社会的生产斗争、阶级斗争和科学实验这三项实践中来。②

实践是认识的来源和起点。人们从实践过程中得到关于外部事物的感性材料,形成感性认识,而后经过理性思维的整理加工,得到关于事物的本质和规律的认识。感性认识是人们在实践基础上,由感觉器官直接感受到的关于事物的现象、事物的外部联系、事物的各个方面的认识。它包括感觉、知觉和表象三种形式。理性认识是指人们借助抽象思维,在概括整理大量感性材料的基础上,达到关于事物的本质、全体、内部联系和事物自身规律性的认识。理性认识包括概念、判断、推理三种形式。

人们在社会实践中从事各项斗争,有了丰富的经验,有成功的,有失败的。无数客观外界的现象通过人的眼、耳、鼻、舌、身这五个官能反映到自己的头脑中来,开始是感性认识。这种感性认识的材料积累多了,就会产生一个飞跃,变成了理性认识,这就是思想。这是一个认

①《马克思恩格斯文集》(第一卷),人民出版社,2009年,第525页。
②《毛泽东文集》(第八卷),人民出版社,1999年,第320页。

识过程。[1]

2.从认识到实践

从实践到认识，是整个认识过程的第一个阶段，即由客观物质到主观精神的阶段，由存在到思想的阶段。然而，从实践到认识，认识的过程还没有完成。要实现一个完整的认识过程，还必须由认识再回到实践中去，实现认识的第二次能动飞跃。

从认识到实践的飞跃，是更为重要的飞跃，意义更加重大，其必要性和重要性在于以下两方面：

第一，认识世界的目的是改造世界，除此之外，再无别的目的。第二，认识的真理性只有在实践中才能得到检验和发展。理论是否正确，在从感性认识到理性认识的第一次飞跃中，是没有得到证实也不可能得到证实的。只有将已经获得的理论运用到实践中去，通过实践的检验，正确的理论才能得到证实，错误的理论才能被发现、纠正或推翻，并在指导实践、实现自身的过程中得到完善和发展。因此，为推动认识的第二次飞跃，这就要求我们勇于实践、深入调查，获取十分丰富和合乎实际的感性材料。同时，经过理性思考的作用，将丰富的感性材料加以科学地提炼与加工，包括去粗取精、去伪存真、由此及彼、由表及里。

这是整个认识过程的第一个阶段，即由客观物质到主观精神的阶段，由存在到思想的阶段。这时候的精神、思想（包括理论、政策、计划、办法）是否正确地反映了客观外界的规律，还是没有证明的，还不能确定是否正确，然后又有认识过程的第二个阶段，即由精神到物质的阶段，由思想到存在的阶段，这就是把第一个阶段得到的认识放到社会实践中去，看这些理论、政策、计划、办法等等是否能得到预期的

①《毛泽东文集》（第八卷），人民出版社，1999年，第320页。

成功。一般的说来,成功了的就是正确的,失败了的就是错误的,特别是人类对自然界的斗争是如此。

人们的认识经过实践的考验,又会产生一个飞跃。这次飞跃,比起前一次飞跃来,意义更加伟大。因为只有这一次飞跃,才能证明认识的第一次飞跃,即从客观外界的反映过程中得到的思想、理论、政策、计划、办法等等,究竟是正确的还是错误的,此外再无别的检验真理的办法。[①]

科学理论是我们推动工作、解决问题的"金钥匙"。[②]

年轻干部要提高抓落实能力。干事业不能做样子,必须脚踏实地,抓工作落实要以上率下、真抓实干。特别是主要领导干部,既要带领大家一起定好盘子、理清路子、开对方子,又要做到重要任务亲自部署、关键环节亲自把关、落实情况亲自督查,不能高高在上、凌空蹈虚,不能只挂帅不出征。干事业就要有钉钉子精神,抓铁有痕、踏石留印,稳扎稳打向前走,过了一山再登一峰,跨过一沟再越一壑,不断通过化解难题开创工作新局面。[③]

三、实践与认识的辩证运动

人在实践的过程中首先用感觉器官观察对象,由此形成感性认识,然后在此基础上对这些感性认识材料进行加工制作,形成理性认识,再把这种理性认识放到实践中去接受实践的检验,并指导实践。可见,认识的辩证过程就是在实践基础上由感性认识到理性认识、又由理性认识到

①《毛泽东文集》(第八卷),人民出版社,1999年,第320~321页。

②《习近平重要讲话单行本》(2020年合订本),人民出版社,2021年,第2页。

③《习近平在中央党校(国家行政学院)中青年干部培训班开班式上发表重要讲话强调 年轻干部要提高解决实际问题能力 想干事能干事干成事》,新华社,2020年10月10日。

实践的能动飞跃，也就是实践、认识、再实践、再认识循环往复以至无穷的运动过程。

认识的反复性是指人们对于一个复杂事物的认识往往要经过由感性认识到理性认识、再由理性认识到实践的多次反复才能完成。认识的无限性是指对于事物发展过程的推移来说，人类的认识是永无止境、无限发展的。因此，实践与认识要努力实现具体的、历史的统一，亦即我们的主观认识不仅要与一定时间、地点、条件下的具体的客观实践相符合，还要同特定历史发展阶段的客观实践相符合，客观实践变化了，主观认识也应当随之转变，亦即在知中行，在行中知。

> 而无产阶级认识世界的目的，只是为了改造世界，此外再无别的目的。一个正确的认识，往往需要经过由物质到精神，由精神到物质，即由实践到认识，由认识到实践这样多次的反复，才能够完成。这就是马克思主义的认识论，就是辩证唯物论的认识论。现在我们的同志中，有很多人还不懂得这个认识论的道理。问他的思想、意见、政策、方法、计划、结论、滔滔不绝的演说、大块的文章，是从哪里得来的，他觉得是个怪问题，回答不出来。对于物质可以变成精神，精神可以变成物质这样日常生活中常见的飞跃现象，也觉得不可理解。因此，对我们的同志，应当进行辩证唯物论的认识论的教育，以便端正思想，善于调查研究，总结经验，克服困难，少犯错误，做好工作，努力奋斗，建设一个社会主义的伟大强国，并且帮助世界被压迫被剥削的广大人民，完成我们应当担负的国际主义的伟大义务。①

认识是思维对客体的永远的、无止境的接近。自然界在人的思想中的反映，要理解为不是“僵死的”，不是“抽象的”，不是没有运动的，不是没有矛

①《毛泽东文集》(第八卷)，人民出版社，1999年，第321页。

盾的,而是处在运动的永恒过程中,处在矛盾的发生和解决的永恒过程中。

习近平指出,年轻干部要提高调查研究能力。调查研究是做好工作的基本功。一定要学会调查研究,在调查研究中提高工作本领。调查研究要经常化。要坚持到群众中去、到实践中去,倾听基层干部群众所想所急所盼,了解和掌握真实情况,不能走马观花、蜻蜓点水,一得自矜、以偏概全。对调研得来的大量材料和情况,要认真研究分析,由此及彼、由表及里。对经过充分研究、比较成熟的调研成果,要及时上升为决策部署,转化为具体措施;对尚未研究透彻的调研成果,要更深入地听取意见,完善后再付诸实施;对已经形成举措、落实落地的,要及时跟踪评估,视情况调整优化。①

90多年前,毛泽东就在江西寻乌进行过深入系统的社会调查研究,写出了长达8万多字的《寻乌调查》,迄今仍是社会调查的经典之作。在寻乌期间,毛泽东还写下了《调查工作》一文,"没有调查,没有发言权""调查就像'十月怀胎',解决问题就像'一朝分娩'"等重要论断皆出自其中。

习近平同样高度重视调查研究。

在河北正定,习近平经常骑着一辆老式凤凰牌"二八"自行车,奔波在乡间田野,穿梭于滹沱河的南北两岸。他调研一般不打招呼,不让人家事先准备,直接下乡、下厂、入户。3年多时间,习近平跑遍了全县25个乡镇、221个村。

在福建宁德,习近平拄着登山杖,戴着草帽,翻山越岭,披荆斩棘,走遍了宁德的每一个县。他踏足的一些非常偏远和闭塞的山村,已经"上百年没有县级以上官员进去过"。习近平通过调研,深切了解当地发展状况和百姓诉求,为工作有的放矢奠定了基础。

习近平下乡调研看得很细。在浙江工作时,有一次去衢州调研灾民异

---

①《习近平在中央党校(国家行政学院)中青年干部培训班开班式上发表重要讲话强调 年轻干部要提高解决实际问题能力 想干事能干事干成事》,新华社,2020年10月10日。

地安置,他专门查看了老人家里的米袋子,打开菜柜看老人中午吃剩的菜;在武义县调研脱贫,习近平特意拿起村民家里的遥控器打开电视,查看农村有线电视安装入户情况……

习近平说:“当县委书记一定要跑遍所有的村,当地(市)委书记一定要跑遍所有的乡镇,当省委书记一定要跑遍所有的县市区。”

习近平说:“调查研究的过程就是科学决策的过程,千万省略不得、马虎不得。”全党大兴调查研究,必须明确谁来调查研究、调查研究什么、如何调查研究。[①]

四、坚持和运用好毛泽东思想活的灵魂

毛泽东思想是中国共产党在百年奋斗征程中矢志不渝推动马克思主义中国化所结出的第一个理论硕果。它既是指引中国新民主主义革命胜利、社会主义革命成功、社会主义建设全面展开的根本指导思想,也是实现中华民族独立和振兴、中国人民解放和幸福的强大思想武器。毛泽东思想完整系统而又博大精深,实事求是、群众路线、独立自主是贯穿这一伟大思想的基本立场、观点和方法,是毛泽东思想的活的灵魂。习近平指出:“我们要坚持和运用好毛泽东思想活的灵魂,把我们党建设好,把中国特色社会主义伟大事业继续推向前进。”[②]深刻把握好毛泽东思想的理论精髓、坚持和运用好毛泽东思想活的灵魂,对于我们学习总结党的历史、传承发扬党的精神,在新的起点上奋力推进中华民族伟大复兴的光辉事业具有非常重要的意义。

---

① 叶子鹏:《最近,中央给全党布置了一项重要任务》,海外网,2023年3月22日。

② 习近平:《在纪念毛泽东同志诞辰120周年座谈会上的讲话》,人民出版社,2013年,第15页。

(一)实事求是、群众路线、独立自主是毛泽东思想活的灵魂

马克思、恩格斯没有直接用过"实事求是"这个词,但他们创立的辩证唯物主义和历史唯物主义,突出强调的就是实事求是。实事求是是毛泽东用中国成语对辩证唯物主义和历史唯物主义世界观和方法论所作的高度概括。坚持实事求是,就是坚持一切从实际出发来研究和解决问题,坚持理论联系实际来制定和形成指导实践发展的正确路线方针政策,坚持在实践中检验真理和发展真理。毛泽东曾对"实事求是"作过精辟的概括。1941年,在《改造我们的学习》中毛泽东指出:"'实事'就是客观存在着的一切事物,'是'就是客观事物的内部联系,即规律性,'求'就是我们去研究。"[①]毛泽东的这一论断深刻揭示了实事求是的科学内涵,鲜明地体现了辩证唯物主义的能动反映论与机械唯物主义的直观反映论的根本区别。不仅如此,毛泽东还把实事求是形象地比喻为"有的放矢",要求全党必须用马克思主义的"矢"去射中国革命、建设、改革的"的"。

坚持实事求是,最基础的工作在于搞清楚"实事",就是要了解实际、掌握实情。坚持实事求是,关键在于求是,就是要探求和掌握事物发展的规律,通过实践积累经验,进行理论升华,再用以指导实践、推动实践。实事求是中国共产党人的根本思想方法、工作方法和领导方法,是党领导人民推进中国革命、建设、改革事业不断取得胜利的重要法宝。

群众路线是中国共产党的生命线和根本工作路线,也是我们党的优良传统。群众路线是唯物史观关于人民群众创造历史原理的具体应用,即一切为了群众、一切依靠群众,从群众中来,到群众中去。群众路线的实质,就在于充分相信群众,坚决依靠群众,密切联系群众,全心全意为人民服务。

一切为了群众,一切依靠群众。1944年在追悼张思德的演讲稿《为人民服务》一文中,毛泽东开门见山指出:"我们这个队伍完全是为着解放人

①《毛泽东选集》(第三卷),人民出版社,1991年,第801页。

民的，是彻底地为人民的利益工作的。”[1]社会主义革命必须坚持无产阶级政党的领导，只有无产阶级政党才是最广大人民群众的最忠实代表，这样的党除了无产阶级和人民群众的利益，没有自己的特殊利益。为此必须坚持立党为公、执政为民，必须依靠人民群众的力量，集中人民群众的智慧，获取人民群众的信任和支持。

从群众中来，到群众中去。中国共产党是无产阶级政党，始终代表着中国最广大人民群众的根本利益。作为中国共产党的领导方法和工作方法，群众路线本身就包含着两个重要方面：一是领导和群众相结合，二是一般号召和个别指导相结合。正确的领导方法和工作方法，就是要经常性、主动性走近群众身边，倾听群众意见，使群众的意见能够及时反映上来，化为领导的意见，又使领导的意见能够为群众所接受，在群众中坚持下去并接受群众的检验。通过这样的“来”和“去”的循环往复，不断提高领导水平和工作效率。

独立自主，就是坚持独立思考，走自己的路，坚定不移地维护民族独立、捍卫国家主权。独立自主就是把立足点放在依靠自己力量的基础上，同时积极开展国际经济文化交流，学习外国一切对我们有益的先进事物。

独立自主是中华民族的优良传统，是中国共产党、中华人民共和国立党立国的重要原则，是我们党从中国实际出发、依靠党和人民力量进行革命、建设、改革的必然结论。在中国这样一个人口众多和经济文化落后的东方大国进行革命和建设，决定了我们只能走自己的路。不论过去、现在和将来，我们都要把国家和民族发展放在自己力量的基点上，增强民族自尊心和自信心，坚定不移地走自己的路。

（二）从开天辟地到改天换地，毛泽东思想活的灵魂引领中华民族迈进历史新纪元

1.实事求是是兴党兴国之魂

马克思主义自诞生以来，始终展现出强大的生命力和创造力，成为推

---

①《毛泽东选集》（第三卷），人民出版社，1991年，第1004页。

动人类社会前进的伟大旗帜和精神动力,究其根本就在于马克思主义经典作家始终强调自己的理论绝不是僵死的教条,而必须把原则的坚定性和策略的灵活性结合起来,强调马克思主义“不是教条,而是行动的指南”,要“随时随地都要以当时的历史条件为转移”。

近代中国内忧外患、国将不国。各派势力、各种主义纷纷粉墨登场,却又一次次以失败告终。租界上空的各色旗子、“东亚病夫”的帽子、“华人与狗,不得入内”的牌子,碾压的不仅是国人自尊,也是五千年文明累积起来的民族自信。俄国十月革命一声炮响给中国送来了马克思列宁主义。正如毛泽东后来在《论人民民主专政》中回忆的那样:“谢谢马克思、恩格斯、列宁和斯大林,他们给了我们以武器。这武器不是机关枪,而是马克思列宁主义。”[①]然而在一个半殖民地半封建的东方大国进行革命,面对的特殊国情是农民占人口的绝大多数,落后分散的小农经济、小生产及其社会影响根深蒂固,又遭受着西方列强侵略和压迫,经济文化十分落后,选择一条什么样的道路才能把中国革命引向胜利成为首要问题,也是马克思主义发展史上前所未有过的难题。年轻的中国共产党,一度简单套用马克思列宁主义关于无产阶级革命的一般原理和照搬俄国十月革命城市武装起义的经验,中国革命遭受到严重挫折。马克思主义到底能不能救中国?共产党人到底能不能干革命?

面对血淋淋的教训,以毛泽东为代表的中国共产党人痛定思痛,深刻认识到中国革命绝不是俄国革命的复制粘贴,必须用中国化的马克思主义指导中国革命的具体实践。早在1939年,毛泽东在《中国革命和中国共产党》一文中就一针见血地指出:“认清中国社会的性质,就是说,认清中国的国情,乃是认清一切革命问题的基本的根据。”[②]中国的实际就是历史上小农经济长期占据主体地位,绝大多数人民都是贫苦农民。因此,大城市武

①《毛泽东选集》(第四卷),人民出版社,1991年,第1469页。

②《毛泽东选集》(第二卷),人民出版社,1991年,第633页。

装暴动的路线与中国实际情况水土不服。1927年当秋收起义失败后，毛泽东率领起义部队转而向敌人统治力量薄弱的井冈山进军，建立了第一支工农武装，创立了第一个农村革命根据地，并由此开辟出农村包围城市，武装夺取政权的崭新道路，为中国革命的未来走向指明了道路。毛泽东把马克思主义的建党理论与中国革命具体实践相结合，首创了"支部建在连上""枪杆子里出政权"等建党建军的基本原则和制度，确立了中国共产党对军队的绝对领导，奠定了中国工农红军"艰难奋战而不溃散"的组织基础，也从此定下了人民军队未来发展壮大的基调和底色。1930年，为反对红军中存在的教条主义错误倾向，毛泽东在《反对本本主义》中提出"没有调查就没有发言权"这一马克思主义的著名论断，强调"中国革命斗争的胜利要靠中国同志了解中国情况"①，第一次明确提出党的思想路线，初步形成了毛泽东思想活的灵魂的三个基本点。1941年，在《改造我们的学习》一文中，毛泽东号召全党树立和发扬"理论和实际统一"的学风，反对"割断历史，只懂得希腊，不懂得中国"的主观主义态度，并对"实事求是"这一党的思想路线的核心做出了哲学上的解释。

2.群众路线是兴党兴国之根

为什么人的问题，是检验一个政党、一个政权性质的试金石。中国共产党从成立之日起，就把为人民谋幸福、为民族谋复兴作为自己的初心和使命。一百年来，任凭征途风云变幻，中国共产党始终初心如磐、使命在肩，虽九死其犹未悔。

早在1934年，毛泽东在江西瑞金召开的第二次全国工农兵代表大会上就要求共产党人必须时刻"关心群众生活，注意工作方法"。毛泽东告诫红军指战员们："如果我们单单动员人民进行战争，一点别的工作也不做，能不能达到战胜敌人的目的呢？当然不能。我们要胜利，一定还要做很多的工作。领导农民的土地斗争，分土地给农民；提高农民的劳动热情，增加

---

①《毛泽东选集》(第一卷)，人民出版社，1991年，第115页。

农业生产;保障工人的利益;建立合作社;发展对外贸易;解决群众的穿衣问题、吃饭问题、住房问题、柴米油盐问题、疾病卫生问题、婚姻问题。总之,一切群众的实际生活问题,都是我们应当注意的问题。假如我们对这些问题注意了,解决了,满足了群众的需要,我们就真正成了群众生活的组织者,群众就会真正围绕在我们的周围,热烈地拥护我们。同志们,那时候,我们号召群众参加革命战争,能够不能够呢?能够的,完全能够的。"[①]从"三大纪律"到"八项注意",从长征到达陕北后硕果仅存的8000名红军,再到抗战胜利时的120万人民军队和近1亿规模的解放区人口。短短十年间,我们党在国内外敌人的进攻和压迫下,化险为夷,转危为安,从小到大,由弱变强,一个重要原因,就是坚持马克思主义的唯物史观,坚持人民是"真正的英雄"的主体地位,把"一切为了人民,一切依靠人民"作为我们党的立党之本。毛泽东在总结这段历史经验时,用"愚公移山"的寓言作比喻,形象地阐述了人民是"上帝"的观点。他说:"这个上帝不是别人,就是全中国的人民大众。"[②]只有感动了"上帝","上帝"才会帮助我们搬走压在中国人民头上的帝国主义、封建主义两座大山。一切为了群众,一切依靠群众,从群众中来,到群众中去是党的群众路线,也是党的生命线和根本工作路线。

3.独立自主是兴党兴国之本

1949年4月20日,即将发起渡江战役的中国人民解放军在长江坚决炮击了悍然向我军开炮的英舰"紫石英"号,后者伤亡惨重、落荒而逃,史称"紫石英号事件",这一事件向世界显示出即将登上中国政治舞台中心的中国共产党人捍卫国家主权坚如磐石的决心。4月22日,毛泽东为新华社亲自起草了《抗议英舰暴行》的声明,指出:"长江是中国的内河,你们英国人有什么权利将军舰开进来?没有这种权利。中国的领土主权,中国人民必

①《毛泽东选集》(第一卷),人民出版社,1991年,第136~137页。

②《毛泽东选集》(第三卷),人民出版社,1991年,第1102页。

须保卫，绝对不允许外国政府来侵犯。”[①]

独立自主既是我们党全部理论和实践的立足点，也是党和人民事业不断从胜利走向胜利的根本保证。无论在什么时候、什么情况下，都必须牢牢把握独立自主这一立党立国、兴党兴国之本。

1949年，中华人民共和国成立伊始，就旗帜鲜明地提出以保障民族独立和维护世界和平为主旨的外交政策。中国人民政治协商会议通过的《共同纲领》规定：“中华人民共和国的外交政策原则，为保障本国独立、自由和领土主权的完整，拥护国际的持久和平和各国人民间的友好合作，反对帝国主义的侵略政策和战争政策。”[②]在制定外交政策时，以毛泽东为代表的新中国领导人最关注的问题是如何实现和保障中华民族的独立。新中国成立前夕，毛泽东首先提出“另起炉灶”和“打扫干净屋子再请客”两条方针。要求彻底改变半殖民地状态，在新的基础上同各国另行建立新的独立自主的外交关系。1949年2月，毛泽东在西柏坡同来访的斯大林特使米高扬谈话时说道：“我们这个国家，如果形象地把它比作一个家庭来讲，它的屋内太脏了，柴草、垃圾、尘土、跳蚤、臭虫、虱子什么都有。解放后，我们必须认真清理整顿，等屋内打扫清洁、干净，有了秩序，陈设好了，再请客人进来。我们的真正朋友可以早点进屋子来，也可以帮助我们做点清理工作，但别的客人得等一等，暂时还不能让他们进门。”[③]

社会主义基本制度建立后，如何在中国这样一个生产力水平十分落后的东方大国建设社会主义，成为我们党面临的一个全新课题。面对“自己的路要自己走”的历史大考，毛泽东提出了“一边倒”的外交方针，明确宣布中国站在以苏联为首的和平民主阵营之内。随着苏联模式弊端逐渐显露，毛泽东明确提出要“以苏为鉴”，独立探索适合中国国情的社会主义建设道

---

①《毛泽东选集》(第四卷)，人民出版社，1991年，第1460页。

②《〈中共中央关于坚持和完善中国特色社会主义制度、推进国家治理体系和治理能力现代化若干重大问题的决定〉辅导读本》，人民出版社，2019年，第359页。

③ 张丽、王红续：《新中国外交战略决策的确立》，《学习时报》，2019年4月5日。

路,为我们后来逐渐走上中国特色社会主义道路打下了基础。

(三)建设社会主义现代化强国,实现中华民族伟大复兴必须用好毛泽东思想活的灵魂

"中国人民有志气,有能力,一定要在不远的将来,赶上和超过世界先进水平。"[①]当今世界正经历百年未有之大变局,中华民族正走向伟大复兴的战略全局,建设社会主义现代化国家,实现中华民族伟大复兴的中国梦,要求我们继续坚持和运用好毛泽东思想活的灵魂。

1.坚持实事求是思想路线毫不动摇的基础

"实事求是就来源于这里。共产党怎么能成功呢?当年在石库门,在南湖上那么一条船,那么十几个人,到今天这一步。这里面的道路一定要搞清楚,一定要把真理本土化。"[②]2020年9月17日下午,正在湖南考察的习近平来到千年学府岳麓书院,望着讲堂檐上"实事求是"的匾额,久久凝思。"一定要把真理本土化",这深刻阐明了我们党"始终把马克思主义这一科学理论作为自己的行动指南,并坚持在实践中不断丰富和发展马克思主义"的理论品格,深刻揭示了我们党为何"能够完成近代以来各种政治力量不可能完成的艰巨任务"的深层原因。

坚持实事求是就必须清醒认识和正确把握我国仍处于并将长期处于社会主义初级阶段这个基本国情。党的十九届四中全会确定"十四五"时期经济社会发展要以推动高质量发展为主题,这是根据我国发展阶段、发展环境、发展条件变化作出的科学判断。我国社会主要矛盾已经转化为人民日益增长的美好生活需要和不平衡不充分的发展之间的矛盾,发展中的矛盾和问题集中体现在发展质量上。这就要求我们必须把发展质量问题摆在更为突出的位置,着力提升发展质量和效益。但是必须牢记,这个新

---

① 中共中央文献研究室编:《十八大以来重要文献选编》(上),中央文献出版社,2014年,第701页。

②《百年恰是风华正茂——致敬中国共产党成立100周年》,新华网,2021年7月1日,https://news.gmw.cn/2021-07/01/content_34962978.htm。

发展仍然是社会主义初级阶段的发展阶段，我国仍处于并将长期处于社会主义初级阶段，我国仍然是世界上最大的发展中国家，发展仍然是我们党执政兴国的第一要务。

坚持实事求是就要坚持为了人民利益坚持真理、修正错误。要及时发现和纠正思想认识上的偏差、决策中的失误、工作中的缺点，及时发现和解决存在的各种矛盾和问题，使全党的思想和行动更加符合客观规律、符合时代要求、符合人民意愿。

坚持实事求是，就要不断推进实践基础上的理论创新。任何真理都是绝对性和相对性的统一，马克思主义经典作家并没有穷尽真理，而是不断为寻求真理和发展真理开辟了道路。新时代坚持和发展中国特色社会主义事业对我们的实践提出了新的课题和要求，这就要求我们必须学懂弄通做实习近平新时代中国特色社会主义思想，用21世纪马克思主义、当代中国马克思主义武装头脑、指导实践。

2.坚定不移走好党的群众路线

"看见大家日子过得好，我高兴！"2018年4月24日，习近平来到紧邻三峡大坝的太平溪镇许家冲村，看到村容村貌的变迁和特色产业蓬勃发展时不禁脱口而出。不论过去、现在和将来，群众路线都是我们党的生命线和根本工作路线，是我们党永葆青春活力和战斗力的重要传家宝。

走好群众路线就要时刻不忘紧紧依靠人民。一百年来，中国共产党激励召唤着亿万人民自力更生、艰苦奋斗，创造了举世瞩目的中国奇迹。跨过一道又一道沟坎、取得一个又一个胜利，关键就在于我们党密切联系群众、紧紧依靠人民，充分发挥最广大人民的积极性、主动性、创造性。中国共产党之所以能够发展壮大，中国特色社会主义之所以能够不断前进，正是因为始终坚持一切为了人民、一切依靠人民。历史和现实一再表明，人民是我们党的力量源泉，是我们共和国的坚实根基，是我们党执政兴国的根本所在。

走好群众路线就要全心全意服务人民。2021年2月20日，习近平在党史学习教育动员大会上重提井冈山革命时期红军和群众“有盐同咸,无盐同淡”的故事。话虽朴实无华,力量却重如千钧。全心全意为人民服务,是我们党一切行动的根本出发点和落脚点,是我们党区别于其他一切政党的根本标志。一百年来沧海桑田,我们已走过万水千山,但面对人民对美好生活的向往,我们没有任何理由自满和懈怠,必须再接再厉,为实现全体人民共同富裕和社会全面进步不断革命、永远奋斗。

走好群众路线就要真正让人民来评判我们的一切工作。今天,中国共产党已经发展成为一个走过百年光辉历程、在最大的社会主义国家执政70多年、拥有9100多万党员的世界上最大的马克思主义执政党,但放在14亿多中国人民中间,我们党依然还是少数。“知政失者在草野。”我们深知,人民是我们党的工作的最高裁决者和最终评判者。因此必须牢记我们永远是劳动人民的普通一员,必须始终保持同人民群众的血肉联系,始终与人民心心相印、与人民同甘共苦、与人民团结奋斗。

3.坚持独立自主,推动构建人类命运共同体

“我们已经走出一条光明大道,我们要继续前行。”2013年12月27日,在纪念毛泽东同志诞辰120周年座谈会上习近平这样说道。

一个国家,一个民族,只有找到适合自己条件的道路,才能实现自己的发展目标。习近平指出:“鞋子合不合脚,自己穿了才知道。”一个国家的发展道路合不合适,只有这个国家的人民才最有发言权。新中国70多年,中国人民走在自己的道路上向世人展现出一幅又一幅绚丽多彩的画卷,交出了一份又一份令世人惊叹的成绩单。从新中国成立初期的生产萎缩,交通梗阻,失业众多,民生困苦,人均国民收入只有27美元,到今天的世界第二大经济体,国内总产值超过100万亿元,对世界经济增长贡献率超过30%。新中国一路走来为什么能?答案无疑是因为我们选择了属于自己的正确道路。这条道路既不是封闭僵化的老路,又不是改旗易帜的邪路,而是一条独立自主、艰苦奋斗的中国特色社会主义道路。坚持独立自主,就要坚持中国的事情必须由中国人自己说了算。习近平指出:“世界上没有放之

四海而皆准的具体发展模式，也没有一成不变的发展道路。”人类历史上没有哪一个民族、哪一个国家可以通过依赖外部力量、跟在他人后面亦步亦趋实现强大和振兴。那样做的结果，不是必然遭遇失败，就是必然成为他人的附庸。中国人自古就知道“天行健，君子以自强不息”的道理，更明白在中国这样一个有着5000多年文明史、14亿多人口的大国推进改革发展，没有可以奉为金科玉律的教科书，也没有可以对中国人民颐指气使的教师爷。新中国发展的光辉成就是通过独立自主取得的，也必将独立自主继续走下去。

坚持独立自主，就要坚持独立自主的和平外交政策，推动构建人类命运共同体。国际社会是一个大家庭，人类同样是一个命运共同体，这既意味着每个民族、每个国家的前途命运都紧紧联系在一起，应该风雨同舟、荣辱与共，同时又要求我们必须充分尊重每个国家和民族自主选择发展道路的权利，绝不能把自己的意志强加于人，也绝不允许任何人把他们的意志强加于中国人民。世界人民应该秉持“天下一家”理念，张开怀抱、彼此理解、求同存异，共同为构建人类命运共同体而努力。

第五讲

年轻人，你对成功的定义是什么？

生活中，我们无时不刻不在做出评价和面临选择，这些评价和选择有些与我们自身成长息息相关，有些则从一个侧面表征着我们对世界的认知状况和价值取向。例如，通过读书到底能不能真正改变命运？整容去求职，算不算一种欺骗？科学技术弊大于利，还是利大于弊？效率优先还是公平优先？经济发展和环境保护是否可以并行发展？自媒体使真相离我们越来越近还是越来越远……这些评价和选择无一不是真理与价值的集合体，体现出这个世界在我们眼中到底是对的还是错的、好的还是坏的、美的还是丑的。

熟悉《三体》小说的朋友可能对这样一个场景留有深刻印象。当青年时代的叶文洁在遭到历史的暴击时心灰意冷，从此便对人类文明前景不抱任何希望。恰巧此时，她收到了来自遥远三体星球的回馈信号，于是她不顾对方的劝阻，通过太阳的中介作用向宇宙中发送了那句引来后续一系列故事的太空广播——“到这里来吧，我将帮助你们获得这个世界，我们的文明已无力解决自己的问题，需要你们的力量来介入。”[①]晚年的叶文洁在面对审判者的提问时，道出了自己当年这样选择的原因。在她看来，“如果他们能够跨越星际来到我们的世界，说明他们的科学已经发展到相当的高度。一个科学如此昌明的社会，必然拥有更高的文明和道德水准”[②]。而当审判者继续追问这个结论本身是否科学时，叶文洁便陷入了长久的沉默之中。

问题是，叶文洁眼中的“科学昌明”与“文明和道德水准”是否正向相关呢？换句话说，是否“对的”必然就是“好的”呢？一项成功的事业必然既是科学和正确的，同时也是正义和良善的，这便是实现了真理与价值的统一，也是人类文明存续发展的永恒主题。

---

① 刘慈欣：《三体》，重庆出版社，2008年，第205页。

② 刘慈欣：《三体》，重庆出版社，2008年，第260页。

一、真理及其检验标准

求真与求善是人类社会几千年来孜孜不倦的永恒追求，甚至可以说一部人类历史就是不断追求真理、追寻美好生活的文明旅程。

（一）真理的客观性

> 党的十八大以来，中央政治局集体学习多次以马克思主义理论为题，先后学习了历史唯物主义、辩证唯物主义、马克思主义政治经济学的基本原理和方法论。这次中央政治局集体学习《共产党宣言》，目的是通过重温经典，感悟马克思主义的真理力量，坚定马克思主义信仰，追溯马克思主义政党保持先进性和纯洁性的理论源头，提高全党运用马克思主义基本原理解决当代中国实际问题的能力和水平。[①]

陈望道作为近代中国把《共产党宣言》英文版翻译成中文的第一人，他在浙江分水塘老家译书时“风刮不感体冷、蘸墨犹觉粽甜”的故事早已享誉天下。那么，“真理的力量”真的如此神奇吗？我们每个人都可以拥有吗？

在哲学上，我们通常把人类正确的认识称为真理，而所谓正确的认识就是主观与客观相符合的认识。因此，真理是标志主观与客观相符合的哲学范畴，是对客观事物及其规律的正确反映。真理作为人类的认识，可能会因人而异，那它是否具有客观性呢？这是我们面对真理要回答的首要问题。

真理是一种认识，并不是客观事物及其规律本身，而是对它的正确反映。虽然从形式上看，真理是主观的，但其本身却是具有鲜明的客观性的。真理的客观性指真理的内容是对客观事物及其规律的正确反映，真理中包含着不依赖于人和人的意识的客观内容。一方面，真理的内容是对外部事物的反映，由于外部事物的本质和规律是不以人的意志为转移的，因此真

---

① 习近平：《论党的宣传思想工作》，中央文献出版社，2020年，第305~306页。

理的内容必然也是不以人的意志为转移的。另一方面,检验真理的标准既不在主观领域,又不在客观领域,而只能是沟通主客观之间的桥梁和中介,即实践。

> 认为我们的感觉是外部世界的映象;承认客观真理;坚持唯物主义认识论的观点,——这都是一回事。[①]
>
> 在人类实践中表现出来的对自然界的统治是自然现象和自然过程在人脑中客观正确的反映的结果,它证明这一反映(在实践向我们表明的范围内)是客观的、绝对的、永恒的真理。[②]
>
> 真理就是由现象、现实的一切方面的总和以及它们的(相互)关系构成的。概念的关系(=过渡=矛盾)=逻辑的主要内容,并且这些概念(及其关系、过渡、矛盾)是作为客观世界的反映而被表现出来的。事物的辩证法创造观念的辩证法,而不是相反。[③]
>
> 自然界反映在人脑中。人在自己的实践中、在技术中检验这些反映的正确性并运用它们,从而也就达到客观真理。[④]

(二)真理的绝对性和相对性

辩证唯物主义认为,真理是绝对性和相对性的统一。

真理的绝对性是指真理的内容表明了主客观统一的确定性和发展的无限性。真理的绝对性主要包含两个方面的含义:一方面,任何真理都必然包含同客观对象相符合的客观内容,都同谬误有原则的界限,否则就不称其为真理,这一点是绝对的、无条件的;另一方面,人类认识按其本性来说,能够正确认识无限发展着的物质世界,认识每前进一步,都是对无限发

---

①《列宁专题文集 论辩证唯物主义和历史唯物主义》,人民出版社,2009年,第36页。
②《列宁专题文集 论辩证唯物主义和历史唯物主义》,人民出版社,2009年,第91页。
③《列宁专题文集 论辩证唯物主义和历史唯物主义》,人民出版社,2009年,第137页。
④《列宁专题文集 论辩证唯物主义和历史唯物主义》,人民出版社,2009年,第138页。

展着的物质世界的接近,这一点也是绝对的、无条件的。例如,近代意大利著名科学家布鲁诺由于宣传和捍卫哥白尼的"太阳中心说"而被宗教裁判所判为"异端",最终在被囚禁8年后烧死于罗马。但是,"太阳中心说"却被后来世人证明是无可辩驳的科学真理。

不管最近25年来的情况发生了多大的变化,这个《宣言》中所阐述的一般原理整个说来直到现在还是完全正确的。某些地方本来可以作一些修改。这些原理的实际运用,正如《宣言》中所说的,随时随地都要以当时的历史条件为转移……①

对自然界的一切真实的认识,都是对永恒的东西、对无限的东西的认识,因而本质上是绝对的。②

当一个唯物主义者,就要承认感官给我们揭示的客观真理。承认客观的即不依赖于人和人类的真理,也就是这样或那样地承认绝对真理。正是这个"这样或那样",就把形而上学唯物主义者杜林同辩证唯物主义者恩格斯区别开来了。③

真理的相对性是指人们在一定条件下对事物的客观过程及其发展规律的正确认识总是有限度的,不完善的。真理的相对性也主要包含两个方面的含义。一方面,从客观世界的整体来看,任何真理都只是对客观世界的某一阶段、某一部分的正确认识,人类已经达到的认识的广度总是有限的,认识有待扩展;另一方面,就特定事物而言,任何真理都只是对客观对象一定方面、一定层次和一定程度的正确认识,认识反映事物的深度是有限度的,或是近似的,认识有待深化。例如,早在公元前1900年至公元前

---

①《马克思恩格斯文集》(第二卷),人民出版社,2009年,第5页。

②《马克思恩格斯文集》(第九卷),人民出版社,2009年,第499页。

③《列宁专题文集 论辩证唯物主义和历史唯物主义》,人民出版社,2009年,第39页。

1600年古巴比伦时期，人类就开始学会计算数学圆周率的方法，得出π=25/8=3.125。公元263年，中国数学家刘徽用“割圆术”计算圆周率的结果为3.1416。南北朝时期的数学家祖冲之进一步得出精确到小数点后7位的结果。而时至今天，据报道，2021年8月17日，瑞士研究人员使用一台超级计算机历时108天，将圆周率π计算到小数点后68.2万亿位，创下该常数迄今最精确值记录。这些圆周率的结果都是近似于正确的，但是随着文明发展，我们得到的结果也在变得越来越精准。

> 我们只能在我们时代的条件下去认识，而且这些条件达到什么程度，我们就认识到什么程度。①
>
> 事实上，世界体系的每一个思想映象，总是在客观上受到历史状况的限制，在主观上受到得出该思想映象的人的肉体状况和精神状况的限制。②
>
> ……但是，至于说到每一个人的思维所达到的认识的至上意义，那么我们大家都知道，它是根本谈不上的，而且根据到目前为止的一切经验看来，这些认识所包含的需要改善的东西，无例外地总是要比不需要改善的或正确的东西多得多。③
>
> 辩证法，正如黑格尔早已说明的那样，包含着相对主义、否定、怀疑论的因素，可是它并不归结为相对主义。马克思和恩格斯的唯物主义辩证法无疑地包含着相对主义，可是它并不归结为相对主义，这就是说，它不是在否定客观真理的意义上，而是在我们的知识向客观真理接近的界限受历史条件制约的意义上，承认我们一切知识的相对性。④
>
> 这是因为任何真理，如果把它说得“过火”（如老狄慈根所说的那

①《马克思恩格斯文集》（第九卷），人民出版社，2009年，第494页。

②《马克思恩格斯文集》（第九卷），人民出版社，2009年，第40页。

③《马克思恩格斯文集》（第九卷），人民出版社，2009年，第91页。

④《列宁专题文集 论辩证唯物主义和历史唯物主义》，人民出版社，2009年，第43页。

样），加以夸大，把它运用到实际适用的范围之外，便可以弄到荒谬绝伦的地步，而且在这种情形下，甚至必然会变成荒谬绝伦的东西。[①]

真理的绝对性与相对性是辩证统一的关系。首先，二者相互联结、相互渗透。相对之中有绝对，绝对寓于相对之中。任何相对真理中都包含有绝对真理的颗粒，绝对真理通过相对真理表现出来，无数相对真理构成了绝对真理。其次，相对真理不断向绝对真理转化，真理是一个不断由相对走向绝对的发展过程。人们对真理的认识就像登山一样，每登高一步，就接近顶峰一步。

不过，与登山不同的是，人们永远不可能达到真理的顶峰。因为客观世界的发展是无限的，人们实践的脚步必然永远无法终结。因此，认识的发展也是无限的。可见，真理的绝对性与相对性根源于人类认识世界能力的无限性与有限性、绝对性与相对性的矛盾。人类的思维按其本性、可能和历史的终极目的来说，是能够认识无限发展着的物质世界的，思维是无限的和绝对的。但是，具体到每一个人乃至每一代人，由于受到客观事物及其本质的显露程度、社会历史的实践水平、主观的条件，以及生命的有限性等各方面的限制，其思维又是有限的和相对的。人的认识能力、思维能力是无限性与有限性、绝对性与相对性的统一，作为人的正确认识成果的真理，也必然是绝对性和相对性的统一，正如庄子所说“吾生也有涯，而知也无涯，以有涯随无涯，殆已”[②]。

在这里，我们又遇到了在上面已经遇到过的矛盾：一方面，人的思维的性质必然被看作是绝对的，另一方面，人的思维又是在完全有限地思维着的个人中实现的。这个矛盾只有在无限的前进过程中，在至

①《列宁选集》（第四卷），人民出版社，1995年，第172页。

②《庄子》，方勇译注，中华书局，2010年，第45页。

少对我们来说实际上是无止境的人类世代更迭中才能得到解决。从这个意义来说，人的思维是至上的，同样又是不至上的，它的认识能力是无限的，同样又是有限的。按它的本性、使命、可能和历史的终极目的来说，是至上和无限的；按它的个别实现情况和每次的现实来说，又是不至上的和有限的。[①]

世界表现为一个统一的体系，即一个有联系的整体，这是显而易见的，但是要认识这个体系，必须先认识整个自然界和历史，这种认识人们永远不会达到。[②]

整个人类历史还多么年轻，硬说我们现在的观点具有某种绝对的意义，那是多么可笑……[③]

抽象的真理是没有的，真理总是具体的。[④]

把握真理的绝对性和相对性辩证统一原理，对于我们正确理解和对待马克思主义有重要意义。作为科学真理，马克思主义也是绝对性与相对性的统一。马克思主义是关于自然、社会和人类思维的普遍规律，是经过历史和实践证明了的科学真理。但是马克思主义并没有穷尽一切事物及其本质规律，仍然需要随着社会实践的发展而发展，它又具有相对性的一面。正是因为马克思主义作为真理具有绝对性，所以我们必须坚持马克思主义的指导地位毫不动摇；同样，正是因为马克思主义作为真理具有相对性，所以我们又必须结合中国具体实际和中华优秀传统文化，与时俱进推动马克思主义中国化时代化。

---

①《马克思恩格斯文集》（第九卷），人民出版社，2009年，第92页。

②《马克思恩格斯文集》（第九卷），人民出版社，2009年，第346页。

③《马克思恩格斯文集》（第九卷），人民出版社，2009年，第121页。

④《列宁专题文集 论辩证唯物主义和历史唯物主义》，人民出版社，2009年，第338页。

马克思的整个世界观不是教义，而是方法。它提供的不是现成的教条，而是进一步研究的出发点和供这种研究使用的方法。①

我们的理论是发展着的理论，而不是必须背得烂熟并机械地加以重复的教条。②

在我看来，马克思的历史理论是任何坚定不移和始终一贯的革命策略的基本条件；为了找到这种策略，需要的只是把这一理论应用于本国的经济条件和政治条件。③

德国人一点不懂得把他们的理论变成推动美国群众的杠杆；他们大部分连自己也不懂得这种理论，而用学理主义和教条主义的态度去对待它，认为只要把它背得烂熟，就足以满足一切需要。对他们来说，这是教条，而不是行动的指南。④

我首先必须说明：如果不把唯物主义方法当做研究历史的指南，而把它当做现成的公式，按照它来剪裁各种历史事实，那它就会转变为自己的对立物。⑤

只有不可救药的书呆子，才会单靠引证马克思关于另一历史时代的某一论述，来解决当前发生的独特而复杂的问题。⑥

马克思主义并没有结束真理，而是开辟了通向真理的道路。⑦

实践告诉我们，中国共产党为什么能，中国特色社会主义为什么好，归根到底是马克思主义行，是中国化时代化的马克思主义行。

推进马克思主义中国化时代化是一个追求真理、揭示真理、笃行

---

①《马克思恩格斯文集》(第十卷)，人民出版社，2009年，第691页。
②《马克思恩格斯文集》(第十卷)，人民出版社，2009年，第562页。
③《马克思恩格斯文集》(第十卷)，人民出版社，2009年，第532页。
④《马克思恩格斯文集》(第十卷)，人民出版社，2009年，第557页。
⑤《马克思恩格斯文集》(第十卷)，人民出版社，2009年，第583页。
⑥《列宁专题文集 论马克思主义》，人民出版社，2009年，第299页。
⑦ 习近平：《论党的宣传思想工作》，中央文献出版社，2020年，第242页。

真理的过程。十八大以来，国内外形势新变化和实践新要求，迫切需要我们从理论和实践的结合上深入回答关系党和国家事业发展、党治国理政的一系列重大时代课题。我们党勇于进行理论探索和创新，以全新的视野深化对共产党执政规律、社会主义建设规律、人类社会发展规律的认识，取得重大理论创新成果，集中体现为新时代中国特色社会主义思想。十九大、十九届六中全会提出的"十个明确"、"十四个坚持"、"十三个方面成就"概括了这一思想的主要内容，必须长期坚持并不断丰富发展。

中国共产党人深刻认识到，只有把马克思主义基本原理同中国具体实际相结合、同中华优秀传统文化相结合，坚持运用辩证唯物主义和历史唯物主义，才能正确回答时代和实践提出的重大问题，才能始终保持马克思主义的蓬勃生机和旺盛活力。[①]

（三）实践是检验真理的唯一标准

人的思维是否具有客观的[gegenst ndliche]真理性，这不是一个理论的问题，而是一个实践的问题。人应该在实践中证明自己思维的真理性，即自己思维的现实性和力量，自己思维的此岸性。关于离开实践的思维的现实性或非现实性的争论，是一个纯粹经院哲学的问题。[②]

马克思主义认为，实践是检验真理的唯一标准。之所以只有实践才能成为检验真理的标准，是由真理的本性和实践的特点来决定的。

---

① 习近平：《高举中国特色社会主义伟大旗帜 为全面建设社会主义现代化国家而团结奋斗——在中国共产党第二十次全国代表大会上的报告》，人民出版社，2022年，第16~17页。

②《马克思恩格斯文集》（第一卷），人民出版社，2009年，第503~504页。

真理是标志主观与客观相符合的哲学范畴，那么检验真理就决不能仅仅停留在主观或客观任何一方，否则便不能成为检验真理正确与否的标准。一方面，认识本身并不能进行自我鉴定，企图用一种主观认识去确证或者推翻另一种主观认识，本身就是不合适的。另一方面，客观实际本身也不能开口说话，站出来指明某种认识与它是否相符合。所以，只有寻找到能够沟通主客观之间的桥梁与中介，才能确定其为检验真理的标准。

实践是联结主观和客观的桥梁，是主观见之于客观的活动，因此具有直接现实性。实践能够把一定的认识、理论变成直接的、实实在在的现实，把主观的东西变为客观的东西。如果实践的结果与实践之前的认识和预想相符合，那么之前的认识就得到了证实，成为真理性的认识，相反，则是谬误性的认识。实践的直接现实性的品格，是实践能够成为检验真理唯一标准的主要根据，也使实践成为最公正、最有权威的“终极审判官”。

> 对恩格斯来说，整个活生生的人类实践是深入到认识论本身之中的，它提供真理的客观标准。①
>
> 当我们按照我们所感知的事物的特性来利用这些事物的时候，我们的感性知觉是否正确便受到准确无误的检验。如果这些知觉是错误的，我们关于能否利用这个事物的判断必然也是错误的，要想利用也决不会成功。可是，如果我们达到了我们的目的，发现事物符合我们关于该事物的观念，并产生我们所预期的效果，这就肯定地证明，在这一范围内，我们对事物及其特性的知觉符合存在于我们之外的现实。我们一旦发现失误，总是不需要很久就能找出失误的原因；我们会发现，我们的行动所依据的知觉，或者本身就是不完全的、肤浅的，或者是与其他知觉的结果不合理地混在一起——我们把这叫做有缺陷的推理。只

①《列宁专题文集 论辩证唯物主义和历史唯物主义》，人民出版社，2009年，第90页。

> 要我们正确地训练和运用我们的感官,使我们的行动只限于正确地形成的和正确地运用的知觉所规定的范围,我们就会发现,我们行动的结果证明我们的知觉符合所感知的事物的客观本性。[①]

实践虽然是检验真理的唯一标准,但是这一标准同时也是确定性和不确定性的统一,绝对性和相对性的统一。

实践标准的确定性即绝对性,是指实践作为检验真理标准的唯一性、归根到底性、最终性,离开实践,再也没有其他公正合理的标准。即使对于有些认识,当前的实践不能检验,但不断发展着的实践终能验证它是否具有真理性。实践标准的确定性或绝对性,由实践标准的客观性和唯一性所决定。

实践标准的不确定性即相对性,是指实践作为检验真理标准的条件性。从现实角度看,由于实践总是具体的、有限的,它对于认识的检验的广度、深度和精确度都是有限的,并不能完全证实或驳倒现有的一切理论和观点。人们的实践活动总是在一定的条件下进行的,总是受到这个条件下的生产水平、科技水平的限制,也要受到客观事物发展程度的限制。因此,实践无论在广度和深度上都有局限性,只能相对地检验认识的真理性。从发展的角度看,实践本身是发展的因而实践对认识的检验常常不是一次完成的,而要有一个反复的过程。有些理论、观点虽然暂时还没有得到证实,不等于就没有真理性,它们会随着实践的发展而逐步被证实。

我们举一个例子。输血作为一种有效的治疗手段,经历了漫长曲折的道路才发展至今。人类输血是从饮血和放血开始的。罗马教皇英诺森八世在临死前,曾找来3位年轻男孩,把他们的鲜血输入体内,妄图从中获得力量和勇气。教皇和男孩们经过这一折腾,很快便都死了。显然这所谓的"第一次"并不科学。1616年,英国医学家威廉哈维第一次提出了关于血

---

①《马克思恩格斯文集》(第三卷),人民出版社,2009年,第506~507页。

液循环的理论。发现血液在人体内是流动的，为此后的输血奠定了基础。这一发现还启发了后人往血管内注射药物，借助流动的血液，把药物带到全身，治疗疾病，即现在人们所熟知的输液。1665年英国生理学家、医生洛厄做过一项实验，将一条放血后濒临死亡的狗的静脉与另一条健康狗的动脉用鹅毛管连接起来，受血狗竟然从濒临死亡中恢复过来，这一发现证明输血能够救命，开创了动物输血的先河。1667年，法国医生丹尼斯用同样的方法把羊血输给一名有病的男孩也取得成功。随后他又给一位愿意做实验的健康人输羊血，还是安然无恙。丹尼斯被公认为第一位人体输血实验的成功者。1817—1818年，英国妇产科医生布伦德利常见到产妇因失血而死，想到用输血来挽救产妇生命。他在进行了动物之间的输血实验并取得成功后，设计了一套输血器材。开始将健康人的血液输给大出血的产妇，这是一次值得庆贺的突破。1900年，奥地利病理遗传学家卡尔·兰德斯坦纳发现了A、B、O三种血型。2年后，他的2名学生，又发现了AB型血。兰德斯坦纳的这一研究成果找到了以往输血失败的主要原因，为安全输血提供了理论指导。他也因此获得了1930年诺贝尔生理学奖，并享有“血型之父”的美誉。他的生日6月14日，则被定为世界献血者日。19世纪，产科医生布拉克斯曾提取出具有抗凝作用的物质，并发表了报告。1918年，詹姆斯·格雷厄姆又发现了一种新的抗凝剂——柠檬酸钠，为储存捐献的血液做出了巨大贡献。

可见，从15世纪直至20世纪，人类用500多年不懈的实践才获得关于血液的真正认识，从而成功实现“输血自由”，为人类医学健康事业发展做出了重要贡献。毋庸置疑的是，随着历史的不断进步和实践的不断进步，人类对血液乃至自身的认识将进一步扩展和深化。

在这里不要忘记：实践标准实质上决不能完全地证实或驳倒人类的任何表象。这个标准也是这样的“不确定”，以便不让人的知识变成“绝对”，同时它又是这样的确定，以便同唯心主义和不可知论的一切变种进行无情的斗争。[①]

因此,坚持实践是检验真理的唯一标准,就要求我们既要看到实践标准的确定性,防止和反对否认真理标准问题的唯心主义、怀疑主义和不可知论,又要看到实践标准的不确定性,防止和反对教条主义和独断论,将人类社会历史的全部实践作为真理的检验标准。

> 必须把人的全部实践——作为真理的标准,也作为事物同人所需要它的那一点的联系的实际确定者——包括到事物的完整的"定义"中去。[②]

二、价值与价值评价

2021年1月6日,为反对拜登当选总统,美国国会大厦被时任美国总统唐纳德·特朗普的支持者暴力闯入,从而引发大规模骚乱,特朗普发文鼓动支持者"夺回国家",史称"1·6美国国会暴乱"。对此,时任美国候任总统拜登称之为"暴动",并宣称"全世界都在看着。现在我们的国家进入了如此黑暗的时刻"。然而面对同样爆出示威游行和暴力骚乱的2019年香港的"修例风波",时任美国众议院议长佩洛西却称之为"一道美丽的风景线"。本国土地上的暴力行为,必须谴责甚至打击;别国领土上的暴力行为,则是"一道美丽的风景线",美国政客这种"国内版"和"国外版"的差异如此巨大,让美国的双重标准令人叹为观止。这只能说明,部分美国政客的所谓"标准"是为自己的利益服务的,是根据自己的需要和这些需要的满

---

①《列宁专题文集 论辩证唯物主义和历史唯物主义》,人民出版社,2009年,第49页。

②《列宁专题文集 论辩证唯物主义和历史唯物主义》,人民出版社,2009年,第314页。

足来界定的。

2019年4月15日，美国国务卿迈克·蓬佩奥在美国得克萨斯州A&M大学（德州农工大学）进行演讲，并回答学生们提出的问题。一名学生就针对美国对沙特这样争议国家的外交政策进行了提问，蓬佩奥回答道："我曾担任美国中央情报局（CIA）的局长。我们撒谎、我们欺骗、我们偷窃。我们还有一门课程专门来教这些。这才是美国不断探索进取的荣耀。"这几句话却得到了现场热烈的鼓掌。

2020年2月，哈佛大学政治哲学家桑德尔（Michael Sandel），在肯尼迪学院发表了一场题为"真理还有未来吗？"的演讲，提出"事实"与"真理"的关系到底是什么的问题。桑德斯说：根据《华盛顿邮报》统计，在特朗普总统上任的3年中，说谎与误导言论的次数总计15413次。一个总统说了15413个谎言，但支持他的选民始终没有动摇。为什么？这个议题其实都没有突出性的具体答案，但却值得大家深思：真理与真实到底是什么？为什么人们愿意相信特朗普，即使他说的是谎言。

所有的这一切无不在暗示我们：在真理与谎言面前，有些时候人们并不会理所当然选择前者，而之所以人们心甘情愿相信谎言，这取决于自己需要的满足。这个问题在哲学上就表现为价值评价与价值选择的问题。

马克思主义哲学认为，价值是反映主体和客体之间意义关系的哲学范畴，是客体对个人、群体乃至整个社会的生活和活动所具有的意义。价值同真理一样是人类活动所追求的基本内容，但是价值又和真理不同，它有着特殊的性质和意义。在人与外部世界打交道的过程中，无论是认识关系还是实践关系，都是以人为主体向外去追求的过程。与之不同的是，价值是外部事物对主体所具有的意义和内容。这是与认识和实践截然不同的路径。事实上，在人类生活的各个领域和一切活动中，价值都是一个基本内容。经济上的效益盈亏，政治上的成败功过，道德上的善恶荣辱，审美中的美丑雅俗，法制中的正当与否，科学上的真假优劣，日常生活中的祸福得失等，都是现实的、具体的价值形态。

价值的本质体现为价值的基本特征。价值具有主体性、客观性、多维性和社会历史性四个基本特征。

价值的主体性是指价值直接与主体相联系,始终以主体为中心。没有主体及主体的需要,就不存在价值关系。人的需要具有无限多的方面,同一客体可能对不同主体具有不同的价值,因此价值是多维、多面、多重的。价值具有因主体变化发展而变化发展的时间性,主体变化了,客体对主体的价值在性质上或程度上也会变化。

价值的客观性是指在一定条件下客体对于主体的意义不依赖于主体的主观意识而存在。价值是一种客观存在,独立于人们对它的认识和评价。认识和评价可以反映价值,但不能创造也不能消灭价值。因此,价值的主体性依赖于价值的客观性,或者说,价值的主体性是以价值的客观性为前提的。因此,在这个意义上,承认了价值的客观性,就等于承认了价值的确定性。

价值的多维性是指每个主体的价值关系具有多样性,同一客体相对于主体的不同需要会产生不同的价值。例如,同样是一块石头,艺术家可以欣赏它的美感,地质学家可以研究它的地质生成年代与构造,建筑工人则看到怎样将其打磨成石料,变成可用之材。

价值的社会历史性是指主体和客体的不断变化决定了价值的社会历史性。价值关系中的主体是在一定社会关系中从事实践的具体的人,随着实践和历史的发展,主体和客体及主客体之间的关系发生变化,导致人们对客体价值的判断也发生改变。正如诗人流沙河在《理想》中所写的那样,"饥寒的年代里,理想是温饱;温饱的年代里,理想是文明;离乱的年代里,理想是安定;安定的年代里,理想是繁荣。"再比如,为什么我们要做新能源汽车?这可能是横亘在很多人心里的疑惑。燃油车价格已经那么低了,为什么要去花更多的钱买一辆使用条件受这么多限制的电动车呢?一方面,众所周知,石油作为一种战略资源,对汽车行业的影响不言而喻。而中国,只占到了全球储存量的1.51%,但是产销率却位居所有主要石油国家之首,高达260%。巨大的石油需求和极匮乏的储存量,中国只能依赖进口。不仅如此,我国的石油资源,大概70%用在了汽车行业。因此,做大做强国产新能源汽车产业降低对进口石油的依赖程度,提升国家能源安全具有重要意义。

价值评价是主体对客体的价值,以及价值大小所作的评判或判断,因而也被称作价值判断。价值评价通过揭示客体对于主体的意义,形成对客体的不同态度,如肯定或否定、喜欢或反感、美或丑、善或恶、公正或偏私等。正确进行价值评价,要以真理为根据,与社会历史发展的客观规律相一致,以最广大人民的需要和利益为根本。价值评价的特征主要包含以下三个方面。

第一,评价以主客体的价值关系为认识对象。主客体的关系包括认识关系、实践关系和价值关系。价值评价聚焦价值关系,因此它不是单纯地主体对客体的了解和认知,不是为了得到关于客体的知识。评价是主体站在客体与自己的价值关系立场,弄清楚客体对自己的意义和价值。它所形成的和表达的是主体对客体的态度,诸如喜欢还是厌恶、亲近还是拒斥、肯定还是否定,等等,这些都具有明显的价值选择倾向。

第二,评价结果与评价主体直接相关。知识性认识是人的主观反映客观的过程,认识结果不以主体意志为转移。价值评价则要揭示和表达客体对于主体的意义。因此,主体总是运用自己的评价标准即尺度去考量客体。例如,《庄子》中所讲的"毛嫱丽姬,人之所美也;鱼见之深入,鸟见之高飞,麋鹿见之决骤。四者孰知天下之正色哉?自我观之,仁义之端,是非之地,樊然淆乱,吾恶能知其辩!"[①]

第三,评价结果的正确与否依赖于对客体状况和主体需要的认识。评价是关于主客体之间价值关系的认识,是客体对于主体需要的意义的判断。能否作出正确判断,取决于人对客体和主体的双重认识,这种认识不

①《庄子》,方勇译注,中华书局,2010年,第35页。

仅包括对客体属性和规律的认识，也包括对主体的规定性和需要等的认识。例如“忠言逆耳”就表现出主体对客体状况和主体需要的双重认识。“忠言”是对被建议者确实有益的建议，接受这种建议会对他的行为产生客观的价值；但是这些“忠言”为什么对被建议者而言会产生“逆耳”的感觉呢？原因可能就在于被建议者既没有认清楚自己究竟需要什么，也没有认清楚“忠言”对他而言的真正意义和价值。

先生们，不要一听到自由这个抽象字眼就深受感动！这是谁的自由呢？这不是一个人在另一个人面前享有的自由。这是资本所享有的压榨工人的自由。①

资产者的平等（消灭阶级特权）完全不同于无产者的平等（消灭阶级本身）。如果超出后者的范围，即抽象地理解平等，那么平等就会变成荒谬。②

美国人早就向欧洲世界证明，资产阶级共和国就是资本主义生意人的共和国；在那里，政治同其他任何事情一样，只不过是一种买卖。③

三、在实践基础上实现真理与价值的统一

2015年，诺贝尔生理学或医学奖授予中国药学家屠呦呦，以及爱尔兰科学家威廉·坎贝尔和日本科学家大村智，表彰他们在寄生虫疾病治疗研究方面取得的成就。屠呦呦的获奖理由是“有关疟疾新疗法的发现”。这是中国科学家首次在本土进行科学研究而获得诺贝尔科学奖，也是中医药成果获得的最高奖项。

---

①《马克思恩格斯文集》（第一卷），人民出版社，2009年，第757页。
②《马克思恩格斯文集》（第九卷），人民出版社，2009年，第355页。
③《马克思恩格斯文集》（第十卷），人民出版社，2009年，第641页。

20世纪六七十年代，屠呦呦团队与中国其他机构合作，从《肘后备急方》等中医药古典文献中获取灵感，先驱性地发现了青蒿素，开创了疟疾治疗新方法，全球数亿人因这种“中国神药”而受益。目前，以青蒿素为基础的复方药物已经成为疟疾的标准治疗药物，世界卫生组织将青蒿素和相关药剂列入其基本药品目录。

诺贝尔奖评选委员会说，由寄生虫引发的疾病困扰了人类几千年，构成重大的全球性健康问题。屠呦呦发现的青蒿素应用在治疗中，使疟疾患者的死亡率显著降低，为每年数百万感染相关疾病的人提供了“强有力的治疗新方式”，在改善人类健康和减少患者病痛方面的成果无法估量。

2018年11月26日，南方科技大学副教授贺建奎宣布：一对名为露露和娜娜的基因编辑婴儿于11月在中国健康诞生，由于这对双胞胎的一个基因经过修改，她们出生后即能天然抵抗艾滋病病毒HIV。这一消息迅速激起轩然大波，震动了中国和世界。

11月27日，科技部副部长徐南平表示，本次“基因编辑婴儿”如果确认已出生，属于被明令禁止的，将按照中国有关法律和条例进行处理；中国科协生命科学学会联合体发表声明，坚决反对有违科学精神和伦理道德的所谓科学研究与生物技术应用。11月28日，国家卫生健康委员会、科学技术部发布了关于“免疫艾滋病基因编辑婴儿”有关信息的回应：对违法违规行为坚决予以查处。

屠呦呦和贺建奎，两位科学家同样是在进行科学研究，为什么收获的社会评价和引起的社会反响截然相反呢？这便涉及真理与价值的关系问题。

追求真理和创造价值是人类活动的两大根本尺度。人们的实践活动总是受着真理尺度和价值尺度的制约。实践的真理尺度是指在实践中人们必须遵循正确反映客观事物本质和规律的真理。只有按照真理办事，才能在实践中取得成功。实践的价值尺度是指在实践中人们都是按照自己的尺度和需要去认识世界和改造世界。这一尺度体现了人的活动的目的性。

任何实践活动都是在真理尺度和价值尺度共同制约下进行的，是合规律性和合目的性的统一。一方面,价值尺度必须以真理为前提。要想达到实践的目的以满足人类自身的需要,就必须“认识真理,掌握真理,信仰真理,捍卫真理”。脱离了真理尺度,价值尺度就偏离了合理的、正确的轨道。(合规律性)另一方面,人类自身需要的内在尺度,推动着人们不断发现新的真理。科学发明、技术创新、经典思想理论的形成,都是人类为了实现更美好的生活而进行的社会实践。脱离了价值尺度,真理就缺失了主体意义。(合目的性)

> 实践也证明,无论时代如何变迁、科学如何进步,马克思主义依然显示出科学思想的伟力,依然占据着真理和道义的制高点。①

1919年,中国的进步人士既喜又忧。欣慰的是,随着新文化运动兴起、五四运动爆发,越来越多的民众加入了要求进步的队伍,反帝反封建的爱国之举正风起云涌。但之前的救国方案接连失败让众人心力交瘁、挫败不已,社会上各种思潮不断涌动,围绕“中国出路在何方”的争论相互冲撞与激荡。

危难之际,众人想到了梁启超、李大钊、张闻天等人摘译、引用过《共产党宣言》片段,俄国十月革命的胜利已经证明了马克思、列宁主义的正确性。而国内一直没有这本书的全文翻译,人们迫切想要看到这本书的全貌,得到它的启示和指引。正是在这一背景下,精通日语、英语、汉语功底深厚的陈望道担负起了这一历史使命。

一箪食,一瓢饮,为何陈望道身居陋室却乐在其中?

在他的笔下,他看见思想在萌发、意识在觉醒,迷雾被一丝一丝驱散,道路被一片一片点亮,心之所向,是中国革命气象万千的明天。这就是真理的“求真”之力。

---

① 习近平:《论党的宣传思想工作》,中央文献出版社,2020年,第221页。

在他的笔下，他看到了无数在黑暗中寻找光明的革命群众被思想火炬照亮的面孔，那些稚嫩、熟悉、一腔热血的人眼中投射的希望，中国的无产者不用再屈膝和迷惘。这就是真理的“至善”之力。

在他的笔下，他看见长城依旧巍峨、大河依旧滔滔，中华文明仍然可以延续、所爱家国依然会屹立东方，目之所望，是中国波澜壮阔的未来。这就是真理的“壮美”之力。

> 止于至善，是中华民族始终不变的人格追求。我们要建设的社会主义现代化强国，不仅要在物质上强，更要在精神上强。精神上强，才是更持久、更深沉、更有力量的。青年要把正确的道德认知、自觉的道德养成、积极的道德实践紧密结合起来，不断修身立德，打牢道德根基，在人生道路上走得更正、走得更远。[①]
>
> 我国高等教育发展方向要同我国发展的现实目标和未来方向紧密联系在一起，为人民服务，为中国共产党治国理政服务，为巩固和发展中国特色社会主义制度服务，为改革开放和社会主义现代化建设服务。[②]

四、促进人的全面发展是人类文明新形态的价值旨归

文明是野蛮的反义词，是标志人的存在方式和社会进步程度的范畴。一部人类文明史就是人类不断探索摆脱野蛮状态，走向自由全面发展的历史。习近平在庆祝中国共产党成立100周年大会上指出：“我们坚持和发展中国特色社会主义，推动物质文明、政治文明、精神文明、社会文明、生态文明协调发展，创造了中国式现代化新道路，创造了人类文明新形态。”[③]人

① 习近平：《论党的宣传思想工作》，中央文献出版社，2020年，第395页。

② 习近平：《论党的宣传思想工作》，中央文献出版社，2020年，第276页。

③《习近平谈治国理政》（第四卷），外文出版社，2022年，第10页。

类文明新形态是一多百年来中国共产党带领中国人民沿着中国特色社会主义现代化道路所创造的一切文明成果的总称。这一文明形态继承中华文明以人为本的价值理念，坚守马克思主义政党一切为了人民的价值追求，吸收人类文明一切有益成果，以促进人的全面发展和社会全面进步为价值旨归，为人类文明进步事业做出了新的重要贡献。

（一）作为中华传统文明的现代形态，人类文明新形态传承和发展中华优秀传统文化以人为本的价值追求

作为世界四大文明古国之一，中华民族在其悠久的历史长河里不仅创造了璨若星河的文明成果，滋养着世世代代的华夏儿女，而且作为人类文明活动的"活化石"，也成为世界上唯一从未断流、传承下来的文明形态。中华文明素来坚持以人为本，自古就有"民贵君轻""得民心者得天下"的治国理念。《尚书》中的"民惟邦本，本固邦宁"[①]，《管子》中的"政之所兴在顺民心，政之所废在逆民心"[②]……无不表达出中华先民质朴而又敦厚的民本思想。几千年来，惠民利民、安民富民一直是中华文明鲜明的价值导向，道法自然、天人合一一直是中华文明内在的生存理念，以德服人、以文化人一直是中华文明一以贯之的处世之道。

到了近代，中华民族在现代化潮流中逐渐落伍，非但没有赶上历史大势，反而沦为西方现代化的"受害者"。一时间，国家蒙辱、人民蒙难、文明蒙尘。洋务运动、戊戌变法、辛亥革命……一次次探索、一次次失败，究其原因之一就是离开人民，把救亡图存、改造社会的任务单单寄托在一小撮"社会精英"身上。五千年泱泱大国一时间残败无力，几乎到了要被"开除球籍"的最后时刻。

俄国十月革命一声炮响，给中国送来了马克思列宁主义，复兴中华文明的重担历史性地落到了中国共产党肩上。中国共产党一经诞生，就把为

---

① 王世舜、王翠叶：《尚书》，中华书局，2011年，第369页。

② 李山、轩新丽：《管子》（上），中华书局，2016年，第129页。

中国人民谋幸福、为中华民族谋复兴确立为自己的初心使命，就把依靠人民创造历史伟业、坚持人民利益高于一切写在了自己的旗帜上。

救民。在风雨如晦的革命岁月，中国共产党领导中国人民开展武装斗争，赶走侵略者、打倒反动派，打土豪分田地，救民于水火之中，建立起新中国，为实现中华民族伟大复兴创造了根本社会条件。

安民。在筚路蓝缕的建设时期，党领导人民建立起人民当家作主的社会主义制度，实现了一穷二白、人口众多的东方大国大步迈进社会主义社会的伟大飞跃，为实现中华民族伟大复兴奠定了根本政治前提和制度基础。

利民。在春风澎湃的改革时代，党领导人民解放思想、锐意进取，实行改革开放，开创、坚持、捍卫、发展中国特色社会主义，实现了人民生活从温饱不足到总体小康、奔向全面小康的历史性跨越，为实现中华民族伟大复兴提供了充满新的活力的体制保证和快速发展的物质条件。

富民。中国特色社会主义进入新时代，以习近平同志为核心的党中央团结带领全国各族人民坚决打赢脱贫攻坚战，彻底消除绝对贫困问题，在中华大地上全面建成小康社会，不断满足人民对美好生活的向往，让发展成果更多更公平惠及全体人民，无比坚实地踏上实现共同富裕的康庄大道。

周虽旧邦，其命维新。从“民为贵”到以人民为中心，五千年过去了，但中华文明始终基因不变、初心未改。从饱受欺凌、求存无门到在世界上站稳脚跟、焕发出勃勃生机，古老的中华文明以崭新的现代姿态傲立于世界民族之林，成为引领人类文明进程的中坚力量。

（二）作为社会主义文明的当代形态，人类文明新形态坚持以人的自由全面发展为根本价值目标

马克思主义认为，文明是“实践的事情”，是“社会的素质”，文明的“果实”是“已经获得的生产力”。[①]正是在生产力的意义上，马克思主义经典作

---

①《马克思恩格斯文集》（第一卷），人民出版社，2009年，第97、163页。

家肯定了资产阶级在历史上曾经起过非常革命的作用，并将率先完成资本主义革命，拥有先进生产力水平的英、法、德等西方国家称为“文明民族”，将“现代社会”看作“存在于一切文明国度中的资本主义社会”。①

然而虽然西方国家是现代化文明的开创者，但资本主义文明有其与生俱来的弊病和无法克服的矛盾，既算不上历史的终结，更遑论文明的完美形态。在《反杜林论》中，恩格斯写道：“文明时代是在‘恶性循环’中运动，是在它不断地重新制造出来而又无法克服的矛盾中运动。”②他还直言：“文明每前进一步，不平等也同时前进一步。”③不仅如此，马克思和恩格斯甚至还在自己的著作中多次使用过类似于“文明的暴行”“文明的污浊毒气”“文明的阴沟”这样带有强烈情感色彩的语词来表达对资本主义文明的失望与鄙弃。

资本主义的统治从本质上说是资本的统治，遵循由资本逻辑主导的发展模式，以资本的无限增值为其终极目的。在资本逻辑的统摄之下，一无所有的无产阶级不得不出卖自己的劳动力给垄断生产资料的资本家供其肆意榨取。进一步，通过对劳动力这种工人唯一谋生手段的控制，资本建立起对工人实际上的、稳定的支配性权力关系。这种关系不仅体现在经济领域，而且渗透进政治、社会、文化等一切领域，甚至控制了工人的思想观念和行为方式。由此可见，资本的统治是以商品和资本为代表的“物对人的统治”，资本主义社会是“见物不见人”的社会。资本主义统治的结果对资本家而言是“财富的积累”，对无产阶级而言则是贫困、劳动折磨、受奴役、无知、粗野和道德堕落的积累。

中国特色社会主义是社会主义，而不是别的什么主义。人类文明新形态是社会主义文明的当代形态，与资本主义文明具有本质上的区别。唯物

①《马克思恩格斯文集》（第三卷），人民出版社，2009年，第444页。
②《马克思恩格斯文集》（第三卷），人民出版社，2009年，第532页。
③《马克思恩格斯文集》（第九卷），人民出版社，2009年，第147页。

史观认为物质生产实践是人类社会存在和发展的基础和决定力量，因此直接从事物质生产活动的人民群众是历史的创造者。因此，要彻底解放全人类就必须首先解放无产阶级，解放这个“被戴上彻底的锁链的阶级”，让这个阶级站起身来，成为社会的主人。谈到未来社会的人的解放状态，马克思和恩格斯在《共产党宣言》中写道：“代替那存在着阶级和阶级对立的资产阶级旧社会的，将是这样一个联合体，在那里，每个人的自由发展是一切人的自由发展的条件。”[①]在《政治经济学批判（1857—1858年手稿）》中马克思描绘实现了人类解放的共产主义社会是“建立在个人全面发展和他们共同的、社会的生产能力成为从属于他们的社会财富这一基础上的自由个性”[②]，说到底，马克思主义虽然博大精深，但概括起来就是一句话，为人类求解放。

为什么人的问题，是检验一个政党、一个政权性质的试金石。中国共产党带领人民开创的中国特色社会主义是社会主义文明的当代形态和中国形态，这就决定了其必然要坚持“以人民为中心”，而不是“以资本为中心”，坚持在利用资本的同时节制资本、驾驭资本以使其服务于人民的利益，防止其野蛮生长。作为马克思主义的革命党，一百多年来，中国共产党始终坚持党性和人民性相统一，始终坚持尊重社会发展规律和尊重人民主体地位相统一，为崇高理想奋斗和为最广大人民谋利益相统一。一百多年来，中国共产党的最高理想和最终奋斗目标始终是实现每个人自由全面发展的共产主义社会。人类文明新形态以生产资料公有制为经济制度的根基，以满足全体人民的需要为根本目的，以实现好、维护好、发展好人民群众的根本利益为根本要求。因此说到底，人类文明新形态是以人的自由全面发展为目标的新形态，是指向共产主义理想社会的社会主义的文明形态。

---

①《马克思恩格斯文集》（第二卷），人民出版社，2009年，第53页。

②《马克思恩格斯文集》（第八卷），人民出版社，2009年，第52页。

(三)作为现代化文明的崭新形态,人类文明新形态遵循实现人的全面现代化的价值逻辑

西方的现代化是资本主义的现代化,不仅是"一些人统治,另一些人受苦难"的两极分化的现代化,而且是以物质现代化为核心的单一型的文明进程。这样的现代文明是以经济上的狂飙猛进为资本攫取无限利润的"物质文明",是以金钱操纵下的民主、法律名义上的平等玩弄民意,以金钱特权取代个人特权和世袭特权的"政治文明",是以一整套虚假歪曲的意识形态"话术"安抚民众反抗情绪、教导他们逆来顺受的"精神文明",是以无限制破坏生态环境、攫取自然资源服务于资本家一己之私的"生态文明"。

人是现代化的主体、动力和目的,现代化的本质是人的现代化。现代化固然是由科技创新所带动、由现代生产力发展所奠基,但人类走向现代化的进程绝不是单纯的工业革命、技术进步或生产力发展,而是一场包括经济生活、政治生活、精神生活、社会生活在内的全方位的社会革命和文明变革。马克思指出:"人的本质不是单个人所固有的抽象物,在其现实性上,它是一切社会关系的总和。"[①]既然社会关系是多方面的,并且这些关系不是简单地堆积拼凑在一起,而是相互联系、相互制约成为一个整体,以"总和"的形式存在并发挥作用的。因此,人的现代化的实现也一定包含多方面的、丰富的、整体性内涵,不仅关系到物质文明,而且涉及政治文明、精神文明、社会文明和生态文明等方方面面。中国式现代化是以人的现代化为中心的全面现代化,这就决定了我们必须协调推进构建"五位一体"的整体文明格局,从经济现代化向全面现代化发展,从物的现代化向人的现代化跃进。

人类文明新形态强调以经济建设为根本,把增进人民福祉、促进人的全面发展、朝着共同富裕方向稳步前进作为经济发展的出发点和落脚

---

①《马克思恩格斯文集》(第一卷),人民出版社,2009年,第501页。

点。对任何国家而言,发展都是解决所有问题的关键。只有推动经济持续健康发展,才能筑牢国家繁荣富强、人民幸福安康、社会和谐稳定的物质基础。党的十八大以来,我国经济实力、科技实力、综合国力和人民生活水平跃上了新的台阶。我国已经成为世界第二大经济体、第一大货物贸易国、第一大外汇储备国,对世界经济增长贡献率连续多年超过30%,拥有世界上规模最大的中等收入群体,人均国内生产总值超过1万美元。脱贫攻坚战的胜利使千百年来困扰中华民族的绝对贫困问题历史性地画上句号,在中华大地上全面建成了小康社会,在实现共同富裕的道路上迈出了坚实的一大步。

人类文明新形态强调物质文明和精神文明协调发展、物质力量和精神力量全面增强、人民群众物质生活和精神生活同步改善。文化上的每一个进步,都是迈向自由的一步。习近平指出:"一个民族的复兴需要强大的物质力量,也需要强大的精神力量。"①这就要求我们在为实现中华民族伟大复兴不懈奋斗的每个阶段、每个环节,都要以主动饱满的精神状态和昂扬向上的奋斗姿态推动物质文明与精神文明协调发展,为中华文明的伟大复兴注入强劲的精神力量,让人类文明新形态在世界上时刻闪耀出真理和道义的光芒。

人类文明新形态强调以政治建设为保障,不断推进中国特色政治文明发展进程。人民民主是社会主义的生命。中国特色社会主义民主以保障人民当家作主为根本目的,形成了贯穿民主选举、民主协商、民主决策、民主管理、民主监督五大环节的全过程民主的完整链条,为实现人民对美好生活的向往提供了有力保障,为人类政治文明进步做出了充满中国智慧的新贡献。

人类文明新形态强调以不断推进社会建设为条件,打造共建共治共享

① 中共中央文献研究室编:《十八大以来重要文献选编》(中),中央文献出版社,2016年,第121页。

的社会治理新格局。社会建设是中国特色社会主义“五位一体”总体布局的重要组成部分,覆盖教育、就业、收入分配、社会保障、减贫脱贫、医疗健康、社会治理等重要民生领域,与人民群众生产生活息息相关。中国式现代化道路紧紧抓住保障和改善民生工作不放松,以世界上规模最大、覆盖人群最多的社会保障制度体系为抓手,着力打造人人有责、人人尽责、人人享有的社会治理共同体,有效保证人民群众幼有所育、学有所教、劳有所得、病有所医、老有所养、住有所居、弱有所扶,不断增强人民群众的获得感、幸福感、安全感。

人类文明新形态以生态文明建设为基础,倾力打造人与自然和谐共生的现代化样板。与西方国家工业化、城镇化、农业现代化、信息化“串联式”发展的路径不同,中国要想后来居上,大踏步赶上时代,就必须走出一个“并联式”叠加发展的过程,抛弃“先污染、后治理”的现代化老路,探索走出绿色发展的现代化新路。习近平指出:“如果经济发展了,但生态破坏了、环境恶化了,大家整天生活在雾霾中,吃不到安全的食品,喝不到洁净的水,呼吸不到新鲜的空气,居住不到宜居的环境,那样的小康、那样的现代化不是人民希望的。”[①]作为发展观上的一场深刻革命,中国式现代化道路对自然规律和经济社会可持续发展一般规律进行全方位把握,对人们的生产方式、生活方式、思维方式和价值观念进行革命性变革。今天的中国,人们既能充分享受丰富的物质生活,又能惬意遥望星空、看见青山、闻到花香,一个天更蓝、山更绿、水更清的美丽中国已经展现在世人面前。

(四)作为世界多样文明的中国形态,人类文明新形态致力于以和平发展推动构建人类命运共同体的价值规范

现代化不仅是一个国家、一个民族社会生活的变革,同时也是一种全

① 中共中央文献研究室:《习近平关于社会主义生态文明建设论述摘编》,中央文献出版社,2017年,第36页。

球范围内的社会变迁。马克思和恩格斯指出:"各个相互影响的活动范围在这个发展进程中越是扩大,各民族的原始封闭状态由于日益完善的生产方式、交往以及因交往而自然形成的不同民族之间的分工消灭得越是彻底,历史也就越是成为世界历史。"[①]各个国家由民族历史走向世界历史,是建立在由生产力与生产关系这一人类社会的基本矛盾所决定的普遍交往基础上的、不以人的意志为转移的客观规律。然而与此同时,马克思主义认为,各个民族国家在走向现代化的过程中,由于国情的特殊性、历史和现实的差异性,以及国内和国际各种因素的交互作用,现代化道路必然呈现多样性的特征,并由此塑造出现代文明的不同样态。因此,只有把现代化的基本原则与本国具体国情相结合,才能创造性地回答和解决本国实际问题。

自工业革命以来的数百年间,西方国家长期占据世界历史的舞台中央,现代化的话语体系也长期被西方国家主导和垄断。不仅如此,为了满足资本增值的卑劣欲望,资产阶级像瘟疫一样在世界范围内寻找更便宜的原料产地、更广阔的倾销市场、更廉价的劳动力来源,甚至不惜以残暴的"铁和血"的方式兜售自己所谓的"文明"成果——或以坚船利炮打开国门强行将其他民族纳入世界历史范围之内,或直接摧毁其他文明取而代之。对此,恩格斯惊呼"连刚果河沿岸的黑人也要被迫接受曼彻斯特的印花布、斯塔福德郡的陶器和伯明翰的金属制品这种形式的文明了"[②]。面对资本主义侵略扩张对落后民族和国家犯下的滔天罪行,马克思以无比悲愤和厌恶的笔调写下了:"资本来到世间,从头到脚,每个毛孔都滴着血和肮脏的东西。"[③]

进入21世纪,为了使资本对世界的统治能够世袭罔替,资产阶级更

①《马克思恩格斯文集》(第一卷),人民出版社,2009年,第540~541页。
②《马克思恩格斯文集》(第一卷),人民出版社,2009年,第376页。
③《马克思恩格斯文集》(第五卷),人民出版社,2009年,第871页。

是竭力在殖民地和传统势力范围贩卖自己的制度体系和价值观念，试图按照自己的面貌复制粘贴出一个所谓的“文明”世界。伊拉克、叙利亚、利比亚、阿富汗……这些主动或被迫移植了资本主义文明模式的民族和国家，有哪一个不是从希望走向失望、从失望走向绝望的呢？至此，资产阶级彻底撕下了“体面”和“文明”的画皮，沦为了马克思主义经典作家眼中的“文明贩子”。

历史不能倒退，但道路可以选择。近代以来，中国人民长期被排除在现代化进程之外，租界上空的各色旗子、“东亚病夫”的帽子、“华人与狗，不得入内”的牌子，更是深深刺痛国人的自信，碾压国人自尊。历史的境遇决定了我们拥有比任何国家都更加强烈的复兴渴望，但与此同时我们更加深知西方现代化理论解决不了中国现代化问题，中国特有的国情也决定了我们无法复制西方现代化模式。当代中国的伟大社会变革，不是简单延续我国历史文化的母版，不是简单套用马克思主义经典作家设想的模板，不是其他国家社会主义实践的再版，也不是国外现代化发展的翻版。和平与发展是当今时代主题，也是不可抗拒的历史潮流，中国要想复兴就必须在历史前进的逻辑中前进、在时代发展的潮流中发展。

1956年，毛泽东在《纪念孙中山先生》一文中指出：“中国应当对于人类有较大的贡献。”[①]中国对于人类的贡献，不仅是物质层面或其他什么层面的贡献，而且是文明的贡献。人类文明新形态立足经济建设为中心，既吸收利用人类一切优秀文明成果发展自身，又以自身发展努力造福世界。与历史上的资本主义文明对内依靠剥削镇压，对外依靠殖民侵略不同，人类文明新形态紧紧围绕人的全面发展和社会全面进步来展开，对内以满足人民对美好生活的向往为目标，团结带领人民不断为美好生活而奋斗，对外以同世界各国人民深化友谊加强交流为目标，秉持共商共建共享的全球治理观，走和平发展道路。不仅如此，面对世界百年未有之大变局加速演

---

①《毛泽东文集》（第七卷），人民出版社，1999年，第157页。

进，作为全球经济增长的主要动力之一，中国还以自身改革发展的巨大成果不仅有力地促进了自身发展，而且对世界人民共享经济全球化和世界经济增长成果做出了新的重大贡献。

人是文明的创造者和享有者，文明与文明之间的关系归根结底是人与人之间的关系。文明因交流而多彩，文明因互鉴而丰富。人类文明的历史就是一幅不同文明相互交流、互鉴、融合的宏伟画卷。习近平强调："我们所做的一切都是为人民谋幸福，为民族谋复兴，为世界谋大同。"[①]人类文明新形态致力于推动构建人类命运共同体，为世界人民谋大同，主张携手解决人类共同面临的各种挑战，这不仅代表了中国人民的美好愿望，也符合世界人民的美好愿望，必将为21世纪人类文明开拓前进、永续发展做出重要贡献。

---

①《习近平会见联合国秘书长古特雷斯》，《光明日报》，2018年4月9日。

第六讲

说到历史，你觉得我们要谈些什么？

许慎在《说文解字》说:“史,记事者也。”“史”的本意即记事者,也就是“史官”。由此引申,则代表被史官记录的事。换句话说,即所有被文字记录的过去事情。“历史”一词出现较晚,《三国志·吴书·吴主传》注引《吴书》,吴主孙权“博览书传历史,藉采奇异”。“史”前加“历”字是指经历、历法,也就是人类经历的一段时间。

在西方,关于历史,人们多认为出自被称为“历史之父”的古希腊作家希罗多德的《历史》(*The Historia*)一书。在《历史》一书中,希罗多德指出,“在这里发表出来的,乃是哈利卡尔那索斯人希罗多德的研究成果,他所以要把这些研究成果发表出来,是为了保存人类的功业,使之不致由于年深日久而被人们遗忘,为了使希腊人和异邦人的那些值得赞叹的丰功伟绩不致失去它们的光彩,特别是为了把他们发生纷争的原因给记载下来”[①]。意大利历史哲学家克罗齐同样强调指出:“有关进步问题的争论中,人们所探寻的是:人类的作为是有结果的还是无结果的;是消失了还是保存下来了;历史有没有目的,如果有,是什么样的目的,这种目的能及时达到还是只能在无限中达到;历史是进步还是退步,还是进步与退步、伟大与衰落相交替;历史中的主流是善还是恶;如此等等。当我们稍许用心考虑一下这些问题时,我们发现,它们实质上归结为三点,即关于发展的概念,关于目的的概念,关于价值的概念。也就是说,它们所涉及的是真实界的整体,只有当历史恰恰就是真实界的整体时,它们才涉及到历史。因此,它们不属于那些被假定的特殊科学,不属于历史哲学,不属于社会学,而属于哲学和本身就是哲学的历史。”[②] 可见,所谓历史,即是人类在过去的所作所为。人类需要历史,因为我们需要通过历史认识自己,认识到自己为什么会存在、为什么会以这样的方式而存在,所以历史学的价值就在于“它告诉我们人

① [古希腊]希罗多德:《历史》(上册),王以铸译,商务印书馆,2017年,第1页。
② [意]克罗齐:《历史学的理论和实际》,傅任敢译,商务印书馆,1982年,第2页。

已经做过什么,因此就告诉我们人是什么”[①]。

人类社会从哪里来、往哪里去?看起来扑朔迷离、一团混乱的社会历史现象背后究竟有无规律可循?社会发展的根本动力是什么?谁是历史的创造者?这一系列重大问题,既是“终极之问”,又是“历史之谜”,在人类思想史上曾经长期困扰着人们,却得不到正确的解答。

全部人类历史的第一个前提无疑是有生命的个人的存在。[②]

整个所谓世界历史不外是人通过人的劳动而诞生的过程。[③]

我们首先应当确定一切人类生存的第一个前提,也就是一切历史的第一个前提,这个前提是:人们为了能够“创造历史”,必须能够生活。但是为了生活,首先就需要吃喝住穿以及其他一些东西。因此第一个历史活动就是生产满足这些需要的资料,即生产物质生活本身,而且,这是人们从几千年前直到今天单是为了维持生活就必须每日每时从事的历史活动,是一切历史的基本条件。[④]

根据唯物史观,历史过程中的决定性因素归根到底是现实生活的生产和再生产。无论马克思或我都从来没有肯定过比这更多的东西。[⑤]

正像达尔文发现有机界的规律一样,马克思发现了人类历史的发展规律,即历来为繁芜丛杂的意识形态所掩盖着的一个简单事实:人们首先必须吃、喝、住、穿,然后才能从事政治、科学、艺术、宗教等等;所以,直接的物质的生活资料的生产,从而一个民族或一个时代的一定的经济发展阶段,便构成基础,人们的国家设施、法的观点、艺术以

---

①[英]柯林伍德:《历史的观念》,何兆武、张文杰、陈新译,北京大学出版社,2010年,第454页。

②《马克思恩格斯文集》(第一卷),人民出版社,2009年,第519页。

③《马克思恩格斯文集》(第一卷),人民出版社,2009年,第196页。

④《马克思恩格斯文集》(第一卷),人民出版社,2009年,第531页。

⑤《马克思恩格斯文集》(第十卷),人民出版社,2009年,第591页。

至宗教观念，就是从这个基础上发展起来的，因而，也必须由这个基础来解释，而不是像过去那样做得相反。①

马克思、恩格斯发现了唯物史观，从而解开了人类历史之谜。所谓唯物史观，即是从科学的实践观出发，把人的活动首先理解为物质生产活动，把历史理解为物质生产基础上的人类活动的展开过程。

一、社会存在与社会意识的辩证关系

思考下述社会现象体现了传统中、西社会意识的哪些差异?

第一，为什么当中国强大时建立的是“朝贡体系”? 而西方国家强大时，建立的却是“殖民体系”呢?

中国社会意识强调“和”;西方社会意识强调“争”。正如辜鸿铭所说:“在我看来，今天欧洲文明的主要病因在于它错误的人性观念——它认为人性是邪恶的。由于这一错误观念，欧洲的整个社会结构总是取决于武力。欧洲人赖以维持文明秩序的两个武器是宗教和法律。换言之，欧洲人是以对上帝的敬畏和对法律的恐惧来维持秩序的。恐惧意味着武力的使用。”

第二，为什么在中国的姓名体系中，是姓在前，名在后;而西方的姓名体系中却是名在前，姓在后呢?

中国社会意识重集体;西方社会意识重个体。中国历来就是一个统一的，中央集权的国家，因此中国文化当中重集体主义，这一点与西方相比差别十分明显。

第三，为什么中国人遇到冤屈的时候总想着找“包青天”;而西方人遇到冤屈时往往找的却是法院呢?

中国社会意识强调道德;西方社会意识强调法律。正如论语所言:“子

①《马克思恩格斯选集》(第三卷)，人民出版社，2012年，第1002页。

曰:听讼,吾犹人也。必也使无讼乎。”[①]中国社会重礼治。所谓礼治就是对传统规则的服膺。生活各方面,人和人的关系,都有着一定的规则。行为者对于这些规则从小就熟习,不问理由而认为是当然的。长期的教育已把外在的规则化成了内在的习惯。维持礼俗的力量不在身外的权力,而是在身内的良心。所以这种秩序注重修身,注重克己。理想的礼治是每个人都自动地守规矩,不必有外在的监督。西方社会重法治。一个法官并不考虑道德问题、伦理观念,他并不在教化人。刑罚的用意已经不复“以儆效尤”,而是在保护个人的权利和社会的安全。尤其在民法范围内,他并不是在分辨是非,而是在厘定权利。

以上不难看出,中西传统社会意识存在本质差别。那么,造成这一差别的原因在哪里呢?我们尝试进行分析。

中国传统社会属于农耕文明。对于农业社会而言,最重要的生产资料便是土地,土地无法带走,且分派和继承方式主要采用平均方式进行,因此一个家庭世世代代便会围绕土地生活在一起,逐渐形成熟人社会。在熟人社会中,与法制相比,人们更注重集体生活的意志,愿意相信道德教化的力量,也逐渐形成以和为贵的社会传统。西方传统社会属于海洋文明,商业贸易是主要的社会交往行为,在这样一个充满流动性和不确定性的社会环境中,人们逐渐形成比较强烈的规则意识和契约精神。此外,西方财产权利中存在的集中分派倾向(嫡长子继承制)也助长了人们的冒险精神。在此基础上,西方社会逐渐形成了重视个人权益的个体主义原则,形成了更加愿意用规则和法律的武器捍卫自己利益的文化传统。

可见,处于不同的物质生活传统的人们会在长期的历史过程中逐渐养成截然不同的文化和精神习惯。这便是社会存在对社会意识所具有的决定作用。

---

① 周远斌:《论语校释辨正》,人民出版社,2014年,第229页。

在历史上出现的一切社会关系和国家关系,一切宗教制度和法律制度,一切理论观念,只有理解了每一个与之相关的时代的物质生活条件,并从这些物质条件中被引申出来的时候,才能理解。[①]

在唯物史观看来,社会存在与社会意识的关系问题是人类社会历史生活的基本问题。

所谓社会存在,也称社会物质生活条件,是社会生活的物质方面,主要包括自然地理环境、人口因素和物质生产方式。

自然地理环境是人类社会生存和发展永恒的、必要的条件,是人们生活和生产的自然基础。自然地理环境的优劣对劳动生产率的提高产生积极或消极的影响,并对社会发展起促进或延缓的作用。正如习近平所指出的那样,人与自然是生命共同体,人类必须尊重自然、顺应自然、保护自然。人类只有遵循自然规律才能有效防止在开发利用自然上走弯路,人类对大自然的伤害最终会伤及人类自身,这是无法抗拒的规律。我们要建设的现代化是人与自然和谐共生的现代化,既要创造更多物质财富和精神财富以满足人民日益增长的美好生活需要,也要提供更多优质生态产品以满足人民日益增长的优美生态环境需要。

人口因素也是重要的社会物质生活条件,对社会发展起着制约和影响的作用。

人口的数量和质量等因素对生产发展和社会进步起加速或延缓的作用。例如:据日本厚生劳动省的调查显示,2015年,日本50岁仍未结婚的男性,高达23.37%,女性达14.06%。也就是说,50岁年龄段,日本男性每4人就有1人、女性每7人就有1人未婚,孤独终老。有人不结婚,结了婚的,似乎也不愿意生孩子。2010年至2014年,日本平均1000名居民中仅有8个孩子出生,创全球最低。对这种状况,日本管理学家大前研一写过一本

①《马克思恩格斯文集》(第二卷),人民出版社,2009年,第597页。

《低欲望社会》的书籍。在书中，他感叹：日本年轻人没有欲望、没有梦想、没有干劲。无论物价如何降低，消费无法得到刺激；经济没有明显增长，银行信贷利率一再调低，而30岁前购房人数依然逐年下降；年轻人对于买车几乎没有兴趣，奢侈品消费被嗤之以鼻；宅文化盛行，一日三餐能打发就行……德国《商报》网站2018年10月18日刊登题为“嘀嗒作响的定时炸弹”的报道称，这个夏天，9.35万人报名竞争北方邦警察部门的62个通讯员职位。申请者中，数万人拥有大学文凭，甚至有3700名博士愿意骑自行车往返于各个警察局之间传递信息。这份全职工作起薪折合约为每月230欧元。报道称，在印度，求职竞争非常激烈。这尤其出现在被视作“铁饭碗”的公职部门。尽管目前印度经济以超过7%的实际增速快速增长，其劳动市场的形势却日渐严峻。报道称，印度人口还在飞速增长，每年增加约1500万人。未来10年内，围绕新德里的都市圈或许会发展成世界上最大的城市，容纳人口将为德国人口总量的一半。据联合国预测，最早到2024年印度就将取代中国成为第一人口大国。在该国近14亿人口中，许多人首先在寻找一样东西：工作。

人口数量和人口密度是社会内部分工的物质前提。①

中国发展研究基金会近日发布的《中国发展报告2020：中国人口老龄化的发展趋势和政策》（下称“报告”）显示，从2035年到2050年是中国人口老龄化的高峰阶段，根据预测，到2050年中国65岁及以上的老年人口将达3.8亿，占总人口比例近30%；60岁及以上的老年人口将接近5亿，超总人口比例的1/3。之前发布的《中华人民共和国2022年国民经济和社会发展统计公报》中指出，2022年末全国人口141175万人，比上年末减少85万人，其中城镇常住人口92071万人。全年出生人口956万人，出生率为

---

①《马克思恩格斯文集》（第五卷），人民出版社，2009年，第408页。

6.77‰;死亡人口1041万人,死亡率为7.37‰;自然增长率为-0.60‰。正是鉴于当前我国人口老龄化和低生育率的压力,党的二十大报告中提出,优化人口发展战略,建立生育支持政策体系,降低生育、养育、教育成本。实施积极应对人口老龄化国家战略,发展养老事业和养老产业,优化孤寡老人服务,推动实现全体老年人享有基本养老服务。

物质生产方式即马克思说的"物质生活的生产方式",简称生产方式。是指人们为获取物质生活资料而进行的生产活动的方式,它是生产力和生产关系的统一体。生产方式是社会存在和发展的基础和决定力量:首先,物质生产活动及生产方式是人类社会赖以存在和发展的基础,是人类其他一切活动的首要前提。其次,物质生产活动及生产方式决定着社会的结构、性质和面貌,制约着人们的经济生活、政治生活和精神生活等全部社会生活。最后,物质生产活动及生产方式的变化发展决定整个社会历史的变化发展,决定社会形态从低级向高级的更替和发展。

社会意识是社会生活的精神方面,是社会存在的反映。社会意识从不同角度可以有不同的划分,比如个体意识与群体意识、社会心理与社会意识形态。

社会存在与社会意识是辩证统一的关系。一方面,社会存在决定社会意识,社会意识是社会存在的反映;另一方面,社会意识具有相对的独立性,并反作用于社会存在。

首先,社会存在决定社会意识,社会意识是社会存在的反映。社会存在是社会意识内容的客观来源,社会意识是人们进行社会物质交往的产物。随着社会存在的发展,社会意识也相应地或早或晚地发生变化和发展。

关于法国大革命,大文豪巴尔扎克曾有一个比喻,他说这是一场丝绒与羊毛之间的斗争。因为前者是贵族的奢华象征,后者则代表资产阶级的低调克制。服饰代表着人们对美的看法,是一种显而易见的社会心理。法国大革命发生前后,女性服饰发生了何种变化?而这种外在变化又折射出哪些深层的文化、政治内涵?浙江大学历史系汤晓燕教授的新作《革命与霓裳:大革命时代法国女性服饰中的文化与政治》,透过革命过程中女性服饰的变化,为我们阐述了社会存在对社会意识的影响和意义。

在大革命爆发前夕,法国上流社会女性的服饰风尚总体而言是十分昂贵且相当奢华精致的。宫廷贵妇们的裙摆直径常常有一米多宽,使用的面料都是昂贵的绸缎或丝绒,上面还要点缀无数的蕾丝花边(这些花边一米的价格就足够底层家庭一个月的开销)、珍珠和宝石。昂贵且奢华的服饰折射出来的是这样一个事实:原有的等级社会结构遭受到了巨大的威胁;贵族等级的统治地位开始摇摇欲坠,因而他们就更需要用外在的奢侈去维系原有的高贵。大革命爆发之后,巴黎街头最明显的变化有两个:首先所有女性都抛弃了此前华丽精致的装束,转而穿上较为简单朴素的服装。第二个突出的现象是,许多女性用富有革命含义的服装来表明自己的政治立场,比如服装面料采用红蓝白三色作为支持革命的象征;或者是穿着条纹图案的裙子,表示对英国立宪君主制的推崇。此时,服装成为表达政治立场的一种工具。革命平息,社会待兴,在这样一个历史夹缝中,一群身穿轻薄半透明衣物的"绝美女人",如历史的幽灵般出现,撩动了社会脆弱的神经,但她们的出现仅是一场闹剧,轻薄的服饰只是女性在大革命时期被压抑太久的情感的变形表达。在短暂的释放之后,女性渐渐回归到了本常的状态,优雅、简洁的服饰重归人们的生活。与此同时,法国的社会秩序也步入重建的轨道。

可见,服饰作为一种时尚和潮流的审美心理,其变化体现的是人们认识世界的变化,而社会意识的变化根源于物质生活实践,根源于社会物质生活和交往关系的变化。

> 我们不是到犹太人的宗教里去寻找犹太人的秘密,而是到现实的犹太人里去寻找他的宗教的秘密。[①]

---

①《马克思恩格斯文集》(第一卷),人民出版社,2009年,第49页。

物质生活的生产方式制约着整个社会生活、政治生活和精神生活的过程。①

宗教、家庭、国家、法、道德、科学、艺术等等，都不过是生产的一些特殊的方式，并且受生产的普遍规律的支配。②

我们的出发点是从事实际活动的人，而且从他们的现实生活过程中还可以描绘出这一生活过程在意识形态上的反射和反响的发展。甚至人们头脑中的模糊幻象也是他们的可以通过经验来确认的、与物质前提相联系的物质生活过程的必然升华物。因此，道德、宗教、形而上学和其他意识形态，以及与它们相适应的意识形式便不再保留独立性的外观了。③

每一个时代的理论思维，包括我们这个时代的理论思维，都是一种历史的产物，它在不同的时代具有完全不同的形式，同时具有完全不同的内容。因此，关于思维的科学，也和其他各门科学一样，是一种历史的科学，是关于人的思维的历史发展的科学。④

一切历史上的斗争，无论是在政治、宗教、哲学的领域中进行的，还是在其他意识形态领域中进行的，实际上只是或多或少明显地表现了各社会阶级的斗争，而这些阶级的存在以及它们之间的冲突，又为它们的经济状况的发展程度、它们的生产的性质和方式以及由生产所决定的交换的性质和方式所制约。⑤

不是意识决定生活，而是生活决定意识。⑥

这种历史观和唯心主义历史观不同，它不是在每个时代中寻找某

①《马克思恩格斯文集》(第二卷)，人民出版社，2009年，第591页。
②《马克思恩格斯文集》(第一卷)，人民出版社，2009年，第186页。
③《马克思恩格斯文集》(第一卷)，人民出版社，2009年，第525页。
④《马克思恩格斯文集》(第九卷)，人民出版社，2009年，第436页。
⑤《马克思恩格斯文集》(第二卷)，人民出版社，2009年，第469页。
⑥《马克思恩格斯文集》(第一卷)，人民出版社，2009年，第525页。

种范畴，而是始终站在现实历史的基础上，不是从观念出发来解释实践，而是从物质实践出发来解释各种观念形态，由此也就得出下述结论：意识的一切形式和产物不是可以通过精神的批判来消灭的，不是可以通过把它们消融在“自我意识”中或化为“怪影”、“幽灵”、“怪想”等等来消灭的，而只有通过实际地推翻这一切唯心主义谬论所由产生的现实的社会关系，才能把它们消灭；历史的动力以及宗教、哲学和任何其他理论的动力是革命，而不是批判。①

一切历史上的斗争，无论是在政治、宗教、哲学的领域中进行的，还是在其他意识形态领域中进行的，实际上只是或多或少明显地表现了各社会阶级的斗争，而这些阶级的存在以及它们之间的冲突，又为它们的经济状况的发展程度、它们的生产的性质和方式以及由生产所决定的交换的性质和方式所制约。②

人们的意识取决于人们的存在而不是相反，这个原理看来很简单，但是仔细考察一下也会立即发现，这个原理的最初结论就给一切唯心主义，甚至给最隐蔽的唯心主义当头一棒。③

在不同的财产形式上，在社会生存条件上，耸立着由各种不同的、表现独特的情感、幻想、思想方式和人生观构成的整个上层建筑。④

人们在自己生活的社会生产中发生一定的、必然的、不以他们的意志为转移的关系，即同他们的物质生产力的一定发展阶段相适合的生产关系。这些生产关系的总和构成社会的经济结构，即有法律的和政治的上层建筑竖立其上并有一定的社会意识形式与之相适应的现实基础。⑤

在不同的财产形式上，在社会生存条件上，耸立着由各种不同的，

①《马克思恩格斯文集》(第一卷)，人民出版社，2009年，第544页。
②《马克思恩格斯文集》(第二卷)，人民出版社，2009年，第469页。
③《马克思恩格斯文集》(第二卷)，人民出版社，2009年，第598页。
④《马克思恩格斯文集》(第二卷)，人民出版社，2009年，第498页。
⑤《马克思恩格斯文集》(第二卷)，人民出版社，2009年，第591页。

表现独特的情感、幻想、思想方式和人生观构成的整个上层建筑。整个阶级在其物质条件和相应的社会关系的基础上创造和构成这一切。①

发现唯物主义历史观，或者更确切地说，把唯物主义贯彻和推广运用于社会现象领域，消除了以往的历史理论的两个主要缺点。第一，以往的历史理论至多只是考察了人们历史活动的思想动机，而没有研究产生这些动机的原因，没有探索社会关系体系发展的客观规律性，没有把物质生产的发展程度看做这些关系的根源；第二，以往的理论从来忽视居民群众的活动，只有历史唯物主义才第一次使我们能以自然科学的精确性去研究群众生活的社会条件以及这些条件的变更。马克思以前的“社会学”和历史学，至多是积累了零星收集来的未加分析的事实，描述了历史过程的个别方面。②马克思主义则指出了对各种社会经济形态的产生、发展和衰落过程进行全面而周密的研究的途径，因为它考察了所有各种矛盾的趋向的总和，把这些趋向归结为可以准确测定的、社会各阶级的生活和生产的条件，排除了选择某种“主导”思想或解释这种思想时的主观主义和武断态度，揭示了物质生产力的状况是所有一切思想和各种不同趋向的根源。③

社会意识反映社会存在，这就是马克思的学说。④

社会意识具有相对独立性。首先，社会意识与社会存在发展具有不完全同步性和不平衡性。其次，社会意识内部各种形式之间相互影响及各自具有历史继承性。最后，社会意识对社会存在具有能动的反作用，这是社会意识相对独立性的突出表现。先进的社会意识对社会发展起着积极的

---

①《马克思恩格斯文集》(第二卷)，人民出版社，2009年，第498页。

②《列宁专题文集 论马克思主义》，人民出版社，2009年，第14页。

③《列宁专题文集 论马克思主义》，人民出版社，2009年，第14页。

④《列宁专题文集 论辩证唯物主义和历史唯物主义》，人民出版社，2009年，第109页。

促进作用,落后的社会意识对社会发展起着消极的阻碍作用。

进入新发展阶段,是中华民族伟大复兴历史进程的大跨越。在一个不确定的世界里,新阶段的中国为世界注入着越来越多的确定性。新发展阶段的重要特征就是要构建新发展格局,即以国内大循环为主体、国内国际双循环相互促进的新发展格局。而引领新发展格局必须要首先树立起新发展理念。贯彻新发展理念,不仅是"十四五"时期经济社会发展必须遵循的原则之一,而且是新发展阶段推动各领域高质量发展的理念引领。

正像古代各民族是在想象中、在神话中经历了自己的史前时期一样,我们德国人在思想中、在哲学中经历了自己的未来的历史。我们是当代的哲学同时代人,而不是当代的历史同时代人。德国的哲学是德国历史在观念上的延续。①

历史不是作为"源于精神的精神"消融在"自我意识"中而告终的,历史的每一阶段都遇到一定的物质结果,一定的生产力总和,人对自然以及个人之间历史地形成的关系,都遇到前一代传给后一代的大量生产力、资金和环境,尽管一方面这些生产力、资金和环境为新的一代所改变,但另一方面,它们也预先规定新的一代本身的生活条件,使它得到一定的发展和具有特殊的性质。②

毫不奇怪,各个世纪的社会意识,尽管形形色色、千差万别,总是在某些共同的形式中运动的,这些形式,这些意识形式,只有当阶级对立完全消失的时候才会完全消失。③

人们自己创造自己的历史,但是他们并不是随心所欲地创造,并不是在他们自己选定的条件下创造,而是在直接碰到的、既定的、从过

①《马克思恩格斯文集》(第一卷),人民出版社,2009年,第9页。
②《马克思恩格斯文集》(第一卷),人民出版社,2009年,第544~545页。
③《马克思恩格斯文集》(第二卷),人民出版社,2009年,第51~52页。

去承继下来的条件下创造。一切已死的先辈们的传统,像梦魔一样纠缠着活人的头脑。①

国家一旦成了对社会来说是独立的力量,马上就产生了另外的意识形态。这就是说,在职业政治家那里,在公法理论家和私法法学家那里,同经济事实的联系就完全消失了。因为经济事实要以法律的形式获得确认,必须在每一个别场合都采取法律动机的形式,而且,因为在这里,不言而喻地要考虑到现行的整个法的体系,所以,现在法律形式就是一切,而经济内容则什么也不是。②

我们说,我们的道德完全服从无产阶级阶级斗争的利益。我们的道德是从无产阶级阶级斗争的利益中引申出来的。③

真理的彼岸世界消逝以后,历史的任务就是确立此岸世界的真理。人的自我异化的神圣形象被揭穿以后,揭露具有非神圣形象的自我异化,就成了为历史服务的哲学的迫切任务。于是,对天国的批判变成对尘世的批判,对宗教的批判变成对法的批判,对神学的批判变成对政治的批判。④

没有革命的理论,就不可能有被压迫阶级的即历史上最革命的阶级的世界上最伟大的解放运动。革命理论是不能臆造出来的,它是从世界各国的革命经验和革命思想的总和中生长出来的。这种理论在19世纪后半期形成。它叫做马克思主义。⑤

思想一旦掌握群众,就变成力量。正是在目前,布尔什维克即革命无产阶级国际主义的代表,以自己的政策体现了那种在全世界推动广大劳动群众的思想。⑥

---

①《马克思恩格斯文集》(第二卷),人民出版社,2009年,第470~471页。

②《马克思恩格斯文集》(第四卷),人民出版社,2009年,第308页。

③《列宁专题文集 论无产阶级政党》,人民出版社,2009年,第285页。

④《马克思恩格斯文集》(第一卷),人民出版社,2009年,第4页。

⑤《列宁专题文集 论马克思主义》,人民出版社,2009年,第298页。

⑥《列宁选集》(第三卷),人民出版社,1995年,第321页。

二、人类社会基本矛盾及其运动规律

生产力与生产关系、经济基础与上层建筑之间的矛盾，是人类社会基本矛盾。生产力与生产关系矛盾运动的规律、经济基础与上层建筑矛盾运动的规律，是人类社会发展的基本规律。

(一)生产力与生产关系的矛盾及其运动规律

我们首先应当确定一切人类生存的第一个前提，也就是一切历史的第一个前提，这个前提是：人们为了能够“创造历史”，必须能够生活。但是为了生活，首先就需要吃喝住穿以及其他一些东西。因此第一个历史活动就是生产满足这些需要的资料，即生产物质生活本身，而且，这是人们从几千年前直到今天单是为了维持生活就必须每日每时从事的历史活动，是一切历史的基本条件。[①]

生产力是人类在生产实践中形成的改造和影响自然以使其适合社会需要的物质力量，生产力具有客观现实性和社会历史性。生产力是结构复杂的系统，其基本要素包括：一是劳动资料，也称劳动手段。它是人们在劳动过程中所运用的物质资料或物质条件，其中最重要的是生产工具。二是劳动对象。一切自然物质都是可能的劳动对象，其中引入生产过程的部分则是现实的劳动对象。随着生产和科学技术的进步，劳动对象将日益扩大并越来越显示出它的重要作用。三是劳动者。劳动者是具有一定生产经验、劳动技能和知识，能够运用一定劳动资料作用于劳动对象，从事生产实践活动的人。劳动者是生产力中最活跃的因素，人类智慧和能力的发展决定着对物质资源开发的深度和广度。科学技术是生产力中的重要因素。科学技术能够应用于生产过程，与生产力中的劳动资料、劳动对象和劳动

---

①《马克思恩格斯文集》(第一卷)，人民出版社，2009年，第531页。

者等因素相结合而转化为实际生产能力。在现代，科学技术发展日新月异，应用于生产过程的周期日趋缩短，对于生产发展的作用越来越大，日益成为生产发展的决定性因素。从这个意义上说，科学技术是先进生产力的集中体现和主要标志，是第一生产力。

任何一个民族，如果停止劳动，不用说一年，就是几个星期，也要灭亡，这是每一个小孩子都知道的。①

政治经济学家说：劳动是一切财富的源泉。其实，劳动和自然界在一起才是一切财富的源泉，自然界为劳动提供材料，劳动把材料转变为财富。但是劳动的作用还远不止于此。劳动是整个人类生活的第一个基本条件，而且达到这样的程度，以致我们在某种意义上不得不说：劳动创造了人本身。②

各种经济时代的区别，不在于生产什么，而在于怎样生产，用什么劳动资料生产。③

教育、科技、人才是全面建设社会主义现代化国家的基础性、战略性支撑。必须坚持科技是第一生产力、人才是第一资源、创新是第一动力，深入实施科教兴国战略、人才强国战略、创新驱动发展战略，开辟发展新领域新赛道，不断塑造发展新动能新优势。④

生产力是推动社会进步的最活跃、最革命的要素，生产力发展是衡量社会发展的带有根本性的标准。⑤

---

①《马克思恩格斯文集》(第十卷)，人民出版社，2009年，第289页。

②《马克思恩格斯文集》(第九卷)，人民出版社，2009年，第550页。

③《马克思恩格斯选集》(第二卷)，人民出版社，2012年，第172页。

④ 习近平：《高举中国特色社会主义伟大旗帜 为全面建设社会主义现代化国家而团结奋斗——在中国共产党第二十次全国代表大会上的报告》，人民出版社，2022年，第33页。

⑤ 习近平：《论党的宣传思想工作》，中央文献出版社，2020年，第35页。

全面建成小康社会，实现社会主义现代化，实现中华民族伟大复兴，最根本最紧迫的任务还是进一步解放和发展社会生产力。[①]

生产关系是人们在物质生产过程中形成的不以人的意志为转移的经济关系。生产关系是社会关系中最基本的关系，政治关系、家庭关系、宗教关系等其他社会关系，都受生产关系的支配和制约。生产关系包括生产资料所有制关系、生产中人与人的关系和产品分配关系。在生产关系中，生产资料所有制关系是最基本的，它是人们进行物质资料生产的前提，生产、分配、交换和消费关系在很大程度上是由这一前提决定的，所以是最基本的、具有决定意义的方面。依据生产资料所有制的性质，生产关系区分为两种基本类型。一种是以生产资料公有制为基础的生产关系，其根本特征是：生产资料为劳动者共同占有，人们在生产过程中处于平等地位，在产品分配上不存在剥削。另一种是以生产资料私有制为基础的生产关系，其根本特征是：生产资料归少数剥削者占有，劳动者占有很少或根本没有生产资料，并在生产中处于被剥削地位。随着生产力的进一步发展，以生产资料公有制为基础的生产关系必将取代以生产资料私有制为基础的生产关系。

为了进行生产，人们相互之间便发生一定的联系和关系；只有在这些社会联系和社会关系的范围内，才会有他们对自然界的影响，才会有生产。[②]

一个骑兵连的进攻力量或一个步兵团的抵抗力量，与每个骑兵分散展开的进攻力量的总和或每个步兵分散展开的抵抗力量的总和有本质的差别，同样，单个劳动者的力量的机械总和，与许多人手同时共同完成同一不可分割的操作（例如举起重物、转绞车、清除道路上的障碍

---

①《习近平谈治国理政》，外文出版社，2014年，第92页。

②《马克思恩格斯选集》（第一卷），人民出版社，2012年，第340页。

物等）所发挥的社会力量有本质的差别。在这里，结合劳动的效果要么是单个人劳动根本不可能达到的，要么只能在长得多的时间内，或者只能在很小的规模上达到。这里的问题不仅是通过协作提高了个人生产力，而且是创造了一种生产力，这种生产力本身必然是集体力。①

历史方面的情形也没有两样。一切文明民族都是从土地公有制开始的。在已经越过某一原始阶段的一切民族那里，这种公有制在农业的发展进程中变成生产的桎梏。它被废除，被否定，经过了或短或长的中间阶段之后转变为私有制。但是，在土地私有制本身所导致的较高的农业发展阶段上，私有制又反过来成为生产的桎梏——目前无论小地产还是大地产方面的情况都是这样。因此就必然地产生出把私有制同样地加以否定并把它重新变为公有制的要求。但是，这一要求并不是要重新建立原始的公有制，而是要建立高级得多、发达得多的共同占有形式，这种占有形式决不会成为生产的束缚，恰恰相反，它会使生产摆脱束缚，并且会使现代的化学发现和机械发明在生产中得到充分的利用。②

生产力是社会生产的物质内容，生产关系是社会生产的社会形式，二者的有机统一构成社会的生产方式。生产力与生产关系的相互关系是：生产力决定生产关系，生产关系又反作用于生产力。

首先，生产力决定生产关系。生产力的状况决定生产关系的性质；生产力的发展决定生产关系的变化。

其次，生产关系对生产力具有能动的反作用。当生产关系适合生产力发展的客观要求时，对生产力的发展起推动作用；当生产关系不适合生产力发展的客观要求时，就会阻碍生产力的发展。

---

①《马克思恩格斯文集》（第五卷），人民出版社，2009年，第378页。
②《马克思恩格斯文集》（第九卷），人民出版社，2009年，第145页。

社会关系和生产力密切相联。随着新生产力的获得,人们改变自己的生产方式,随着生产方式即谋生的方式的改变,人们也就会改变自己的一切社会关系。手推磨产生的是封建主的社会,蒸汽磨产生的是工业资本家的社会。[①]

由于自然科学被资本用做致富手段,从而科学本身也成为那些发展科学的人的致富手段,所以,搞科学的人为了探索科学的实际应用而互相竞争。另一方面,发明成了一种特殊的职业。因此,随着资本主义生产的扩展,科学因素第一次被有意识地和广泛地加以发展、应用并体现在生活中,其规模是以往的时代根本想象不到的。[②]

人们不能自由选择自己的生产力——这是他们的全部历史的基础,因为任何生产力都是一种既得的力量,是以往的活动的产物。可见,生产力是人们应用能力的结果,但是这种能力本身决定于人们所处的条件,决定于先前已经获得的生产力,决定于在他们以前已经存在、不是由他们创立而是由前一代人创立的社会形式。[③]

各个人借以进行生产的社会关系,即社会生产关系,是随着物质生产资料、生产力的变化和发展而变化和改变的。生产关系总合起来就构成所谓社会关系……[④]

在原始积累的历史中,对正在形成的资本家阶级起过推动作用的一切变革,都是历史上划时代的事情;但是首要的因素是:大量的人突然被强制地同自己的生存资料分离,被当做不受法律保护的无产者抛向劳动市场。对农业生产者即农民的土地的剥夺,形成全部过程的基础。[⑤]

不论生产的社会的形式如何,劳动者和生产资料始终是生产的因

①《马克思恩格斯文集》(第一卷),人民出版社,2009年,第602页。
②《马克思恩格斯文集》(第八卷),人民出版社,2009年,第359页。
③《马克思恩格斯文集》(第十卷),人民出版社,2009年,第43页。
④《马克思恩格斯文集》(第一卷),人民出版社,2009年,第724页。
⑤《马克思恩格斯文集》(第五卷),人民出版社,2009年,第823页。

素。但是,二者在彼此分离的情况下只在可能性上是生产因素。凡要进行生产,它们就必须结合起来。实行这种结合的特殊方式和方法,使社会结构区分为各个不同的经济时期。①

由此可见,一定的生产方式或一定的工业阶段始终是与一定的共同活动方式或一定的社会阶段联系着的,而这种共同活动方式本身就是"生产力";由此可见,人们所达到的生产力的总和决定着社会状况,因而,始终必须把"人类的历史"同工业和交换的历史联系起来研究和探讨。②

各个人借以进行生产的社会关系,即社会生产关系,是随着物质生产资料、生产力的变化和发展而变化和改变的。③

在人们的生产力发展的一定状况下,就会有一定的交换[commerce]和消费形式。在生产、交换和消费发展的一定阶段上,就会有相应的社会制度形式、相应的家庭、等级或阶级组织,一句话,就会有相应的市民社会。④

人们在发展其生产力时,即在生活时,也发展着一定的相互关系;这些关系的形式必然随着这些生产力的改变和发展而改变。⑤

社会制度中的任何变化,所有制关系中的每一次变革,都是产生了同旧的所有制关系不再相适应的新的生产力的必然结果。⑥

最后,生产力与生产关系的相互作用是一个过程,表现为二者的矛盾运动。这种矛盾运动中内在的、本质的、必然的联系,就是生产关系一定要

---

①《马克思恩格斯文集》(第六卷),人民出版社,2009年,第44页。

②《马克思恩格斯文集》(第一卷),人民出版社,2009年,第532~533页。

③《马克思恩格斯文集》(第一卷),人民出版社,2009年,第724页。

④《马克思恩格斯文集》(第十卷),人民出版社,2009年,第42~43页。

⑤《马克思恩格斯文集》(第十卷),人民出版社,2009年,第47页。

⑥《马克思恩格斯文集》(第一卷),人民出版社,2009年,第684页。

适合生产力状况的规律。

生产力和交往形式之间的这种矛盾——正如我们所见到的，它在迄今为止的历史中曾多次发生过，然而并没有威胁交往形式的基础——，每一次都不免要爆发为革命，同时也采取各种附带形式，如冲突的总和，不同阶级之间的冲突，意识的矛盾，思想斗争，政治斗争，等等。①

唯物主义历史观从下述原理出发：生产以及随生产而来的产品交换是一切社会制度的基础；在每个历史地出现的社会中，产品分配以及和它相伴随的社会之划分为阶级或等级，是由生产什么、怎样生产以及怎样交换产品来决定的。②

马克思和恩格斯是唯物主义者。他们用唯物主义观点观察世界和人类，看出一切自然现象都有物质原因作基础，同样，人类社会的发展也是受物质力量即生产力的发展所制约的。生产力的发展决定人们在生产人类必需的产品时彼此所发生的关系。用这种关系才能解释社会生活中的一切现象，人的意向、观念和法律。生产力的发展造成了以私有制为基础的社会关系，但是我们现在看到，生产力的发展又夺走了大多数人的财产，将它集中在极少数人的手中。生产力的发展正在消灭私有制，即现代社会制度的基础，这种发展本身就是朝着社会主义者所抱定的那个目标前进的。③

生产关系一定要适合生产力性质这一经济规律，早已在资本主义国家中为自己开辟道路。它之所以还没有为自己开辟出道路来，还没有获得发生作用的广阔场所，是因为它遇到了社会上衰朽力量的极强烈的反抗。在这里，我们碰到了经济规律的另一个特点。在自然科学

①《马克思恩格斯文集》(第一卷)，人民出版社，2009年，第567页。
②《马克思恩格斯文集》(第三卷)，人民出版社，2009年，第547页。
③《列宁专题文集 论马克思主义》，人民出版社，2009年，第54页。

中,发现和应用新的规律或多或少是顺利的;与此不同,在经济学领域中,发现和应用那些触犯社会衰朽力量的利益的新规律,却要遇到这些力量的极强烈的反抗。因此,就需要有能够克服这种反抗的力量,社会力量。当时我国有了这种力量,这就是占社会绝大多数的工人阶级和农民的联盟。而在其他国家即资本主义国家中还没有这种力量。苏维埃政权之所以能够粉碎旧的社会力量,而生产关系一定要适合生产力性质这个经济规律之所以在我国获得了充分发生作用的广阔场所,秘密就在于此。①

——学习马克思,就要学习和实践马克思主义关于生产力和生产关系的思想。马克思主义认为,物质生产力是全部社会生活的物质前提,同生产力发展一定阶段相适应的生产关系的总和构成社会经济基础。生产力是推动社会进步最活跃、最革命的要素。“人们所达到的生产力的总和决定着社会状况。”生产力和生产关系、经济基础和上层建筑相互作用、相互制约,支配着整个社会发展进程。解放和发展社会生产力是社会主义的本质要求,是中国共产党人接力探索、着力解决的重大问题。新中国成立以来特别是改革开放以来,在不到70年的时间内,我们党带领人民坚定不移解放和发展社会生产力,走完了西方几百年的发展历程,推动我国快速成为世界第二大经济体。我们要勇于全面深化改革,自觉通过调整生产关系激发社会生产力发展活力,自觉通过完善上层建筑适应经济基础发展要求,让中国特色社会主义更加符合规律地向前发展。②

生产力与生产关系矛盾运动规律的原理具有极为重要的理论意义和

---

①《斯大林文集(1934—1952)》,人民出版社,1985年,第601~602页。

② 习近平:《在纪念马克思诞辰200周年大会上的讲话》,人民出版社,2018年,第17~18页。

现实意义。第一,这一原理在人类思想史上彻底否定了单纯以道德作为评判历史功过是非标准的思想体系,第一次科学地确立了生产力发展是“社会进步的最高标准”。第二,生产力与生产关系矛盾运动规律是马克思主义政党制定路线、方针和政策的重要依据。

> 生产力是推动社会进步的最活跃、最革命的要素,……社会主义的根本任务是解放和发展社会生产力。……在全面深化改革中,我们要坚持发展仍是解决我国所有问题的关键这个重大战略判断,使市场在资源配置中起决定性作用和更好发挥政府作用,推动我国社会生产力不断向前发展。……推动实现物的不断丰富和人的全面发展的统一。
>
> 虽然物质生产是社会生活的基础,但上层建筑也可以反作用于经济基础,生产力和生产关系、经济基础和上层建筑之间有着十分复杂的关系,有着作用和反作用的现实过程,并不是单线式的简单决定和被决定逻辑。
>
> 我们……要制定一个全面深化改革的方案,而不是只讲经济体制改革,……是因为要解决我们面临的突出矛盾和问题,仅仅依靠单个领域、单个层次的改革难以奏效,必须加强顶层设计、整体谋划,增强各项改革的关联性、系统性、协同性。只有既解决好生产关系中不适应的问题,又解决好上层建筑中不适应的问题,这样才能产生综合效应。
>
> 同时,……只有紧紧围绕发展这个第一要务来部署各方面改革,以解放和发展社会生产力为改革提供强大牵引,才能更好推动生产关系与生产力、上层建筑与经济基础相适应。[①]

---

① 习近平:《论党的宣传思想工作》,中央文献出版社,2020年,第35~37页。

(二)经济基础与上层建筑的矛盾及其运动规律

经济基础与上层建筑矛盾运动的规律,是人类社会发展的另一个基本规律。经济基础是指由社会一定发展阶段的生产力所决定的生产关系的总和。上层建筑是建立在一定经济基础之上的意识形态以及与之相适应的制度、组织和设施。上层建筑包括观念上层建筑和政治上层建筑两个部分,前者又称为意识形态,包括政治法律思想、道德、艺术、宗教、哲学等思想观点,后者包括国家政治制度、立法司法制度、行政制度;国家政权机构、政党、军队、警察、法庭、监狱等。

在不同的财产形式上,在社会生存条件上,耸立着由各种不同的,表现独特的情感、幻想、思想方式和人生观构成的整个上层建筑。①

经济基础与上层建筑是辩证统一的关系。首先,经济基础决定上层建筑。经济基础是上层建筑赖以产生、存在和发展的物质基础,经济基础的性质决定上层建筑的性质,经济基础的变更必然引起上层建筑的变革,并决定其变革的方向。其次,上层建筑对经济基础具有能动的反作用。这种反作用集中表现在:上层建筑为自己的经济基础的形成和巩固服务,确立或维护其在社会中的统治地位。上层建筑这种反作用的后果可能有两种,或是推动社会发展的进步力量,或是阻碍社会发展的消极力量。

经验的观察在任何情况下都应当根据经验来揭示社会结构和政治结构同生产的联系,而不应当带有任何神秘和思辨的色彩。社会结构和国家总是从一定的个人的生活过程中产生的。②

真正的市民社会只是随同资产阶级发展起来的;但是市民社会这

---

①《马克思恩格斯文集》(第二卷),人民出版社,2009年,第498页。

②《马克思恩格斯文集》(第一卷),人民出版社,2009年,第524页。

一名称始终标志着直接从生产和交往中发展起来的社会组织，这种社会组织在一切时代都构成国家的基础以及任何其他的观念的上层建筑的基础。[①]

在历史上出现的一切社会关系和国家关系，一切宗教制度和法律制度，一切理论观点，只有理解了每一个与之相应的时代的物质生活条件，并且从这些物质条件中被引申出来的时候，才能理解。[②]

这些互相斗争的社会阶级在任何时候都是生产关系和交换关系的产物，一句话，都是自己时代的经济关系的产物；因而每一时代的社会经济结构形成现实基础，每一个历史时期的由法的设施和政治设施以及宗教的、哲学的和其他的观念形式所构成的全部上层建筑，归根到底都应由这个基础来说明。[③]

每一历史时代主要的经济生产方式和交换方式以及必然由此产生的社会结构，是该时代政治的和精神的历史所赖以确立的基础。[④]

"上层建筑"的这些变化的社会经济基础，就是俄国社会的各个阶级在各个不同舞台上的活动（杜马内外的活动、出版、结社、集会等等），这些活动的形式之公开，力量之雄厚，规模之巨大，在历史上是罕见的。[⑤]

经济状况是基础，但是对历史斗争的进程发生影响并且在许多情况下主要是决定着这一斗争的形式的，还有上层建筑的各种因素：阶级斗争的各种政治形式及其成果——由胜利了的阶级在获胜以后确立的宪法等等，各种法的形式以及所有这些实际斗争在参加者头脑中的反映，政治的、法律的和哲学的理论，宗教的观点以及它们向教义体系的进一

①《马克思恩格斯文集》（第一卷），人民出版社，2009年，第582~583页。

②《马克思恩格斯文集》（第二卷），人民出版社，2009年，第597页。

③《马克思恩格斯文集》（第九卷），人民出版社，2009年，第387页。

④《马克思恩格斯文集》（第二卷），人民出版社，2009年，第14页。

⑤《列宁专题文集 论马克思主义》，人民出版社，2009年，第158页。

步发展。这里表现出这一切因素间的相互作用，而在这种相互作用中归根到底是经济运动作为必然的东西通过无穷无尽的偶然事件（即这样一些事物和事变，它们的内部联系是如此疏远或者是如此难于确定，以致我们可以认为这种联系并不存在，忘掉这种联系）向前发展。[①]

政治设施是经济基础的上层建筑。我们看到，例如现代欧洲各国的各种政治形式，都是为巩固资产阶级对无产阶级的统治服务的。[②]

任何民主，和任何政治上层建筑一样（这种上层建筑在阶级消灭之前，在无阶级的社会建立之前，是必然存在的），归根到底是为生产服务的，并且归根到底是由该社会中的生产关系决定的。[③]

经济基础和上层建筑之间的内在联系构成了上层建筑一定要适合经济基础状况的规律。在社会发展过程中，经济基础状况决定上层建筑的发展方向，决定上层建筑相应的调整或变革，而不允许上层建筑长期落后于或不适应自己的发展。上层建筑的反作用也必须取决于和服从于经济基础的性质和客观要求，而不允许上层建筑脱离经济基础的发展状况和水平。

政治权力在对社会独立起来并且从公仆变为主人以后，可以朝两个方向起作用。或者它按照合乎规律的经济发展的精神和方向发生作用，在这种情况下，它和经济发展之间没有任何冲突，经济发展加快速度。或者它违反经济发展而发生作用，在这种情况下，除去少数例外，它照例总是在经济发展的压力下陷于崩溃。[④]

总的说来，经济运动会为自己开辟道路，但是它也必定要经受它自己所确立的并且具有相对独立性的政治运动的反作用，即国家权力

①《马克思恩格斯文集》（第十卷），人民出版社，2009年，第591~592页。
②《列宁专题文集 论马克思主义》，人民出版社，2009年，第68页。
③《列宁选集》（第四卷），人民出版社，1995年，第405页。
④《马克思恩格斯文集》（第九卷），人民出版社，2009年，第190页。

的以及和它同时产生的反对派的运动的反作用。①

上层建筑一出现，就成为极大的积极力量，积极促进自己基础的形成和巩固，采取一切办法帮助新制度去根除和消灭旧基础和旧阶级。②

经济基础决定上层建筑。经济体制改革对其他方面改革具有重要影响和传导作用，重大经济体制改革的进度决定着其他方面很多体制改革的进度，具有牵一发而动全身的作用。马克思在《〈政治经济学批判〉序言》中说："人们在自己生活的社会生产中发生一定的、必然的、不以他们的意志为转移的关系，即同他们的物质生产力的一定发展阶段相适合的生产关系。这些生产关系的总和构成社会的经济结构，即有法律的和政治的上层建筑竖立其上并有一定的社会意识形式与之相适应的现实基础。"在全面深化改革中，我们要坚持以经济体制改革为主轴，努力在重要领域和关键环节改革上取得新突破，以此牵引和带动其他领域改革，使各方面改革协同推进、形成合力，而不是各自为政、分散用力。③

在当代中国，深入理解上层建筑一定要适合经济基础状况的规律，必须正确把握经济基础与上层建筑矛盾运动过程中存在的各种利益关系，并在深化经济体制改革、完善社会主义经济基础以促进生产力发展的同时，加快上层建筑领域的改革，以适应生产力发展和巩固经济基础的要求。

毛泽东同志指出："诚然，生产力、实践、经济基础，一般地表现为主要的决定的作用，谁不承认这一点，谁就不是唯物论者。然而，生产关系、理论、上层建筑这些方面，在一定条件下，又转过来表现其为主

①《马克思恩格斯文集》(第十卷)，人民出版社，2009年，第597页。
②《斯大林文集(1934—1952)》，人民出版社，1985年，第548页。
③《习近平谈治国理政》，外文出版社，2014年，第94页。

要的决定的作用,这也是必须承认的。当着不变更生产关系,生产力就不能发展的时候,生产关系的变更就起了主要的决定的作用。"深化党和国家机构改革对各领域改革发挥着体制支撑和保障作用。当前,我国经济社会发展中的一些突出问题亟待解决,发展质量和效益还不高,创新能力不够强,生态环境保护任重道远,社会服务体系不健全,民生领域还有不少短板,全面依法治国任务依然繁重,等等。这些问题同国家治理体系和治理能力直接或间接相关,要从根本上加以解决,就必须对体制和机构进行调整完善,以推动经济、政治、文化、社会、生态文明等领域改革持续深化,加快构建系统完备、科学规范、运行有效的党和国家机构职能体系。[①]

三、普遍交往与世界历史

马克思、恩格斯高度重视交往在社会生活和历史发展中的作用,揭示了随着生产力的发展和交往范围的扩大,民族历史向世界历史转变的客观趋势。

(一)普遍交往

交往是唯物史观的重要范畴。指在一定历史条件下的现实的个人、群体、阶级、民族、国家之间在物质和精神上相互往来、相互作用、彼此联系的活动。在人类社会发展过程中,交往是与生产力的发展相伴随的。社会生产力的发展水平,直接制约着交往的水平。孤立、封闭、隔绝总是与落后的社会生产力水平相联系,交流、交往、开放往往与先进的社会生产力水平相联系。交往既包括物质交往,也包括精神交往。物质交往是人们在物质生产实践中发生的交往,物质产品是其交往内容。精神交往是在一定的历史条件下,人们在涉及思想、意识、观念、情感和情绪等精神性的领域中进行

① 习近平:《论坚持全面深化改革》,中央文献出版社,2018年,第450~451页。

的交往。在当今时代，信息交往、文化交往等也是精神交往的重要方面。通过交往，人类可以促进生产力的发展、促进社会关系的进步、促进文化的发展和传播、促进人的全面发展。

▲大工业创造了交通工具和现代的世界市场，控制了商业，把所有的资本都变为工业资本，从而使流通加速（货币制度得到发展）、资本集中。大工业通过普遍的竞争迫使所有个人的全部精力处于高度紧张状态。它尽可能地消灭意识形态、宗教、道德等等，而在它无法做到这一点的地方，它就把它们变成赤裸裸的谎言。它首次开创了世界历史，因为它使每个文明国家以及这些国家中的每一个人的需要的满足都依赖于整个世界，因为它消灭了各国以往自然形成的闭关自守的状态。[①]

▲由于有了机器，现在纺纱工人可以住在英国，而织布工人却住在东印度。在机器发明以前，一个国家的工业主要是用本地原料来加工。例如：英国加工的是羊毛，德国加工的是麻，法国加工的是丝和麻，东印度和黎凡特加工的则是棉花等等。由于机器和蒸汽的应用，分工的规模已使脱离了本国基地的大工业完全依赖于世界市场、国际交换和国际分工。[②]

▲在交通建设方面也进行了同样的活动。1818—1829年，英格兰和威尔士修筑了1 000英里法定宽度为60英尺的公路，而且几乎所有的旧公路都按照麦克亚当的原则加以改造。在苏格兰，公共工程局从1803年起修筑了约900英里公路，并建造了1 000多座桥梁，因此，苏格兰山地的居民一下子就接触到了文明。过去大部分山民从事盗猎和走私；现在他们成了勤劳的庄稼人和手工业者；虽然为了保存盖尔

①《马克思恩格斯文集》（第一卷），人民出版社，2009年，第566页。
②《马克思恩格斯文集》（第一卷），人民出版社，2009年，第627页。

语而开办了专门的学校，可是盖尔-凯尔特的习俗和语言一经接触英格兰文明很快就消失了。爱尔兰的情形也一样。在科克、利默里克和凯里等郡之间，以前是一片荒地，没有任何可行驶的道路，这个地方由于很难通行而成了一切罪犯的隐匿处和南爱尔兰的凯尔特-爱尔兰民族的堡垒；现在这里已经是公路纵横，从而文明也进入了这个荒凉的地方。整个不列颠帝国，特别是英格兰，60年以前道路还和当时的德国、法国一样差，现在却有了很好的公路网，而所有这些公路，像英格兰的几乎一切设施一样，都是私人企业家修建起来的，因为在这些方面国家做的事情很少，或者根本就没有做什么。[①]

▲公元前一百多年，中国就开始开辟通往西域的丝绸之路。汉代张骞于公元前一百三十八年和一百一十九年两次出使西域，向西域传播了中华文化，也引进了葡萄、苜蓿、石榴、胡麻、芝麻等西域文化成果。西汉时期，中国的船队就到达了印度和斯里兰卡，用中国的丝绸换取了琉璃、珍珠等物品。中国唐代是中国历史上对外交流的活跃期。据史料记载，唐代中国通使交好的国家多达七十多个，那时候的首都长安里来自各国的使臣、商人、留学生云集成群。这个大交流促进了中华文化远播世界，也促进了各国文化和物产传入中国。十五世纪初，中国明代著名航海家郑和七次远洋航海，到了东南亚很多国家，一直抵达非洲东海岸的肯尼亚，留下了中国同沿途各国人民友好交往的佳话。明末清初，中国人积极学习现代科技知识，欧洲的天文学、医学、数学、几何学、地理学知识纷纷传入中国，开阔中国人的知识视野。之后，中外文明交流互鉴更是频繁展开，这其中有冲突、矛盾、疑惑、拒绝，但更多是学习、消化、融合、创新。[②]

---

①《马克思恩格斯文集》(第一卷)，人民出版社，2009年，第400页。

② 习近平：《论坚持推动构建人类命运共同体》，中央文献出版社，2018年，第78~79页。

(二)世界历史

唯物史观视域中的“世界历史”指各民族、国家通过普遍交往,打破孤立隔绝的状态,进入相互依存、相互联系的世界整体化的历史。人类历史向世界历史的转变是资本主义生产方式出现和向世界扩张的结果。世界历史的形成又反过来促进了生产力的普遍发展和人类的普遍交往,推动了社会发展,为人的发展创造了条件。随着人类社会的发展,普遍交往的充分展开必将推动世界历史走向共产主义,因为共产主义“是以生产力的普遍发展和与此相联系的世界交往”为前提的。

各个相互影响的活动范围在这个发展进程中越是扩大,各民族的原始封闭状态由于日益完善的生产方式、交往以及因交往而自然形成的不同民族之间的分工消灭得越是彻底,历史也就越是成为世界历史。①

资产阶级社会的真正任务是建成世界市场(至少是一个轮廓)和确立以这种市场为基础的生产。②

对外贸易的扩大,虽然在资本主义生产方式的幼年时期是这种生产方式的基础,但在资本主义生产方式的发展中,由于这种生产方式的内在必然性,由于这种生产方式要求不断扩大市场,它成为这种生产方式本身的产物。③

由于封建生产方式的崩溃,这种自由的劳动者才在历史上第一次大量地出现,但是由于这种情形,而且由于世界贸易和世界市场从这个时代起开始形成,所以就产生了一种基础,在这种基础上,现存的大量动产必然要越来越多地转化为资本,而以生产剩余价值为目的的资

①《马克思恩格斯文集》(第一卷),人民出版社,2009年,第540~541页。
②《马克思恩格斯文集》(第十卷),人民出版社,2009年,第166页。
③《马克思恩格斯文集》(第七卷),人民出版社,2009年,第264页。

本主义生产方式，必然要越来越成为占绝对支配地位的生产方式。①

市场的扩张赶不上生产的扩张。冲突成为不可避免的了，而且，因为它在把资本主义生产方式本身炸毁以前不能使矛盾得到解决，所以它就成为周期性的了。资本主义生产造成了新的“恶性循环”。②

马克思和恩格斯的具有世界历史意义的伟大功绩，在于他们向各国无产者指出了无产者的作用、任务和使命就是率先起来同资本进行革命斗争，并在这场斗争中把一切被剥削的劳动者团结在自己的周围。③

马克思的世界历史理论为我们观察、分析当今世界发展特别是全球化问题提供了科学的理论指导。

——学习马克思，就要学习和实践马克思主义关于世界历史的思想。马克思、恩格斯说：“各民族的原始封闭状态由于日益完善的生产方式、交往以及因交往而自然形成的不同民族之间的分工消灭得越是彻底，历史也就越是成为世界历史。”马克思、恩格斯当年的这个预言，现在已经成为现实，历史和现实日益证明这个预言的科学价值。今天，人类交往的世界性比过去任何时候都更深入、更广泛，各国相互联系和彼此依存比过去任何时候都更频繁、更紧密。一体化的世界就在那儿，谁拒绝这个世界，这个世界也会拒绝他。万物并育而不相害，道并行而不相悖。我们要站在世界历史的高度审视当今世界发展趋势和面临的重大问题，坚持和平发展道路，坚持独立自主的和平外交政策，坚持互利共赢的开放战略，不断拓展同世界各国的合作，积极参与

①《马克思恩格斯文集》（第九卷），人民出版社，2009年，第214页。
②《马克思恩格斯文集》（第九卷），人民出版社，2009年，第292页。
③《列宁专题文集 论马克思主义》，人民出版社，2009年，第81~82页。

全球治理，在更多领域、更高层面上实现合作共赢、共同发展，不依附别人、更不掠夺别人，同各国人民一道努力构建人类命运共同体，把世界建设得更加美好。[①]

四、社会形态

人类历史的发展体现为不同质态社会形态的更替过程。人类社会是不断发展的，社会的根本性变革和进步就是通过社会形态的更替实现的。社会形态是关于社会运动的具体形式、发展阶段和不同质态的范畴，是同生产力发展一定阶段相适应的经济基础与上层建筑的统一体。社会形态通常有两种划分方式：一种是以生产过程中人的存在状态为标准的划分方式，称之为“三形态说”；另一种是以生产过程中生产关系的不同性质为标准的划分方式，称之为“五形态说”。

（一）“三形态说”与“五形态说”

马克思在1857—1858年写的《经济学手稿》中从现实的人的发展出发，把人类历史划分为人的依赖性社会——物的依赖性社会——个人全面发展的社会三种依次更替的社会形态。这三个阶段揭示出人的发展特别是人的能力发展的演进过程。

人的依赖关系（起初完全是自然发生的），是最初的社会形式，在这种形式下，人的生产能力只是在狭小的范围内和孤立的地点上发展着。以物的依赖性为基础的人的独立性，是第二大形式，在这种形式下，才形成普遍的社会物质变换、全面的关系、多方面的需要以及全面的能力的体系。建立在个人全面发展和他们共同的、社会的生产能力

① 习近平：《在纪念马克思诞辰200周年大会上的讲话》，人民出版社，2018年，第22~23页。

成为从属于他们的社会财富这一基础上的自由个性,是第三个阶段。第二个阶段为第三个阶段创造条件。[①]

“人的依赖关系”对应的是自然经济阶段。这个阶段上由于生产力水平低下,人们被束缚于血缘、亲情、宗法、等级关系之中,直接依赖于体现这些关系的各种人类共同体,没有个体独立的社会地位。“以物的依赖性为基础的人的独立性”阶段对应的商品经济阶段。这个阶段上,物质生产得到一定发展,但人却成为自己创造物的奴隶。人不再依赖于别人或者某种共同体,而是依赖物,这些物表现为商品、货币等,它们成了人与人关系的中介,甚至开始凌驾于人的存在之上。“自由个性”阶段对应未来社会的产品经济阶段。社会生产力得到充分发展,物质财富极大丰富,人成为目的与手段的统一体,获得真正的自由全面发展,最终实现了人的解放。

五种社会形态划分法,把人类历史发展过程划分为原始社会、奴隶社会、封建社会、资本主义社会和共产主义社会。在《德意志意识形态》中,马克思、恩格斯运用唯物史观,依据生产力和生产关系特别是所有制的变化,首次对社会历史演进过程作出分析,提出了部落所有制、古代公社和国家所有制、封建的或等级的所有制、资本主义所有制、共产主义所有制是人类社会从低级向高级发展的五个阶段。1859年在《政治经济学批判导言》中,马克思总结人类社会发展的一般规律,明确提出“五形态说”。同时,马克思指出,资本主义社会必将被未来的共产主义社会所取代。马克思、恩格斯在看到1857年发表的摩尔根《古代社会》一书后,用“原始社会”取代了“亚细亚生产方式”,五种社会形态理论臻于完善。

大体说来,亚细亚的、古希腊罗马的、封建的和现代资产阶级的生

① 《马克思恩格斯文集》(第八卷),人民出版社,2009年,第52页。

产方式可以看做是经济的社会形态演进的几个时代。①

我们始终都要记住历史上社会划分为阶级的这一基本事实。世界各国所有人类社会数千年来的发展,都向我们表明了它如下的一般规律、常规和次序:起初是无阶级的社会——父权制原始社会,即没有贵族的原始社会;然后是以奴隶制为基础的社会,即奴隶占有制社会。整个现代的文明的欧洲都经过了这个阶段,奴隶制在两千年前占有完全统治的地位。世界上其余各洲的绝大多数民族也都经过这个阶段。在最不发达的民族中,现在也还有奴隶制的遗迹,例如在非洲现时还可以找到奴隶制的设施。奴隶主和奴隶是第一次大规模的阶级划分。②

(二)社会形态的发展是一个自然历史过程

我的观点是把经济的社会形态的发展理解为一种自然史的过程。不管个人在主观上怎样超脱各种关系,他在社会意义上总是这些关系的产物。同其他任何观点比起来,我的观点是更不能要个人对这些关系负责的。③

马克思主义将社会形态的发展看作一个自然历史过程。这一观点具有双重意义:从肯定方面来说,它强调人类社会发展的客观物质性和规律性;从否定方面来说,它揭示了迄今为止的人类历史像一种自然过程一样,采取自然规律的形态与人们对立。

---

①《马克思恩格斯文集》(第二卷),人民出版社,2009年,第592页。

②《列宁专题文集 论辩证唯物主义和历史唯物主义》,人民出版社,2009年,第285~286页。

③《马克思恩格斯文集》(第五卷),人民出版社,2009年,第10页。

无论哪一个社会形态,在它所能容纳的全部生产力发挥出来以前,是决不会灭亡的;而新的更高的生产关系,在它的物质存在条件在旧社会的胎胞里成熟以前,是决不会出现的。①

一个社会即使探索到了本身运动的自然规律——本书的最终目的就是揭示现代社会的经济运动规律——,它还是既不能跳过也不能用法令取消自然的发展阶段。但是它能缩短和减轻分娩的痛苦。②

唯物主义继续深入分析,发现了人的这些社会思想本身的起源,也就消除了这个矛盾;因此,唯物主义关于思想进程取决于事物进程的结论,是唯一可与科学的心理学相容的。其次,再从另一方面说,这个假设第一次把社会学提高到科学的水平。在这以前,社会学家在错综复杂的社会现象中总是难于分清重要现象和不重要现象(这就是社会学中主观主义的根源),找不到这种划分的客观标准。唯物主义提供了一个完全客观的标准,它把生产关系划为社会结构,并使人有可能把主观主义者认为不能应用到社会学上来的重复性这个一般科学标准,应用到这些关系上来。③

其次,社会历史进程的发展还表现出似自然性。马克思主义经典作家把人类社会历史看作一个自然史过程还具有批判向度。资本主义社会使经济规律表现出某种自然而然的性质与人的独立性相对立,具有神秘的宿命论性质。但是历史规律和历史规律对人的外在强制是不同的。历史规律是一种客观联系,但这种联系采取自发的形式并对主体实行外在的统治,并不是历史规律之固有的永恒的品格。历史规律以“自然的必然性”为自己开辟道路,但人类同样可以凭借自己的主体能动作用在尊重历史规律

---

①《马克思恩格斯文集》(第二卷),人民出版社,2009年,第592页。

②《马克思恩格斯文集》(第五卷),人民出版社,2009年,第9~10页。

③《列宁专题文集 论辩证唯物主义和历史唯物主义》,人民出版社,2009年,第160~161页。

的前提下追求合规律性与合目的性的统一。

社会形态更替归根结底是社会基本矛盾运动的结果，其中，生产力的发展具有最终的决定意义。但规律的客观性并不否认人们历史活动的能动性，并不排斥人们在遵循社会发展规律前提下对某种社会形态的历史选择性。

人们的历史选择性包含三层意思：第一，社会发展的客观必然性造成了一定历史阶段社会发展的基本趋势，为人们的历史选择提供了基础、范围和可能性空间。第二，社会形态更替的过程也是一个主观能动性与客观规律性相统一的过程。在社会发展过程中，人们的历史选择活动总要受到自己目的的驱使和制约，但又必须遵循社会发展的客观规律，是合规律性与合目的性的统一。第三，人们的历史选择性归根结底是人民群众的选择性。

近代中国何去何从？1840年到1949年，这一百多年，从林则徐的虎门销烟，到洪秀全的太平天国，从曾国藩、左宗棠、李鸿章的洋务自强，到康有为、梁启超的戊戌维新，从孙中山的辛亥革命，到中国共产党人的新民主主义革命，所有人都是为了三个字，“救中国”。在无数次的徘徊与彷徨中，在无数次希望与失望中，中国人民选择了中国共产党和社会主义道路。可以说，挽救民族于危难之中，救亡的命题不是中国共产党所发起的，但是由中国共产党来终结的。这便是近代中国人民对历史主动精神的最生动的诠释。

> 如维科所说的那样，人类史同自然史的区别在于，人类史是我们自己创造的，而自然史不是我们自己创造的。[①]
>
> 社会力量完全像自然力一样，在我们还没有认识和考虑到它们的时候，起着盲目的、强制的和破坏的作用。但是，一旦我们认识了它

①《马克思恩格斯文集》（第五卷），人民出版社，2009年，第429页。

们,理解了它们的活动、方向和作用,那么,要使它们越来越服从我们的意志并利用它们来达到我们的目的,就完全取决于我们了。这一点特别适用于今天的强大的生产力。只要我们固执地拒绝理解这种生产力的本性和性质(而资本主义生产方式及其辩护士正是抗拒这种理解的),它就总是像上面所详细叙述的那样,起违反我们、反对我们的作用,把我们置于它的统治之下。但是,它的本性一旦被理解,它就会在联合起来的生产者手中从魔鬼似的统治者变成顺从的奴仆。这里的区别正像雷电中的电的破坏力同电报机和弧光灯的被驯服的电之间的区别一样,正像火灾同供人使用的火之间的区别一样。[①]

一旦社会占有了生产资料,……人在一定意义上才最终地脱离了动物界,从动物的生存条件进入真正人的生存条件。人们周围的、至今统治着人们的生活条件,现在受人们的支配和控制,人们第一次成为自然界的自觉的和真正的主人,因为他们已经成为自身的社会结合的主人。人们自己的社会行动的规律,这些一直作为异己的、支配着人们的自然规律而同人们相对立的规律,那时就将被人们熟练地运用,因而将听从人们的支配。[②]

担当和斗争是一种责任,敢于负责才叫真担当、真斗争。党员干部特别是领导干部要发扬历史主动精神,在机遇面前主动出击,不犹豫、不观望;在困难面前迎难而上,不推诿、不逃避;在风险面前积极应对,不畏缩、不躲闪。[③]

依据经济基础特别是生产关系的不同性质,社会历史可划分为五种社

①《马克思恩格斯文集》(第九卷),人民出版社,2009年,第296页。

②《马克思恩格斯文集》(第九卷),人民出版社,2009年,第300页。

③《习近平在中央党校(国家行政学院)中青年干部培训班开班式上发表重要讲话强调 筑牢理想信念根基树立践行正确政绩观 在新时代新征程上留下无悔的奋斗足迹》,《人民日报》,2022年3月2日。

会形态:原始社会、奴隶社会、封建社会、资本主义社会和共产主义社会。其中,社会主义社会是共产主义社会的第一阶段,又称共产主义社会的初级阶段或低级阶段。这五种社会形态的依次更替,是社会历史运动的一般过程和一般规律,表现了社会形态更替的统一性。但是社会形态发展的统一性并不意味着各个国家和民族历史的发展都按照同一个模式,同时同步进行,它仅指明了各个国家和民族的历史发展过程的共同性质、一般规律、客观必然性等。事实上,社会形态发展具有多样性,主要表现为:第一,处于同一社会形态的不同国家和民族的历史,除去具有共同性又各自具有特点。第二,并非一切国家在每一个社会形态中都发展得很典型。第三,人类社会在由较低的社会形态向较高的社会形态转变时所采取的过渡形式各有特点,甚至由于特殊的历史条件,再有一个社会形态向另一个社会形态转变过程中,可能跨越某一个或某几个社会形态。第四,在每一个社会形态中,都既有占主导地位的生产方式,又有过去遗留下来的生产方式残余,而且在发展的一定阶段上还会产生新社会形态中的生产方式萌芽。因此,只有全面考察存在于每一个国家的某个社会形态中的各种因素及其相互作用,才能把握住这个国家的社会发展状况。

事情就是这样。但是这对我的批评家来说是太少了。他一定要把我关于西欧资本主义起源的历史概述彻底变成一般发展道路的历史哲学理论,一切民族,不管它们所处的历史环境如何,都注定要走这条道路,——以便最后都达到在保证社会劳动生产力极高度发展的同时又保证每个生产者个人最全面的发展的这样一种经济形态。但是我要请他原谅。(他这样做,会给我过多的荣誉,同时也会给我过多的侮辱。)[①]

我们始终都要记住历史上社会划分为阶级的这一基本事实。世

①《马克思恩格斯文集》(第三卷),人民出版社,2009年,第466页。

界各国所有人类社会数千年来的发展，都向我们表明了它如下的一般规律、常规和次序：起初是无阶级的社会——父权制原始社会，即没有贵族的原始社会；然后是以奴隶制为基础的社会，即奴隶占有制社会。整个现代的文明的欧洲都经过了这个阶段，奴隶制在两千年前占有完全统治的地位。世界上其余各洲的绝大多数民族也都经过这个阶段。在最不发达的民族中，现在也还有奴隶制的遗迹，例如在非洲现时还可以找到奴隶制的设施。奴隶主和奴隶是第一次大规模的阶级划分。[①]

和控制着世界市场的西方生产同时存在，就使俄国可以不通过资本主义制度的卡夫丁峡谷，而把资本主义制度所创造的一切积极的成果用到公社中来。[②]

并不是所有的原始公社都是按照同一形式建立起来的。相反，从整体上看，它们是一系列社会组织，这些组织的类型、生存的年代彼此都不相同，标志着依次进化的各个阶段。[③]

在人类从今天的帝国主义走向明天的社会主义革命的道路上，同样会表现出这种多样性。[④]

一切民族都将走向社会主义，这是不可避免的，但是一切民族的走法却不会完全一样，在民主的这种或那种形式上，在无产阶级专政的这种或那种形态上，在社会生活各方面的社会主义改造的速度上，每个民族都会有自己的特点。[⑤]

世界历史发展的一般规律，不仅丝毫不排斥个别发展阶段在发展

---

①《列宁专题文集 论辩证唯物主义和历史唯物主义》，人民出版社，2009年，第285~286页。

②《马克思恩格斯文集》(第三卷)，人民出版社，2009年，第575页。

③《马克思恩格斯文集》(第三卷)，人民出版社，2009年，第584页 。

④《列宁选集》(第二卷)，人民出版社，1995年，第777页。

⑤《列宁选集》(第二卷)，人民出版社，1995年，第777页。

的形式或顺序上表现出特殊性，反而是以此为前提的。[①]

五、文明的本质及其悖论

文明范畴是唯物史观的重要组成部分，也是马克思、恩格斯探索构建历史唯物主义生成图景中的一条重要线索。在马克思主义看来，文明是人类创造的所有物质成果、精神成果和制度成果的总和，是标志社会进步程度的范畴，反映了人类社会实践活动的积极成果。

各种外部表现证明哲学已获得了这样的意义：它是文明的活的灵魂，哲学已成为世界的哲学；而世界已成为哲学的世界。[②]

如果说文明是实践的事情，是社会的素质，那么英国人确实是世界上最文明的人。[③]

为了不致丧失已经取得的成果，为了不致失掉文明的果实，人们在他们的交往方式不再适合于既得的生产力时，就不得不改变他们继承下来的一切社会形式。[④]

由于最重要的是不使文明的果实——已经获得的生产力被剥夺，所以必须粉碎生产力在其中产生的那些传统形式。[⑤]

在马克思主义看来，人类社会发展的过程也是人类文明进步的过程。社会形态的更替，从一定意义上说也是文明形态的更替。马克思在深刻批判私有制文明特别是资本主义文明的基础上，揭露出文明时代的矛盾与悖论，进一步展望了未来共产主义新文明的曙光。

①《列宁选集》（第四卷），人民出版社，2012年，第776页。
②《马克思恩格斯全集》（第1卷），人民出版社，1956年，第121页。
③《马克思恩格斯文集》（第一卷），人民出版社，2009年，第97页。
④《马克思恩格斯文集》（第十卷），人民出版社，2009年，第43~44页。
⑤《马克思恩格斯文集》（第一卷），人民出版社，2009年，第613页。

在交通建设方面也进行了同样的活动。1818—1829年，英格兰和威尔士修筑了1000英里法定宽度为60英尺的公路，而且几乎所有的旧公路都按照麦克亚当的原则加以改造。在苏格兰，公共工程局从1803年起修筑了约900英里公路，并建造了1 000多座桥梁，因此，苏格兰山地的居民一下子就接触到了文明。①

物质劳动和精神劳动的最大的一次分工，就是城市和乡村的分离。城乡之间的对立是随着野蛮向文明的过渡、部落制度向国家的过渡、地域局限性向民族的过渡而开始的，它贯穿着文明的全部历史直至现在(反谷物法同盟)。②

这样，在个体家庭中，在仍然忠实于其历史起源并使由于丈夫的独占统治而出现的男女之间的冲突的场合，我们就看到了自文明时代开始分裂为阶级的社会在其中运动的、既不能解决又不能克服的那些对立和矛盾的一幅缩图。③

最卑下的利益——无耻的贪欲、狂暴的享受、卑劣的名利欲、对公共财产的自私自利的掠夺——揭开了新的、文明的阶级社会；最卑鄙的手段——偷盗、强制、欺诈、背信——毁坏了古老的没有阶级的氏族社会，把它引向崩溃。而这一新社会自身，在其整整两千五百余年的存在期间，只不过是一幅区区少数人靠牺牲被剥削和被压迫的大多数人而求得发展的图画罢了，而这种情形，现在比从前更加厉害了。④

文明国家的一个最微不足道的警察，都拥有比氏族社会的全部机构加在一起还要大的“权威”；但是文明时代最有势力的王公和最伟大的国家要人或统帅，也可能要羡慕最平凡的氏族酋长所享有的，不是

①《马克思恩格斯文集》(第一卷)，人民出版社，2009年，第400页。
②《马克思恩格斯文集》(第一卷)，人民出版社，2009年，第556页。
③《马克思恩格斯文集》(第四卷)，人民出版社，2009年，第80~81页。
④《马克思恩格斯文集》(第四卷)，人民出版社，2009年，第113页。

用强迫手段获得的,无可争辩的尊敬。后者是站在社会之中,而前者却不得不企图成为一种处于社会之外和社会之上的东西。①

所以,根据以上所述,文明时代是社会发展的这样一个阶段,在这个阶段上,分工、由分工而产生的个人之间的交换,以及把这两者结合起来的商品生产,得到了充分的发展,完全改变了先前的整个社会。②

国家是文明社会的概括,它在一切典型的时期毫无例外地都是统治阶级的国家,并且在一切场合在本质上都是镇压被压迫被剥削阶级的机器。此外,文明时代还有如下的特征:一方面,是把城市和乡村的对立作为整个社会分工的基础固定下来;另一方面,是实行所有者甚至在死后也能够据以处理自己财产的遗嘱制度。这种同古代氏族制度直接冲突的制度,在雅典直到梭伦时代之前还没有过;在罗马,它很早就已经实行了,究竟在什么时候我们不知道;在德意志人中间,这种制度是由教士引入的,为的是使诚实的德意志人能够毫无阻碍地将自己的遗产遗赠给教会。③

鄙俗的贪欲是文明时代从它存在的第一日起直至今日的起推动作用的灵魂;财富,财富,第三还是财富——不是社会的财富,而是这个微不足道的单个的个人的财富,这就是文明时代唯一的、具有决定意义的目的。如果说在文明时代的怀抱中科学曾经日益发展,艺术高度繁荣的时期一再出现,那也不过是因为现代的一切积聚财富的成就不这样就不可能获得罢了。④

由于文明时代的基础是一个阶级对另一个阶级的剥削,所以它的全部发展都是在经常的矛盾中进行的。生产的每一进步,同时也就是被压迫阶级即大多数人的生活状况的一个退步。对一些人是好事,对

①《马克思恩格斯选集》(第四卷),人民出版社,2012年,第188页。
②《马克思恩格斯文集》(第四卷),人民出版社,2009年,第193页。
③《马克思恩格斯文集》(第四卷),人民出版社,2009年,第195~196页。
④《马克思恩格斯文集》(第四卷),人民出版社,2009年,第196页。

另一些人必然是坏事,一个阶级的任何新的解放,必然是对另一个阶级的新的压迫。这一情况的最明显的例证就是机器的采用,其后果现在已是众所周知的了。如果说在野蛮人中间,像我们已经看到的那样,不大能够区别权利和义务,那么文明时代却使这两者之间的区别和对立连最愚蠢的人都能看得出来,因为它几乎把一切权利赋予一个阶级,另一方面却几乎把一切义务推给另一个阶级。①

但是,这并不是应该如此的。凡对统治阶级是好的,对整个社会也应该是好的,因为统治阶级把自己与整个社会等同起来了。所以文明时代越是向前进展,它就越是不得不给它所必然产生的种种坏事披上爱的外衣,不得不粉饰它们,或者否认它们——一句话,即实行流俗的伪善,这种伪善,无论在较早的那些社会形式下还是在文明时代初期阶段都是没有的,并且最后在下述说法中达到了极点:剥削阶级对被压迫阶级进行剥削,完全是为了被剥削阶级本身的利益;如果被剥削阶级不懂得这一点,甚至想要造反,那就是对行善的人即对剥削者的一种最卑劣的忘恩负义行为。②

你们把文明带到世界的各个角落,以便赢得新的地域来扩张你们卑鄙的贪欲;你们使各民族建立起兄弟般的关系——但这是盗贼的兄弟情谊;你们减少了战争次数,以便在和平时期赚更多的钱,以便使各个人之间的敌视、可耻的竞争战争达到登峰造极的地步!你们什么时候做事情是从纯粹的人道出发,是从普遍利益和个人利益之间的对立毫无意义这种意识出发的呢?你们什么时候讲过道德,而不图谋私利,不在心底隐藏一些不道德的、利己的动机呢?③

由此可见,群婚制传给文明时代的遗产是两重的,正如文明时代

---

①《马克思恩格斯文集》(第四卷),人民出版社,2009年,第196~197页。
②《马克思恩格斯文集》(第四卷),人民出版社,2009年,第197页。
③《马克思恩格斯文集》(第一卷),人民出版社,2009年,第62页。

所产生的一切都是两重的、双面的、分裂为二的、对立的一样:一方面是专偶制,另一方面则是淫游制以及它的最极端的形式——卖淫。①

资本的文明的胜利恰恰在于,资本发现并促使人的劳动代替死的物而成为财富的源泉。②

文明时代是在“恶性循环”中运动,是在它不断地重新制造出来而又无法克服的矛盾中运动,因此,它所达到的结果总是同它希望达到或者佯言希望达到的相反。③

资本的文明面之一是,它榨取这种剩余劳动的方式和条件,同以前的奴隶制、农奴制等形式相比,都更有利于生产力的发展,有利于社会关系的发展,有利于更高级的新形态的各种要素的创造。④

文明的一切进步,或者换句话说,社会生产力(也可以说劳动本身的生产力)的任何增长,——例如科学、发明、劳动的分工和结合、交通工具的改善、世界市场的开辟、机器等等,——都不会使工人致富,而只会使资本致富,也就是只会使支配劳动的权力更加增大,只会使资本的生产力增长。因为资本是工人的对立面,所以文明的进步只会增大支配劳动的客观权力。⑤

每当资产阶级秩序的奴隶和被压迫者起来反对主人的时候,这种秩序的文明和正义就显示出自己的凶残面目。那时,这种文明和正义就是赤裸裸的野蛮和无法无天的报复。占有者和生产者之间的阶级斗争中的每一次新危机,都越来越明显地证明这一事实。和1871年的无法形容的罪恶比起来,甚至资产阶级的1848年6月的暴行也要相形见绌。巴黎全体人民——男人、妇女和儿童——在凡尔赛军队开进

①《马克思恩格斯文集》(第四卷),人民出版社,2009年,第79~80页。
②《马克思恩格斯文集》(第一卷),人民出版社,2009年,第176页。
③《马克思恩格斯文集》(第三卷),人民出版社,2009年,第532页。
④《马克思恩格斯文集》(第七卷),人民出版社,2009年,第927~928页。
⑤《马克思恩格斯全集》(第46卷)(上册),人民出版社,1979年,第268页。

城内以后还战斗了一个星期的那种自我牺牲的英雄气概，反映出他们事业的伟大，而士兵们穷凶极恶的暴行则反映出雇用他们作为保镖的那个文明所固有的精神。这种为处置自己在战事结束后的杀戮中留下的成堆尸体而感到困难的文明，真是光辉灿烂的文明啊！①

文明每前进一步，不平等也同时前进一步。随着文明而产生的社会为自己所建立的一切机构，都转变为它们原来的目的的反面。②

半野蛮人坚持道德原则，而文明人却以自私自利的原则与之对抗。一个人口几乎占人类三分之一的大帝国，不顾时势，安于现状，人为地隔绝于世并因此竭力以天朝尽善尽美的幻想自欺。这样一个帝国注定最后要在一场殊死的决斗中被打垮：在这场决斗中，陈腐世界的代表是激于道义，而最现代的社会的代表却是为了获得贱买贵卖的特权——这真是任何诗人想也不敢想的一种奇异的对联式悲歌。③

文明和产业的整个发展，对森林的破坏从来就起很大的作用，对比之下，它所起的相反的作用，即对森林的护养和生产所起的作用则微乎其微。④

人类文明具有多样性，每一种文明都是在特定的自然环境、历史背景、民族传统中生长起来的，体现着独特的生产、生活、交往方式，都是人类文明的重要组成部分。因此，推动不同文明交流对话、和平共处、和谐共生，以文明交流超越文明隔阂、文明互鉴超越文明冲突、文明共存超越文明优越，才能共同绘就人类文明的美好画卷。

人类文明多样性是世界的基本特征，也是人类进步的源泉。世界

---

①《马克思恩格斯文集》(第三卷)，人民出版社，2009年，第173~174页。
②《马克思恩格斯文集》(第九卷)，人民出版社，2009年，第147页。
③《马克思恩格斯文集》(第二卷)，人民出版社，2009年，第632页。
④《马克思恩格斯文集》(第六卷)，人民出版社，2009年，第272页。

上有200多个国家和地区、2500多个民族、多种宗教。不同历史和国情,不同民族和习俗,孕育了不同文明,使世界更加丰富多彩。①

多样性是世界的基本特征,也是人类文明的魅力所在。经历了疫情洗礼,各国人民更加清晰地认识到,要摒弃冷战思维和零和博弈,反对任何形式的"新冷战"和意识形态对抗。国与国相处,要把平等相待、互尊互信挺在前面,动辄对他国颐指气使、干涉内政不得人心。要弘扬和平、发展、公平、正义、民主、自由的全人类共同价值,倡导不同文明交流互鉴,促进人类文明发展。②

每一种文明都扎根于自己的生存土壤,凝聚着一个国家、一个民族的非凡智慧和精神追求,都有自己存在的价值。人类只有肤色语言之别,文明只有姹紫嫣红之别,但绝无高低优劣之分。认为自己的人种和文明高人一等,执意改造甚至取代其他文明,在认识上是愚蠢的,在做法上是灾难性的!如果人类文明变得只有一个色调、一个模式了,那这个世界就太单调了,也太无趣了!我们应该秉持平等和尊重,摒弃傲慢和偏见,加深对自身文明和其他文明差异性的认知,推动不同文明交流对话、和谐共生。③

中国共产党将致力于推动文明交流互鉴,促进人类文明进步。当今世界不同国家、不同地区各具特色的现代化道路,植根于丰富多样、源远流长的文明传承。人类社会创造的各种文明,都闪烁着璀璨光芒,为各国现代化积蓄了厚重底蕴、赋予了鲜明特质,并跨越时空、超越国界,共同为人类社会现代化进程作出了重要贡献。中国式现代化作为人类文明新形态,与全球其他文明相互借鉴,必将极大丰富世界

---

①《习近平谈治国理政》(第二卷),外文出版社,2017年,第543~544页。

②《习近平重要讲话单行本》(2021年合订本),人民出版社,2022年,第59页。

③ 习近平:《论党的宣传思想工作》,中央文献出版社,2020年,第401页。

文明百花园。①

中国式现代化新道路创造了人类文明新形态,具有世界历史意义。这一文明新形态传承了中华文明基因并吸纳了世界文明的有益成果,具有新的文明性质和特征,丰富了世界文明多样性,促进了不同文明交流互鉴,推动了人类文明进步,并对人类文明未来发展具有引领作用。

——以史为鉴、开创未来,必须坚持和发展中国特色社会主义。走自己的路,是党的全部理论和实践立足点,更是党百年奋斗得出的历史结论。中国特色社会主义是党和人民历经千辛万苦、付出巨大代价取得的根本成就,是实现中华民族伟大复兴的正确道路。我们坚持和发展中国特色社会主义,推动物质文明、政治文明、精神文明、社会文明、生态文明协调发展,创造了中国式现代化新道路,创造了人类文明新形态。②

党和人民事业是人类进步事业的重要组成部分。一百年来,党既为中国人民谋幸福、为中华民族谋复兴,也为人类谋进步、为世界谋大同,以自强不息的奋斗深刻改变了世界发展的趋势和格局。党领导人民成功走出中国式现代化道路,创造了人类文明新形态,拓展了发展中国家走向现代化的途径,给世界上那些既希望加快发展又希望保持自身独立性的国家和民族提供了全新选择。③

中国式现代化的本质要求是:坚持中国共产党领导,坚持中国特色社会主义,实现高质量发展,发展全过程人民民主,丰富人民精神世界,实现全体人民共同富裕,促进人与自然和谐共生,推动构建人类命

① 习近平:《携手同行现代化之路——在中国共产党与世界政党高层对话会上的主旨讲话》,《人民日报》,2023年3月16日。

②《习近平谈治国理政》(第四卷),外文出版社,2022年,第10页。

③《中共中央关于党的百年奋斗重大成就和历史经验的决议》,人民出版社,2021年,第64页。

运共同体,创造人类文明新形态。[①]

六、马克思、恩格斯文明范式的叙事逻辑与人类文明新形态

“文明”一词是马克思和恩格斯频繁使用过的一个历史性范式,诸如“文明社会”“文明国家”“文明时代”“古代文明”“现代文明”“资本主义文明”等相关表述多次出现在他们不同时期的各类著作之中。诚然,马克思和恩格斯从来没有像对待历史唯物主义那样,明确向世人阐述其文明思想,但从其文本中却不难勾勒出一个相对完整的理论逻辑,并据此建构马克思主义的文明理论。事实上,关于文明的基本观点在马克思和恩格斯建构历史唯物主义世界图式以探究人类社会演进规律的过程中发挥着重要的基础性作用。尤其是他们关于文明范式的认知演化,以及对资本主义文明悖论的批判反思,为我们创造人类文明新形态提供了宝贵的思想资源,发挥着无法取代的指导作用。

(一)重构:文明范式的逻辑演进及其唯物主义转向

对文明范式的不同理解及逻辑演进贯穿于马克思和恩格斯理论研究的整个生涯,并逐渐成长为历史唯物主义世界图式建构过程中的重要理论生长点。

1.文明作为一种“文化形式”

文明一词18世纪中叶诞生于法国,指把人从传统、落后的习惯和规范中解放出来,转而接受一种更为先进的生活方式和思维方式。法国历史学家基佐认为文明一词包含社会发展和人的发展两大要素,前者主要指外部条件尤其是社会状态的改善,后者主要指个人素质的完善。日本学者福泽谕吉则认为“文明之为物,至大至重”[②]。意指文明不仅包括生活身心安乐、

---

① 习近平:《高举中国特色社会主义伟大旗帜 为全面建设社会主义现代化国家而团结奋斗——在中国共产党第二十次全国代表大会上的报告》,人民出版社,2022年,第23~24页。

② [日]福泽谕吉:《文明论概略》,北京编译社译,商务印书馆,1960年,第33页。

品质高贵等个体素质,而且还囊括了社会上的一切积极有益的进步事物。及至德国古典哲学,文明也同其他范式一样,未有例外沦为了精神运动的附庸,文明的边界也从多维的开放式图景被压缩成纯粹的抽象精神。在黑格尔那里,文明不仅成为"绝对精神"展开过程的一个环节,而且被抽象为东方、希腊、罗马,直至日耳曼等民族精神的代名词,成为论证其世界历史演化图式的逻辑工具。

青年时代的马克思和恩格斯虽然从未毫无保留地认同和接受黑格尔哲学,但从二人早年的著作和书信中却不难发现他们确实曾经一度对黑格尔主义倍加推崇,甚至表示自己"走上了通向黑格尔主义的大道""正处于要成为黑格尔主义者的时刻"。[①]这种影响也在他们对文明范式的早期理解方式上烙下了理性主义的痕迹。比如,恩格斯在1840年的《恩斯特·莫里茨·阿伦特》一文中就认为法国人在国外称霸的基础是"掌握了欧洲的文化形式即掌握文明"[②]。马克思在1842年的《第179号"科伦日报"社论》中认为"各种外部表现证明哲学已获得了这样的意义:它是文明的活的灵魂,哲学已成为世界的哲学,而世界也成为哲学的世界"[③]。

从上述表述不难看出,恩格斯这里所讲的文明主要是指哲学、政治、法律等欧洲先进的文化形式,并认为正是这些高级文化助力法国率先完成现代化进而凌驾于其他民族之上。而此时的马克思,虽然字里行间已经流露出对旧哲学的失望和不满,比如"硬刚"反动政治编辑海尔梅斯,主张任何哲学都不能顾影自怜,而必须在现实中实现自己。另一方面,他同时认为作为思想形式的哲学实际上构成了人类全部文明的精髓和灵魂。可见,虽然此时马克思的头脑中正缓慢萌发唯物主义的胚芽,但尚未完全抛弃黑格尔哲学的拐杖。换言之,唯物主义的文明范式此时还笼罩在理性哲学的外

①《马克思恩格斯全集》(第47卷),人民出版社,2004年,第228、224页。
②《马克思恩格斯全集》(第41卷),人民出版社,1982年,第149页。
③《马克思恩格斯全集》(第1卷),人民出版社,1956年,第121页。

壳之下。

2. 文明是“实践的事情”和“社会的素质”

文明究竟是什么？这个问题的答案始终伴随马克思和恩格斯的研究步伐而逐步深化，并最终在与青年黑格尔派“自我意识”哲学和费尔巴哈人本学唯物主义分道扬镳之后破茧而出。

从1842年开始，在短短两年多时间里，为解决《莱茵报》时期的“物质利益难题”，马克思尝试通过解剖市民社会独自解答历史之谜，在快速接近唯物史观尤其是科学实践观的同时，逐渐完成了政治经济学研究旨趣的转向。同样是在这段时间，年轻的恩格斯通过考察英国社会经济发展，在《国民经济学批判大纲》《英国状况》等一系列文章中论述了资本主义生产方式的各种矛盾，强调只有全面变革社会关系，才能消除资本主义制度弊端。

1844年，置身于新世界观诞生前夜的恩格斯在《英国状况·十八世纪》中对文明范式进行了唯物主义的解读。在谈到英国率先通过社会革命建立起现代国家进而走在西欧各国发展前列之时，恩格斯以假设的口吻写道：“如果说文明是实践的事情，是社会的素质，那么英国人确实是世界上最文明的人。”[①]毫无疑问，从人的实践活动和社会关系出发对文明及其本质进行重新定义，强调文明是“实践的事情”和“社会的素质”，这是人类文明理解史上一次具有深远意义的重大变革。

实践是主观见之于客观的活动。在实践中，人作为社会主体借助一定的中介手段现实能动地改造外部客体。因此，实践从本质上说是精神与物质、主观与客观的统一体。首先，确认文明是实践的事情首先意味着，文明绝不只是人类的精神产品或文化形态，而必然是一个囊括了物质、文化、社会结构、政治生活等全部人类历史成果在内的综合性的概念。其次，在文明成果的诸形态中，物质资料的生产方式作为人类首要的实践活动无疑居于支配地位，发挥着决定作用。思想、道德、意识形态等以精神形态呈现的

---

①《马克思恩格斯文集》(第一卷)，人民出版社，2009年，第97页。

文明成果,从本质上讲是从属于物质资料的生产活动的。马克思和恩格斯说:“人们按照自己的物质生产率建立相应的社会关系,正是这些人又按照自己的社会关系创造了相应的原理、观念和范式。”[①]最后,既然文明是处在一定历史条件下的人的实践活动的总和,那么文明的起源、发展、繁荣乃至衰落也必然只能从人的实践去找寻原因。离开实践去谈论文明只会沦为空洞、抽象、片面的文字游戏。因此,在《哲学的贫困》中马克思认为“真正的哲学家蒲鲁东先生”把事物颠倒了,现实关系并不只是一些原理和范式的化身,恰恰相反,“历史的动力以及宗教、哲学和任何其他理论的动力是革命,而不是批判”[②]。

确认文明是社会的素质,这是对作为“实践的事情”的文明本质的进一步深化。马克思说:“社会——不管其形式如何——是什么呢?是人们交互活动的产物。”[③]社会作为人类彼此交往的共同体塑造着人之为人的根本属性。换句话说,既然社会性是人的根本特征,那么也是文明的根本属性。因此,人类文明的进步首先表现为由人的历史活动所构成的社会秩序不断完善、社会结构日趋合理、社会交往持续密切、社会生活全面丰富。在此基础上,文明成果再通过合理有效的途径传导给人自身,促进人的本质的实现。因此不难看出,文明作为“社会的素质”必然内在包含着以下两点内容。

其一,从社会发展的目的来看,文明的进程就是人通过实践引导自身走出“自然状态”,不断创造和享有丰富而全面的社会关系。马克思和恩格斯既不同意古代哲学单纯将共同体的生活看作“理性人”的自然选择,也不认同近代契约论者将走向文明视为人类功利化选择的“经济人”假设。他们更愿意将人的本质看作“现实的人”和“一切社会关系的总和”[④],将人

①《马克思恩格斯选集》(第一卷),人民出版社,2012年,第222页。
②《马克思恩格斯文集》(第一卷),人民出版社,2009年,第544页。
③《马克思恩格斯选集》(第四卷),人民出版社,2012年,第408页。
④《马克思恩格斯文集》(第一卷),人民出版社,2009年,第501页。

的社会化过程建立在能动地实践基础上,最终实现了人的活动和历史目的的辩证统一。其二,从社会发展的程度来说,文明的程度虽然从根本上取决于生产力发展水平,但其价值旨归最终无疑指向人的存在状态。在《英国状况·十八世纪》中,恩格斯对由私人利益作为主导原则的英国的资产阶级"社会革命"表达出强烈的失望与不满。认为其将利益升格为人类的纽带,将财产升格为社会统治者,不仅是对人的丰富的社会关系的消解,实际上更是文明进程的倒退乃至堕落。

3. 文明的果实是"已经获得的生产力"

1846年12月,马克思在写给安年科夫的信中表达了自己对蒲鲁东《贫困的哲学》的不满——"蒲鲁东先生混淆了思想和事物。……为了不致丧失已经取得的成果,为了不致失掉文明的果实,人们在他们的交往方式不再适合于既得的生产力时,就不得不改变他们继承下来的一切社会形式。"[①]几个月后,在系统批判蒲鲁东思想的《哲学的贫困》一书中,马克思再次重申这一重要论断,强调:"由于最重要的是不使文明的果实——已经获得的生产力被剥夺,所以必须粉碎生产力在其中产生的那些传统形式。"[②]

显然,这里我们遇到了马克思以隐喻的方式做出的有关文明的又一个重要论断——"文明的果实"是"已经获得的生产力"。这一重要论断标志着马克思和恩格斯已经彻底完成了文明范式的唯物主义转向。

那么,对文明而言,生产力这一"果实"究竟具有什么样的意义和价值呢?

首先,生产力发展是文明前进的主要动力。在《哲学的贫困》中,马克思强调生产力的社会作用指出:"随着新生产力的获得,人们改变自己的生产方式,随着生产方式即谋生的方式的改变,人们也就会改变自己的一切

①《马克思恩格斯文集》(第十卷),人民出版社,2009年,第43~44页。
②《马克思恩格斯文集》(第一卷),人民出版社,2009年,第613页。

社会关系。”[①]恩格斯则通过经验考察和对比,强调不同国家生产力状况的差异直接影响着各国之间文明程度的高低——“只有文明国家才有庞大的铁路网”[②]“在苏格兰,公共工程局从1803年起修筑了约900英里公路,并建造了1000多座桥梁,因此,苏格兰山地的居民一下子就接触到了文明”[③]。与英国先进的交通方式相反,“在德国境内,文明的景象仅仅散见于几个工商业中心及其周围地区”[④]。因此,我们有理由相信,任何文明形态的繁荣,都建立在高度发达的生产力基础之上;任何文明形态的衰落,生产力状况又必然首当其冲。正是由于亲眼目睹了生产力水平的突飞猛进,马克思和恩格斯才将文明的起点定位在资产阶级社会,强调“现代社会”就是“存在于一切文明国度中的资本主义社会”[⑤],并称呼在人类历史上率先完成生产力革命、创造大量物质财富的英、法、德等称为“文明国家”和“文明民族”。

其次,生产力发达是实现人的解放的必要条件。实现共产主义,由必然王国向自由王国飞跃,是马克思主义最崇高的社会理想。在《德意志意识形态》中,马克思和恩格斯批评旧哲学将一切消融在“自我意识”中的荒谬举动根本没有使人的解放前进一步,相反,“只有在现实的世界中并使用现实的手段才能实现真正的解放”[⑥]。马克思和恩格斯之所以认为共产主义的实现绝不是虚无缥缈的海市蜃楼,就在于发现人类从未放弃过对美好生活的向往,而这种向往又必然进一步通过人的双手转化为现实化的生产力水平。因此,高度发达的生产力是未来通往共产主义社会最牢固的物质根基,从而构成人类文明肌体最强健的骨骼。正是基于这样的理解,恩格

---

①《马克思恩格斯文集》(第一卷),人民出版社,2009年,第602页。
②《马克思恩格斯文集》(第二卷),人民出版社,2009年,第333页。
③《马克思恩格斯文集》(第一卷),人民出版社,2009年,第400页。
④《马克思恩格斯文集》(第二卷),人民出版社,2009年,第222页。
⑤《马克思恩格斯文集》(第三卷),人民出版社,2009年,第444页。
⑥《马克思恩格斯文集》(第一卷),人民出版社,2009年,第527页。

斯强调各个国家生产力水平的高低在一定程度上决定了其进入共产主义社会的先后顺序——“共产主义革命将不是仅仅一个国家的革命，而是将在一切文明国家里，至少在英国、美国、法国、德国同时发生的革命，在这些国家的每一个国家中，共产主义革命发展得较快或较慢，要看这个国家是否有较发达的工业，较多的财富和比较大量的生产力。”[①]

综上，马克思和恩格斯关于文明范式的理解方式始终伴随其唯物史观生发演化的整个过程，成为唯物史观理论图示的重要支撑和核心内容。另一方面，在对文明及其本质的认知演化过程中，马克思和恩格斯对资本主义社会借由生产力中介所引发的人类文明的历史性飞跃给予了重点关注，对资本主义文明所造成的悖论性的矛盾进行了系统考察，对资本主义以文明之名所实行的统治与奴役进行了细致分析。

（二）批判：资本主义社会不是人类文明的完美形态

生产力的革命性变革与物质财富的爆炸式增长是资本主义社会对人类文明的杰出贡献。然而这样的文明形态不仅带有与生俱来的严重弊病，而且自始至终都是在难以克服的矛盾和冲突中野蛮生长的，并且终究要为更高水平的共产主义社会所取代。为此，马克思和恩格斯不仅强调指出“文明时代是在‘恶性循环’中运动，是在它不断地重新制造出来而又无法克服的矛盾中运动”[②]，认为“没有对抗就没有进步。这是文明直到今天所遵循的规律”[③]。甚至多次使用“文明的暴行”“文明的阴沟”“文明的污浊毒气”等带有强烈情感色彩的词语直抒他们对资本主义的失望。

1.“文明”过度：资本积累导致周期性的经济危机

在《资本论》中，马克思将资本家疯狂追求剩余价值、盲目扩大生产规模，造成生产相对过剩的现象称为“文明过度”。认为其结果必然导致生产

①《马克思恩格斯文集》（第一卷），人民出版社，2009年，第687页。

②《马克思恩格斯文集》（第三卷），人民出版社，2009年，第532页。

③《马克思恩格斯全集》（第4卷），人民出版社，1958年，第104页。

力破坏，加剧无产阶级贫困，给人类文明进步带来了不必要的损失。

为了加速资本积累步伐，资本家一方面极力通过提高劳动生产率变相延长工人剩余劳动时间，另一方面则痴迷于扩大生产规模，榨取更多剩余价值。然而资本家阶级毕竟只是社会人口中的一小撮，庞大的社会产品最终还要依靠人数庞大的无产阶级来消费。可是，资本家对工人的剥削越成功，工人能够用来进行日常消费的工资就越少，社会购买力就越低。因此，一面是供给端的盲目扩大，另一面是工人消费能力的日渐萎缩。这样的矛盾无疑会造成商品积压、企业减产、生产衰退、收入锐减，最终使整个社会生活陷入混乱。恩格斯说："每次混乱对全部文明都是一种威胁，它不但把无产者抛入贫困的深渊，而且也使许多资产者破产。"[①]可见，"文明过度"伤害的不仅是无产阶级，还包括资本家本身，并最终毁掉大批已经形成的生产力。而造成这一切的原因竟然是因为"社会上文明过度，生活资料太多，工业和商业太发达"[②]。

事实上，"文明过度"是资本主义的制度性危机，它根源于生产力发展的客观要求与资本主义私有制之间的客观矛盾。换句话说，这样的危机证明了资本主义制度本身的先天不足。当生产力水平较低时，这种不足并没有完全暴露，但随着生产力水平进一步提高，特别是生产社会化的规模溢出了资本主义私有制可以容纳的范围时，危机就暴露无遗了。因此正是在这个意义上，马克思和恩格斯得出结论说"资产阶级用来推翻封建制度的武器，现在却对准资产阶级自己了"[③]。

2."文明"奴役：两极对立使人的解放沦为泡影

资本与劳动的对立是资本主义社会赖以生存的根基。资本增值的逻辑是资本主义社会发展的不竭动力。在这样的社会里，资本家凭借对生产

①《马克思恩格斯文集》(第一卷)，人民出版社，2009年，第682页。
②《马克思恩格斯文集》(第二卷)，人民出版社，2009年，第37页。
③《马克思恩格斯文集》(第二卷)，人民出版社，2009年，第37页。

资料的垄断用无形的锁链将工人牢牢攥在自己手中，建立起资本统治的“千年王国”。而无产阶级除了出卖“自己的皮”“让人家来鞣”以外，绝无其他活路可言。不仅如此，在资本为王的社会里，资本逻辑还打着“合法交易”的旗号外溢成为社会生活的最高法则。换句话说，资本主义条件下，“资本的统治在任何一个地方都重新建立起统治与奴役的关系……它君临一切财富、权力、情感、道德之上”①。无论是政治还是文化、声望还是荣誉统统都要在所谓自由、平等、人权等精心杜撰出来的虚假话术下接受资本的鞭笞，匍匐于它的脚下。

为了发现资本剥削的秘密，马克思和恩格斯详细考察了率先步入资本主义文明的英国，并对这一进程中工人遭受剥削和奴役的状态给予了细微描述和深刻分析。在《资本论》中，马克思把工人用高价从资本家手里租来的居所称为“山洞”和“停尸房”，称其是“文明的耻辱”。在这样的房子里，墙用粘土和石块砌成，地是光秃秃的泥地，屋顶是蓬松的湿秸秆，工人和孩子席地而居。这里没有火炉和厕所，除了时时散发恶臭的水沟以外没有任何供水设备，因此成了伤寒、热病等传染病的发源地。在马克思和恩格斯看来，资本家视工人如草芥——“给他饭吃，就如同给锅炉加煤、给机器上油一样”②。不仅如此，资本家还炮制出日班和夜班制度，肆意延长工作时间，以致工人被“累死”一时竟成为工厂里的常态。基于机器普及带来的劳动形式的机械化、简单化，资本家又将贪婪的目光转向了劳动力成本更低的童工，美其名曰让其及早“接受职业训练”。这些孩子身躯萎缩、体质虚弱、神态呆滞，麻木得像一块石头。面对工人求生无门之后的抗争，资本家手持“法律正义”，高呼“捍卫文明”，对工人进行惨绝人寰的屠戮。马克思和恩格斯视这样的无耻、暴力行径为“文明中的野蛮”。在他们看来，正是

---

① 阎孟伟：《文明时代的特征、悖论与历史趋向——从恩格斯对“文明时代”的分析谈起》，《教学与研究》，2021年第10期。

②《马克思恩格斯文集》（第五卷），人民出版社，2009年，第306页。

资本主义制度的非正义性使工人与人的本质相分离。工人的起义不过是把被资本家剥夺的尊严和生活重新收归自身，是真正的“社会主义的战士”。因此，无论资本主义的狂飙猛进给人类社会带来多大的物质财富，但对工人生命和道德底线的践踏无疑都将永远被钉在文明的耻辱柱上，而与之相反，“产业工人的起义不管带有怎样的局部性，总包含着恢弘的灵魂”[①]。

3.“文明”掠夺：资本逻辑阻碍人与自然和谐共生

人因自然而生，人与自然是生命共同体。以人与自然之间的“物质变换”为主要内容的物质资料的生产活动归根到底制约着人类历史的发展进程。因此，马克思形象地将自然看作人的“无机的身体”，认为“劳动和自然界在一起才是一切财富的源泉”[②]，然而由于自然的客观存在不以人的意志为转移，是作为“不依赖于他的对象而存在于他之外的”，所以，人在利用自然的同时，又必须接受自然的制约，遵循自然的规律。正是基于这样的认识，马克思提出要在最无愧于和最适合人类本性的条件下与自然合理进行“物质变换”，恩格斯则强调我们“决不像征服者统治异族人那样支配自然界，决不像站在自然界之外的人似的去支配自然界”[③]。

资本主义社会作为人类历史上第一个工业化的文明形态，显著增强了人类利用和改造自然的能力。然而资本主义社会在消解掉人类自然崇拜的同时视自然为单纯的可支配对象，造成严重的环境危机和生态破坏，这也是不争的事实。马克思和恩格斯深度分析资本主义时代的生态问题，指出通过压榨和奴役自然无休止地追求利益是造成生态危机的根本原因。在《自然辩证法》中，恩格斯写道：“支配着生产和交换的一个个资本家所能关心的，只是他们的行为的最直接的效益。不仅如此，甚至……销售时可

①《马克思恩格斯全集》(第3卷)，人民出版社，2002年，第394页。
②《马克思恩格斯文集》(第九卷)，人民出版社，2009年，第550页。
③《马克思恩格斯文集》(第九卷)，人民出版社，2009年，第560页。

获得的利润成了唯一的动力。”[①]在资本家看来，自然早已褪下了神圣崇高的外衣，成为可以任意蹂躏、肆意榨取的对象。而至于这样做的危害，眼光向来短浅的他们从来都无暇顾及。恩格斯批评西班牙的种植场主“曾在古巴焚烧山坡上的森林，以为木灰作为肥料足够最能赢利的咖啡树利用一个世代之久，至于后来热带的倾盆大雨竟冲毁毫无保护的沃土而只留下赤裸裸的岩石，这同他们又有什么相干呢？”[②]一言以蔽之，自然之于资本，从来只是“有用物”，而非“共同体”。

环境污染和生态危机不仅发生在农业产区，而且也蔓延到城市。在《反杜林论》中，恩格斯注意到纺织业和金属加工业聚集区的工业污水问题，认为这些污水臭气熏天、滋生大量病菌，给城市环境和工人健康都造成了严重伤害。用恩格斯的话说，“所有的人，只要有可能，都要定期跑出城市，呼吸一口新鲜的空气，喝一口清洁的水”[③]。及至晚年，在写给丹尼尔逊的信中，恩格斯又细数资本主义国家的地力损耗、森林锐减、江河干涸及气候变化等生态问题，告诫那里的居民“不要过分陶醉于我们人类对自然界的胜利。对于每一次这样的胜利，自然界都对我们进行报复”[④]。

4.“文明”暴行：殖民掠夺给世界历史蒙上阴影

马克思和恩格斯向来主张通过发展生产力，建立起普遍化的交往关系，使现代化文明成果超越民族、国家的边界走向世界历史，最终实现所有人自由全面发展。资产阶级是世界历史的开创者，但私有制的社会基础与人类解放的宏伟使命并不相容。在二者之间，必须要经历一场伟大的社会革命，在保存资本主义文明果实的同时，打碎旧式社会关系，引导人类社会走上正确轨道。所以，马克思预言：“只有在伟大的社会革命支配了资产阶级时代的成果，支配了世界市场和现代生产力，并且使这一切都服从于最

---

①《马克思恩格斯文集》(第九卷)，人民出版社，2009年，第562页。

②《马克思恩格斯文集》(第九卷)，人民出版社，2009年，第562~563页。

③《列宁全集》(第5卷)，人民出版社，1986年，第133页。

④《马克思恩格斯文集》(第九卷)，人民出版社，2009年，第559~560页。

先进的民族的共同监督的时候,人类的进步才会不再像可怕的异教神怪那样,只有用被杀害者的头颅做酒杯才能喝下甜美的酒浆。"[1]

那么,资本主义文明所主导下的世界历史进程到底出了什么问题,必须要通过无产阶级的社会革命才能导引其走上人类解放的正确道路呢?

从目的上看,资产阶级推动世界普遍交往绝非是馈赠文明,不过是为一己之私,是为了"使资本掠夺世界化,并把资本与劳动的矛盾转嫁于全世界"[2]。以英国蓄意挑起的鸦片战争为例。在《鸦片贸易史》中,马克思通过分析对比战争前后中国的进出口情况,指出英国发动这场战争的目的不过是为了获得"贱买贵卖的特权",是为了让中国"这个帝国的银币——它的血液——也开始流向英属东印度"[3]。因此,英国虽然名义上是播撒"文明",但干的却是"海盗式"的勾当,其目的无非是"靠摧残人命和败坏道德来填满英国国库",是"赢得新的地域来扩张你们卑鄙的贪欲"[4],而中国人的抵抗则是"保卫社稷和家园"的人民战争、正义之战。

从方式上看,资产阶级开创世界历史不是靠互相尊重、和平共赢,而是坚船利炮、残酷掠夺。在《共产党宣言》里,马克思和恩格斯写到,资产阶级"迫使一切民族——如果它们不想灭亡的话——采用资产阶级的生产方式"。资产阶级"使未开化和半开化的国家从属于文明的国家。"[5]"不想灭亡"说明西方国家推动普遍交往靠的是坚船利炮"强行征缴"。"从属"则明确了二者地位上的不平等——西方是主宰和统治者,东方是附庸和殖民地。在谈到英国对印度实施的殖民统治时,马克思强调英国人在自由贸易的旗号下给印度人民送去了内战、外侮、革命、征服、饥荒,这种灾难比印度

①《马克思恩格斯文集》(第二卷),人民出版社,2009年,第691页。

② 郭凤志:《马克思恩格斯的文明社会思想及其当代启示》,《马克思主义研究》,2020年第12期。

③《马克思恩格斯文集》(第二卷),人民出版社,2009年,第608页。

④《马克思恩格斯文集》(第一卷),人民出版社,2009年,第62页。

⑤《马克思恩格斯文集》(第二卷),人民出版社,2009年,第35、36页。

在历史上所遭遇的一切灾难都要深重得多。英国人的统治不仅破坏了本地的公社和工业，而且摧毁了印度整个社会结构，硬生生扯断了印度与自己的历史和文明之间的联系。总之，英国人“在印度进行统治的历史，除破坏以外很难说还有别的什么内容”[①]。

正如汤因比所言，“在每一个生长中的文明社会里，其中绝大部分成员个人都是处于一种停滞不前的无声无息的状态中，像静止的原始社会中的成员一样”[②]。马克思和恩格斯对资本主义文明的批判告诉我们一个道理，资本主义文明是由资本逻辑主导的、建立在资本对人的统治和对自然的奴役基础上的、服务于少数资产阶级的文明，它既不可能使每个人得到自由，更无力实现人与自然和谐共生。因此，必须努力寻找构建一条超越资本主义的、真正的、普遍的新型文明之路。这种新型文明要真正代表人类文明的前进方向就必须既“把无产阶级解放和全人类解放相结合”，又“把个体利益和全社会普遍的共同利益相结合”，实现人类文明形态的跨越式发展。[③]

（三）超越：中国式现代化道路创造人类文明新形态

中国特色社会主义是科学社会主义理论逻辑与中国特色实践逻辑的有机统一，是以人的解放为价值目标、指向共产主义的文明形态。它赓续中华文明优秀传统，批判性审视资本主义文明形态，走出了一条中国式现代化道路，成功创造了人类文明新形态。

1.坚持党对现代化建设的全面领导是人类文明新形态的本质特征

现代化是人类社会的永恒追求，但选择走什么样的现代化道路，至今仍然困扰着众多发展中国家。澳大利亚政治学者维斯和霍布森通过对二战后韩国、日本、新加坡等成功步入现代化行列的亚洲新兴经济体的研究

---

①《马克思恩格斯文集》（第二卷），人民出版社，2009年，第686页。

② [英]汤因比：《历史研究（上）》，曹末风等译，上海人民出版社，1986年，第272页。

③ 王庆丰：《重思恩格斯关于文明的论断》，《社会科学辑刊》，2021年第3期。

表明，这些国家和地区实施的最重要的战略举措是“国家和市场的协同作用”或“被引导的市场”。[1]换句话说，与西方国家内生成长的市场化路径不同，后发国家迈向现代化必须通过转型或重建的方式再造一个现代化的权威系统，由其主导培育起现代化的社会结构和经济体系。尤其在面对社会转型和发展的关键时期，“如何建立和维护领导权威，这是事关成败的重要一环”[2]。

在当代中国，这一伟大使命是由历史和人民选定的中国共产党来完成的。习近平指出，“中国特色社会主义有很多特点和特征，但最本质的特征是坚持中国共产党领导”[3]。在中国现代制度建构与国家建设中，中国共产党是核心力量。中国式现代化的成功，归根到底靠的是中国共产党的领导。

当今世界国际格局加速演变，地缘政治深刻复杂，产生了大量亟待解决的现实问题，对任何政党而言无疑都是一个严峻的挑战。中国共产党始终以马克思主义作为自己的思想武器，在一百年的风雨历程中，不仅始终与时俱进保持自身的先进性，而且善于洞悉人类社会发展规律，透过层层迷障把握问题实质、总体和大局，透过事物现状把握未来变化、趋势和方向。中国特色社会主义进入新时代，以习近平同志为核心的党中央统筹把握中华民族伟大复兴战略全局和世界百年未有之大变局，带领人民努力实现第一个百年奋斗目标，开启实现第二个百年奋斗目标新征程。一百年来的历史雄辩地证明，没有中国共产党作为最高领导力量，中华民族的伟大复兴必然只是空想。准确判断时代主题，正确认识历史方位，始终保持战

---

① [澳]琳达·维斯、约翰·M. 霍布森：《国家与经济发展—— 一个比较及历史性的分析》，黄兆辉、廖志强译，吉林出版集团有限责任公司，2009年，第151~152页。

② 丰子义：《现代化的理论基础——马克思现代社会发展理论研究》，北京师范大学出版社，2017年，第350页。

③ 习近平：《中国共产党领导是中国特色社会主义最本质的特征》，《求是》，2020年第14期。

略定力，善于把握历史主动，始终是我们党领导革命、建设、改革、复兴不断取得胜利的重要经验。

2. 协调推进“五位一体”总体布局是人类文明新形态的基本要求

西方的现代化是以物质现代化为核心的单一型的文明进程。这样的现代化以经济上的狂飙猛进为资本攫取无限利润，以虚假的意识形态“话术”教导民众逆来顺受，以无限制攫取自然资源满足资本家一己之私。一句话，西方式现代化是只见物不见人的现代化。与之不同，中国式现代化是以人的现代化为中心的全面现代化，这就决定了我们必须协调推进物质文明、政治文明、精神文明、社会文明、生态文明“五位一体”的整体文明布局，从经济现代化向全面现代化发展，从物的现代化向人的现代化跃进，努力创造人类文明的新形态。

第一，中国式现代化道路终强调以经济建设为根本，把增进人民福祉、促进人的全面发展、朝着共同富裕稳步前进作为经济发展的出发点和落脚点。一方面，始终坚持公有制主体地位不动摇，国有经济主导作用不动摇，保证国有企业始终成为推进国家现代化、保障人民共同利益的重要力量。另一方面，将处理好政府和市场关系作为经济体制改革的核心问题，正确认识和把握资本的特性和行为规律，有效防范资本主义市场经济弊端。第二，中国式现代化道路始终强调物质力量和精神力量全面增强。为中华文明的伟大复兴注入强劲的精神力量，让人类文明新形态在世界上时刻闪耀出真理和道义的光芒。第三，中国式现代化道路始终强调以政治建设为保障，通过不断发展全过程人民民主，更好保证人民当家作主。第四，中国式现代化道路始终强调以不断推进社会建设为条件，着力打造人人有责、人人尽责、人人享有的社会治理共同体，不断增强人民群众的获得感、幸福感、安全感。第五，中国式现代化道路始终坚持以生态文明建设为基础，倾力打造人与自然和谐共生的现代化样板，坚定走生产发展、生活富裕、生态良好的文明发展道路，为后发国家探索出一条人与自然和谐共生的绿色现代化之路。

3.推动构建人类命运共同体是人类文明新形态的必由之路

现代化不仅是一个国家、一个民族社会生活的变革,同时也是一种全球范围内的社会变迁。然而自工业革命以来的数百年间,西方国家长期占据世界历史的舞台中央,现代化的话语体系也长期被西方国家主导和垄断。与资本主义发家史不同,人类文明新形态是“不靠殖民掠夺、不靠民族奴役、不靠对外侵略战争的自主创造”①。这样的文明形态对内以满足人民对美好生活的向往为目标,团结带领人民不断为美好生活而奋斗,对外以同世界各国人民深化友谊、加强交流为目标,走和平发展道路。

推动构建人类命运共同体是发展人类文明新形态的必由之路。当今世界面临多重挑战,任何国家都无法独善其身,必须风雨同舟、和衷共济。人类命运共同体理念主张建设持久和平、普遍安全、共同繁荣、开放包容、清洁美丽的世界,它的提出及时回应了“建设一个什么样的世界、如何建设这个世界”的重大时代命题,有力回击了“文明优越论”“文明冲突论”等错误论调,是中国在对人类前途命运的高度关切中为世界文明发展前景提供的全新选择,是中华民族在现代化进程中为人类文明赓续作出的重大贡献。

4.促进人的全面发展是人类文明新形态的价值旨归

人类文明新形态是一百年来中国共产党带领中国人民沿着中国特色社会主义现代化道路所创造的一切文明成果的总称。这一文明形态继承中华文明以人为本的价值理念,坚守马克思主义政党一切为了人民的价值追求,以促进人的全面发展和社会全面进步为价值旨归。

中华文明向来坚持以人为本,自古就有“民贵君轻”“得民心者得天下”的治国理念。然而到了近代,中华民族在现代化潮流中逐渐落伍,一时间国家蒙辱、人民蒙难、文明蒙尘。俄国十月革命一声炮响,复兴中华文明的重担历史性地落到了中国共产党肩上。中国共产党一经诞生,就把为中国

---

① 谢伏瞻:《中国民主为人类政治文明作出新贡献》,《学习时报》,2021年12月21日。

人民谋幸福、为中华民族谋复兴确立为自己的初心使命，就把依靠人民创造历史伟业、坚持人民利益高于一切写在了自己的旗帜上。周虽旧邦，其命维新。从“民为贵”到“以人民为中心”，五千年过去了，但中华文明始终基因不变、初心未改。古老的东方大国以崭新的现代姿态傲立于世界民族之林，成为引领人类文明进程的中坚力量。

中国特色社会主义是社会主义，而不是别的什么主义。中国共产党带领人民开创的伟大事业是社会主义文明的当代形态和中国形态，这就决定了其必然要坚持“以人民为中心”，而不是“以资本为中心”。作为马克思主义的执政党，一百多年来，中国共产党的最高理想和最终奋斗目标始终是实现每个人自由全面发展的共产主义社会。因此说到底，人类文明新形态是以人的自由全面发展为目标的文明形态，是指向共产主义理想社会的社会主义的文明形态。

第七讲

人民是谁？听说他们居然创造了历史

人类社会从哪里来、往哪里去？看起来扑朔迷离、一团混乱的社会历史现象背后究竟有无规律可循？社会发展的根本动力是什么？谁是历史的创造者？这一系列重大问题，既是“终极之问”，更是“历史之谜”，在人类思想史上曾经长期困扰着人们，却得不到正确的解答。马克思、恩格斯创立的历史唯物主义，以无可辩驳的科学性证明人类社会发展是一个自然历史过程，破天荒地指出，历史的发源地不是在“天上的云雾中”，而是在“尘世的粗糙的物质生产中”，从而把历史观真正变成了科学，把社会主义、共产主义真正建立在历史必然性的基础之上。这就为人们正确认识和把握社会发展规律和趋势，推动人类文明进步和社会发展，提供了科学指导、指明了前进方向。

一、阶级斗争、社会革命、改革在社会发展中的作用

生产力和生产关系的矛盾、经济基础和上层建筑的矛盾是社会发展的基本矛盾，同时也是社会发展的根本动力。这两对矛盾贯穿人类社会发展过程的始终，并规定了社会发展过程中各种社会形态、社会制度的基本性质；制约着社会其他矛盾的存在和发展，决定社会历史的一般进程，推动社会向前发展。一个社会的生产力水平决定了生产关系的性质，而生产关系的总和作为经济基础进一步决定一个社会的上层建筑。反过来，一个社会的上层建筑又对经济基础具有能动反作用，进而影响到社会生产力的发展。

（一）阶级斗争

阶级是一个历史范畴，也是一个政治范畴，但从本质上讲，阶级是一个经济范畴。阶级斗争是阶级利益根本冲突的对抗阶级之间的对立和斗争。阶级斗争根源于阶级之间物质利益的根本对立，根源于社会经济关系的冲突。一切阶级斗争，归根结底都是围绕着经济利益这个轴心展开的。列宁说：“什么是阶级斗争？这就是一部分人反对另一部分人的斗争，就是广大无权者、被压迫者和劳动者反对特权者、压迫者和寄生虫的斗争，雇佣工人

或无产者反对私有主和资产阶级的斗争。”[①]可见，物质利益的对立是阶级斗争的根源，阶级斗争归根到底是由于物质利益的对立引起的。

在阶级社会中，阶级斗争是社会发展的直接动力。首先，阶级社会中，生产力和生产关系、经济基础和上层建筑的矛盾发展到一定程度时，必然会通过阶级斗争表现出来。其次，阶级斗争对阶级社会发展的推动作用突出地表现在社会形态的更替中。最后，阶级斗争的作用还表现在同一社会形态的量变过程中。

阶级是在生产力有了一定发展而又发展不足的情况下产生和存在的。当生产力高度发展，社会财富可以充分满足每一个人的需要，任何人都没有必要占有别人的剩余劳动的时候，阶级也就必然消亡了。在阶级消亡以后，国家也必将消亡了。

阶级斗争及其作用受到一定历史条件的制约。必须结合历史条件具体分析，否定或夸大阶级斗争的作用，都是片面的。我们要学会坚持阶级分析方法，准确把握阶级社会的本质和规律，正确认识和处理阶级问题。

> 所谓阶级，就是这样一些大的集团，这些集团在历史上一定的社会生产体系中所处的地位不同，同生产资料的关系（这种关系大部分是在法律上明文规定了的）不同，在社会劳动组织中所起的作用不同，因而取得归自己支配的那份社会财富的方式和多寡也不同。
>
> 所谓阶级，就是这样一些集团，由于它们在一定社会经济结构中所处的地位不同，其中一个集团能够占有另一个集团的劳动。[②]
>
> 阶级的存在仅仅同生产发展的一定历史阶段相联系。[③]
>
> 物质劳动和精神劳动的最大的一次分工，就是城市和乡村的分

---

①《列宁全集》（第7卷），人民出版社，1986年，第169页。

②《列宁选集》（第四卷），人民出版社，2012年，第11页。

③《马克思恩格斯文集》（第十卷），人民出版社，2009年，第106页。

离。城乡之间的对立是随着野蛮向文明的过渡、部落制度向国家的过渡、地域局限性向民族的过渡而开始的，它贯穿着文明的全部历史直至现在(反谷物法同盟)。——随着城市的出现，必然要有行政机关、警察、赋税等等，一句话，必然要有公共机构，从而也就必然要有一般政治。在这里，居民第一次划分为两大阶级，这种划分直接以分工和生产工具为基础。①

经济学研究的不是物，而是人和人之间的关系，归根到底是阶级和阶级之间的关系；可是这些关系总是同物结合着，并且作为物出现。②

野蛮人和半野蛮人通常也没有任何阶级差别，每个民族都经历了这种状态。我们决不会想到要重新恢复这种状态，因为随着社会生产力的发展，从这种状态中必然要产生阶级差别。只有在社会生产力发展到一定程度，发展到甚至对我们现代条件来说也是很高的程度，才有可能把生产提高到这样的水平，以致使得阶级差别的消除成为真正的进步，使得这种消除可以持续下去，并且不致在社会的生产方式中引起停滞甚至倒退。但是生产力只有在资产阶级手中才达到了这样的发展程度。③

这些阶级又是由于什么而产生和存在的呢？是由于当时存在的基本的物质条件，即各个时代社会借以生产和交换必要生活资料的那些条件。④

社会分裂为剥削阶级和被剥削阶级、统治阶级和被压迫阶级，是以前生产不大发展的必然结果。只要社会总劳动所提供的产品除了满足社会全体成员最起码的生活需要以外只有少量剩余，就是说，只要劳动还占去社会大多数成员的全部或几乎全部时间，这个社会就必

---

①《马克思恩格斯文集》(第一卷)，人民出版社，2009年，第556页。
②《马克思恩格斯文集》(第二卷)，人民出版社，2009年，第604页。
③《马克思恩格斯文集》(第三卷)，人民出版社，2009年，第389~390页。
④《马克思恩格斯文集》(第三卷)，人民出版社，2009年，第458页。

然划分为阶级。[①]

在每个历史地出现的社会中，产品分配以及和它相伴随的社会之划分为阶级或等级，是由生产什么、怎样生产以及怎样交换产品来决定的。[②]

只要社会总劳动提供的产品除了满足社会全体成员最起码的生活需要以外只有少量剩余，就是说，只要劳动还占去社会大多数成员的全部或几乎全部时间，这个社会就必然划分为阶级。[③]

因此，分工的规律就是阶级划分的基础。但是，这并不妨碍阶级的这种划分曾经通过暴力和掠夺、欺诈和蒙骗来实现，这也不妨碍统治阶级一旦掌握政权就牺牲劳动阶级来巩固自己的统治，并把对社会的领导变成对群众加紧剥削。[④]

这些阶级是怎样产生的呢？初看起来，那种从前是封建的大土地占有制的起源，还可以（至少首先可以）归于政治原因，归于暴力掠夺，但是对于资产阶级和无产阶级，这就说不通了。在这里，显而易见，这两大阶级的起源和发展是由于纯粹经济的原因。[⑤]

在现代历史中至少已经证明，一切政治斗争都是阶级斗争，而一切争取解放的阶级斗争，尽管它必然地具有政治的形式（因为一切阶级斗争都是政治斗争），归根到底都是围绕着经济解放进行的。[⑥]

（二）社会革命

社会革命和社会改革是社会运动的两种基本形式。社会革命是社会

①《马克思恩格斯文集》（第九卷），人民出版社，2009年，第298页。
②《马克思恩格斯文集》（第三卷），人民出版社，2009年，第547页。
③《马克思恩格斯文集》（第三卷），人民出版社，2009年，第562页。
④《马克思恩格斯文集》（第三卷），人民出版社，2009年，第562~563页。
⑤《马克思恩格斯文集》（第四卷），人民出版社，2009年，第305页。
⑥《马克思恩格斯文集》（第四卷），人民出版社，2009年，第306页。

制度的根本变革，是用新的社会形态代替旧的社会形态；社会改革是同一社会制度总的量变过程中的部分质变。社会革命和社会改革都是推动社会发展的动力形式。

阶级斗争有三种基本形式：经济斗争、政治斗争、思想斗争。社会革命是阶级斗争的最高表现形式。社会革命根源于社会基本矛盾的尖锐化。生产力的发展和旧的生产关系、经济基础的发展和旧的上层建筑之间出现矛盾冲突，是社会革命爆发的根本原因。社会革命既包括经济斗争，也包括政治斗争，还包括思想斗争。社会革命的首要的基本标志是国家政权从反动阶级手中转移到革命阶级手中。社会革命的实质是革命阶级推翻反动阶级的统治，用新的社会制度代替旧的社会制度。

由于社会革命主要指的是实现社会形态变革的革命，是用新的社会制度代替旧的社会制度的革命。并不是所有的革命都算得上是社会革命。因此，历史上曾经出现过推翻奴隶制的地主阶级革命、推翻封建制的资产阶级革命和推翻资本主义制度的无产阶级社会主义革命都属于社会革命的范畴。而并没有改变社会形态和社会性质的革命，如封建社会内部的农民起义与斗争，虽然实现了改朝换代，但并没有改变社会性质，所以至多只能称得上是政治革命。

革命是历史的火车头。社会革命的作用体现在三个方面：首先，社会革命是实现社会形态更替的重要手段和决定性环节；其次，社会革命能充分发挥人民群众创造历史的积极性和伟大作用；最后，无产阶级革命将为消除阶级对抗，并充分利用全人类的文明成果促进社会全面进步而创造条件。

暴力革命是社会革命的基本形式，这是由国家的本质决定的。国家是统治阶级压迫被统治阶级的暴力工具，反动统治阶级是不会自动让出政权，放弃自己的统治的。当被统治阶级进行反抗的时候，反动统治阶级总是用暴力加以镇压，这就迫使被统治阶级不得不通过暴力革命推翻反动阶级的统治，建立自己的政治统治，实现社会革命的任务。然而虽然暴力革命是社会革命的基本形式，但这并不意味着否定在特定的社会历史条件下有革命和平发展的可能性。如果能够用和平的手段过渡到新社会,那对人民是有利的。然而这种特定的历史条件是在阶级力量形成某种特殊对比的情况下出现的,列宁称之为“革命史上极为罕见的机会”[①]。对于无产阶级政党来说,如果确实存在革命和平发展的可能性,应尽力实现革命的和平发展。但是无论在任何时候,都不能把自己的工作方针完全建立在革命和平发展的可能性上,应该同时准备两手:革命的和平发展和非和平发展。以革命暴力为后盾,争取革命的和平发展。

马克思主义重视革命的伟大作用,同时也不否认改良作为革命的一种必要的补充手段为争取劳动者境况的改善所起的作用。马克思主义不拒绝改良,但反对改良主义。因为改良主义承认资本主义统治的正当性与合法性,主张用改良代替社会革命,并不谋求推翻资本主义制度,因而不可能根本扫除社会发展的障碍,甚至可能走向革命的反面,成为阻碍革命的绊脚石。例如,作为西方左翼政党代表的英国工党,虽然对外宣称自己代表工人利益,但事实上却是选择了吉登斯所主张的所谓的“第三条道路”。而这种选择表面上标新立异,但事实上却依然无法摆脱资本主义的统治模式,最终褪变为资本主义道路的拥趸。

社会革命才是真正的革命,政治的和哲学的革命必定通向社会革命;这场社会革命在英国已经进行了七八十年,目前正在向着自己的决定性关头快步迈进。[②]

革命之所以必需,不仅是因为没有任何其他的办法能够推翻统治阶级,而且还因为推翻统治阶级的那个阶级,只有在革命中才能抛掉自己身上的一切陈旧的肮脏东西,才能胜任重建社会的工作。[③]

---

①《列宁选集》(第三卷),人民出版社,1995年,第230页。
②《马克思恩格斯文集》(第一卷),人民出版社,2009年,第87页。
③《马克思恩格斯文集》(第一卷),人民出版社,2009年,第543页。

只有在没有阶级和阶级对抗的情况下，社会进化将不再是政治革命。①

被压迫阶级的解放必然意味着新社会的建立。要使被压迫阶级能够解放自己，就必须使既得的生产力和现存的社会关系不再能够继续并存。在一切生产工具中，最强大的一种生产力是革命阶级本身。革命因素之组成为阶级，是以旧社会的怀抱中所能产生的全部生产力的存在为前提的。②

现在每个人都知道，任何地方发生革命动荡，其背后必然有某种社会要求，而腐朽的制度阻碍这种要求得到满足。这种要求也许还未被人强烈地、普遍地感觉到，因此还不能保证立即获得成功；但是，任何人企图用暴力来压制这种要求，那只能使它越来越强烈，直到它把自己的枷锁打碎。③

只有在伟大的社会革命支配了资产阶级时代的成果，支配了世界市场和现代生产力，并且使这一切都服从于最先进的民族的共同监督的时候，人类的进步才会不再像可怕的异教神怪那样，只有用被杀害者的头颅做酒杯才能喝下甜美的酒浆。④

彻底的社会革命是同经济发展的一定历史条件联系着的；这些条件是社会革命的前提。因此，只有在工业无产阶级随着资本主义生产的发展，在人民群众中至少占有重要地位的地方，社会革命才有可能。⑤

帝国主义战争是社会主义革命的前夜。这不仅因为战争带来的灾难促成了无产阶级的起义(如果社会主义在经济上尚未成熟，任何起义也创造不出社会主义来)，而且因为国家垄断资本主义是社会主

①《马克思恩格斯文集》(第一卷)，人民出版社，2009年，第655页。
②《马克思恩格斯文集》(第一卷)，人民出版社，2009年，第655页。
③《马克思恩格斯文集》(第二卷)，人民出版社，2009年，第351~352页。
④《马克思恩格斯文集》(第二卷)，人民出版社，2009年，第691页。
⑤《马克思恩格斯文集》(第三卷)，人民出版社，2009年，第404页。

义的最充分的物质准备，是社会主义的前阶，是历史阶梯上的一级，在这一级和叫做社会主义的那一级之间，没有任何中间级。①

（三）社会改革

改革和革命都是社会基本矛盾运动的必然产物，是生产关系和上层建筑一定要适合生产力发展的客观要求。历史唯物主义认为，社会改革是在一定社会制度下，为了解决生产关系不适应生产力、上层建筑不适应经济基础的某些部分或环节，使该社会制度得到自我完善或持续存在和发展，而对社会体制进行的改善与革新。改革在社会发展中的作用——量变，不改变社会制度的性质。在社会制度不变的前提下对旧的社会体制的变革。改革在社会历史发展中的作用表现在：它是在一定程度上解决社会基本矛盾、促进生产力发展、推动社会进步的有效途径和手段。

我认为，所谓“社会主义社会”不是一种一成不变的东西，而应当和任何其他社会制度一样，把它看成是经常变化和改革的社会。②

改革开放是党在新的历史条件下领导人民进行的新的伟大革命，是决定当代中国命运的关键抉择。中国特色社会主义之所以具有蓬勃生命力，就在于是实行改革开放的社会主义。我国过去三十多年的快速发展靠的是改革开放，我国未来发展也必须坚定不移依靠改革开放。只有改革开放才能发展中国、发展社会主义、发展马克思主义。中国特色社会主义在改革开放中产生，也必将在改革开放中发展壮大。③

中国特色社会主义是与时俱进的事业。从这个意义上说，改革开放只有进行时没有完成时。没有改革开放，就没有中国的今天，也就

①《列宁专题文集 论资本主义》，人民出版社，2009年，第235页。

②《马克思恩格斯文集》（第十卷），人民出版社，2009年，第588页。

③ 中共中央文献研究室编：《习近平关于全面深化改革论述摘编》，中央文献出版社，2014年，第1页。

没有中国的明天。现在，推进改革开放有了更坚实的基础，但改革开放越往纵深发展，发展中的问题和发展后的问题、一般矛盾和深层次矛盾、有待完成的任务和新提出的任务越交织叠加、错综复杂。改革开放中的矛盾只能用改革开放的办法来解决。[①]

改革开放是我们党在新的时代条件下带领人民进行的新的伟大革命，是当代中国最鲜明的特色，也是我们党最鲜明的旗帜。三十五年来，我们党靠什么来振奋民心、统一思想、凝聚力量？靠什么来激发全体人民的创造精神和创造活力？靠什么来实现我国经济社会快速发展、在与资本主义竞争中赢得比较优势？靠的就是改革开放。[②]

改革开放是一场深刻革命，必须坚持正确方向，沿着正确道路推进。方向决定道路，道路决定命运。我国改革开放之所以能取得巨大成功，关键是我们把党的基本路线作为党和国家的生命线，始终坚持把以经济建设为中心同四项基本原则、改革开放这两个基本点统一于中国特色社会主义伟大实践，既不走封闭僵化的老路，也不走改旗易帜的邪路。[③]

改革开放是我们党的一次伟大觉醒，正是这个伟大觉醒孕育了我们党从理论到实践的伟大创造。改革开放是中国人民和中华民族发展史上一次伟大革命，正是这个伟大革命推动了中国特色社会主义事业的伟大飞跃！[④]

---

① 中共中央文献研究室编：《习近平关于全面深化改革论述摘编》，中央文献出版社，2014年，第4页。

② 中共中央文献研究室编：《习近平关于全面深化改革论述摘编》，中央文献出版社，2014年，第8页。

③ 中共中央文献研究室编：《习近平关于全面深化改革论述摘编》，中央文献出版社，2014年，第14页。

④ 习近平：《论坚持全面深化改革》，中央文献出版社，2020年，第502~503页。

二、科学技术和文化在社会发展中的作用

(一)科学技术

科学技术作为先进生产力的重要标志,是推动社会文明进步的重要力量。科学技术是一把双刃剑,一方面是推动经济和社会发展的强大杠杆;另一方面,运用不当的话则会对经济社会发展产生负面影响。

科学技术是推动经济和社会发展的强大杠杆。首先,由科学技术因素造成的劳动生产率和经济增长率越来越高;其次,自然科学从理论突破到新产品试制成功的周期日益缩短;最后,科学技术在生产商的广泛应用,使生产力的发展明显地呈现出加速度趋势。因此,科学技术不仅对人类的生产方式产生了深刻影响,而且对人们的生活方式和思维方式也起到了重要的推动作用。

> 资产阶级历史时期负有为新世界创造物质基础的使命:一方面要造成以全人类互相依赖为基础的普遍交往,以及进行这种交往的工具;另一方面要发展人的生产力,把物质生产变成对自然力的科学支配。①
>
> 现在资本不要工人用手工工具去做工,而要工人用一个会自行操纵工具的机器去做工。因此,如果说大工业把巨大的自然力和自然科学并入生产过程,必然大大提高劳动生产率,这一点是一目了然的。②
>
> 应该把科学称为生产的另一个可变要素,而且不仅指科学不断变化、完善、发展等方面而言。科学的这种过程或科学的这种运动本身可以看做积累过程的因素之一。③
>
> 随着资本主义生产的扩展,科学因素第一次被有意识地和广泛地加

①《马克思恩格斯文集》(第二卷),人民出版社,2009年,第691页。
②《马克思恩格斯文集》(第五卷),人民出版社,2009年,第444页。
③《马克思恩格斯文集》(第八卷),人民出版社,2009年,第556页。

以发展、应用并体现在生活中，其规模是以往的时代根本想象不到的。[①]

工业中机器和蒸汽的采用，在奥地利，也像在所有别的地方一样，使社会各阶级的一切旧有关系和生活条件发生了变革；它把农奴变成了自由民，把小农变成了工业工人；它摧毁了旧的封建手工业行会，消灭了许多这种行会的生存手段。[②]

人的劳动生产力既然已发展到这样高的水平，统治阶级存在的任何借口便都被打破了。为阶级差别辩护的最终理由总是说：一定要有一个阶级无须为生产每天的生活必需品操劳，以便有时间为社会从事脑力劳动。这种废话在此以前曾有其充分的历史合理性，而现在被近百年来的工业革命一下子永远根除了。统治阶级的存在，日益成为工业生产力发展的障碍，同样也日益成为科学和艺术发展，特别是文明社交方式发展的障碍。从来也没有比我们现代的资产者更无知的人了。[③]

大工业通过普遍的竞争迫使所有个人的全部精力处于高度紧张状态。它尽可能地消灭意识形态、宗教、道德等等，而在它无法做到这一点的地方，它就把它们变成赤裸裸的谎言。它首次开创了世界历史，因为它使每个文明国家以及这些国家中的每一个人的需要的满足都依赖于整个世界，因为它消灭了各国以往自然形成的闭关自守的状态。它使自然科学从属于资本，并使分工丧失了自己自然形成的性质的最后一点假象。它把自然形成的性质一概消灭掉（只要在劳动的范围内有可能做到这一点），它还把所有自然形成的关系变成货币的关系。[④]

人类知识和人类生活关系中的任何领域，哪怕是最生僻的领域，无不对社会革命发生作用，同时也无不在这一革命的影响下发生某些

---

①《马克思恩格斯文集》（第八卷），人民出版社，2009年，第359页。

②《马克思恩格斯文集》（第二卷），人民出版社，2009年，第378~379页。

③《马克思恩格斯文集》（第三卷），人民出版社，2009年，第258~259页。

④《马克思恩格斯文集》（第一卷），人民出版社，2009年，第566页。

变化。①

火药、指南针、印刷术——这是预告资产阶级社会到来的三大发明。火药把骑士阶层炸得粉碎,指南针打开了世界市场并建立了殖民地,而印刷术则变成新教的工具,总的来说变成科学复兴的手段,变成对精神发展创造必要前提的最强大的杠杆。②

资产阶级在它的不到一百年的阶级统治中所创造的生产力,比过去一切世代创造的全部生产力还要多,还要大。自然力的征服,机器的采用,化学在工业和农业中的应用,轮船的行驶,铁路的通行,电报的使用,整个整个大陆的开垦,河川的通航,仿佛用法术从地下呼唤出来的大量人口——过去哪一个世纪料想到在社会劳动里蕴藏有这样的生产力呢?③

技术改进既使生产资料和流通手段集中起来,使资本主义企业中的劳动过程社会化,于是日益迅速地造成以共产主义生产关系代替资本主义生产关系即进行社会革命的物质条件,这种革命是无产阶级阶级运动的自觉体现者国际共产党的全部活动的最终目的。④

科学技术的发展标志着人类改造自然能力的增强,意味着人们能够创造出更多的物质财富,对社会发展有巨大的推动作用。但是科学技术在运用于社会时所遇到的问题也越来越突出。一种情形是对自然规律和人与自然的关系认识不够,或缺乏对科学技术消极后果的强有力的控制手段。例如,流水线上的卓别林,电瓶车上的外卖员,写字楼里的程序员,本质上都处在同一个系统内——最大限度追求效率的系统。还有一种情形与一定的社会制度有关,在资本主义条件下,科学技术常常被资产阶级用作剥

①《马克思恩格斯文集》(第一卷),人民出版社,2009年,第87页。
②《马克思恩格斯文集》(第八卷),人民出版社,2009年,第338页。
③《马克思恩格斯文集》(第二卷),人民出版社,2009年,第36页。
④《列宁专题文集 论无产阶级政党》,人民出版社,2009年,第188页。

削压迫人民的工具，并非都能使人摆脱贫困，促进人的身心健康发展。因此，如何让科技真正造福于人民，服务于人的自由发展，这就要求我们一方面，要正视现实，清醒认识到科学技术的负面作用，积极探寻回应方法，最大限度发挥其积极作用，限制乃至消除其负面影响，切不可自我陶醉、盲目乐观。另一方面，要充满信心，坚信人类的智慧和力量能够应对科学技术发展提出的挑战，人类的命运始终会牢牢掌握在自己手中。

> 社会力量完全像自然力一样，在我们还没有认识和考虑到它们的时候，起着盲目的、强制的和破坏的作用。但是，一旦我们认识了它们，理解了它们的活动、方向和作用，那么，要使它们越来越服从我们的意志并利用它们来达到我们的目的，就完全取决于我们了。这一点特别适用于今天的强大的生产力。只要我们固执地拒绝理解这种生产力的本性和性质(而资本主义生产方式及其辩护士正是抗拒这种理解的)，它就总是像上面所详细叙述的那样，起违反我们、反对我们的作用，把我们置于它的统治之下。但是，它的本性一旦被理解，它就会在联合起来的生产者手中从魔鬼似的统治者变成顺从的奴仆。这里的区别正像雷电中的电的破坏力同电报机和弧光灯的被驯服的电之间的区别一样，正像火灾同供人使用的火之间的区别一样。①
>
> 由于文明时代的基础是一个阶级对另一个阶级的剥削，所以它的全部发展都是在经常的矛盾中进行的。生产的每一进步，同时也就是被压迫阶级即大多数人的生活状况的一个退步。对一些人是好事，对另一些人必然是坏事，一个阶级的任何新的解放，必然是对另一个阶级的新的压迫。这一情况的最明显的例证就是机器的采用，其后果现在已是众所周知的了。②

---

①《马克思恩格斯文集》(第三卷)，人民出版社，2009年，第560页。

②《马克思恩格斯文集》(第四卷)，人民出版社，2009年，第196~197页。

过去的资产阶级革命向大学要求的仅仅是律师,作为培养政治家的最好的原料;而工人阶级的解放,除此之外还需要医生、工程师、化学家、农艺师及其他专门人才,因为问题在于不仅要掌管政治机器,而且要掌管全部社会生产,而在这里需要的决不是响亮的词句,而是扎实的知识。①

过去,人类的全部智慧、人类的全部天才所进行的创造,只是为了让一部分人独享技术和文化的一切成果,而使另一部分人连最必需的东西——教育和发展也被剥夺了。然而现在一切技术奇迹、一切文化成果都将成为全民的财产,从今以后,人类的智慧和天才永远不会变成暴力手段,变成剥削手段。②

在我们这个时代,每一种事物好像都包含有自己的反面。我们看到,机器具有减少人类劳动和使劳动更有成效的神奇力量,然而却引起了饥饿和过度的疲劳。财富的新源泉,由于某种奇怪的、不可思议的魔力而变成贫困的源泉。技术的胜利,似乎是以道德的败坏为代价换来的。随着人类愈益控制自然,个人却似乎愈益成为别人的奴隶或自身的卑劣行为的奴隶。甚至科学的纯洁光辉仿佛也只能在愚昧无知的黑暗背景下闪耀。我们的一切发明和进步,似乎结果是使物质力量成为有智慧的生命,而人的生命则化为愚钝的物质力量。现代工业和科学为一方与现代贫困和衰颓为另一方的这种对抗,我们时代的生产力与社会关系之间的这种对抗,是显而易见的、不可避免的和毋庸争辩的事实。③

在资本主义制度内部,一切提高社会劳动生产力的方法都是靠牺牲工人个人来实现的;一切发展生产的手段都转变为统治和剥削生产

①《马克思恩格斯文集》(第四卷),人民出版社,2009年,第446页。
②《列宁全集》(第33卷),人民出版社,1985年,第288~289页。
③《马克思恩格斯文集》(第二卷),人民出版社,2009年,第580页。

者的手段，都使工人畸形发展，成为局部的人，把工人贬低为机器的附属品，使工人受劳动的折磨，从而使劳动失去内容，并且随着科学作为独立的力量被并入劳动过程而使劳动过程的智力与工人相异化；这些手段使工人的劳动条件变得恶劣，使工人在劳动过程中屈服于最卑鄙的可恶的专制，把工人的生活时间转化为劳动时间，并且把工人的妻子儿女都抛到资本的札格纳特车轮下。①

到处都有人类完全能够立刻完成的任务。资本主义在干扰。它积聚了成堆成堆的财富，但是又使人变成这些财富的奴隶。它解决了极复杂的技术问题，但是由于千百万人的贫困和无知，由于一小撮百万富翁愚蠢的吝啬，它又阻碍了技术改良的实现。②

战争表明，现代技术的奇迹怎样成了靠战争发财的资本家屠杀千百万工人和搜刮巨额财富的手段。③

美国就人的联合劳动的生产力发展水平来说，就应用机器和一切最新技术奇迹来说，都在自由文明的国家中间占第一位。同时美国也成了贫富最悬殊的国家之一，在那里，一小撮亿万富翁肆意挥霍，穷奢极欲，而千百万劳苦大众却永远濒于赤贫境地。曾经给世界树立过以革命战争反对封建奴隶制榜样的美国人民，竟沦为一小撮亿万富翁的现代的资本主义雇佣奴隶。④

必须取得资本主义遗留下来的全部文化，并且用它来建设社会主义。必须取得全部科学、技术、知识和艺术。否则，我们就不可能建设共产主义社会的生活。⑤

共产主义就是利用先进技术的、自愿自觉的、联合起来的工人所

①《马克思恩格斯文集》(第五卷)，人民出版社，2009年，第743页。
②《列宁全集》(第24卷)，人民出版社，1990年，第19页。
③《列宁全集》(第35卷)，人民出版社，1985年，第77页。
④《列宁选集》(第三卷)，人民出版社，1995年，第557~558页。
⑤《列宁全集》(第36卷)，人民出版社，1985年，第48页。

创造的较资本主义更高的劳动生产率。[①]

应该珍视每一个专家，把他们看作技术和文化的唯一财富，没有这份财富，什么共产主义也不可能实现。[②]

要获得胜利，就必须懂得旧资产阶级世界的全部悠久的历史；要建设共产主义，就必须掌握技术，掌握科学，并为了更广大的群众而运用它们，而这种技术和科学只有从资产阶级那里才能获得。应当把这个基本问题突出地提出来，应当把它作为经济建设的基本任务提出来。[③]

每个青年必须懂得，只有受了现代教育，他才能建立共产主义社会，如果不受这种教育，共产主义仍然不过是一种愿望而已。[④]

现在，比较正常的技术引进也受到种种限制，过去你弱的时候谁都想卖技术给你，今天你发展了，谁都不愿卖技术给你，因为怕你做大做强。在引进高新技术上不能抱任何幻想，核心技术尤其是国防科技技术是花钱买不来的。人家把核心技术当“定海神针”、“不二法器”，怎么可能提供给你呢？只有把核心技术掌握在自己手中，才能真正掌握竞争和发展的主动权，才能从根本上保障国家经济安全、国防安全和其他安全。[⑤]

只有把核心技术掌握在自己手中，才能真正掌握竞争和发展的主动权，才能从根本上保障国家经济安全、国防安全和其他安全。不能总是用别人的昨天来装扮自己的明天。不能总是指望依赖他人的科技成果来提高自己的科技水平，更不能做其他国家的技术附庸，永远跟在别

①《列宁专题文集 论社会主义》，人民出版社，2009年，第151页。

②《列宁选集》（第四卷），人民出版社，1995年，第107页。

③《列宁选集》（第四卷），人民出版社，1995年，第124~125页。

④《列宁专题文集 论无产阶级政党》，人民出版社，2009年，第284页。

⑤ 中共中央文献研究室编：《习近平关于科技创新论述摘编》，中央文献出版社，2016年版，第36页。

人的后面亦步亦趋。我们没有别的选择，非走自主创新道路不可。[①]

教育、科技、人才是全面建设社会主义现代化国家的基础性、战略性支撑。必须坚持科技是第一生产力、人才是第一资源、创新是第一动力，深入实施科教兴国战略、人才强国战略、创新驱动发展战略，开辟发展新领域新赛道，不断塑造发展新动能新优势。[②]

(二)文化

从广义上讲，正如梁漱溟先生所言，“文化，就是吾人生活所依靠之一切”。在这个意义上，文化等同于文明，指人所创造的不同于自在自然和自身生物本能的东西。从狭义而言，文化特指人类的精神生产活动与结果，是从思想、理论、价值、审美等角度对社会经济、政治的反映。

文化对人的发展具有重要的塑造作用，体现为规范人的行为、调控人的活动、培养人的能力、提升人的境界。同时，文化是推动社会发展的重要力量。文化能对社会发展提供思想指引，指明社会前进方向。文化对社会发展提供精神动力，以精神力量和知识价值体系推动社会发展。文化对社会发展提供凝聚力量，推动民族意识和民族精神的形成和发展。当今世界上不同国家和民族的竞争，不仅体现为单纯的物质实力方面，还体现在文化、观念、思想等软实力方面。

思想、观念、意识的生产最初是直接与人们的物质活动，与人们的物质交往，与现实生活的语言交织在一起的。人们的想象、思维、精神交往在这里还是人们物质行动的直接产物。表现在某一民族的政治、

---

①《习近平谈治国理政》(第一卷)，外文出版社，2018年，第122页。

② 习近平:《高举中国特色社会主义伟大旗帜 为全面建设社会主义现代化国家而团结奋斗——在中国共产党第二十次全国代表大会上的报告》，人民出版社，2022年，第33页。

法律、道德、宗教、形而上学等的语言中的精神生产也是这样。[①]

宗教、家庭、国家、法、道德、科学、艺术等等，都不过是生产的一些特殊的方式，并且受生产的普遍规律的支配。[②]

批判的武器当然不能代替武器的批判，物质力量只能用物质力量来摧毁；但是理论一经掌握群众，也会变成物质力量。理论只要说服人，就能掌握群众；而理论只要彻底，就能说服人。[③]

最初的、从动物界分离出来的人，在一切本质方面是和动物本身一样不自由的；但是文化上的每一个进步，都是迈向自由的一步。[④]

因此，道德、宗教、形而上学和其他意识形态，以及与它们相适应的意识形式便不再保留独立性的外观了。它们没有历史，没有发展，而发展着自己的物质生产和物质交往的人们，在改变自己的这个现实的同时也改变着自己的思维和思维的产物。[⑤]

旧思想的瓦解是同旧生活条件的瓦解步调一致的。[⑥]

从前我们是把重心放在而且也应该放在政治斗争、革命、夺取政权等等方面，而现在重心改变了，转到和平的“文化”组织工作上去了。[⑦]

无产阶级文化并不是从天上掉下来的，也不是那些自命为无产阶级文化专家的人杜撰出来的。如果硬说是这样，那完全是一派胡言。无产阶级文化应当是人类在资本主义社会、地主社会和官僚社会压迫下创造出来的全部知识合乎规律的发展。条条大道小路一向通往，而且还会通往无产阶级文化，正如马克思改造过的政治经济学向我们指

①《马克思恩格斯文集》(第一卷)，人民出版社，2009年，第524页。
②《马克思恩格斯文集》(第一卷)，人民出版社，2009年，第186页。
③《马克思恩格斯文集》(第一卷)，人民出版社，2009年，第11页。
④《马克思恩格斯文集》(第九卷)，人民出版社，2009年，第120页。
⑤《马克思恩格斯文集》(第一卷)，人民出版社，2009年，第525页。
⑥《马克思恩格斯文集》(第二卷)，人民出版社，2009年，第51页。
⑦《列宁专题文集 论社会主义》，人民出版社，2009年，第354页。

明人类社会必然走到哪一步，指明必然过渡到阶级斗争，过渡到开始无产阶级革命。①

——学习马克思，就要学习和实践马克思主义关于文化建设的思想。马克思认为，在不同的经济和社会环境中，人们生产不同的思想和文化，思想文化建设虽然决定于经济基础，但又对经济基础发生反作用。先进的思想文化一旦被群众掌握，就会转化为强大的物质力量；反之，落后的、错误的观念如果不破除，就会成为社会发展进步的桎梏。理论自觉、文化自信，是一个民族进步的力量；价值先进、思想解放，是一个社会活力的来源。国家之魂，文以化之，文以铸之。我们要立足中国，面向现代化、面向世界、面向未来，巩固马克思主义在意识形态领域的指导地位，发展社会主义先进文化，加强社会主义精神文明建设，把社会主义核心价值观融入社会发展各方面，推动中华优秀传统文化创造性转化、创新性发展，不断提高人民思想觉悟、道德水平、文明素养，不断铸就中华文化新辉煌。②

文化自信是一个国家、一个民族发展中更基本、更深沉、更持久的力量。……推动中华优秀传统文化创造性转化、创新性发展，继承革命文化，发展社会主义先进文化，不忘本来、吸收外来、面向未来，更好构筑中国精神、中国价值、中国力量，为人民提供精神指引。③

我们走中国特色社会主义道路，一定要推进马克思主义中国化。如果没有中华五千年文明，哪里有什么中国特色？如果不是中国特色，哪有我们今天这么成功的中国特色社会主义道路？我们要特别重视挖掘中华五千年文明中的精华，把弘扬优秀传统文化同马克思主义

---

①《列宁专题文集 论无产阶级政党》，人民出版社，2009年，第281页。

② 习近平：《在纪念马克思诞辰200周年大会上的讲话》，人民出版社，2018年，第19~20页。

③ 习近平：《论党的宣传思想工作》，中央文献出版社，2020年，第5~6页。

立场观点方法结合起来，坚定不移走中国特色社会主义道路。[①]

文化是一个国家、一个民族的灵魂。文化兴国运兴，文化强民族强。没有高度的文化自信，没有文化的繁荣兴盛，就没有中华民族伟大复兴。要坚持中国特色社会主义文化发展道路，激发全民族文化创新创造活力，建设社会主义文化强国。[②]

历史和现实都证明，中华民族有着强大的文化创造力。每到重大历史关头，文化都能感国运之变化、立时代之潮头、发时代之先声，为亿万人民、为伟大祖国鼓与呼。中华文化既坚守本根又不断与时俱进，使中华民族保持了坚定的民族自信和强大的修复能力，培育了共同的情感和价值、共同的理想和精神。[③]

三、人民群众是历史的创造者

唯物史观与唯心史观的对立，在历史创造者问题上表现为群众史观与英雄史观的对立。英雄史观从社会意识决定社会存在的前提出发，否认物质资料的生产方式是社会发展的决定力量，抹杀人民群众的历史作用，宣扬少数英雄人物创造历史，认为是“英雄造时势”。例如，尼采认为人分为三六九等，一个个人是可以使千万年的历史生色的——也就是说，一个充实的、雄厚的、伟大的、完全的人，要胜过无数残缺不全、鸡毛蒜皮的人。梁启超认为，“历史者英雄之舞台也，舍英雄几无历史”。与之相反，群众史观从社会存在决定社会意识的前提出发，认为社会发展的历史是物质资料生产方式发展的历史，是社会生产方式新陈代谢的历史，因而把从事物质资料生产的人民群众看作历史的创造者。正如马克思所指出的那样：“历史

①《习近平谈治国理政》(第四卷)，外文出版社，2022年，第315页。

② 习近平：《论党的宣传思想工作》，中央文献出版社，2020年，第10页。

③ 习近平：《在文艺工作座谈会上的讲话》，人民出版社，2015年，第5页。

什么事情也没有做，它‘不拥有任何惊人的丰富性’，它‘没有进行任何战斗！’其实，正是人，现实的、活生生的人在创造这一切，拥有这一切并且进行战斗。并不是‘历史’把人当做手段来达到自己——仿佛历史是一个独具魅力的人——的目的。历史不过是追求着自己目的的人的活动而已。”①

唯物史观认为，人民群众是一个历史范畴。从质上看，人民群众是指一切对社会历史发展起推动作用的人们；从量上看，人民群众是指社会人口中的绝大多数。在不同的历史时期，人民群众有着不同的内容，包含着不同的阶级、阶层和集团，但其中最稳定的主体部分始终是从事物质资料生产的劳动群众。在当代中国，凡是拥护、参加和推动中国特色社会主义事业的人们都属于人民群众的范畴。

在历史中，人民群众既是“剧中人”，也是“剧作者”。人民群众之所以成为历史的创造者，这是因为：人民群众是社会物质财富的创造者，人民群众是社会精神财富的创造者，人民群众是实现社会变革的决定力量。

1948年11月6日至1949年1月10日，在以徐州为中心，东起海州，西至商丘，北自临城，南达淮河的广大区域内，人民解放军与国民党军进行了一场被称为“南线战略决战”的淮海战役。在淮海战役总前委的统一指挥调度下，中原、华东两大野战军浴血奋战，历时66天，歼灭国民党军55.5万余人，创造出“60万战胜80万”的战争奇迹，为解放全中国奠定了胜利的基础，永远铭刻在中国革命的历史丰碑上。据不完全统计，战役中共出动民工543万人、大小车88万余辆、担架20.6万副、挑子30.5万副、船只8000余只、牲畜76.7万头，筹集粮食9.6亿斤，赶做军鞋数百万双，运送弹药300多万吨，转送伤员12万多名，另有10余万青年参军参战。

人民群众创造历史的活动要受到一定的社会历史条件的制约，这些条件包括政治条件、经济条件和精神文化条件。

①《马克思恩格斯文集》(第一卷)，人民出版社，2009年，第295页。

……只有工人、英国的贱民、穷人，才是真正值得尊敬的人，尽管他们粗野，尽管他们道德堕落。拯救英国要靠他们，他们身上还有可造之材；他们没有文化知识，但也没有偏见，他们还有力量从事伟大的民族事业，他们还有前途。[①]

在当前同资产阶级对立的一切阶级中，只有无产阶级是真正革命的阶级。其余的阶级都随着大工业的发展而日趋没落和灭亡，无产阶级却是大工业本身的产物。[②]

在一切生产工具中，最强大的一种生产力是革命阶级本身。[③]

自从阶级产生以来，从来没有过一个时期社会可以没有劳动阶级。这个阶级的名称、社会地位有过变化，农奴代替了奴隶，后来本身又被自由工人所代替，所谓自由，是摆脱了奴隶地位的自由，但也是除自己的劳动力外一无所有的自由。然而有一点是很清楚的，无论不从事生产的社会上层发生什么变化，没有一个生产者阶级，社会就不能生存。[④]

只是由于劳动，由于总是要去适应新的动作，由于这样所引起的肌肉、韧带以及经过更长的时间引起的骨骼的特殊发育遗传下来，而且由于这些遗传下来的灵巧性不断以新的方式应用于新的越来越复杂的动作，人的手才达到这样高度的完善，以致像施魔法一样产生了拉斐尔的绘画、托瓦森的雕刻和帕格尼尼的音乐。[⑤]

千百万创造者的智慧却会创造出一种比最伟大的天才预见还要高明得多的东西。[⑥]

---

①《马克思恩格斯全集》(第3卷)，人民出版社，2002年，第497页。
②《马克思恩格斯文集》(第二卷)，人民出版社，2009年，第41页。
③《马克思恩格斯文集》(第一卷)，人民出版社，2009年，第655页。
④《马克思恩格斯全集》(第25卷)，人民出版社，2001年，第534页。
⑤《马克思恩格斯文集》(第九卷)，人民出版社，2009年，第552页。
⑥《列宁全集》(第33卷)，人民出版社，1985年，第281页。

只有现代大工业所造成的、摆脱了一切历来的枷锁、也摆脱了将其束缚在土地上的枷锁并且被一起赶进大城市的无产阶级，才能实现消灭一切阶级剥削和一切阶级统治的伟大社会变革。①

一旦人民群众——农村工人、城市工人和农民——有了自己的意志，这样的时机就要到来。那时，君主的军队将转变为人民的军队，机器将拒绝效劳，军国主义将由于自身发展的辩证法而灭亡。②

革命的工人社会主义比任何时候都富有生命力，它现在已经是一支使所有掌权者——无论是法国激进派、俾斯麦、美国的交易所巨头，或者是全俄罗斯的沙皇——胆战心惊的力量。③

在资产阶级的这三次大起义中，农民提供了战斗大军，而农民恰恰成为在胜利后由于胜利带来的经济后果而必然破产的阶级。克伦威尔之后100年，英国的自耕农几乎绝迹了。如果没有这些自耕农和城市平民，资产阶级决不会单独把斗争进行到底，决不会把查理一世送上断头台。④

革命是被压迫者和被剥削者的盛大节日。人民群众在任何时候都不能像在革命时期这样以新社会制度的积极创造者的身分出现。在这样的时期，人民能够作出从市侩的渐进主义的狭小尺度看来是不可思议的奇迹。⑤

……在旋风时期，无产者、铁路工人、农民和哗变的士兵以火车头的速度推动整个俄国前进了……概括说来，人民的、特别是无产阶级的以及农民的组织者的创造性，在革命旋风时期要比在所谓的安定宁

---

①《马克思恩格斯文集》（第三卷），人民出版社，2009年，第257页。
②《马克思恩格斯文集》（第九卷），人民出版社，2009年，第178页。
③《马克思恩格斯文集》（第四卷），人民出版社，2009年，第314页。
④《马克思恩格斯文集》（第三卷），人民出版社，2009年，第511页。
⑤《列宁选集》（第一卷），人民出版社，1995年，第616页。

静的（牛车似的）历史进步时期强烈、丰富、有效千百万倍。[①]

没有千百万觉悟群众的革命行动，没有群众汹涌澎湃的英勇气概，没有马克思在谈到巴黎工人在公社时期的表现时所说的那种“冲天”的决心和本领，是不可能消灭专制制度的。[②]

人们是在一定的生产关系中制造呢绒、麻布和丝织品的。……这些一定的社会关系同麻布、亚麻等一样，也是人们生产出来的。[③]

人们自己创造自己的历史，但是到现在为止，他们并不是按照共同的意志，根据一个共同的计划，甚至不是在一个有明确界限的既定社会内来创造自己的历史。他们的意向是相互交错的，正因为如此，在所有这样的社会里，都是那种以偶然性为其补充和表现形式的必然性占统治地位。在这里通过各种偶然性来为自己开辟道路的必然性，归根到底仍然是经济的必然性。[④]

没有蒸汽机和珍妮走锭精纺机就不能消灭奴隶制；没有改良的农业就不能消灭农奴制；当人们还不能使自己的吃喝住穿在质和量方面得到充分保证的时候，人们就根本不能获得解放。“解放”是一种历史活动，不是思想活动，“解放”是由历史的关系，是由工业状况、商业状况、农业状况、交往状况促成的[……][⑤]

我们自己创造着我们的历史，但是第一，我们是在十分确定的前提和条件下创造的。其中经济的前提和条件归根到底是决定性的。但是政治等等的前提和条件，甚至那些萦回于人们头脑中的传统，也起着一定的作用，虽然不是决定性的作用。[⑥]

---

①《列宁全集》（第12卷），人民出版社，1987年，第297~302页。
②《列宁全集》（第17卷），人民出版社，1988年，第151页。
③《马克思恩格斯文集》（第一卷），人民出版社，2009年，第602页。
④《马克思恩格斯文集》（第十卷），人民出版社，2009年，第669页。
⑤《马克思恩格斯文集》（第一卷），人民出版社，2009年，第527页。
⑥《马克思恩格斯文集》（第十卷），人民出版社，2009年，第592页。

唯物史观关于人民群众是历史创造者的原理，要求我们坚持马克思主义群众观点，贯彻党的群众路线。一个政党在历史发展进程中到底能起多大作用，关键要看其与人民的关系怎么样。马克思主义群众观点的主要内容包括：坚信人民群众自己解放自己的观点，全心全意为人民服务的观点，一切向人民群众负责的观点，虚心向群众学习的观点。群众路线是我们党的生命线和根本工作路线，也是我们党的优良传统。群众路线是群众观点的具体应用，即一切为了群众，一切依靠群众，从群众中来，到群众中去。群众路线的实质，就在于充分相信群众，坚决依靠群众，密切联系群众，全心全意为人民群众服务。

——学习马克思，就要学习和实践马克思主义关于坚守人民立场的思想。人民性是马克思主义最鲜明的品格。马克思说，"历史活动是群众的活动"。让人民获得解放是马克思毕生的追求。我们要始终把人民立场作为根本立场，把为人民谋幸福作为根本使命，坚持全心全意为人民服务的根本宗旨，贯彻群众路线，尊重人民主体地位和首创精神，始终保持同人民群众的血肉联系，凝聚起众志成城的磅礴力量，团结带领人民共同创造历史伟业。这是尊重历史规律的必然选择，是共产党人不忘初心、牢记使命的自觉担当。①

为什么人、靠什么人的问题，是检验一个政党、一个政权性质的试金石。干部要坚持立党为公、执政为民，虚心向群众学习，真心对群众负责，热心为群众服务，诚心接受群众监督。要拜人民为师、向人民学习，放下架子、扑下身子，接地气、通下情，深入开展调查研究，解剖麻雀，发现典型，真正把群众面临的问题发现出来，把群众的意见反映上

① 习近平：《在纪念马克思诞辰200周年大会上的讲话》，人民出版社，2018年，第17页。

来，把群众创造的经验总结出来。干部要怀着强烈的爱民、忧民、为民、惠民之心，心里要始终装着父老乡亲，想问题、作决策、办事情都要想一想是不是站在人民的立场上，是不是有助于解决群众的难题，是不是有利于增进人民福祉，不断增强人民群众获得感、幸福感、安全感。干部要胸怀强烈的政治责任感、历史使命感，积极投身伟大斗争、伟大工程、伟大事业、伟大梦想的火热实践，把人生理想融入国家富强、民族振兴、人民幸福的伟业之中。①

中国共产党根基在人民、血脉在人民、力量在人民。中国共产党始终代表最广大人民根本利益，与人民休戚与共、生死相依，没有任何自己特殊的利益，从来不代表任何利益集团、任何权势团体、任何特权阶层的利益。任何想把中国共产党同中国人民分割开来、对立起来的企图，都是绝不会得逞的！9500多万中国共产党人不答应！14亿多中国人民也不答应！②

江山就是人民，人民就是江山。中国共产党领导人民打江山、守江山，守的是人民的心。治国有常，利民为本。为民造福是立党为公、执政为民的本质要求。必须坚持在发展中保障和改善民生，鼓励共同奋斗创造美好生活，不断实现人民对美好生活的向往。③

（一）个人在社会历史中的作用

唯物史观从人民群众创造历史这一基本前提出发，既明确了人民群众是历史的创造者，也不否认个人在历史上的作用。历史人物是一定历史事件的主要倡导者、组织领导者或思想理论、科学文化的重要代表人物。杰

① 习近平：《论党的宣传思想工作》，中央文献出版社，2020年，第361~362页。

②《习近平谈治国理政》（第四卷），外文出版社，2022年，第9页。

③ 习近平：《高举中国特色社会主义伟大旗帜 为全面建设社会主义现代化国家而团结奋斗——在中国共产党第二十次全国代表大会上的报告》，人民出版社，2022年，第46页。

出人物是历史人物中对推动历史发展作出重要贡献或起重要作用的人。在历史发展进程中，新的历史任务往往是由具有进步意义的历史人物首先发现或提出来的。他们比一般人站得高、看得远，解决历史任务的愿望比一般人强烈。

因此，唯物史观在评价历史人物的作用和贡献时应把握以下原则：首先，决定这些人物起作用的因素并非单纯个人的才能，而是由社会发展的具体条件决定的，是“时势造英雄”，而不是“英雄造时势”。其次，在阶级社会中，杰出人物都是有阶级性的。最后，与此相联系，一定要注意全面分析、评价历史和历史人物，既不能简单地肯定一切，也不能简单地否定一切，而要坚持阶级分析法和历史分析法。所谓阶级分析法，是指在阶级社会中，要求把历史人物置于一定的阶级关系中，同他所属的阶级联系起来加以考察和评价。历史分析法要求从特定的历史背景出发，根据当时的历史条件，对历史人物的是非功过进行具体的、全面的考察。

例如，新东方创始人俞敏洪在出席2018亚布力中国企业家论坛第十八届年会时深情朗读《给40年的一封信》，里边就写道，“从一个农民的儿子，没有任何前途和希望，到三年高考失败最终走进北大，到在北大被时代潮流所裹挟，毅然纵身入海创办新东方；从一个十几个人的培训机构到美国上市公司；从一个默默无闻的青涩少年，到游遍世界的成熟中年；从一无所有的浪子到朋友遍天下的行者；自由之思想，独立之精神，所有这一切都是这个时代的给予，都是人类奋斗了几万年，把结晶送给了我们。所以，今天我们在这里，庆祝改革开放的四十年，庆祝中国人民自由发展努力奋斗的四十年，庆祝党和政府正确道路的四十年，庆祝世界科技高速发展的四十年。在这四十年之后，我们相信还有更加精彩的四十年，我们在这里庆祝过去，我们更在这里期待未来，那更加美好的、让一代又一代中国人民生活得更加美好的未来，让世界变得越来越和谐融合的未来”。

2022年8月30日，苏联最后一任领导人戈尔巴乔夫于当晚因病去世。美国总统拜登、德国总理朔尔茨、英国首相约翰逊、法国总统马克龙等，都发表了很动情的讲话，对戈尔巴乔夫各种角度表扬，认为他为俄罗斯人“开辟了一条自由之路”，称之为“独一无二的政治家”。但这是站在西方世界和资本主义立场上的评价。作为俄罗斯总统的普京在得知消息后，通过发言人，只说了一句表示“最深切的哀悼”，直到第二天凌晨才发表了更详细的唁电。在唁电中，普京称呼戈尔巴乔夫是一位对世界历史进程产生了巨大影响的政客和政治家。他在一个复杂的、戏剧性的变化和重大的外交政策、经济和社会挑战的时期领导我们的国家。他对改革的必要性有着深刻的理解，并试图提出自己的解决方案来解决紧迫的问题……普京的唁电中没有高度的赞扬和溢美之词，而是客观而公正地评价了戈尔巴乔夫在历史上做过的事情。为什么会有这样的反差呢，结合此前普京的一些公开发言，我们或许可以一探究竟。早在2014年国情咨文中，普京就公开表示认为苏联的解体是“是20世纪最大的地缘政治灾难”。不仅如此，在公开场合下普京还说过这样的话——“如果你不后悔苏联的崩溃，你就是没有良心；但如果你还想恢复苏联，你就是没有头脑。”可见，西方对戈尔巴乔夫的评价，立足点是他在自己的任上亲手终结了社会主义苏联，结束了冷战，消除了资本主义世界的威胁。而这，对西方社会来说，是莫大的贡献。反之，正是在戈尔巴乔夫的任上，自己主导的改革失误则直接造成了苏联解体、苏共倒台的悲惨结果，给俄罗斯民族和人民造成了巨大的物质灾难和心灵创伤。可见，评价同一个历史人物，站在不同的立场上，所得出的结论也可能存在较大差别，甚至会截然相反。

> 只有在共同体中，个人才能获得全面发展其才能的手段，也就是说，只有在共同体中才可能有个人自由。[①]

如爱尔维修所说的，每一个社会时代都需要有自己的大人物，如

---

①《马克思恩格斯文集》(第一卷)，人民出版社，2009年，第571页。

果没有这样的人物，它就要把他们创造出来。[①]

德国的理论上的社会主义永远不会忘记，它是站在圣西门、傅立叶和欧文这三个人的肩上的。虽然这三个人的学说含有十分虚幻和空想的性质，但他们终究是属于一切时代最伟大的智士之列的，他们天才地预示了我们现在已经科学地证明了其正确性的无数真理。[②]

恰巧某个伟大人物在一定时间出现于某一国家，这当然纯粹是一种偶然现象。但是，如果我们把这个人去掉，那时就会需要有另外一个人来代替他，并且这个代替者是会出现的，不论好一些或差一些，但是最终总是会出现的。恰巧拿破仑这个科西嘉人做了被本身的战争弄得精疲力竭的法兰西共和国所需要的军事独裁者，这是个偶然现象。但是，假如没有拿破仑这个人，他的角色就会由另一个人来扮演。这一点可以由下面的事实来证明：每当需要有这样一个人的时候，他就会出现：如凯撒、奥古斯都、克伦威尔等等。[③]

在人民群众中，我们毕竟是沧海一粟，只有我们正确地表达人民的想法，我们才能管理。否则共产党就不能率领无产阶级，而无产阶级就不能率领群众，整个机器就要散架。[④]

历史必然性的思想也丝毫不损害个人在历史上的作用：全部历史正是由那些无疑是活动家的个人的行动构成的。在评价个人的社会活动时会发生的真正问题是：在什么条件下可以保证这种活动得到成功？有什么保证能使这种活动不致成为孤立的行动而沉没在相反行动的汪洋大海里？这也就是社会民主党人和俄国其他社会主义者解决得各不相同的另一个问题：以实现社会主义制度为目标的活动，应

①《马克思恩格斯文集》（第二卷），人民出版社，2009年，第137页。
②《马克思恩格斯文集》（第二卷），人民出版社，2009年，第218页。
③《马克思恩格斯文集》（第十卷），人民出版社，2009年，第669页。
④《列宁专题文集 论无产阶级政党》，人民出版社，2009年，第343~344页。

当怎样吸引群众参加才能取得重大的成果？[①]

在中国这样的社会历史条件下建设社会主义，没有先例，犹如攀登一座人迹未至的高山，一切攀登者都要披荆斩棘、开通道路。毛泽东同志晚年的错误有其主观因素和个人责任，还在于复杂的国内国际的社会历史原因，应该全面、历史、辩证地看待和分析。

对历史人物的评价，应该放在其所处时代和社会的历史条件下去分析，不能离开对历史条件、历史过程的全面认识和对历史规律的科学把握，不能忽略历史必然性和历史偶然性的关系。不能把历史顺境中的成功简单归功于个人，也不能把历史逆境中的挫折简单归咎于个人。不能用今天的时代条件、发展水平、认识水平去衡量和要求前人，不能苛求前人干出只有后人才能干出的业绩来。

革命领袖是人不是神。尽管他们拥有很高的理论水平、丰富的斗争经验、卓越的领导才能，但这并不意味着他们的认识和行动可以不受时代条件限制。不能因为他们伟大就把他们像神那样顶礼膜拜，不容许提出并纠正他们的失误和错误；也不能因为他们有失误和错误就全盘否定，抹杀他们的历史功绩，陷入虚无主义的泥潭。[②]

今天受表彰的国家勋章和国家荣誉称号获得者，是千千万万为党和人民事业作出贡献的杰出人士的代表。他们身上生动体现了中华民族精神和社会主义核心价值观，他们的事迹和贡献将永远写在共和国史册上！[③]

英雄模范们用行动再次证明，伟大出自平凡，平凡造就伟大。只要有坚定的理想信念、不懈的奋斗精神，脚踏实地把每件平凡的事做好，一切平凡的人都可以获得不平凡的人生，一切平凡的工作都可以

---

①《列宁专题文集 论辩证唯物主义和历史唯物主义》，人民出版社，2009年，第179~180页。

② 习近平：《论中国共产党历史》，中央文献出版社，2021年，第57页。

③ 习近平：《论党的宣传思想工作》，中央文献出版社，2020年，第410页。

创造不平凡的成就。[①]

（二）群众、阶级、政党、领袖的关系

为了更好地理解和把握人民群众创造历史的作用和个人在历史上的作用，特别是为了更好地发挥无产阶级政党的领导作用，需要正确认识和处理群众、阶级、政党、领袖的关系。

首先，群众是划分为阶级的。其次，阶级通常是由政党领导的。最后，政党是由领袖来主持的。群众、阶级、政党、领袖环环相扣、相互依存，构成一个有机整体，任何时候都不应该把它们割裂开来。中国特色社会主义事业能否顺利发展，在很大程度上取决于我们党能否正确处理群众、阶级、政党、领袖的相互关系。为此，要始终坚持党的群众观点和群众路线，不断巩固党的阶级基础和群众基础，确保党的坚强领导核心地位，更好地发挥人民领袖的领导作用，不断把中国特色社会主义伟大事业推向前进。

> 无产阶级在反对有产阶级联合力量的斗争中，只有把自身组织成为与有产阶级建立的一切旧政党不同的、相对立的政党，才能作为一个阶级来行动。[②]
>
> 每一个新参加运动的国家所应采取的第一个步骤，始终是把工人组织成独立的政党，不管怎样组织起来，只要它是一个真正的工人政党就行。[③]
>
> 无产阶级在争取政权的斗争中，除了组织，没有别的武器。[④]
>
> 党是阶级的先锋队；它的任务决不是反映群众的一般水平，而是

---

① 习近平：《论党的宣传思想工作》，中央文献出版社，2020年，第411页。
②《马克思恩格斯文集》（第三卷），人民出版社，2009年，第228页。
③《马克思恩格斯文集》（第十卷），人民出版社，2009年，第558页。
④《列宁专题文集 论无产阶级政党》，人民出版社，2009年，第158页。

带领群众前进。[①]

劳动群众拥护我们,我们的力量就在这里。全世界共产主义运动不可战胜的根源就在这里。多吸收群众中新的工作者入党,使他们独立参加建设新生活的工作,这就是我们克服一切困难的手段,这就是我们走向胜利的道路。[②]

……最严重最可怕的危险之一,就是脱离群众,就是先锋队往前跑得太远,没有“保持排面整齐”,没有同全体劳动大军即同大多数工农群众保持牢固的联系。[③]

如果共产党员(以及所有成功地开始了大革命的革命家)以为单靠革命家的手就能完成革命事业,那将是他们最大最危险的错误之一。恰恰相反,要使任何一件重大的革命工作得到成功,就必须懂得,革命家只能起真正富有生命力的先进阶级的先锋队的作用,必须善于实现这一点。先锋队只有当它不脱离自己领导的群众并真正引导全体群众前进时,才能完成其先锋队的任务。在各种活动领域中,不同非共产党员结成联盟,就根本谈不上什么有成效的共产主义建设。[④]

在人民群众中,我们毕竟是沧海一粟,只有我们正确地表达人民的想法,我们才能管理。否则共产党就不能率领无产阶级,而无产阶级就不能率领群众,整个机器就要散架。[⑤]

我国革命的教训就是:只有以一定的阶级为依靠的政党才是强有力的,才能在形势发生各种各样的转变的时期安然无恙。公开的政治

---

①《列宁专题文集 论无产阶级政党》,人民出版社,2009年,第338页。

②《列宁专题文集 论无产阶级政党》人民出版社,2009年,第224页。

③《列宁专题文集 论社会主义》,人民出版社,2009年,第304页。

④《列宁专题文集 论辩证唯物主义和历史唯物主义》,人民出版社,2009年,第322页。

⑤《列宁专题文集 论社会主义》,人民出版社,2009年,第340~341页。

斗争迫使政党更紧密地联系群众，因为没有这种联系，政党就没有什么用处。[①]

一个能够通过联系群众而得到巩固以进行坚持不懈的工作的党，一个能够组织本阶级先锋队的先进阶级的党，一个努力以社会民主党的精神去影响无产阶级每一个现实表现的先进阶级的党，是一定会取得胜利的。[②]

群众是划分为阶级的……在通常情况下，在多数场合，至少在现代的文明国家内，阶级是由政党来领导的；政党通常是由最有威信、最有影响、最有经验、被选出担任最重要职务而称为领袖的人们所组成的比较稳定的集团来主持的。[③]

造就一批有经验、有极高威望的党的领袖是一件长期的艰难的事情。但是做不到这一点，无产阶级专政、无产阶级的"意志统一"就只能是一句空话。[④]

只要千百万劳动者团结得象一个人一样，跟随本阶级的优秀分子前进，胜利也就有了保证。[⑤]

工人领袖不是天使，不是圣人，不是英雄，而是普通的人。他们犯了错误。党就去纠正这些错误。德国工人党甚至纠正过像倍倍尔这样伟大的领袖所犯的机会主义错误。[⑥]

在历史上，任何一个阶级，如果不推举出自己的善于组织运动和领导运动的政治领袖和先进代表，就不可能取得统治地位。[⑦]

---

①《列宁专题文集 论无产阶级政党》，人民出版社，2009年，第342页。
②《列宁专题文集 论无产阶级政党》，人民出版社，2009年，第342页。
③《列宁专题文集 论无产阶级政党》，人民出版社，2009年，第249页。
④《列宁专题文集 论无产阶级政党》，人民出版社，2009年，第344页。
⑤《列宁全集》(第38卷)，人民出版社，1986年，第263页。
⑥《列宁专题文集 论无产阶级政党》，人民出版社，2009年，第344页。
⑦《列宁专题文集 论无产阶级政党》，人民出版社，2009年，第344页。

没有铁一般的在斗争中锻炼出来的党，没有为本阶级一切正直的人们所信赖的党，没有善于考察群众情绪和影响群众情绪的党，要顺利地进行这种斗争是不可能的。①

我们之中没有一个人像马克思那样高瞻远瞩，在应当迅速行动的时刻，他总是作出正确的决定，并立即切中要害。②

党是阶级的先进部队，是阶级的领导者和组织者，是整个运动及其根本和主要目的的代表。这些目的可能被每天的日常工作暂时遮盖起来，但是，任何时候都不应失掉作为斗争着的无产阶级的指路明灯的意义。③

我们走自己的路，我们始终是先进阶级的政党，这个阶级决不会向群众提出任何一个暧昧不明的口号，它决不会直接或间接地卷入资产阶级的任何一件肮脏勾当，它在任何情况下，不管斗争的结局如何，都能捍卫革命的利益。④

工人阶级为了在全世界进行艰巨而顽强的斗争以取得彻底解放，是需要权威的。但是，不言而喻，这只是意味着青年工人需要那些进行反压迫反剥削斗争的老战士的经验，需要那些进行过多次罢工、参加过一系列革命活动、有革命传统和远大政治眼光的精明能干的战士的经验，每一个国家的无产者都需要全世界的无产阶级斗争的权威。⑤

一个政党对自己的错误所抱的态度，是衡量这个党是否郑重，是否真正履行它对本阶级和劳动群众所负义务的一个最重要最可靠的尺度。公开承认错误，揭露犯错误的原因，分析产生错误的环境，仔细讨论改正错误的方法——这才是一个郑重的党的标志，这才是党履行

①《列宁专题文集 论无产阶级政党》，人民出版社，2009年，第252页。
②《马克思恩格斯文集》（第十卷），人民出版社，2009年，第525页。
③《列宁专题文集 论无产阶级政党》，人民出版社，2009年，第337页。
④《列宁专题文集 论无产阶级政党》，人民出版社，2009年，第337页。
⑤《列宁全集》（第14卷），人民出版社，1988年，第225页。

自己的义务，这才是教育和训练阶级，进而又教育和训练群众。[①]

四、从群众、阶级、政党、领袖的关系看新时代十年最重要的政治成果

党的二十大明确了新征程上中国共产党举什么旗、走什么路、以什么样的精神状态、朝着什么样的目标继续前进等重大问题，为党和国家事业继续发展、实现第二个百年奋斗目标指明了前进方向、确立了行动指南。这次大会最根本最重要的意义之所在，就是习近平同志再次全票当选中央委员会总书记，继续掌舵领航中华民族伟大复兴的巍巍巨轮。这反映出全党全国各族人民对习近平总书记的衷心拥戴，对习近平新时代中国特色社会主义思想科学指引的高度认同，是对"两个确立"的坚决支持和对"两个维护"的自觉践行。确立党的领袖的核心地位和科学理论的指导地位，维护党中央权威和领袖权威，这是马克思主义经典作家在其理论建设和实践斗争中反复强调的基本原则，具有深刻的马克思主义理论科学依据。

（一）政党和组织决定着无产阶级革命的生死存亡

习近平曾经深刻指出："马克思主义博大精深，归根到底就是一句话，为人类求解放。"[②]然而从人类文明的发展历程来看，追求人类解放的理想有多么崇高与恢宏，其现实分娩的过程就注定有多么艰辛与痛苦。不要忘了，当马克思、恩格斯发出呼喊"全世界无产者，联合起来"的时候，正是新兴的资本主义狂飙猛进的巅峰时刻。刚刚在新世界站稳脚跟的资产阶级及其政治上的代言人注定不会心甘情愿引颈就戮。他们注定会不惜动用一切必要手段对马克思、恩格斯极尽侮辱诋毁，甚至残酷迫害，也注定不惜动用一切资源将宣称要埋葬资产阶级的马克思主义先行送入坟墓。正因

---

①《列宁专题文集 论无产阶级政党》，人民出版社，2009年，第352页。

② 习近平：《在纪念马克思诞辰200周年大会上的讲话》，人民出版社，2018年，第8页。

如此，我们看到在面对用科学理论武装起来的革命群众时，资产阶级毫不犹豫一把扯掉了自己最后的那块遮羞布，他们平时挂在嘴边的“自由，平等，博爱”便毫不含糊被“步兵，骑兵，炮兵”取而代之了。[①]

1891年，恩格斯在为马克思的《法兰西内战》德文第三版撰写序言时，将巴黎公社革命与欧洲1848年革命进行类比，在谈到革命失败后无产阶级遭受的残酷屠戮时写道：“工人们经过了五天英勇斗争，终于失败。接着，对手无寸铁的俘虏的血腥屠杀就开始了，这样的屠杀自那场导致了罗马共和国覆灭的内战以来还未曾见过。资产阶级第一次表明了，一旦无产阶级敢于作为一个具有自身利益和要求的单独阶级来同它相对抗，它会以何等疯狂的残暴手段来进行报复。然而，和资产阶级在1871年的狂暴比较起来，1848年事件还只能算是一种儿戏。”[②]针对以往零散、混乱的工人革命运动，怎样与武装到牙齿的资产阶级进行斗争，马克思主义经典作家给出无产阶级的答案就是组织和纪律。1850年3月，马克思、恩格斯在《共产主义者同盟中央委员会告同盟书》中写道：“革命活动只有在集中的条件下才能发挥全部力量。”[③]“第一国际”时期，在批判巴枯宁“支部自治”“反权威主义”等错误观点时，马克思、恩格斯明确提出无产阶级政党必须凝聚自己的所有力量，强调如果每一个支部、每一个人都各行其是，党就只能陷入瓦解，就不能成为坚强统一的组织。1873年，马克思、恩格斯在《社会主义民主同盟和国际工人协会》一文中批判巴枯宁分子试图操纵第一国际以实现个人野心的阴谋和伎俩时再次强调：“为了保证革命的成功，必须有思想和行动的统一。”[④]

作为无产阶级伟大的理论家与革命家，列宁在领导俄国革命与建设的过程中，自始至终都对资产阶级的强大与凶残保持冷静清醒的认知，

①《马克思恩格斯文集》(第二卷)，人民出版社，2009年，第509页。
②《马克思恩格斯选集》(第三卷)，人民出版社，2012年，第46页。
③《马克思恩格斯选集》(第一卷)，人民出版社，2012年，第562页。
④《马克思恩格斯全集》(第18卷)，人民出版社，1964年，第382页。

多次强调要求无产阶级必须时刻睁大眼睛提防资产阶级旧势力的反扑与复辟，时刻准备与之进行长期、坚决且无情的斗争。在列宁看来，无产阶级夺取和巩固政权最有力的武器莫过于坚强的组织领导力。因此，列宁终其一生都在与企图削弱党的组织力、否定党的纪律性，主张把党变成一个松散联盟的形形色色的机会主义、无政府主义进行不懈斗争，并在这一过程中坚决捍卫与发展了马克思主义的科学理论。1906年12月，列宁在《同立宪民主党化的社会民主党人的斗争和党的纪律》一文中明确指出："工人阶级的力量在于组织。不组织群众，无产阶级就一事无成。组织起来的无产阶级就无所不能。"[①]列宁多次对全党强调，无产阶级革命取得胜利的重要保障和基本条件就是"实现无条件的集中和极严格的纪律"，主张无产阶级"不进行长期的、顽强的、拼命的、殊死的战争，不进行需要坚持不懈、纪律严明、坚定不移、百折不挠和意志统一的战争，便不能战胜资产阶级"[②]。

1903年7月17日至8月10日，俄国社会民主工党在布鲁塞尔（后转移到伦敦）召开了第二次代表大会，会议主要议程是讨论和通过党纲、党章，选举党的中央领导机构。在这次会议上，以列宁为首的俄国马克思主义者同马尔托夫等机会主义者围绕着党的组织原则等问题展开了激烈的斗争。以马尔托夫为代表的孟什维克派反对在俄国建立有组织的、纪律严明的马克思主义政党。他们认为，党的纪律就是党内的"农奴制"，主张党不是一个有组织的整体，而是每一个示威者、罢工者都可以自作主张、自行宣布加入的松散的、不定型的组织。以列宁为首的布尔什维克派与之针锋相对，提出党是工人阶级先进的、有组织的部队，是由中央和地方各级组织组成的纪律严明的整体，是工人阶级一切组织中的最高组织形式，因此，必须建立一个高度集中的、具有严格阶级性的、独

①《列宁全集》(第14卷)，人民出版社，2017年，第121页。

②《列宁专题文集 论无产阶级政党》，人民出版社，2009年，第245页。

立的马克思主义政党。1912年1月在布拉格召开的俄国社会民主工党第六次代表会议通过决议,把孟什维克清除出党,从此列宁领导的布尔什维克成为独立的新型的无产阶级政党。

1920年共产国际第二次代表大会召开前夕,列宁出版了《共产主义运动中的“左派”幼稚病》一书。书中在总结俄国革命斗争成功经验的同时,对德国“左派”共产党人围绕组织问题发起的进攻进行了有力回击。列宁认为:“要使无产阶级能够正确地、有效地、胜利地发挥自己的组织作用(而这正是它的主要作用),无产阶级政党的内部就必须实行极严格的集中和极严格的纪律。”[①]列宁强调,德国“左派”共产党人要求否定党的组织和纪律无异于自行解除无产阶级的武装,实际上是退回到小资产阶级的散漫和动摇,必将断送无产阶级的革命前程。在从资本主义向社会主义即共产主义的低级阶段过渡这样的艰难时刻里,无产阶级在夺取政权后只能实行革命专政,而其首要前提就必须巩固和发扬无产阶级的组织优势和纪律优势。

除了正面阐述政党和组织在革命中的作用和意义,马克思主义经典作家还善于总结革命失败的教训,纠正工人革命的错误倾向。1871年爆发的巴黎公社革命,作为无产阶级夺取政权的第一次伟大尝试,其政权仅仅存活了72天,就在国内外敌对势力的联合镇压下失败了。事后,恩格斯在总结巴黎公社失败教训时一针见血地指出,巴黎公社革命的失败,就是由于把权威用得“太少了”。在恩格斯看来,由于公社委员从一开始就分属不同的政治派别,内部思想上极不统一,难免导致斗争的方向和策略出现争议和问题。20年后,当谈到巴黎公社失败的原因时,列宁则认为,“胜利的社会革命至少要具备两个条件:生产力的高度发展和无产阶级的充分准备。但是在1871年,这两个条件都不具备”[②]。具体到阶级准备而言,革命

①《列宁专题文集 论无产阶级政党》,人民出版社,2009年,第252页。

②《列宁全集》(第20卷),人民出版社,2017年,第222页。

失败的原因中“最根本的一条，就是巴黎公社缺乏一个革命政党的领导。没有这样的政党的领导，不可能夺取政权，即使夺取了政权也不可能继续前进”[①]。可见，既没有坚强有力的政党，更缺乏有威望的权威，巴黎公社革命终究难以形成统一有效的思想和行动，最终也难免落得昙花一现的悲惨命运。

（二）权威和领袖指引着无产阶级革命的正确方向

立足唯物史观，马克思、恩格斯首先进一步明确了历史过程中群众与个人的关系及杰出人物的历史作用等一系列科学社会主义的基本原理。

众所周知，马克思、恩格斯立足“现实的人”及其实践活动，将全部历史的前提置于人与自然之间以“物质变换”的方式所从事的物质资料的生产之上，并由此将直接从事物质生产实践活动的普通群众视为历史发展的决定力量。换句话说，作为社会历史的主体性力量，人民群众既是历史的“剧中人”，也是历史的“剧作者”。然而唯物史观从人民群众创造历史这一基本前提出发，在明确人民群众创造历史的同时，并没有否认个人尤其是杰出人物的历史作用，而是主张杰出人物的历史作用要受到社会发展客观规律的制约，他们的存在体现出历史发展的必然性和偶然性的统一，是“时势造英雄”，而非“英雄造时势”。

对于这一点，马克思在《1848至1850年的法兰西阶级斗争》中就曾直言，“如爱尔维修所说的，每一个社会时代都需要有自己的大人物，如果没有这样的人物，它就要把他们创造出来”[②]。到了1894年，恩格斯在写给瓦尔特·博尔吉乌斯的信中再次从必然性与偶然性辩证统一的角度出发，详细阐释了人民群众创造历史与杰出人物历史作用的关系。恩格斯说：“恰巧某个伟大人物在一定时间出现于某一国家，这当然纯粹是一种偶然现

① 陈之骅：《巴黎公社：世界上第一个无产阶级政权——纪念巴黎公社革命150周年》，当代中国出版社，2021年，第58页。

②《马克思恩格斯选集》（第一卷），人民出版社，2012年，第502页。

象。但是,如果我们把这个人去掉,那时就会需要有另外一个人来代替他,并且这个代替者是会出现的,不论好一些或差一些,但是最终总是会出现的。恰巧拿破仑这个科西嘉人做了被本身的战争弄得精疲力竭的法兰西共和国所需要的军事独裁者,这是个偶然现象。但是,假如没有拿破仑这个人,他的角色就会由另一个人来扮演。这一点可以由下面的事实来证明:每当需要有这样一个人的时候,他就会出现,如凯撒、奥古斯都、克伦威尔等等。”[①] 不仅如此,恩格斯还以马克思发现唯物史观为例,指出这一伟大发现固然离不开马克思个人自觉地历史担当和卓越的科学精神,但同样也离不开梯叶里、米涅、基佐,以及1850年以前英国所有的历史编纂学家对历史规律的不懈探究。正是在这些历史上的伟大灵魂对历史规律与人类命运的不懈努力下,唯物史观的破茧出世在理论与实践上建立起历史必然性的根基。

19世纪三四十年代,伴随欧洲资本主义快速发展,无产阶级遭受的剥削与压迫也日趋严重,其与资产阶级的矛盾与日俱增,并开始形成具有国际性工人政党性质的组织——正义者联盟。1847年1月,马克思、恩格斯受同盟邀请,帮助其改组为“共产主义者同盟”,并为其起草了世界上第一个无产阶级政党的党纲——《共产党宣言》。在领导同盟改组过程中,马克思、恩格斯坚持不懈与同盟内部的各种错误思潮进行了坚决斗争。1852年,“共产主义者同盟”解散后,为了继续与资产阶级作斗争,马克思、恩格斯主导建立起国际工人协会,即“第一国际”。“第一国际”建立以后,马克思、恩格斯在主持和领导工人运动的同时继续与各种机会主义的错误思潮坚决斗争。在理论和现实的双重淬炼中,马克思、恩格斯向我们系统阐述了无产阶级政党科学的权威观和领袖观。

马克思、恩格斯认为,只有在无产阶级政党权威的领导下,工人群众单独的、分散的反抗运动才能上升为整个阶级的自觉的、统一的对抗斗争。

---

①《马克思恩格斯文集》(第十卷),人民出版社,2009年,第669页。

1871年12月，恩格斯在写给拉法格的信中指出："不强迫某些人接受别人的意志，也就是说没有权威，就不可能有任何的一致行动。不论这是多数表决人的意志，还是作为领导机构的委员会的意志，或是某一个个人的意志，它总是一种要强迫有不同意见的人接受的意志；而没有这种统一的和指导性的意志，要进行任何合作都是不可能的。"[①]为进一步批判巴枯宁无政府主义国家观，消除其对国际工人运动的恶劣影响，恩格斯应意大利《人民报》编辑恩·比尼亚米的多次请求，在1872—1873年写下了《论权威》一文。在文中，恩格斯首先从社会生产方式入手，强调现代化大工业本身就是资本主义时代的标志性产物，为追求资本利润，本身就拥有极高的组织性，必须通过不同工种、不同部门、不同机器的协作与配合才能保证生产活动顺利进行。组织的存在必然催生与之相适应的权威与服从关系。因此，"一方面是一定的权威，不管它是怎样形成的，另一方面是一定的服从，这两者都是我们不得不接受的……"[②]在此基础上，恩格斯强调，"把权威原则说成是绝对坏的东西，而把自治原则说成是绝对好的东西，这是荒谬的"[③]。与之类似，当我们把目光从经济活动转向政治生活，便不难发现，无论是过去资产阶级反抗封建贵族的斗争，还是今天无产阶级的革命与抗争，从来都是为了彻底颠覆统治阶级与被统治阶级之间的权威与服从关系。因此，无产阶级要么服从资产者的权威，要么靠自己的权威让资本跪倒在人民的脚下，二者必居其一。换句话说，只有在树立起无产阶级对资产阶级的统治和权威的基础上，通过解放和消灭无产阶级自身，才有可能最终解放全人类。因此，"革命无疑是天下最权威的东西。革命就是一部分人用枪杆、刺刀、大炮，即用非常权威的手段强迫另一部分人接受自己的意志"[④]。

在马克思主义发展史上，列宁首次系统阐述了无产阶级群众、阶级、政

---

①《马克思恩格斯文集》(第十卷)，人民出版社，2009年，第372页。
②《马克思恩格斯选集》(第三卷)，人民出版社，2012年，第276页。
③《马克思恩格斯选集》(第三卷)，人民出版社，2012年，第276页。
④《马克思恩格斯选集》(第三卷)，人民出版社，2012年，第277页。

党与领袖的关系。首先,列宁主张,群众是划分为阶级的,而一个阶级要作为整体来行动,就必须由其选举出来的坚强有力的政党来领导。政党又通常要由最有威信、最有影响、最有经验、被选出担任最重要职务、被称为领袖的人们所组成的比较稳定的集团来主持。这既是起码常识,也是简明道理。为此,列宁指出:"在历史上,任何一个阶级,如果不推举出自己的善于组织运动和领导运动的政治领袖和先进代表,就不可能取得统治地位。"[①]有鉴于此,"造就一批有经验、有极高威望的党的领袖是一件长期的艰难的事情。但是做不到这一点,无产阶级专政、无产阶级的'意志统一'就只能是一句空话"[②]。其次,列宁主张无产阶级政党在政治上和组织上必须实行民主集中制。列宁强调,"我们在自己的报刊上一向维护党内民主。但是我们从未反对过党的集中。我们主张民主集中制"[③]。民主集中制包括民主制和集中制,是"在民主基础上集中和在集中指导下民主"的生动体现。民主制保证了国家权力始终掌握在人民手中,无产阶级政党始终扎根于群众;集中制遵循"部分服从整体""少数服从多数""下级服从上级"的组织原则,可以有效凝聚全党力量、统一全党思想、规范全党行为。最后,列宁认为,按照民主集中制原则,必须发挥好党内监督的重要作用。列宁强调,党的领袖不是天使、圣人或英雄,而只是执行党的任务的普通人。既然是普通人,就难免会犯错误。一旦犯了错,党要勇敢去纠正这些错误。因此,列宁把党的集中制纪律定义为一句话:"行动一致,讨论和批评自由——这就是我们明确的看法",认为"没有讨论和批评的自由,无产阶级就不承认行动的一致"。[④]

苏共亡党、苏联解体是20世纪人类社会最重大的历史事件之一,使社会主义事业和人类解放事业遭受重大挫折和损失。分析苏共亡党、苏联解

①《列宁全集》(第4卷),人民出版社,2013年,第336页。
②《列宁全集》(第42卷),人民出版社,2017年,第336页。
③《列宁全集》(第27卷),人民出版社,2017年,第89页。
④《列宁专题文集 论无产阶级政党》,人民出版社,2009年,第341页。

体的原因，其中重要的一条就是苏共及其领导集团没有锻造出信仰坚定、成熟稳重、坚强有力的领导核心来领航掌舵，不能有效驾驭国内外的复杂局势而自乱阵脚，将改革引入错误方向，在否定党的领袖、抹黑党的形象的基础上，最终主动放弃了党对社会主义事业的领导地位。

作为苏共“二十大产儿”，青年时代的戈尔巴乔夫就深受赫鲁晓夫虚化苏联历史、抹黑苏联领袖的影响。虽然他口口声声要以列宁为师，要回归马列主义学说，即便他能够大段背诵和引用马列著作，但其本人始终“政治极不坚定”，内心“并没有真正忠诚于列宁的事业，没有真正信仰马列主义”。[①]在以“改革家”的姿态上台后，戈尔巴乔夫的整体改革措施脱离实际，急躁冒进，既缺乏审慎的深邃洞察，也没有周密系统的可行方略。在面对棘手问题和危机状况的关键时刻，戈尔巴乔夫既没有表现出驾驭复杂局面的高超本领，也全无无产阶级领袖的战略眼光、超高胆识，最终任由各种错误思潮占领了意识形态的领导阵地，放弃了马克思列宁主义的指导地位，取消了党对国家事业的领导权，背叛了人民的根本利益。正如俄罗斯著名历史学家罗伊·麦德维杰夫所指出的那样，“苏联解体是发生在戈尔巴乔夫执政时期，他是沿着‘改革’和‘新思维’路线前进的这艘巨轮的船长。大海波涛汹涌，巨轮的四周险象环生，而船长自己首先信心不足，船员也操作有误，加上这艘巨轮本身就不坚固，已不能高速航行，更经受不住如此之大的负荷。最终，船长不能控制住操作系统，这艘巨轮在失去方向和遭受重创之后，终于搁浅了”[②]。

（三）从“两个确立”看中国共产党的领导核心和科学理论

不难看出，领导核心和科学理论问题，始终是马克思主义政党的根本性问题。领导核心是权威、是灵魂，科学理论是旗帜、是方向，二者相生

---

① 陈武明：《苏共之殇：苏共亡党的若干教训》，党建读物出版社，2019年，第5页。

② [俄]罗伊·麦德维杰夫：《苏联的最后一年》，童师群、王晓玉、姚强译，社会科学文献出版社，2017年，第663~664页。

相成、共进同行，共同统一于无产阶级自身解放和全人类解放的伟大事业之中。

对马克思主义政党来说，能否确立一个成熟稳定的领导核心，锻造众望所归的杰出领袖，至关重要。不仅如此，马克思主义政党还要在领导核心的主导之下善于把马克思主义基本原理同本国具体实际和优秀传统文化相结合，创造出既揭示规律、指引道路又与时俱进、有效管用的科学理论，将其上升为党的指导思想，为党和人民的事业擘画蓝图、指明方向。马克思说："哲学把无产阶级当做自己的物质武器。同样，无产阶级也把哲学当做自己的精神武器。"①列宁强调，"只有以先进理论为指南的党，才能实现先进战士的作用"②。党的二十大报告指出："马克思主义科学理论指导是我们党坚定信仰信念、把握历史主动的根本所在。"③一个国家、一个民族要始终走在时代前列，一刻不能没有理论思维，一刻不能没有思想指引。思想理论对规律的揭示越深刻，对社会发展和变革的引领作用就越显著。

从国际共运史来看，正是有了马克思和恩格斯，才有了马克思主义。正是在马克思主义影响下，马克思主义政党才在世界范围内如雨后春笋般建立和发展起来，人民才第一次成为自己命运的主人，成为实现自身解放和全人类解放的根本政治力量。正是有了列宁，才有了列宁主义。正是在列宁主义引领下，布尔什维克党才夺取了俄国十月革命的伟大胜利，建立起世界上第一个社会主义国家，引领国际共产主义运动蓬勃兴起。列宁去世后，正是有了斯大林这个领导核心，苏联共产党才能领导人民取得卫国战争的伟大胜利，并且一跃成为社会主义现代化强国。苏联为什么解体？

---

①《马克思恩格斯文集》(第一卷)，人民出版社，2009年，第17页。

②《列宁专题文集 论无产阶级政党》，人民出版社，2009年，第71页。

③ 习近平：《高举中国特色社会主义伟大旗帜 为全面建设社会主义现代化国家而团结奋斗——在中国共产党第二十次全国代表大会上的报告》，人民出版社，2022年，第16页。

苏共为什么垮台？一个重要的原因就是不仅全盘否定了领袖的核心地位和历史功绩，而且放弃了马克思列宁主义指导地位，共产主义理想荡然无存，使党和人民失去了团结统一的共同政治基础、思想基础。最终酿成了制度巨变、国家解体的历史悲剧，使世界社会主义事业遭受严重挫折。

中国共产党一百多年波澜壮阔的历史启示我们，党的领导核心集中全党智慧创立的科学理论越是切合时代主题、揭示历史规律，党领导的伟大事业就越是蓬勃发展、行稳致远，党的核心地位就越是众望所归、坚如磐石。

从中国共产党成立到遵义会议，党处在幼年时期，没有产生深受全党爱戴的兼备理论力量和实践经验的领导核心，也没有形成把马克思主义基本原理同中国实际、中华文化相结合的一整套科学管用的革命理论。这正是党和人民事业早期屡受挫折，甚至面临失败危险的最重要原因。遵义会议决议中指出，全党同志像一个人一样团结在党中央的周围，为党中央的总路线奋斗到底，胜利必然是我们的。遵义会议"事实上确立了毛泽东同志在党中央和红军的领导地位，开始确立以毛泽东同志为主要代表的马克思主义正确路线在党中央的领导地位"[①]。以毛泽东同志为主要代表的中国共产党人，把马克思列宁主义基本原理同中国具体实际相结合，创立了毛泽东思想，实现了马克思主义中国化的第一次历史性飞跃。在毛泽东思想的指引下，中国人民取得了新民主主义革命的伟大胜利，创造了社会主义革命和建设的伟大成就。党的六届七中全会通过的《关于若干历史问题的决议》明确提出，党在奋斗的过程中产生了自己的领袖毛泽东同志。党的七大把毛泽东思想确立为党的指导思想并写入党章，充分体现了全党对毛泽东同志和毛泽东思想历史地位的高度认同。

党的十一届三中全会以后，以邓小平同志、江泽民同志、胡锦涛同志为

①《中共中央关于党的百年奋斗重大成就和历史经验的决议》，人民出版社，2021年，第6页。

主要代表的中国共产党人，继续探索中国建设社会主义的正确道路，创造了改革开放和社会主义现代化建设的伟大成就。这一过程中，先后形成了邓小平理论、“三个代表”重要思想、科学发展观等重要思想，构成了中国特色社会主义理论体系，实现了马克思主义中国化新的飞跃。党的十五大、十六大、十八大分别把邓小平理论、“三个代表”重要思想、科学发展观确立为党的指导思想，充分体现了全党对邓小平同志、江泽民同志、胡锦涛同志历史地位和他们创立的科学理论的高度认同。

党的十八大以来，中国特色社会主义进入新时代，中华民族伟大复兴进入关键期。以习近平同志为核心的党中央，以伟大的历史主动精神、巨大的政治勇气、强烈的责任担当，统筹国内国际两个大局，统揽伟大斗争、伟大工程、伟大事业、伟大梦想，出台一系列重大方针政策，推出一系列重大举措，推进一系列重大工作，战胜一系列重大风险挑战，解决了许多长期想解决而没有解决的难题，办成了许多过去想办而没有办成的大事，推动党和国家事业取得历史性成就、发生历史性变革。

在新时代的伟大实践中，习近平同志对关系党和国家事业发展的一系列重大理论和实践问题进行了深邃思考和科学判断，就新时代坚持和发展什么样的中国特色社会主义、怎样坚持和发展中国特色社会主义，建设什么样的社会主义现代化强国、怎样建设社会主义现代化强国，建设什么样的长期执政的马克思主义政党、怎样建设长期执政的马克思主义政党等重大时代课题，提出一系列原创性的治国理政新理念新思想新战略，是习近平新时代中国特色社会主义思想的主要创立者。习近平新时代中国特色社会主义思想是当代中国马克思主义、21世纪马克思主义，是中华文化和中国精神的时代精华，实现了马克思主义中国化新的飞跃。

在新时代的伟大斗争中，习近平同志充分展现出马克思主义政治家深邃的战略眼光和深刻的洞察力，马克思主义革命家强烈的历史担当和卓越的斗争勇气，马克思主义理论家高深的理论造诣和丰厚的文化底蕴，赢得了全党全国各族人民的高度信赖和真诚爱戴。新时代中国特色社会主义的伟大成就生动诠释了大国领袖的高瞻远瞩和雄韬伟略，勾勒出人民领袖的赤子情怀和人格魅力。习近平同志成为党中央的核心、全党的核心众望所归，成为新时代中国特色社会主义事业的掌舵者、领路人当之无愧。

党的十八届六中全会明确习近平同志的核心地位，党的十九大将习近平同志的核心地位写入党章，将习近平新时代中国特色社会主义思想确立为党的指导思想；党的十九届六中全会进一步确立习近平同志党中央的核心、全党的核心地位，确立习近平新时代中国特色社会主义思想的指导地位。这是全党在新时代革命性锻造中形成的普遍共识和共同意志，是我们党在新时代取得的最重要的政治成果，充分体现了全党对习近平同志历史地位和他创立的科学理论的高度认同。

深刻理解“两个确立”的决定性意义，是为了自觉做到“两个维护”，在新征程中筑牢全党全国各族人民共同奋斗的政治基础和思想基础，转化为实现中华民族伟大复兴的强大动力。

增强核心意识，坚决维护习近平同志党中央的核心、全党的核心地位。船重千钧，掌舵一人。没有党中央的核心、全党的核心，各自为政、各行其是，想干什么就干什么，想不干什么就不干什么，党就会变成一盘散沙，党的领导就会成为一句空话。坚决维护习近平同志党中央的核心、全党的核心地位必须始终在思想上、政治上、行动上同以习近平同志为核心的党中央保持高度一致。要不断提高政治判断力、政治领悟力、政治执行力。在思想上高度信赖核心、感情上衷心爱戴核心、政治上坚决维护核心、组织上自觉服从核心、行动上始终紧跟核心。

强化理论武装，自觉做习近平新时代中国特色社会主义思想的忠诚信奉者、坚定实践者。理论在一个国家实现的程度，总是取决于理论满足这个国家的需要程度。习近平新时代中国特色社会主义思想是在党的十八大以来我们党所经历的深刻革命性锻造中形成的，是经过实践检验、富有实践伟力的强大武器。理论创新每前进一步，理论武装就跟进一步。对习近平新时代中国特色社会主义思想要常学常新、常新常学，在学习中不断提高对“两个确立”的政治认同、思想认同、情感认同，不断收获指导实践、推动工作的现实力量。

笃行实干担当，在新时代新征程上建功立业、奋勇争先。“两个维护”不是抽象的而是具体的，要落实在实际行动上。要坚决贯彻党中央决策部署。正确处理保证中央政令畅通和立足实际创造性开展工作的关系，做到令行禁止，不打折扣、不做选择、不搞变通。要切实履职尽责、做好本职工作。把干事担当作为第一要务，敢做决断、敢担责任，不能推诿扯皮，更不能尸位素餐。要时刻注意检视自身言行。经常从知行合一的角度审视自己、要求自己、检查自己，努力做到平常时候看得出来、关键时刻站得出来、危急关头豁得出来，以实际行动在新的赶考之路上贡献自己的一份力量。

第八讲

商品背后的故事，你了解多少？

习近平在十八届中央政治局第二十八次集体学习时强调:"马克思主义政治经济学是马克思主义的重要组成部分,也是我们坚持和发展马克思主义的必修课。马克思、恩格斯根据辩证唯物主义和历史唯物主义的世界观和方法论,批判继承历史上经济学特别是英国古典政治经济学的思想成果,通过对人类经济活动的深入研究,创立了马克思主义政治经济学,揭示了人类社会特别是资本主义社会经济运动规律。"因此,"现在,各种经济学理论五花八门,但我们政治经济学的根本只能是马克思主义政治经济学,而不能是别的什么经济理论"[①]。马克思主义政治经济学是我们推进社会主义经济建设的重要指导思想。劳动价值论和剩余价值理论是马克思主义政治经济学的两个重要组成部分。这一讲,我们一起来走近马克思主义的劳动价值论。

一、解剖商品

(一)自然经济与商品经济

东晋著名诗人陶渊明的《桃花源记》是我们中学时代就耳熟能详的中国古典文化的经典作品。在文中,陶渊明以生动、细腻的笔触为我们勾画出一幅中国古代田园诗般的美好生活场景。古代中国作为农耕文明的典型代表,长期都是以自然经济为主导的社会形态。自然经济是原始社会、奴隶社会和封建社会中的主导型的经济形态。所谓自然经济即是自给自足经济,指人们的生产是为了直接满足生产者个人或经济单位的需要,而不是为了交换的经济形式。由于自然经济本质上是生产力水平低下、社会分工不发达的产物,具有保守封闭的特征,因此随着社会生产力和商品经济的发展,自然经济逐渐瓦解,并随着封建社会向资本主义社会过渡,其主导地位最终为商品经济所取代。商品经济是社会经济发展到一定阶段的产物,是以交换为目的而进行生产的经济形式,是商品生产和商品交换的

① 习近平:《论党的宣传思想工作》,中央文献出版社,2020年,第134页。

总称。市场经济是在商品经济基础上发展起来的，其最主要的特征是市场对资源配置起基础性调节作用。

商品经济的产生离不开两个前提条件，一方面要存在社会分工，某一生产者或生产部分要专门从事某种生产，他们使生产行为变得高度专业化。另一方面，生产资料和劳动产品属于不同所有者，在这种情况下，只有通过交换才能满足人们的不同需求。

> 一个人生产一个物品要是为自己直接使用，供自己消费，他创造的就是产品而不是商品。作为一个自给自足的生产者，他与社会没有关系。但是，一个人要生产一个商品，就不仅要生产能满足某种社会需要的物品，而且他的劳动本身也应该是社会所耗费的劳动总额的一部分。他的劳动应该从属于社会内部的分工。没有别的分工，这种劳动就算不了什么，它所以必需，是为了补充别的分工。①
>
> 在产品普遍采取商品形式的社会里，也就是在商品生产者的社会里，作为独立生产者的私事而各自独立进行的各种有用劳动的这种质的区别，发展成一个多支的体系，发展成社会分工。②
>
> 物质劳动和精神劳动的最大的一次分工，就是城市和乡村的分离。城乡之间的对立是随着野蛮向文明的过渡、部落制度向国家的过渡、地域局限性向民族的过渡而开始的，它贯穿着文明的全部历史直至现在(反谷物法同盟)。——随着城市的出现，必然要有行政机关、警察、赋税等等，一句话，必然要有公共机构，从而也就必然要有一般政治。在这里，居民第一次划分为两大阶级，这种划分直接以分工和生产工具为基础。③

---

①《马克思恩格斯文集》(第三卷)，人民出版社，2009年，第47页。

②《马克思恩格斯文集》(第五卷)，人民出版社，2009年，第56页。

③《马克思恩格斯文集》(第一卷)，人民出版社，2009年，第556页。

生产力的这种发展,最终总是归结为发挥作用的劳动的社会性质,归结为社会内部的分工,归结为脑力劳动特别是自然科学的发展。[①]

分工,水力特别是蒸汽力的利用,机器装置的应用,这就是从上世纪中叶起工业用来摇撼世界基础的三个伟大的杠杆。[②]

在共产主义社会高级阶段,在迫使个人奴隶般地服从分工的情形已经消失,从而脑力劳动和体力劳动的对立也随之消失之后;在劳动已经不仅仅是谋生的手段,而且本身成了生活的第一需要之后;在随着个人的全面发展,他们的生产力也增长起来,而集体财富的一切源泉都充分涌流之后,——只有在那个时候,才能完全超出资产阶级权利的狭隘眼界,社会才能在自己的旗帜上写上:各尽所能,按需分配![③]

(二)商品二因素与劳动二重性

对资产阶级社会说来,劳动产品的商品形式,或者商品的价值形式,就是经济的细胞形式。[④]

资本主义生产方式占统治地位的社会的财富,表现为"庞大的商品堆积",单个的商品表现为这种财富的元素形式。因此,我们的研究就从分析商品开始。[⑤]

最初一看,商品好像是一种简单而平凡的东西。对商品的分析表明,它却是一种很古怪的东西,充满形而上学的微妙和神学的怪诞。[⑥]

---

①《马克思恩格斯文集》(第七卷),人民出版社,2009年,第96页。
②《马克思恩格斯文集》(第一卷),人民出版社,2009年,第406页。
③《马克思恩格斯文集》(第三卷),人民出版社,2009年,第435~436页。
④《马克思恩格斯文集》(第五卷),人民出版社,2009年,第8页。
⑤《马克思恩格斯文集》(第五卷),人民出版社,2009年,第47页。
⑥《马克思恩格斯文集》(第五卷),人民出版社,2009年,第88页。

今天,商品充斥于人类社会生活的每一个角度。每时每刻,我们的生活中都离不开形形色色的商品。那么,马克思主义是如何定义商品的呢?商品是用来交换,能满足人们某种需要的劳动产品。商品是使用价值与价值的矛盾统一体。使用价值和价值是任何商品所具有的两种因素。使用价值是指商品能满足人们某种需要的有用性。使用价值是商品的自然属性,反映的是人与自然之间的物质关系。价值是凝结在商品中的无差别的一般人类劳动,即人类脑力和体力的耗费。价值是商品所特有的社会属性。任何有用物品都具有使用价值,但只有这种有用物品是劳动产品并作为商品时,它才具有价值。商品的价值和使用价值是对立统一的关系,一方面,作为商品,必须同时具有使用价值和价值两个因素;另一方面,使用价值和价值相互排斥,二者不可兼得。

> 商品是一种二重的东西,即使用价值和交换价值。[①]
>
> 商品不是只存在于想象之中的一般劳动时间的物化(这种劳动时间本身只是和自身的质相分离、仅仅在量上不同的劳动),而是一定的、自然规定的、在质上和其他劳动不同的劳动的一定结果。[②]
>
> 一个人生产一个物品要是为自己直接使用,供自己消费,他创造的就是产品而不是商品。作为一个自给自足的生产者,他与社会没有关系。但是,一个人要生产一个商品,就不仅要生产能满足某种社会需要的物品,而且他的劳动本身也应该是社会所耗费的劳动总额的一部分。他的劳动应该从属于社会内部的分工。没有别的分工,这种劳动就算不了什么,它所以必需,是为了补充别的分工。[③]
>
> 对资产阶级社会说来,劳动产品的商品形式,或者商品的价值形

①《马克思恩格斯文集》(第五卷),人民出版社,2009年,第54页。
②《马克思恩格斯文集》(第八卷),人民出版社,2009年,第41页。
③《马克思恩格斯文集》(第三卷),人民出版社,2009年,第47页。

式，就是经济的细胞形式。在浅薄的人看来，分析这种形式好像是斤斤于一些琐事，这的确是琐事，但这是显微解剖学所要做的那种琐事。[①]

物的有用性使物成为使用价值。[②]

不论财富的社会的形式如何，使用价值总是构成财富的物质的内容。[③]

交换价值首先表现为一种使用价值同另一种使用价值相交换的量的关系或比例，这个比例随着时间和地点的不同而不断改变。[④]

简言之，种种商品体，是自然物质和劳动这两种要素的结合。[⑤]

一个商品，只要它的价值取得一个特别的、不同于它的自然形式的表现形式，只要它的价值取得一个特别的、不同于它的自然形式的表现形式，即交换价值形式，它就表现为这样的二重物。[⑥]

商品占有者的商品对他没有直接的使用价值……他的商品直接有的只是这样的使用价值：它是交换价值的承担者，从而是交换手段。[⑦]

一切商品对它们的占有者是非使用价值，对它们的非占有者是使用价值。因此，商品必须全面转手。这种转手就形成商品交换，而商品交换使商品彼此作为价值发生关系并作为价值来实现。[⑧]

劳动的二重性指具体劳动和抽象劳动。具体劳动是指生产一定使用价值的具体形式的劳动，是物的人格化的体现；抽象劳动是指撇开一切具体形式的、无差别的一般人类劳动，即人的体力和脑力的耗费，是人格的物

---

①《马克思恩格斯文集》（第五卷），人民出版社，2009年，第8页。
②《马克思恩格斯文集》（第五卷），人民出版社，2009年，第48页。
③《马克思恩格斯文集》（第五卷），人民出版社，2009年，第49页。
④《马克思恩格斯文集》（第五卷），人民出版社，2009年，第49页。
⑤《马克思恩格斯文集》（第五卷），人民出版社，2009年，第56页。
⑥《马克思恩格斯文集》（第五卷），人民出版社，2009年，第76页。
⑦《马克思恩格斯文集》（第五卷），人民出版社，2009年，第104页。
⑧《马克思恩格斯文集》（第五卷），人民出版社，2009年，第104页。

化的体现。劳动的二重性决定了商品的二因素,具体劳动创造商品的使用价值,抽象劳动形成商品的价值。具体劳动和抽象劳动是对立统一的关系:一方面,二者在时间上和空间上是统一的,是商品生产者的同一劳动过程不可分割的两个方面;另一方面,二者又分别反映劳动的不同属性,具体劳动反映的是人与自然之间的关系,是劳动的自然属性,抽象劳动反映的是商品生产者的社会关系,是劳动的社会属性。

> 生产交换价值的劳动是抽象一般的和相同的劳动,而生产使用价值的劳动是具体的和特殊的劳动。[①]
>
> 一切劳动,一方面是人类劳动力在生理学意义上的耗费;就相同的或抽象的人类劳动这个属性来说,它形成商品价值。一切劳动,另一方面是人类劳动力在特殊的有一定目的的形式上的耗费;就具体的有用的劳动这个属性来说,它生产使用价值。[②]

(三)商品价值量的决定因素

商品价值量的决定因素是什么?答案就是劳动时间,但这里的劳动时间并不是单个人的劳动时间,而是社会必要劳动时间。社会必要劳动时间是在现有的社会正常的生产条件下,在社会平均的劳动熟练程度和劳动强度下制造某种使用价值所需要的劳动时间。假如一部门大多数企业生产一件衣服的时间是10小时,那么10小时就是这一部门生产一件衣服的社会必要劳动时间。商品的价值量与生产商品所耗费的劳动时间成正比,与劳动生产力水平成反比。商品的价值量同简单劳动与复杂劳动有密切关系,形成商品价值量的劳动,是以简单劳动为尺度的,复杂劳动等于自乘的或多倍的简单劳动。

---

①《马克思恩格斯全集》(第31卷),人民出版社,1998年,第428页。

②《马克思恩格斯文集》(第五卷),人民出版社,2009年,第60页。

可能会有人这样认为,既然商品的价值由生产商品所耗费的劳动量来决定,那么一个人越懒,越不熟练,他的商品就越有价值,因为他制造商品需要花费的时间越多。但是,形成价值实体的劳动是相同的人类劳动,是同一的人类劳动力的耗费。体现在商品世界全部价值中的社会的全部劳动力,在这里是当做一个同一的人类劳动力,虽然它是由无数单个劳动力构成的。①

我们知道,每个商品的价值都是由物化在该商品的使用价值中的劳动的量决定的,是由生产该商品的社会必要劳动时间决定的。②

每一种商品(因而也包括构成资本的那些商品)的价值,都不是由这种商品本身包含的必要劳动时间决定的,而是由它的再生产所需要的社会必要劳动时间决定的。这种再生产可以在和原有生产条件不同的、更困难或更有利的条件下进行。……但是,如果它包含资本有机构成的变化,就是说,使可变资本部分对不变资本部分的比率提高或降低,那么,在其他条件不变的情况下,利润率就会随着可变资本的相对提高而提高,随着可变资本的相对降低而降低。如果只是预付资本的货币价值(由于货币的价值变动)提高或降低,那么,剩余价值的货币表现就会按相同的比例提高或降低。③

社会必要劳动时间是在现有的社会正常的生产条件下,在社会平均的劳动熟练程度和劳动强度下制造某种使用价值所需要的劳动时间。④

比较复杂的劳动只是自乘的或不如说多倍的简单劳动,因此,少量的复杂劳动等于多量的简单劳动。⑤

---

①《马克思恩格斯文集》(第五卷),人民出版社,2009年,第52页。
②《马克思恩格斯文集》(第五卷),人民出版社,2009年,第218页。
③《马克思恩格斯文集》(第七卷),人民出版社,2009年,第157页。
④《马克思恩格斯文集》(第五卷),人民出版社,2009年,第52页。
⑤《马克思恩格斯文集》(第五卷),人民出版社,2009年,第58页。

比社会的平均劳动较高级、较复杂的劳动,是这样一种劳动力的表现,这种劳动力比普通劳动力需要较高的教育费用,它的生产要花费较多的劳动时间,因此它具有较高的价值。既然这种劳动力的价值较高,它也就表现为较高级的劳动,也就在同样长的时间内对象化为较多的价值。[①]

价值不是由某个生产者个人生产一定量商品或某个商品所必要的劳动时间决定,而是由社会必要的劳动时间,由当时社会平均生产条件下生产市场上这种商品的社会必需总量所必要的劳动时间决定。[②]

(四)价值形式的发展与货币

从历史上看,商品价值形式的发展经历了四个阶段,即简单的或偶然的价值形式、总和的或扩大的价值形式、一般价值形式,以及货币形式。可见,货币是在长期交换过程中形成的固定充当一般等价物的商品,是商品经济内在矛盾发展的产物,货币的本质体现为一种社会关系。

货币具有价值尺度、流通手段、贮藏手段、支付手段和世界货币等职能,其中价值尺度和流通手段是最基本的职能。随着货币的出现,整个商品世界分成了两极:一极是各种各样的商品,它们都作为特殊的使用价值存在,要求转化为价值;另一极是货币,它直接作为价值的化身而存在,随时可以转化为任何一种有特殊使用价值的商品。这样就使商品内在的使用价值和价值的矛盾发展成为外在的商品和货币的矛盾。

产品作为交换价值的规定,必然造成这样的结果:交换价值取得一个和产品相分离即相脱离的存在。同各种商品本身相脱离并且自

①《马克思恩格斯文集》(第五卷),人民出版社,2009年,第230页。
②《马克思恩格斯文集》(第七卷),人民出版社,2009年,第722页。

身作为一种商品又同这些商品并存的交换价值,就是货币。①

金银天然不是货币,但货币天然是金银。②

货币转化为资本,必须根据商品交换的内在规律来加以说明,因此等价物的交换应该是起点。③

商品的交换价值是在商品的价格中取得这种独立的、与其使用价值完全无关的、表现为物化社会劳动时间的单纯存在的形式的;在价格这个表现中,交换价值表现为交换价值,即表现为货币,并且它因此就表现在计算货币上。④

货币经济是一切商品生产所共有的,产品在各种各样的社会生产机体中表现为商品。⑤

马克思进而研究商品和货币的关系,并且论证了商品和商品交换怎样和为什么由于商品内在的价值属性必然要造成商品和货币的对立。他的建立在这个基础上的货币理论是第一个详尽无遗的货币理论,今天已为大家所默认了。⑥

商品价格只有在货币价值不变、商品价值提高时,或在商品价值不变、货币价值降低时,才会普遍提高。反之,商品价格只有在货币价值不变、商品价值降低时,或在商品价值不变、货币价值提高时,才会普遍降低。由此决不能得出结论说,货币价值提高,商品价格必定相应降低。⑦

货币流通表示同一个过程的不断的单调的重复。商品总是在卖

①《马克思恩格斯文集》(第八卷),人民出版社,2009年,第42页。
②《马克思恩格斯文集》(第五卷),人民出版社,2009年,第108页。
③《马克思恩格斯文集》(第五卷),人民出版社,2009年,第193页。
④《马克思恩格斯文集》(第八卷),人民出版社,2009年,第432页。
⑤《马克思恩格斯文集》(第六卷),人民出版社,2009年,第133页。
⑥《马克思恩格斯文集》(第六卷),人民出版社,2009年,第22页。
⑦《马克思恩格斯文集》(第五卷),人民出版社,2009年,第119页。

这方面,货币总是作为购买手段在买者方面。货币作为购买手段执行职能,是在它实现商品的价格的时候。而货币在实现商品的价格的时候,把商品从卖者手里转到买者手里,同时自己也从买者手里离开,到了卖者手里,以便再去同另一个商品重复同样的过程。[①]

如果撇开商品流通的物质内容,撇开各种使用价值的交换,只考察这一过程所造成的经济形式,我们就会发现,货币是这一过程的最后产物。商品流通的这个最后产物是资本的最初的表现形式。[②]

货币作为价值尺度,是商品内在的价值尺度即劳动时间的必然表现形式。[③]

撇开这一点不说,货币的循环,即货币流回到它的起点,作为资本周转的要素,是一种和货币的流通完全不同甚至相反的现象。货币的流通表示货币经过一系列人的手而不断地离开起点。不过,周转的加速本身就包含着流通的加速。[④]

二、价值规律

价值规律是商品生产和商品交换的基本规律。这一规律的主要内容和客观要求是:商品的价值量由生产商品的社会必要劳动时间决定;商品交换以价值量为基础,按照等价交换的原则进行。价值规律的表现形式:商品的价格围绕价值自发波动。

价值规律是一把双刃剑,具有双重作用。价值规律的积极作用是:自发地调节生产资料和劳动力在社会各生产部门之间的分配比例,自发地刺激社会生产力的发展,自发地调节社会收入的分配。价值规律的消极作用

---

①《马克思恩格斯文集》(第五卷),人民出版社,2009年,第137页。

②《马克思恩格斯文集》(第五卷),人民出版社,2009年,第171页。

③《马克思恩格斯选集》(第二卷),人民出版社,1995年,第146~147页。

④《马克思恩格斯文集》(第六卷),人民出版社,2009年,第378~379页。

是：导致社会资源浪费，导致收入两极分化，阻碍技术的进步，阻碍社会生产力的发展。

> 一种商品的价值同其他任何一种商品的价值的比例，就是生产前者的必要劳动时间同生产后者的必要劳动时间的比例。①
>
> 生产这些产品的社会必要劳动时间作为起调节作用的自然规律强制地为自己开辟道路，就像房屋倒在人的头上时重力定律强制地为自己开辟道路一样。②
>
> 价格和价值量之间的量的不一致的可能性，或者价格偏离价值量的可能性，已经包含在价格形式本身中。……在这种生产方式下，规则只能作为没有规则性的盲目起作用的平均数规律来为自己开辟道路。③
>
> 要想得到与各种不同的需要量相适应的产品量，就要付出各种不同的和一定量的社会总劳动量。这种按一定比例分配社会劳动的必要性，决不可能被社会生产的一定形式所取消，而可能改变的只是它的表现方式，这是不言而喻的。自然规律是根本不能取消的。在不同的历史条件下能够发生变化的，只是这些规律借以实现的形式。④

三、私有制基础上商品经济的基本矛盾

私人劳动和社会劳动的矛盾构成私有制商品经济的基本矛盾。商品生产者的劳动的私人性质是由生产资料私有制决定的。由于生产资料私有制的存在，每个商品生产者作为私有者，都独立地进行商品生产活动，拥有生产出来的劳动产品，并自负盈亏。因此，在私有制条件下，商品生产者

①《马克思恩格斯文集》（第五卷），人民出版社，2009年，第53页。
②《马克思恩格斯文集》（第五卷），人民出版社，2009年，第92页。
③《马克思恩格斯文集》（第五卷），人民出版社，2009年，第123页。
④《马克思恩格斯文集》（第十卷），人民出版社，2009年，第289页。

的劳动是按照自己的利益和要求进行的，是具有私人性质的私人劳动。然而在社会分工条件下，每个商品生产者在社会分工体系中从事的是某一种商品的生产，商品生产者之间是相互联系、相互依存，彼此交换生产商品。这样，每个商品生产者的劳动都是社会总劳动的一部分，是具有社会性质的社会劳动。

私人劳动和社会劳动之所以成为私有制基础上商品经济的基本矛盾，主要原因有三点。首先，私人劳动和社会劳动的矛盾决定着商品经济的本质及发展过程。交换是商品经济的本质，是解决私人劳动和社会劳动之间矛盾的唯一途径。其次，私人劳动和社会劳动的矛盾，是商品经济的其他一切矛盾的基础。最后，私人劳动和社会劳动的矛盾决定着商品生产者的命运。

> 商品的惊险的跳跃。这个跳跃如果不成功，摔坏的不是商品，但一定是商品占有者。[①]
>
> 使用物品成为商品，只是因为它们是彼此独立进行的私人劳动的产品。这种私人劳动的总和形成社会总劳动。因为生产者只有通过交换他们的劳动产品才发生社会接触，所以，他们的私人劳动的独特的社会性质也只有在这种交换中才表现出来。换句话说，私人劳动在事实上证实为社会总劳动的一部分，只是由于交换使劳动产品之间、从而使生产者之间发生了关系。[②]
>
> 只有独立的互不依赖的私人劳动的产品，才作为商品互相对立。[③]
>
> 在产品普遍采取商品形式的社会里，也就是在商品生产者的社会里，作为独立生产者的私事而各自独立进行的各种有用劳动的这种质

①《马克思恩格斯文集》(第五卷)，人民出版社，2009年，第127页。
②《马克思恩格斯文集》(第五卷)，人民出版社，2009年，第90页。
③《马克思恩格斯文集》(第五卷)，人民出版社，2009年，第55页。

的区别,发展成一个多支的体系,发展成社会分工。[①]

彼此独立的私人劳动的独特的社会性质在于它们作为人类劳动而彼此相等,并且采取劳动产品的价值性质的形式——商品生产这种特殊生产形式才具有的这种特点,对受商品生产关系束缚的人们来说,无论在上述发现以前或以后,都是永远不变的。[②]

在商品生产者的社会里,一般的社会生产关系是这样的:生产者把他们的产品当做商品,从而当做价值来对待,而且通过这种物的形式,把他们的私人劳动当做等同的人类劳动来互相发生关系。[③]

四、商品拜物教

马克思的劳动价值论揭示了私有制条件下商品经济的基本矛盾,为从物与物的关系背后揭示人与人的关系提供了理论依据。

在商品经济中,通过商品生产和商品交换所体现的人和人之间的社会关系,表现为商品和商品之间的物的关系。商品生产者只有把商品这个物交换出去,才能得以生存;如果交换不出去,就得不到补偿,就面临破产的危险。因此,商品和商品之间的物与物的关系就成为支配商品生产者命运的关系,成为物对人的统治关系。于是商品生产者对作为商品的物就产生了一种像对神一样的虚幻的崇拜。商品所具有的把人们之间的社会关系虚幻化为物与物的关系的性质,就是商品的拜物教性质。商品的这种神秘的拜物教性质不是来源于商品的使用价值,也不是来源于形成商品价值的抽象劳动,而是来源于劳动产品取得商品形态后生产商品的劳动所特有的社会性质及私人劳动和社会劳动的矛盾。

---

①《马克思恩格斯文集》(第五卷),人民出版社,2009年,第56页。

②《马克思恩格斯文集》(第五卷),人民出版社,2009年,第91~92页。

③《马克思恩格斯文集》(第五卷),人民出版社,2009年,第97页。

通俗地讲，在商品社会，货币，不仅消灭了商品一切质的差别，又消灭了所有其他的差别，货币在人们的生活中取得了一种至高无上的权利，人们对其崇拜有加。一切似乎都可以换成钱，一切都想换成钱，甚至连尊严、道德、人格都可以在出价足够高时顺手转让。市场流通变成了巨大的社会蒸馏器，一切东西抛到里边去，再出来时都变成了货币的结晶。货币拜物教的假象就在此基础上建立起来了：似乎钱不只是一个中介，而是一切价值行为的目的，人们赚钱不是为了用钱去换取必要的生活需求，而是可以把自己必要的生活需求去折换成更多的钱。换言之，交换的目的从人们想要获得一些必要的商品，变成了人们只想要得到单纯的货币本身。

> 金钱是人的劳动和人的存在的同人相异化的本质；这种异己的本质统治了人，而人则向它顶礼膜拜。[①]
>
> 资本不是物，而是一定的、社会的、属于一定历史社会形态的生产关系，后者体现在一个物上，并赋予这个物以独特的社会性质。[②]
>
> 经济学家们把人们的社会生产关系和受这些关系支配的物所获得的规定性看作物的自然属性，这种粗俗的唯物主义，是一种同样粗俗的唯心主义，甚至是一种拜物教，它把社会关系作为物的内在规定归之于物，从而使物神秘化。[③]
>
> 现在社会劳动的生产力和社会劳动的特殊形式，表现为资本的生产力和形式，即对象化劳动的，物的劳动条件（它们作为这种独立的要素，人格化为资本家，同活劳动相对立）的生产力和形式。这里，我们又遇到关系的颠倒，我们在考察货币时，已经把这种关系颠倒的表现称为拜物教。[④]

---

①《马克思恩格斯文集》（第一卷），人民出版社，2009年，第52页。
②《马克思恩格斯文集》（第七卷），人民出版社，2009年，第922页。
③《马克思恩格斯全集》（第31卷），人民出版社，1998年，第85页。
④《马克思恩格斯文集》（第八卷），人民出版社，2009年，第392页。

马克思劳动价值论揭示了商品经济的一般规律,对理解社会主义市场经济具有指导意义。虽然马克思劳动价值论是在对私有制商品经济进行深入系统分析的基础上提出来的,但是撇开其中的制度因素,它所包含的关于价值的本质和价值量的规定的理论,关于价值形式的演变和货币的产生及其本质的理论,关于价值规律的理论等,都是对商品生产、商品交换和市场经济发展一般规律的揭示。我国已建立并正在完善社会主义市场经济体制,在发展社会主义市场经济的过程中,马克思在劳动价值论中所揭示的关于商品生产和商品交换的一般理论,对于我国深化经济体制改革,完善社会主义市场经济体制,实现社会主义现代化建设的宏伟目标,具有重要的现实指导意义。

发展为了人民,这是马克思主义政治经济学的根本立场。马克思、恩格斯指出:"无产阶级的运动是绝大多数人的、为绝大多数人谋利益的独立的运动",在未来社会"生产将以所有的人富裕为目的"。邓小平同志指出,社会主义的本质,是解放生产力,发展生产力,消灭剥削,消除两极分化,最终达到共同富裕。党的十八届五中全会鲜明提出要坚持以人民为中心的发展思想,把增进人民福祉、促进人的全面发展、朝着共同富裕方向稳步前进作为经济发展的出发点和落脚点。这一点,我们任何时候都不能忘记,部署经济工作、制定经济政策、推动经济发展都要牢牢坚持这个根本立场。

马克思主义政治经济学认为,分配决定于生产,又反作用于生产,"而最能促进生产的是能使一切社会成员尽可能全面地发展、保持和施展自己能力的那种分配方式"。从我国实际出发,我们确立了按劳分配为主体、多种分配方式并存的分配制度。实践证明,这一制度安排有利于调动各方面积极性,有利于实现效率和公平有机统一。由于种种原因,目前我国收入分配中还存在一些突出的问题,主要是收入差距拉大、劳动报酬在初次分配中的比重较低、居民收入在国民收入分配中的比重偏低。对此,我们要高度重视,努力推动居民收入增长和经济增长同步、劳动报酬提高和劳动生产率提高同步,不断健全体制机制和具体政策,调整国民收入分配格局,持续增加城乡居民收入,不断缩小收入差距。

在社会主义条件下发展市场经济,是我们党的一个伟大创举。我国经济发展获得巨大成功的一个关键因素,就是我们既发挥了市场经济的长处,又发挥了社会主义制度的优越性。我们是在中国共产党领导和社会主义制度的大前提下发展市场经济,什么时候都不能忘了"社会主义"这个定语。之所以说是社会主义市场经济,就是要坚持我们的制度优越性,有效防范资本主义市场经济的弊端。我们要坚持辩证法、两点论,继续在社会主义基本制度与市场经济的结合上下功夫,把两方面优势都发挥好,既要"有效的市场",也要"有为的政府",努力在实践中破解这道经济学上的世界性难题。

我们坚持马克思主义政治经济学基本原理和方法论,并不排斥国外经济理论的合理成分。西方经济学关于金融、价格、货币、市场、竞争、贸易、汇率、产业、企业、增长、管理等方面的知识,有反映社会化大生产和市场经济一般规律的一面,要注意借鉴。同时,对国外特别是西方经济学,我们要坚持去粗取精、去伪存真,坚持以我为主、为我所用,对其中反映资本主义制度属性、价值观念的内容,对其中具有西方意识形态色彩的内容,不能照抄照搬。经济学虽然是研究经济问题,但不可能脱离社会政治,纯而又纯。在我们的经济学教学中,不能食洋不化,还是要讲马克思主义政治经济学,当代中国社会主义政治经济学要大讲特讲,不能被边缘化。[1]

---

① 习近平:《论党的宣传思想工作》,中央文献出版社,2022年,第137~141页。

第九讲

为什么要为资本设置『红绿灯』？

据美联社报道,2020年10月4日,教皇方济各发表题为“众位弟兄”的通谕大纲,其中提及他对后疫情时代世界的思考。他在通谕中写道,新冠肺炎疫情大流行证明了市场资本主义的“神奇理论”已经失败,世界需要一种新的政治形式以促进对话、团结,并且不惜一切代价阻止战争。2020年10月12日,世界报业辛迪加网站刊载题为《新冠肺炎疫情过后的资本主义》的文章,作者为世界经济论坛创始人、执行主席克劳斯·施瓦布。在文中,施瓦布指出,自二战结束以来,对全球影响最为深远的莫过于2020年新冠肺炎危机。新冠肺炎疫情引发了几代人都见所未见的公共卫生和经济危机,并且加剧了不平等和大国对抗等系统性问题。在他看来,应对此次危机唯一可行的策略是“大规模重启”我们的政治、社会和经济。具体而言,我们需要重新思考“资本主义”。我们必须重新思考金融、环境、社会或人文等诸多迭代因素中“资本”的含义。

显而易见,资本主义制度是现代化进程的先行者,人类现代文明的突出特征即是“资本的文明”。那么,到底什么是资本主义呢?为什么世界上这么多国家纷纷走上资本主义发展道路呢?资本主义的本质与核心又是什么呢?这就是我们今天需要解决的问题。

> 我讲的资本主义,是指一种社会形态。在这种社会形态中,社会生活的物质、社会和知识基础之供给和塑造,受资本的流通和积累过程支配。[1]
>
> 资本主义最重要的要素之一,就是永不停歇、贪得无厌地榨取财富的强烈需要。之所以会产生这种无穷欲望,是因为财富与权力是不可分割的。资本在很大程度上具有指挥他人和让他人服从的力量,这

---

①[美]大卫·哈维:《资本社会的17个矛盾》,许瑞宋译,中信出版集团,2016年,第Ⅲ页。

就是权力。①

资本主义的统治关系有两个。其中的一个是一无所有的人对社会的依赖,不存在这样的依赖关系资本就无法施加其组织影响力……这里,我想探讨的是另一种思考,这一方面较少得到验证,即资本积累的永不停歇、贪得无厌的欲望。②

《共产主义ABC》出版于1919年10月,是俄国著名马克思主义理论家布哈林和普列奥布拉任斯基合著的作品,是为配合1919年俄共(布)八大通过的新党纲的宣传和进行系统的共产主义基本理论教育而写的通俗读物。全书包括一个前言和党纲的理论、党纲的实践两部分,系统阐述了社会主义革命和社会主义建设的基本理论。列宁称这是一本篇幅不大但极有价值的书。在这本书中,两位作者对资本主义制度做出了经典的定义。在他们看来,资本主义制度的三个特征是:商品经济——为市场生产,生产资料私有制——资本家阶级对生产资料的垄断,雇佣劳动——建立在出卖劳动力基础上的劳动。

一、血与火的历程:资本主义从何而来

人民日报海外网2020年10月12日报道,墨西哥总统洛佩斯近日致信教皇方济各,要求天主教廷为其在西班牙500年前镇压原住民行动中的角色道歉。据英国《卫报》11日报道,2021年是西班牙征服墨西哥500周年,在信中,洛佩斯还要求梵蒂冈暂时归还目前收藏于天主教廷图书馆内的古代阿兹特克人手稿。这封信写于10月2日,但10日通过洛佩斯的推特公之于众。洛佩斯称,西班牙王室和政府以及梵蒂冈都应向墨西哥原住民道

---

① [美]罗伯特·海尔布隆纳:《资本主义的本质与逻辑》,马林梅译,东方出版社,2013年,第19页。

② [美]罗伯特·海尔布隆纳:《资本主义的本质与逻辑》,马林梅译,东方出版社,2013年,第27页。

歉，因为在西班牙征服者1521年抵达当地后，他们都犯下了“最应受谴责的暴行”。在西班牙对美洲的殖民扩张中，天主教廷曾扮演关键角色。2019年墨西哥总统就曾向西班牙国王和教皇提出类似道歉要求，但遭到西班牙政府的直接拒绝。

在谈到资本主义发家秘诀时，西方自由主义学者不约而同将其归咎于人类社会的传统美德，例如民族精神、勤俭持家、劳动致富、节欲，等等。马克斯·韦伯在他的代表性著作之一《新教伦理与资本主义精神》中就强调，正是类似于艰苦劳动和积极进取精神的觉醒这样的新教禁欲主义伦理为资产阶级提供了一种心理驱动力和道德能量，从而成为现代理性资本主义兴起的精神动力，也是现代资本主义得以产生的重要条件之一。自由主义学者为资本原始积累“洗地”的行为受到了马克思主义创始人的坚决反对。马克思在写作《资本论》时有一个著名的论断，他指出，资本来到世间，从头到脚，每个毛孔都滴着血和肮脏的东西。不难看出，在马克思主义的创始人看来，资本主义的诞生过程并不是一段光彩夺目的旅程，而是充斥着血与火的残暴经历。

资本主义生产关系是从封建社会的经济结构中产生的，它萌芽于14世纪末15世纪初地中海沿岸的一些城市。随着新航道的开辟和世界市场的迅速扩大，要求商品生产以更大规模和更快速发展。为了创造社会化大生产的条件，资产阶级以暴力方式进行了资本的原始积累。所谓资本原始积累，就是生产者和生产资料相分离，资本迅速集中于少数人手中，资本主义得以迅速发展的历史过程。在马克思主义看来，资本主义的发家史无疑“是用血和火的文字载入人类编年史的”。

资本原始积累主要是通过两个途径进行的：一是用暴力手段剥夺农民的土地，二是用暴力手段掠夺货币财富。用暴力手段剥夺农民的土地，是资本原始积累过程的基础，在英国表现得最为典型。在英国，地理大发现以后，由于欧洲市场扩大了对羊毛的需求，羊毛价格迅速上升，养羊比经营农作物更为有利，这就促使资本家和封建贵族通过各种手段把大片农民私有土地围圈起来据为己有，改作养羊的牧场，而农民则变成一无所有的流浪者，为生活所迫最终不得不到资本家开设的工厂出卖劳动力。利用国家政权的力量进行残酷的殖民掠夺是资本原始积累的又一个重要方式。自15世纪末开始，葡萄牙、西班牙、荷兰、英国、法国等国的新兴资产阶级，通过武力征服海外殖民地、屠杀当地居民、抢劫金银财宝、大批贩卖黑人、实行保护关税制度、进行商业战争等途径，掠夺了大量财富，大大加速了货币资本的积累。德国学者贡德·弗兰克在其1996年的新著《白银资本》一书中写道，到1650年，中美洲阿兹特克和玛雅文明的人口从原来的大约2500万人萎缩到150万人。安第斯山脉的印加文明人口从原来的大约900万人减少到60万人。北美的情况也一样。甚至在大批的移民到来之前，第一批欧洲来客带来的病菌大约在1616—1617年就已经在大片土地上扫荡了许多原住民。资本原始积累的事实表明，资产阶级的发家史就是一部罪恶的掠夺史。

> 资本来到世间，从头到脚，每个毛孔都滴着血和肮脏的东西。①
>
> 美洲金银产地的发现，土著居民的被剿灭、被奴役和被埋葬于矿井，对东印度开始进行的征服和掠夺，非洲变成商业性地猎获黑人的场所——这一切标志着资本主义生产时代的曙光。这些田园诗式的过程是原始积累的主要因素。②
>
> 原始积累的不同因素，多少是按时间顺序特别分配在西班牙、葡萄牙、荷兰、法国和英国。在英国，这些因素在17世纪末系统地综合为殖民制度、国债制度、现代税收制度和保护关税制度。这些方法一部分是以最残酷的暴力为基础，例如殖民制度就是这样。③

---

①《马克思恩格斯文集》(第五卷)，人民出版社，2009年，第871页。
②《马克思恩格斯文集》(第五卷)，人民出版社，2009年，第860~861页。
③《马克思恩格斯文集》(第五卷)，人民出版社，2009年，第861页。

大家知道,在真正的历史上,征服、奴役、劫掠、杀戮,总之,暴力起着巨大的作用。但是在温和的政治经济学中,从来就是田园诗占统治地位。正义和“劳动”自古以来就是唯一的致富手段,自然,“当前这一年”总是例外。事实上,原始积累的方法决不是田园诗式的东西。[①]

在原始积累的历史中,对正在形成的资本家阶级起过推动作用的一切变革,都是历史上划时代的事情;但是首要的因素是:大量的人突然被强制地同自己的生存资料分离,被当做不受法律保护的无产者抛向劳动市场。[②]

掠夺教会地产,欺骗性地出让国有土地,盗窃公有地,用剥夺方法、用残暴的恐怖手段把封建财产和克兰财产转化为现代私有财产——这就是原始积累的各种田园诗式的方法。这些方法为资本主义农业夺得了地盘,使土地与资本合并,为城市工业造成了不受法律保护的无产阶级的必要供给。[③]

资本的原始积累,即资本的历史起源,究竟是指什么呢?既然它不是奴隶和农奴直接转化为雇佣工人,因而不是单纯的形式变换,那么它就只是意味着直接生产者的被剥夺,即以自己劳动为基础的私有制的解体。[④]

二、剩余价值:资本主义生产方式的绝对规律

(一)劳动力成为商品与货币转化为资本

资本主义经济制度的形成是以劳动力成为商品为前提条件的。所以,认识资本主义经济制度的本质必须从理解劳动力成为商品入手。所谓劳

①《马克思恩格斯文集》(第五卷),人民出版社,2009年,第821页。
②《马克思恩格斯文集》(第五卷),人民出版社,2009年,第823页。
③《马克思恩格斯文集》(第五卷),人民出版社,2009年,第842页。
④《马克思恩格斯文集》(第五卷),人民出版社,2009年,第872页。

动力即是指人的劳动能力,是人的体力和脑力的总和。劳动力成为商品,要具备两个基本条件:首先,劳动者是自由人,能够把自己的劳动力当作自己的商品来支配;其次,劳动者没有别的商品可以出卖,自由得一无所有,没有任何实现自己的劳动力所必需的物质条件。这两个条件都是在历史进入资本主义时代后才实现的。一方面,资产阶级革命以法律形式确认了人们在法律名义上享有个体的自由和平等权利,没有人隶属于其他任何人;另一方面,资本的原始积累导致社会大部分人口失去了自己的土地和财产,他们除了出卖自己的劳动力成为雇佣工人外,再无其他任何谋生手段。

劳动力作为商品同样是使用价值和价值的统一体,但它的使用价值和价值不同于一般的商品。劳动力的价值,通俗地讲,就是工人获得的工资报酬,这是维系工人生存的唯一收入来源。在马克思主义看来,组成劳动力价值的基本要素包括维持劳动者本人生存所必需的生活资料的价值、维持劳动者家属的生存所必需的生活资料的价值,以及劳动者接受教育和训练所支出的费用。

劳动力的使用价值是资本主义雇佣劳动中真正最为奇妙的东西,马克思正是在这里发现了资本剥削劳动、资本家剥削工人的全部秘密。劳动力商品在使用价值上具有不同于其他商品的特殊性,即它在消费的过程中能够创造新价值,不但能够创造出资本家购买劳动力所付出的价值(工人的工资),而且能够创造出更大的价值。这部分多出来的价值就被资本家无偿占有了,马克思把它叫作剩余价值。而一旦资本家用来购买劳动力的货币为他们带来了剩余价值,此时的货币便不再是单纯的货币,而是变成了资本,因为货币在这里执行了剥削劳动的功能。

> 直接生产者,劳动者,只有当他不再束缚于土地,不再隶属或从属于他人的时候,才能支配自身。[①]

①《马克思恩格斯文集》(第五卷),人民出版社,2009年,第822页。

工人为了勉强维持自己的生存，出卖对自己劳动能力的支配权，出卖自己的劳动，——这个最初的关系是那种在实际生产过程中发展起来的关系的必要的引子和条件，而在那种实际生产过程中发展起来的关系中，商品占有者变成资本家，即人格化的资本；工人对于资本来说变成劳动的单纯人格化。正像双方在外表上作为商品占有者互相对立的这种最初的关系是资本主义生产过程的前提一样，以后我们将会看到，它也是资本主义生产过程的结果和产物。①

劳动力的价值，是由生产、发展、维持和延续劳动力所必需的生活必需品的价值决定的。②

罗马的奴隶是由锁链，雇佣工人则由看不见的线系在自己的所有者手里。③

最低的和唯一必要的工资额就是工人在劳动期间的生活费用，再加上使工人能够养家糊口并使工人种族不致死绝的费用。④

商品通过货币来估价的交换价值，也就称为商品的价格。所以，工资只是人们通常称之为劳动价格的劳动力价格的特种名称，是只能存在于人的血肉中的这种特殊商品价格的特种名称。⑤

简单劳动力的生产费用就是维持工人生存和延续工人后代的费用。这种维持生存和延续后代的费用的价格就是工资。这样决定的工资就叫做最低工资额。⑥

工资不是它表面上呈现的那种东西，不是劳动的价值或价格，而

---

①《马克思恩格斯文集》（第八卷），人民出版社，2009年，第470页。
②《马克思恩格斯文集》（第三卷），人民出版社，2009年，第56页。
③《马克思恩格斯文集》（第五卷），人民出版社，2009年，第662页。
④《马克思恩格斯文集》（第一卷），人民出版社，2009年，第115页。
⑤《马克思恩格斯文集》（第一卷），人民出版社，2009年，第714页。
⑥《马克思恩格斯文集》（第一卷），人民出版社，2009年，第723页。

只是劳动力的价值或价格的隐蔽形式。①

为了认识货币是资本的最初的表现形式，不必回顾资本产生的历史。这个历史每天都在我们眼前重演。现在每一个新资本最初仍然是作为货币出现在舞台上，也就是出现在市场上——商品市场、劳动市场或货币市场上，经过一定的过程，这个货币就转化为资本。②

可见，原预付价值不仅在流通中保存下来，而且在流通中改变了自己的价值量，加上了一个剩余价值，或者说增殖了。正是这种运动使价值转化为资本。③

货币占有者要把货币转化为资本，就必须在商品市场上找到自由的工人。这里所说的自由，具有双重意义：一方面，工人是自由人，能够把自己的劳动力当做自己的商品来支配，另一方面，他没有别的商品可以出卖，自由得一无所有，没有任何实现自己的劳动力所必需的东西。④

（二）资本的本质是一种关系

什么是资本？资本是能够带来剩余价值的价值。

谈到资本，可能很多人想到的都是钞票、工厂、土地，甚至牛羊等各种固定的或非固定的资产，虽然种类五花八门，但是总脱离不了某种有使用价值的实物。不错，如果一个人拥有这些，并可以通过雇佣的方式来让工人将这些资产经营起来，一般情况下确实可以产生利润获得收益，拥有更多的资本。

但很多人没想过一个问题——为什么工人会愿意被资本家雇佣呢？这个看似简单的问题，却直指要害——只有存在愿意被资本家雇佣的工人的时候，资本家所拥有的资产才能成为资本。

---

①《马克思恩格斯文集》（第三卷），人民出版社，2009年，第441页。
②《马克思恩格斯文集》（第五卷），人民出版社，2009年，第171~172页。
③《马克思恩格斯文集》（第五卷），人民出版社，2009年，第176页。
④《马克思恩格斯文集》（第五卷），人民出版社，2009年，第197页。

资本的本质是一种关系。什么关系呢？剥削关系。

在《资本论》第1卷中，马克思曾经为我们举了一个有趣的例子。皮尔先生把共值5万英镑的生活资料和生产资料从英国带到新荷兰（澳大利亚）的斯旺河去。皮尔先生非常有远见，他除此之外还带去了300名工人阶级成员——男工、妇女和儿童。可是，一到达目的地，“皮尔先生竟连一个替他铺床或到河边打水的仆人也没有了”。不幸的皮尔先生，他什么都预见到了，就是忘了把英国的生产关系输出到斯旺河去！

我们想一想，依然很有钱的皮尔先生为什么到了斯旺河就不能继续获得剩余价值了呢？原因很简单，因为在这块广袤的大陆上，到处都是无主的土地，工人毫不费力就很容易获得大量土地来自己耕种养活自己。他根本再也不需要出卖自己的劳动力了。劳动力无法转化为商品，资本作为一种剥削关系的存在也就失去了任何可能性。换句话说，当货币不能购买到劳动力时，就无法建立起来资本与劳动力之间的雇佣关系，因而脱离了这种特定生产关系的货币就只能是“货币”，不是会增值的“资本”。可见，在本质上，“资本不是物，而是一定的、社会的、属于一定历史社会形态的生产关系”，是资本通过购买劳动力，将其变作自己的可变资本，与自己手中的不变资本相结合，进行剩余价值生产的雇佣劳动关系。

与以往的剥削制度不同，资本家与工人的关系不是完全占有，也不是人身依附，而是基于劳动者完全的人身自由基础上的“平等”关系。正因为如此，资本家只能通过购买工人的劳动力的方式，将出卖了劳动力的劳动者与生产资料结合在一起进行生产并取得剩余价值。在这里，生产资料和货币采取了资本的形式，生产资料的所有者成为资本人格化的资本家，资本家与劳动者之间的关系是资本与雇佣劳动的关系。资本家凭借对生产资料的占有，在等价交换原则的掩盖下，雇佣工人从事劳动，无偿占有雇佣工人创造的剩余价值，资本与雇佣劳动的关系由此具有了剥削与被剥削的对抗性质，因此资本主义所有制是雇佣劳动赖以存在的基础，是资本与雇佣劳动之间剥削与被剥削关系的体现。这就是资本主义所有制的本质。

劳动者的奴役状态是产生雇佣工人和资本家的发展过程的起点。这一发展过程就是这种奴役状态的形式变换，就是封建剥削转化为资本主义剥削。[①]

资本不是一种物，而是一种以物为中介的人和人之间的社会关系。[②]

黑人就是黑人。只有在一定的关系下，他才成为奴隶。纺纱机是纺棉花的机器。只有在一定的关系下，它才成为资本。脱离了这种关系，它也就不是资本了，就像黄金本身并不是货币，砂糖并不是砂糖的价格一样。[③]

（三）剩余价值及其生产过程

剩余价值理论是马克思经济学说的核心内容和基石，是无产阶级反对资产阶级、揭示资本主义制度剥削本质的锐利武器。在马克思主义看来，获得剩余价值是资本主义生产的绝对目的。剩余价值是雇佣工人所创造的并被资本家无偿占有的超过劳动力价值的那部分价值，它是雇佣工人剩余劳动的凝结，体现了资本家与雇佣工人之间剥削与被剥削的关系。

资本主义的生产过程可以从不同角度进行分析，一方面体现为生产物质资料的劳动过程，另一方面可以体现为创造价值的价值生产过程。资本主义的价值生产过程包括两个部分，一部分是创造劳动力价值（工资）的必要劳动过程，另一部分则是创造剩余价值的剩余劳动过程。例如，假设工人一天工作12小时，劳动力价值（工资）：3元/天，劳动力每小时创造的新价值是0.5元。那么，工人前6个小时的劳动是必要劳动，其创造的3元价值就是劳动力价值（工资），后6个小时的劳动是剩余劳动，其创造的新的3

①《马克思恩格斯文集》（第五卷），人民出版社，2009年，第823页。
②《马克思恩格斯文集》（第五卷），人民出版社，2009年，第877~878页。
③《马克思恩格斯文集》（第一卷），人民出版社，2009年，第723页。

元的价值则属于剩余价值。后6小时创造的剩余价值被资本家无偿占有了。可见，剩余价值的产生，是由于资本家把工人的劳动时间延长到补偿劳动力价值所需要的时间以上，工人创造的价值超过了他的劳动力价值，这就是价值增值的秘密。

绝对剩余价值生产和相对剩余价值生产：资本家提高对工人剥削程度的方法是多种多样的，最基本的方法有两种，即绝对剩余价值的生产和相对剩余价值的生产。所谓绝对剩余价值是指在必要劳动时间不变的条件下，由于延长工作日的长度和提高劳动强度而生产的剩余价值。所谓相对剩余价值生产是指在工作日长度不变的条件下，通过缩短必要劳动时间而相对延长剩余劳动时间所生产的剩余价值。

不变资本和可变资本：资本在资本主义生产过程中采取生产资料和劳动力两种形态，根据这两部分资本在剩余价值中的不同作用，可以将其区分为不变资本（C）与可变资本（V）。不变资本（C）是以生产资料形态存在的资本，如原材料和燃料、机器、厂房等。可变资本（V）是用来购买劳动力的那部分资本。可变资本的价值在生产过程中没有被转移到新产品中去，因为资本家购买劳动力支付的价值被工人用于购买生活资料，在生产过程以外消费掉了。在生产过程中，工人所创造的新价值，不仅包括相当于劳动力价值的价值，而且还发生了价值增值，所以这部分价值是一个可变的量。在资本主义的生产过程中，不变资本原有价值发生转移，价值量没有变化。可变资本使原有价值发生增值，创造出剩余价值。因此，不变资本是生产剩余价值的物质条件；可变资本是剩余价值的源泉。

划分不变资本和可变资本进一步揭示了剩余价值的源泉，即剩余价值只是来源于可变资本，即雇佣劳动者的剩余劳动是剩余价值产生的唯一源泉。同时，为确定资本家对雇佣工人的剥削程度提供了科学依据。

例如：某资本家投资100万元创办企业从事生产，60万元用于固定资本，以购买机器设备等，40万元用于流动资本，以购买原材料和劳动力等（其中购买劳动力支付了10万元），一轮生产结束后，该企业的总资本达到了120万元。那么,该企业的剩余价值率为(120-100)/10=200%。

生产自动化、无人工厂的发展使得资本家可以不再依靠剥削工人的劳动而获取剩余价值?马克思的剩余价值理论过时了?马克思认为,工人的活劳动是一切利润的唯一源泉。第二次世界大战以后,资本主义国家经历了第三次科学技术革命,工业机器人、自动化生产线,甚至一部分所谓的"无人工厂"开始出现。资产阶级经济学家根据这些情况,宣称技术和科学已经"成为独立的剩余价值源泉",马克思的剩余价值学说已不适用于现代资本主义了。"无人工厂"不仅有利润,而且还常常会比"有人工厂"利润更多。既然生产过程中不使用活劳动了,它的利润从何而来呢?

首先,无人工厂的全自动化生产线,比一般的生产线有更高的劳动生产率,因此其利润里面就有超额剩余价值。超额剩余价值并不是本企业员工创造的,而是通过价值规律的作用,从生产部门内部其他企业工人创造的剩余价值中转移过来的一部分,是市场对高效率生产的一种自发奖赏。

其次,表面上"无人"的工厂,只是生产过程中看不到了活劳动而已。自动化生产线需要人来研究、设计;也需要人来维护和改进。这些隐藏在生产过程之外的活劳动,进行的是技术水平更高、复杂程度更高的一种劳动。所以,我们看待工人劳动不能只是直观地看一个生产过程。

马克思提出了"总体工人"的概念,从社会分工看整个工人群体。伴随科技水平的提高,知识型、技术型劳动力在总体工人中占比越来越大,相比较简单劳动者,能够创造更大的价值,这是不容忽视的一个现实情况。

> 工人拿自己的劳动力换到生活资料,而资本家拿他的生活资料换到劳动,即工人的生产活动,亦即创造力量。工人通过这种创造力量不仅能补偿工人所消费的东西,并且还使积累起来的劳动具有比以前更大的价值。[①]

---

①《马克思恩格斯文集》(第一卷),人民出版社,2009年,第726页。

劳动过程只是价值增殖过程的手段，价值增殖过程本身实质上是剩余价值的生产，即无酬劳动的对象化过程。生产过程的整个性质就是由这一点专门规定的。①

我们的资本家所关心的是下述两点。第一，他要生产具有交换价值的使用价值，要生产用来出售的物品，商品。第二，他要使生产出来的商品的价值，大于生产该商品所需要的各种商品即生产资料和劳动力——为了购买它们，他已在商品市场上预付了宝贵的货币——的价值总和。他不仅要生产使用价值，而且要生产商品，不仅要生产使用价值，而且要生产价值，不仅要生产价值，而且要生产剩余价值。②

剩余价值率是劳动力受资本剥削的程度或工人受资本家剥削的程度的准确表现。③

剩余价值的生产是资本主义生产的决定的目的，同样，富的程度不是由产品的绝对量来计量，而是由剩余产品的相对量来计量。④

资本主义生产不仅是商品的生产，它实质上是剩余价值的生产。工人不是为自己生产，而是为资本生产。因此，工人单是进行生产已经不够了。他必须生产剩余价值。⑤

剩余价值，作为全部预付资本的这样一种观念上的产物，取得了利润这个转化形式。⑥

在资本方面表现为剩余价值的东西，正好在工人方面表现为超过他作为工人的需要，即超过他维持生命力的直接需要的剩余劳动。⑦

---

①《马克思恩格斯文集》(第八卷)，人民出版社2009年版，第470页。
②《马克思恩格斯文集》(第五卷)，人民出版社，2009年，第217~218页。
③《马克思恩格斯文集》(第五卷)，人民出版社，2009年，第252页。
④《马克思恩格斯文集》(第五卷)，人民出版社，2009年，第265页。
⑤《马克思恩格斯文集》(第五卷)，人民出版社，2009年，第582页。
⑥《马克思恩格斯文集》(第七卷)，人民出版社，2009年，第43~44页。
⑦《马克思恩格斯全集》(第30卷)，人民出版社，1995年，第286页。

我把通过延长工作日而生产的剩余价值,叫做绝对剩余价值;相反,我把通过缩短必要劳动时间、相应地改变工作日的两个组成部分的量的比例而生产的剩余价值,叫做相对剩余价值。①

把工作日延长,使之超出工人只生产自己劳动力价值的等价物的那个点,并由资本占有这部分剩余劳动,这就是绝对剩余价值的生产。②

生产剩余价值或赚钱,是这个生产方式的绝对规律。③

资本积累:所谓资本积累,即是剩余价值的资本化。所谓资本主义简单再生产是指将剩余价值全部用于个人消费,生产在原来规模上重复进行。资本主义扩大再生产是指将剩余价值中的一部分转化为资本,用以追加购买生产资料和劳动力,使生产在扩大的规模上进行。

资本积累是资本主义扩大再生产的源泉。资本积累的实质是资本家不断地利用无偿占有的工人创造的剩余价值来扩大自己的资本规模,进一步扩大和加强对工人的剥削和统治。

资本积累不仅是社会财富占有两极分化的重要原因,而且是资本主义社会失业现象的重要根源。资本主义生产的唯一动机和直接目的就是追求剩余价值。为了达到这一目的,资本家便尽可能改进技术,提高劳动生产率,加快资本积累,通过资本积聚和资本集中扩大生产规模。所谓资本的有机构成是指由资本的技术构成所决定并反映技术构成变化的价值构成,通常用C:V表示。在自然形式上,每个劳动力所推动的生产资料的数量大幅增加,在价值形式上,不变资本部分日益增多,可变资本在资本总额中所占的比重日益下降,从而资本有机构成得以不断提高,最终造成的后果就是失业和相对人口过剩。

---

①《马克思恩格斯文集》(第五卷),人民出版社,2009年,第366页。
②《马克思恩格斯文集》(第五卷),人民出版社,2009年,第583页。
③《马克思恩格斯文集》(第五卷),人民出版社,2009年,第714页。

例如:某企业原预付资本为1000万元,资本有机构成为9:1,工人平均每月工资为500元,本月因劳动生产率的提高而采用了新的机器设备,使资本的有机构成提高到19:1。试问,在工人平均工资不变且不追加资本的情况下,由于有机构成的提高,失业工人的人数是多少?

在工厂有机构成未提高之前工人的每月工资总额为:1000万元×1/9+1=100万元。因每个工人的工资为500元,故而工厂的工人总数为100万元/500=2000人。

劳动生产率提高后的每月的工资总额为1000万元×1/19+1=50万元,因每个工人的工资额仍为500元,所以工厂工人总数是50万元/500元=1000人。所以现在每月被排挤出工厂的人数是2000人-1000人=1000人。

剩余价值不断再转化为资本,表现为进入生产过程的资本量的不断增长。这种增长又成为一种扩大的生产规模以及随之出现的提高劳动生产力和加速剩余价值生产的方法的基础。①

社会的财富即执行职能的资本越大,它的增长的规模和能力越大,从而无产阶级的绝对数量和他们的劳动生产力越大,产业后备军也就越大。可供支配的劳动力同资本的膨胀力一样,是由同一些原因发展起来的。因此,产业后备军的相对量和财富的力量一同增长。但是同现役劳动军相比,这种后备军越大,常备的过剩人口也就越多,他们的贫困同他们所受的劳动折磨成反比。最后,工人阶级中贫苦阶层和产业后备军越大,官方认为需要救济的贫民也就越多。这就是资本主义积累的绝对的、一般的规律。②

资本主义生产过程,在联系中加以考察,或作为再生产过程加以考察时,不仅生产商品,不仅生产剩余价值,而且还生产和再生产资本

①《马克思恩格斯文集》(第五卷),人民出版社,2009年,第720页。
②《马克思恩格斯文集》(第五卷),人民出版社,2009年,第742页。

关系本身:一方面是资本家,另一方面是雇佣工人。[①]

把剩余价值当做资本使用,或者说,把剩余价值再转化为资本,叫做资本积累。[②]

具体说来,积累就是资本以不断扩大的规模进行的再生产。[③]

对过去无酬劳动的所有权,成为现今以日益扩大的规模占有活的无酬劳动的唯一条件。资本家积累得越多,他就越能更多地积累。[④]

工人人口本身在生产出资本积累的同时,也以日益扩大的规模生产出使他们自身成为相对过剩人口的手段。这就是资本主义生产方式所特有的人口规律。[⑤]

过剩的工人人口是积累或资本主义基础上的财富发展的必然产物,但是这种过剩人口反过来又成为资本主义积累的杠杆,甚至成为资本主义生产方式存在的一个条件。过剩的工人人口形成一支可供支配的产业后备军,它绝对地从属于资本,就好像它是由资本出钱养大的一样。[⑥]

在一极是财富的积累,同时在另一极,即在把自己的产品作为资本来生产的阶级方面,是贫困、劳动折磨、受奴役、无知、粗野和道德堕落的积累。[⑦]

资本积累,就是把一部分剩余价值转化为资本,不是用它来满足资本家的个人需要或嗜欲,而是把它投入新的生产。[⑧]

资本关系以劳动者和劳动实现条件的所有权之间的分离为前提。

---

①《马克思恩格斯文集》(第五卷),人民出版社,2009年,第666~667页。
②《马克思恩格斯文集》(第五卷),人民出版社,2009年,第668页。
③《马克思恩格斯文集》(第五卷),人民出版社,2009年,第671页。
④《马克思恩格斯文集》(第五卷),人民出版社,2009年,第673页。
⑤《马克思恩格斯文集》(第五卷),人民出版社,2009年,第727~728页。
⑥《马克思恩格斯文集》(第五卷),人民出版社,2009年,第728~729页。
⑦《马克思恩格斯文集》(第五卷),人民出版社,2009年,第743~744页。
⑧《列宁专题文集 论马克思主义》,人民出版社,2009年,第22页。

资本主义生产一旦站稳脚跟,它就不仅保持这种分离,而且以不断扩大的规模再生产这种分离。[①]

资本是社会主义市场经济的重要生产要素,在社会主义市场经济条件下规范和引导资本发展,既是一个重大经济问题、也是一个重大政治问题,既是一个重大实践问题、也是一个重大理论问题,关系坚持社会主义基本经济制度,关系改革开放基本国策,关系高质量发展和共同富裕,关系国家安全和社会稳定。

在社会主义制度下如何规范和引导资本健康发展,这是新时代马克思主义政治经济学必须研究解决的重大理论和实践问题。要深入总结新中国成立以来特别是改革开放以来对待和处理资本的正反两方面经验,深化社会主义市场经济条件下资本理论研究,用科学理论指导实践,促进各类资本良性发展、共同发展,发挥其发展生产力、创造社会财富、增进人民福祉的作用。[②]

三、经济危机

生产社会化和生产资料资本主义私人占有之间的矛盾,是资本主义的基本矛盾。这一基本矛盾具体表现在以下两个方面:①生产无限扩大的趋势与劳动人民有支付能力的需求相对缩小的矛盾;②单个企业内部生产的有组织性和整个社会生产的无政府状态之间的矛盾。

在资本家和资本家之间,在工业部门和工业部门之间以及国家和国家之间,生死存亡都取决于天然的或人为的生产条件的优劣。失败者被无情地淘汰掉。这是从自然界加倍疯狂地搬到社会中来的达尔

①《马克思恩格斯文集》(第五卷),人民出版社,2009年,第821~822页。

②《习近平谈治国理政》(第四卷),外文出版社,2022年,第219页。

文的个体生存斗争。动物的自然状态竟表现为人类发展的顶点。社会化生产和资本主义占有之间的矛盾表现为个别工厂中生产的组织性和整个社会中生产的无政府状态之间的对立。①

集中在资本家手中的生产资料和除了自己的劳动力以外一无所有的生产者彻底分离了。社会化生产和资本主义占有之间的矛盾表现为无产阶级和资产阶级的对立。②

在危机期间,发生一种在过去一切时代看来都好像是荒唐现象的社会瘟疫,即生产过剩的瘟疫。社会突然发现自己回到了一时的野蛮状态;仿佛是一次饥荒、一场普遍的毁灭性战争,使社会失去了全部生活资料;仿佛是工业和商业全被毁灭了。这是什么缘故呢?因为社会上文明过度,生活资料太多,工业和商业太发达。社会所拥有的生产力已经不能再促进资产阶级文明和资产阶级所有制关系的发展;相反,生产力已经强大到这种关系所不能适应的地步,它已经受到这种关系的阻碍;而它一着手克服这种障碍,就使整个资产阶级社会陷入混乱,就使资产阶级所有制的存在受到威胁。③

大工业的巨大的扩张力——气体的膨胀力同它相比简直是儿戏——现在在我们面前表现为不顾任何反作用力而在质量上和数量上进行扩张的需要。这种反作用力是由大工业产品的消费、销路、市场形成的。但是,市场向广度和深度扩张的能力首先是受完全不同的、力量弱得多的规律支配的。市场的扩张赶不上生产的扩张。冲突成为不可避免的了,而且,因为它在把资本主义生产方式本身炸毁以前不能使矛盾得到解决,所以它就成为周期性的了。资本主义生产造成了新的“恶性循环”。④

---

①《马克思恩格斯文集》(第三卷),人民出版社,2009年,第553~554页。

②《马克思恩格斯文集》(第九卷),人民出版社,2009年,第288页。

③《马克思恩格斯文集》(第二卷),人民出版社,2009年,第37页。

④《马克思恩格斯文集》(第三卷),人民出版社,2009年,第555~556页。

危机永远只是现有矛盾的暂时的暴力的解决,永远只是使已经破坏的平衡得到瞬间恢复的暴力的爆发。[①]

一切现实的危机的最终原因,总是群众的贫穷和他们的消费受到限制,而与此相对比的是,资本主义生产竭力发展生产力,好像只有社会的绝对的消费能力才是生产力发展的界限。[②]

在再生产过程的全部联系都是以信用为基础的生产制度中,只要信用突然停止,只有现金支付才有效,危机显然就会发生,对支付手段的激烈追求必然会出现。所以乍看起来,好像整个危机只表现为信用危机和货币危机。[③]

当一方面分配关系,因而与之相适应的生产关系的一定的历史形式,和另一方面生产力,生产能力及其要素的发展,这二者之间的矛盾和对立扩大和加深时,就表明这样的危机时刻已经到来。这时,在生产的物质发展和它的社会形式之间就发生冲突。[④]

直到现在,这种周期的延续时间是十年或十一年,但绝不应该把这个数字看作是固定不变的。相反,根据我们以上阐述的资本主义生产的各个规律,必须得出这样的结论:这个数字是可变的,而且周期的时间将逐渐缩短。[⑤]

资产阶级社会的症结正是在于,对生产自始就不存在有意识的社会调节。合理的东西和自然必需的东西都只是作为盲目起作用的平均数而实现。[⑥]

无产阶级将取得公共权力,并且利用这个权力把脱离资产阶级掌

①《马克思恩格斯文集》(第七卷),人民出版社,2009年,第277页。
②《马克思恩格斯文集》(第七卷),人民出版社,2009年,第548页。
③《马克思恩格斯文集》(第七卷),人民出版社,2009年,第555页。
④《马克思恩格斯选集》(第二卷),人民出版社,1995年,第587页。
⑤《马克思恩格斯全集》(第49卷),人民出版社,1982年,第Ⅳ页。
⑥《马克思恩格斯文集》(第十卷),人民出版社,2009年,第290页。

握的社会化生产资料变为公共财产。通过这个行动，无产阶级使生产资料摆脱了它们迄今具有的资本属性，使它们的社会性质有充分的自由得以实现。从此按照预定计划进行的社会生产就成为可能的了。[①]

商品生产的这些经济规律，随这个生产形式的发展阶段的不同而有所变化，但是总的说来，整个文明期都处在这些规律的支配之下。直到今天，产品仍然支配着生产者；直到今天，社会的全部生产仍然不是由共同制定的计划，而是由盲目的规律来调节，这些盲目的规律，以自发的威力，最后在周期性商业危机的风暴中显示着自己的作用。[②]

事实一再告诉我们，马克思、恩格斯关于资本主义社会基本矛盾的分析没有过时，关于资本主义必然消亡、社会主义必然胜利的历史唯物主义观点也没有过时。这是社会历史发展不可逆转的总趋势，但道路是曲折的。资本主义最终消亡、社会主义最终胜利，必然是一个很长的历史过程。[③]

四、资本主义政治制度与意识形态

（一）资本主义政治制度

资本主义政治制度是在资本主义经济基础之上建立的，它反映了资本主义社会的经济关系，反映了政治上占统治地位的资产阶级的要求。同时，资本主义政治制度作为上层建筑，又反过来保护其经济基础，为巩固和发展资本主义经济基础提供政治保障。

资产阶级的这种发展的每一个阶段，都伴随着相应的政治上的进

①《马克思恩格斯文集》（第三卷），人民出版社，2009年，第566页。

②《马克思恩格斯文集》（第四卷），人民出版社，2009年，第194~195页。

③ 中共中央文献研究室编：《十八大以来重要文献选编》（上），中央文献出版社，2014年，第117页。

展。它在封建主统治下是被压迫的等级，在公社里是武装的和自治的团体，在一些地方组成独立的城市共和国，在另一些地方组成君主国中的纳税的第三等级；后来，在工场手工业时期，它是等级君主国或专制君主国中同贵族抗衡的势力，而且是大君主国的主要基础；最后，从大工业和世界市场建立的时候起，它在现代的代议制国家里夺得了独占的政治统治。现代的国家政权不过是管理整个资产阶级的共同事务的委员会罢了。[①]

从这里可以看出，国家内部的一切斗争——民主政体、贵族政体和君主政体相互之间的斗争，争取选举权的斗争等等，不过是一些虚幻的形式——普遍的东西一般说来是一种虚幻的共同体的形式——，在这些形式下进行着各个不同阶级间的真正的斗争。[②]

国家决不是从外部强加于社会的一种力量。国家也不像黑格尔所断言的是“伦理观念的现实”，“理性的形象和现实”。确切地说，国家是社会在一定发展阶段上的产物；国家是承认：这个社会陷入了不可解决的自我矛盾，分裂为不可调和的对立面而又无力摆脱这些对立面。而为了使这些对立面，这些经济利益互相冲突的阶级，不致在无谓的斗争中把自己和社会消灭，就需要有一种表面上凌驾于社会之上的力量，这种力量应当缓和冲突，把冲突保持在“秩序”的范围以内；这种从社会中产生但又自居于社会之上并且日益同社会相异化的力量，就是国家。[③]

“在理论上”，它既不否认国家是阶级统治的机关，也不否认阶级矛盾不可调和。但是，它忽视或抹杀了以下一点：既然国家是阶级矛盾不可调和的产物，既然它是站在社会之上并且“日益同社会相异化”

①《马克思恩格斯文集》(第二卷)，人民出版社，2009年，第33页。
②《马克思恩格斯文集》(第一卷)，人民出版社，2009年，第536页。
③《马克思恩格斯文集》(第四卷)，人民出版社，2009年，第189页。

的力量，那么很明显，被压迫阶级要求得解放，不仅非进行暴力革命不可，而且非消灭统治阶级所建立的、体现这种“异化”的国家政权机构不可。[①]

历史告诉我们，国家这种强制人的特殊机构，只是在社会划分为阶级，即划分为这样一些集团，其中一些集团能够经常占有另一些集团的劳动的地方和时候，只是在人剥削人的地方，才产生出来的。[②]

有产阶级，即土地贵族和资产者，使劳动人民处于被奴役的地位，这不仅靠他们的财富的力量，不仅靠资本对劳动的剥削，而且还靠国家的力量，靠军队、官僚和法庭。[③]

随着社会本身进入一个新阶段，即阶级斗争阶段，它的有组织的社会力量的性质，即国家政权的性质，也不能不跟着改变(也经历一次显著的改变)，并且它作为阶级专制工具的性质，作为用暴力长久保持财富占有者对财富生产者的社会奴役、资本对劳动的经济统治的政治机器的性质也越来越发展起来。[④]

不同的文明国度中的不同的国家，不管它们的形式如何纷繁，却有一个共同点：它们都建立在现代资产阶级社会的基础上，只是这种社会的资本主义发展程度不同罢了。所以，它们具有某些根本的共同特征。在这个意义上可以谈“现代国家制度”，而未来就不同了，到那时，“现代国家制度”现在的根基即资产阶级社会已经消亡了。[⑤]

而现代国家也只是资产阶级社会为了维护资本主义生产方式的一般外部条件使之不受工人和个别资本家的侵犯而建立的组织。现代国家，不管它的形式如何，本质上都是资本主义的机器，资本家的国

①《列宁专题文集 论马克思主义》，人民出版社，2009年，第181页。
②《列宁专题文集 论辩证唯物主义和历史唯物主义》，人民出版社，2009年，第285页。
③《马克思恩格斯文集》(第三卷)，人民出版社，2009年，第92页。
④《马克思恩格斯文集》(第三卷)，人民出版社，2009年，第219~220页。
⑤《马克思恩格斯文集》(第三卷)，人民出版社，2009年，第444页。

家,理想的总资本家。它越是把更多的生产力据为已有,就越是成为真正的总资本家,越是剥削更多的公民。①

由于国家是从控制阶级对立的需要中产生的,由于它同时又是在这些阶级的冲突中产生的,所以,它照例是最强大的、在经济上占统治地位的阶级的国家,这个阶级借助于国家而在政治上也成为占统治地位的阶级,因而获得了镇压和剥削被压迫阶级的新手段。因此,古希腊罗马时代的国家首先是奴隶主用来镇压奴隶的国家,封建国家是贵族用来镇压农奴和依附农的机关,现代的代议制的国家是资本剥削雇佣劳动的工具。②

国家是文明社会的概括,它在一切典型的时期毫无例外地都是统治阶级的国家,并且在一切场合在本质上都是镇压被压迫被剥削阶级的机器。③

国家无非是一个阶级镇压另一个阶级的机器,而且在这一点上民主共和国并不亚于君主国。④

国家是一个阶级压迫另一个阶级的机器,是迫使一切从属的阶级服从于一个阶级的机器。⑤

在亚洲,从远古的时候起一般说来就只有三个政府部门:财政部门,或者说,对内进行掠夺的部门;战争部门,或者说,对外进行掠夺的部门;最后是公共工程部门。气候和土地条件,特别是从撒哈拉经过阿拉伯、波斯、印度和鞑靼区直至最高的亚洲高原的一片广大的沙漠地带,使利用水渠和水利工程的人工灌溉设施成了东方农业的基础。

---

①《马克思恩格斯文集》(第三卷),人民出版社,2009年,第559~560页。

②《马克思恩格斯文集》(第四卷),人民出版社,2009年,第191页。

③《马克思恩格斯文集》(第四卷),人民出版社,2009年,第195页。

④《马克思恩格斯文集》(第三卷),人民出版社,2009年,第111页。

⑤《列宁专题文集 论辩证唯物主义和历史唯物主义》,人民出版社,2009年,第290页。

无论在埃及和印度,或是在美索不达米亚、波斯以及其他地区,都利用河水的泛滥来肥田,利用河流的涨水来充注灌溉水渠。节省用水和共同用水是基本的要求,这种要求,在西方,例如在佛兰德和意大利,曾促使私人企业结成自愿的联合;但是在东方,由于文明程度太低,幅员太大,不能产生自愿的联合,因而需要中央集权的政府进行干预。所以亚洲的一切政府都不能不执行一种经济职能,即举办公共工程的职能。①

在社会发展的某个很早的阶段,产生了这样一种需要:把每天重复着的产品生产、分配和交换用一个共同规则约束起来,借以使个人服从生产和交换的共同条件。这个规则首先表现为习惯,不久便成了法律。随着法律的产生,就必然产生出以维护法律为职责的机关——公共权力,即国家。②

政治统治到处都是以执行某种社会职能为基础,而且政治统治只有在它执行了它的这种社会职能时才能持续下去。③

到目前为止在阶级对立中运动着的社会,都需要有国家,即需要一个剥削阶级的组织,以便维护这个社会的外部生产条件,特别是用暴力把被剥削阶级控制在当时的生产方式所决定的那些压迫条件下(奴隶制、农奴制或依附农制、雇佣劳动制)。④

无论在任何情况下,无论有或者没有托拉斯,资本主义社会的正式代表——国家终究不得不承担起对生产的管理。这种转化为国家财产的必要性首先表现在大规模的交通机构,就邮政、电报和铁路方面。⑤

为什么反权威主义者不只是限于高喊反对政治权威,反对国家呢?所有的社会主义者都认为,国家以及政治权威将由于未来的社会

①《马克思恩格斯文集》(第二卷),人民出版社,2009年,第679页。
②《马克思恩格斯文集》(第三卷),人民出版社,2009年,第322页。
③《马克思恩格斯文集》(第九卷),人民出版社,2009年,第187页。
④《马克思恩格斯文集》(第三卷),人民出版社,2009年,第561页。
⑤《马克思恩格斯文集》(第三卷),人民出版社,2009年,第558~559页。

革命而消失，这就是说，社会职能将失去其政治性质，而变为维护社会利益的简单的管理职能。[①]

国家一直是从社会中分化出来的一种机构，是由一批专门从事管理、几乎专门从事管理或主要从事管理的人组成的一种机构。[②]

资本主义国家本质上是资产阶级进行阶级统治的工具。资本主义国家的建立只是以一种新的阶级剥削和压迫形式取代了以往旧的阶级剥削和压迫形式而已。资本主义国家的职能是以服务于资本主义制度和资产阶级利益为根本内容的。资本主义国家的政治统治是通过具体的政治制度实现的，主要有资本主义的民主与法制、政权组织形式、选举制度、政党制度等。

作为资产阶级革命最重要的政治成果，资本主义政治制度的历史进步意义体现在：第一，战胜封建社会生产方式，促进生产力发展和社会进步；第二，使人民群众比封建专制制度下享有更多社会政治自由；第三，积累丰富的政治统治和社会管理经验，推动了社会进步。

资本主义政治制度的弊端体现在：一是资本主义的民主是金钱操纵下的民主，实际是资产阶级精英统治下的民主。“金钱是政治的母乳。”金钱是美国政治的润滑剂。离开金钱，美国政治根本无法顺畅运行。金钱政治贯穿了美国选举、立法和施政的所有环节，成为美国社会挥之不去的顽疾。金钱深深根植于美国选举的各个环节中。在所有层级的选举中，筹集资金都是参选者的入门条件。没有足够的金钱，根本无法参加竞逐任何重要政治职位。高额的选举费用大大提高了参选门槛，排除了绝大多数人参加竞选的可能。只有少数有能力筹集大量竞选资金的人，才能加入美国政治选

---

①《列宁专题文集 论马克思主义》，人民出版社，2009年，第234页。

②《列宁专题文集 论辩证唯物主义和历史唯物主义》，人民出版社，2009年，第288页。

举角逐。这无疑为富人和利益集团通过金钱笼络候选人营造了温床。利益集团就是金钱政治的标本。利益集团的活动处处离不开金钱,是联结金钱与权力的枢纽,其功能就是将金钱转化为政治影响力。利益集团的资金越充沛,它的政治影响力就越大,而金钱绝大部分掌握在富人手中。穷人也可以组成利益集团,但由于财政资源有限,注定不会发挥很大影响。真正能够发挥较大影响的还是一些企业集团或行业性组织,因为只有这些利益集团拥有足够的资金。游说是金钱政治的重要实现方式。游说的法理依据是美国宪法第一修正案。根据宪法第一修正案的精神,美国制定了将游说活动合法化的法律。根据这些法律,美国允许各群体结成利益集团,相互竞争,影响国会立法和政府决策。因此,政治游说是美国政治过程不可缺少的一个环节。各利益集团雇佣说客,对国会议员及其助手进行游说,影响法案的制定和修改,谋求自身利益。40多年来,美国游说业发展迅猛,呈爆炸性增长态势。1971年,美国仅有175个注册说客,2009年又增加到13700个。这意味着,平均每位美国参众两院的议员身边,有20多名说客出没。据不完全统计利益集团在说客身上的花费与日俱增,1998年为14.4亿美元,2011年已狂飙至33.3亿美元,14年间增长幅度达131%。因此,正如美国前总统卡特所说,"美国是一个寡头而非民主国家。美国民主是虚伪的,不管控制国家和媒体的寡头向它注入了多少资金……令美国成为伟大国家的政治体系事实上已被摧毁。如今,只有政治行贿没有止境的寡头才能决定推举谁当总统候选人、让谁当选。州长、参议员、众议员也是如此"。

二是法律名义上的平等掩盖着事实上的不平等。虽然美国的选举是一人一票,但如果当你了解了"选举人团"制度后就会发现,这种"一人一票"却只是形式上的平等。事实上,美国的总统选举不是选民一人一票直接选举总统,而是通过投票推荐选举人,再由选举人组成的选举人团来选举总统。"选举人团"这个概念读起来有点拗口,颇令人费解。但是它是了解美国选举制度的一个重要环节。打个比方来说。A州有20个选举人名额,支持特朗普的有110万选民,支持希拉里的有100万选民。结果是特朗普赢得20个选举人。B州有10个选举人名额,支持特朗普的选民有20万,支持希拉里的选民有50万,很显然,希拉里获得10个选举人。两个州加起来,特朗普获得选举人票数为20,而希拉里的只有10个,从而特朗普获得大选。可是如果把两个州的普通选民数加起来:特朗普有130万,希拉里有150万,希拉里有更多的选民支持。因此,我们将这一过程简化处理就可以做出这样的假设:假定有25个人要在2个人中选举一名首领,分为5组,每5人一组进行投票,得票者超过或等于9人便当选。事实上,在美国,无论自由派学者还是保守派学者,都赞同一个基本事实——美国社会存在严重的不平等。造成不平等的深层次制度原因在于,美国政府和政党长期被利益集团操纵和俘获,无法制定和实施促进社会公平的税收、产业和社保政策。

三是资本主义国家的政党制是一种维护资产阶级统治的政治制度。资产阶级政党只是在维护资产阶级的私利,不论哪个党派执政,都不能真正代表人民的利益。从本质上说,资本主义国家多党制仍然是资产阶级选择自己的国家管理者、实现其内部利益平衡的政治机制。

四是政党恶斗相互掣肘,决策效率低下,激化社会矛盾。权威医学杂志《柳叶刀》网站5月16日罕见地发表社论,直指美国的公共卫生领域受到政党政治的干预,美国疾病预防与控制中心的作用被一再削弱,美国政府不积极采取检测、追踪和隔离等基本医疗防疫措施,反而寄希望于“神奇的子弹”——包括疫苗、新药,甚至盼望病毒最终会“神奇消失”。美国著名政治学者弗朗西斯·福山5月4日在“国家利益”网站发表《美国政治腐朽的代价》一文,指出政党政治的高度极化使得政治制衡制度成为决策不可逾越的障碍;疫情大流行原本应该成为抛开分歧、展现团结的机会,却进一步加深了政治极化。政客将疫情视为攫取权力和党派利益的契机,而这却是以不计其数的美国普通民众的生命为代价的。

自由这一人权不是建立在人与人相结合的基础上，而是相反，建立在人与人相分割的基础上。这一权利就是这种分隔的权利，是狭隘的、局限于自身的个人的权利。①

这种个人自由和对这种自由的应用构成了市民社会的基础。这种自由使每个人不是把他人看做自己自由的实现，而是看做自己自由的限制。②

先生们，不要一听到自由这个抽象字眼就深受感动！这是谁的自由呢？这不是一个人在另一个人面前享有的自由。这是资本所享有的压榨工人的自由。③

在现今的资产阶级生产关系的范围内，所谓自由就是自由贸易、自由买卖。④

至于资产阶级完全禁止“他人”享受这些自由，或是允许“他人”在某些条件（这些条件都是警察的陷阱）下享受这些自由，那么这都是仅仅为了保证“公共安全”，也就是为了保证资产阶级的安全，宪法就是这样写的。⑤

这样也就证明了，现代资本家，也像奴隶主或剥削徭役劳动的封建主一样，是靠占有他人无酬劳动发财致富的，而所有这些剥削形式彼此不同的地方只在于占有这种无酬劳动的方式有所不同罢了。这样一来，有产阶级胡说现代社会制度盛行公道、正义、权利平等、义务平等和利益普遍和谐这一类虚伪的空话，就失去了最后的立足之地，而现代资产阶级社会就像以前的各种社会一样真相大白：它也是人数

①《马克思恩格斯文集》（第一卷），人民出版社，2009年，第41页。
②《马克思恩格斯文集》（第一卷），人民出版社，2009年，第41页。
③《马克思恩格斯文集》（第一卷），人民出版社，2009年，第757页。
④《马克思恩格斯文集》（第二卷），人民出版社，2009年，第47页。
⑤《马克思恩格斯文集》（第二卷），人民出版社，2009年，第484页。

不多并且仍在不断缩减的少数人剥削绝大多数人的庞大机构。[①]

另一方面，由此也产生一种荒谬的看法，把自由竞争看成是人类自由的终极发展，认为否定自由竞争就等于否定个人自由，等于否定以个人自由为基础的社会生产。但这不过是在有局限性的基础上，即在资本统治的基础上的自由发展。因此，这种个人自由同时也是最彻底地取消任何个人自由，而使个性完全屈从于这样的社会条件，这些社会条件采取物的权力的形式，而且是极其强大的物，离开彼此发生关系的个人本身而独立的物。[②]

断言自由竞争等于生产力发展的终极形式，因而也是人类自由的终极形式，这无非是说资产阶级的统治就是世界历史的终结——对前天的暴发户们来说这当然是一个愉快的想法。[③]

劳动力的买和卖是在流通领域或商品交换领域的界限以内进行的，这个领域确实是天赋人权的真正伊甸园。那里占统治地位的只是自由、平等、所有权和边沁。自由！因为商品例如劳动力的买者和卖者，只取决于自己的自由意志。他们是作为自由的、在法律上平等的人缔结契约的。契约是他们的意志借以得到共同的法律表现的最后结果。平等！因为他们彼此只是作为商品占有者发生关系，用等价物交换等价物。所有权！因为每一个人都只支配自己的东西。边沁！因为双方都只顾自己。使他们连在一起并发生关系的唯一力量，是他们的利己心，是他们的特殊利益，是他们的私人利益。[④]

资产者的平等（消灭阶级特权）完全不同于无产者的平等（消灭阶级本身）。如果超出后者的范围，即抽象地理解平等，那么平等就会变

---

①《马克思恩格斯文集》（第三卷），人民出版社，2009年，第461页。
②《马克思恩格斯文集》（第八卷），人民出版社，2009年，第180~181页。
③《马克思恩格斯文集》（第八卷），人民出版社，2009年，第181页。
④《马克思恩格斯文集》（第五卷），人民出版社，2009年，第204~205页。

成荒谬。①

至于说到他人追求幸福的平等权利,情况是否好一些呢?费尔巴哈提出这种要求,认为这种要求是绝对的,是适合于任何时代和任何情况的。但是这种要求从什么时候起被认为是适合的呢?在古代的奴隶和奴隶主之间,在中世纪的农奴和领主之间,难道谈得上有追求幸福的平等权利吗?被压迫阶级追求幸福的欲望不是被冷酷无情地"依法"变成了统治阶级的这种欲望的牺牲品吗?——是的,这也是不道德的,但是现在平等权利被承认了。②

美国人早就向欧洲世界证明,资产阶级共和国就是资本主义生意人的共和国;在那里,政治同其他任何事情一样,只不过是一种买卖。③

资产阶级在反对封建制度的斗争中和在发展资本主义生产的过程中不得不废除一切等级的即个人的特权,而且起初在私法方面,后来逐渐在公法方面实施了个人在法律上的平等权利,从那时以来并且由于那个缘故,平等权利在口头上是被承认了。但是,追求幸福的欲望只有极微小的一部分可以靠观念上的权利来满足,绝大部分却要靠物质的手段来实现,而由于资本主义生产所关心的,是使绝大多数权利平等的人仅有最必须的东西来勉强维持生活,所以资本主义对多数人追求幸福的平等权利所给予的尊重,即使有,也未必比奴隶制或农奴制所给予的多一些。④

(二)资本主义意识形态

资本主义意识形态是在资本主义国家中占统治地位的、反映了作为统治阶级的资产阶级的利益和要求的各种思想理论和观念的总和。在资本

①《马克思恩格斯文集》(第九卷),人民出版社,2009年,第355页。
②《马克思恩格斯文集》(第四卷),人民出版社,2009年,第292~293页。
③《马克思恩格斯文集》(第十卷),人民出版社,2009年,第641页。
④《马克思恩格斯文集》(第四卷),人民出版社,2009年,第293页。

主义国家中占统治地位的政治、经济、法律、哲学、伦理、历史、文学、宗教等大多数人文社会科学的理论、学说或意识形态都属于资本主义意识形态的范畴。

资本主义意识形态的本质：①资本主义意识形态是在资本主义社会条件下的观念上层建筑，是为资本主义的经济基础服务的。②资本主义意识形态是资产阶级的阶级意识的集中体现。

> 统治阶级的思想在每一时代都是占统治地位的思想。这就是说，一个阶级是社会上占统治地位的物质力量，同时也是社会上占统治地位的精神力量。支配着物质生产资料的阶级，同时也支配着精神生产资料，因此，那些没有精神生产资料的人的思想，一般地是隶属于这个阶级的。[①]
>
> 占统治地位的思想不过是占统治地位的物质关系在观念上的表现，不过是以思想的形式表现出来的占统治地位的物质关系；因而，这就是那些使某一个阶级成为统治阶级的关系在观念上的表现，因而这也就是这个阶级的统治的思想。[②]
>
> 构成统治阶级的各个个人也都具有意识，因而他们也会思维；既然他们作为一个阶级进行统治，并且决定着某一历史时代的整个面貌，那么，不言而喻，他们在这个历史时代的一切领域中也会这样做，就是说，他们还作为思维着的人，作为思想的生产者进行统治，他们调节着自己时代的思想的生产和分配；而这就意味着他们的思想是一个时代的占统治地位的思想。[③]
>
> 平等的观念，无论以资产阶级的形式出现，还是以无产阶级的形

①《马克思恩格斯文集》(第一卷)，人民出版社，2009年，第550页。
②《马克思恩格斯文集》(第一卷)，人民出版社，2009年，第550~551页。
③《马克思恩格斯文集》(第一卷)，人民出版社，2009年，第551页。

式出现，本身都是一种历史的产物，这一观念的形成，需要一定的历史条件，而这种历史条件本身又以长期的以往的历史为前提。所以，这样的平等观念说它是什么都行，就不能说它是永恒的真理。①

所有一切压迫阶级，为了维持自己的统治，都需要有两种社会职能：一种是刽子手的职能，另一种是牧师的职能。刽子手镇压被压迫者的反抗和暴动。牧师安慰被压迫者，给他们描绘一幅在保存阶级统治的条件下减少痛苦和牺牲的远景（这些话说起来就特别容易，因为不用担保“实现”这种远景……），从而使他们忍受这种统治，使他们放弃革命行动，冲淡他们的革命热情，破坏他们的革命决心。②

谁想根据什么自由、平等、一般民主、劳动民主派的平等这类泛泛的空话来解决从资本主义向社会主义过渡的任务（像考茨基、马尔托夫和伯尔尼国际即黄色国际其他英雄们所做的那样），谁就只能以此暴露出他在思想方面奴隶般地跟着资产阶级跑的小资产者、庸人和市侩的本性。③

我很想把以下情况告诉美国舆论界：

资本主义和封建主义相比，是在“自由”、“平等”、“民主”、“文明”的道路上向前迈进了具有世界历史意义的一步。④

美国的资产阶级吹嘘他们国内的自由、平等和民主，以此欺骗人民。⑤

搬弄关于自由、平等和民主的笼统词句，实际上等于盲目重复那些反映商品生产关系的概念。⑥

---

①《马克思恩格斯文集》(第九卷)，人民出版社，2009年，第113页。
②《列宁全集》(第21卷)，人民出版社，1959年，第208页。
③《列宁专题文集 论社会主义》，人民出版社，2009年，第146页。
④《列宁专题文集 论资本主义》，人民出版社，2009年，第248页。
⑤《列宁专题文集 论资本主义》，人民出版社，2009年，第249页。
⑥《列宁专题文集 论社会主义》，人民出版社，2009年，第162页。

对于资本主义的意识形态,应该用辩证的观点来分析。资本主义在长期发展中创造出大量的物质财富的同时,也创造出丰富的精神成果。对于资本主义意识形态中的文明进步成分,我们应该加以研究、参考和借鉴。但是,由于资本主义意识形态主要是为巩固资产阶级的政治统治、维护资本主义的政治制度、为资产阶级的阶级剥削和阶级压迫服务的,因而具有极大的阶级和历史局限性。对此,应该加以分析、批判和摒弃。

五、正确处理政府与市场关系的中国有益探索

如何处理好政府与市场的关系,不仅是构建现代经济体系的重大理论命题,也是各国发展必须面对的重大实践课题。习近平指出:“我们要坚持辩证法、两点论,继续在社会主义基本制度与市场经济的结合上下功夫,把两方面优势都发挥好,既要‘有效的市场’,也要‘有为的政府’,努力在实践中破解这道经济学上的世界性难题。”[①]改革开放40多年来的核心议题既是社会主义市场经济体制不断探索、建立和完善的过程,也是不断寻求准确定位和处理与平衡政府与市场关系的过程。党的十八大以来,以习近平同志为核心的党中央将经济体制改革作为全面深化改革的重点,将处理好政府和市场的关系作为经济体制改革的核心问题,推动我国的市场化改革行稳致远,结出了累累硕果。毫不夸张地说,在社会主义制度下探索市场经济改革方向,不仅构成了“中国崛起”“中国奇迹”背后的重要因素,而且也为拓展后发国家走向现代化的实践路径,探索人类社会多样化的发展道路贡献了“中国智慧”和“中国方案”。

(一)市场的必然性与有限性

国家与市民社会的分离构成了今天我们探讨政府与市场关系的一般性前提。市场经济,顾名思义,是由市场来配置资源的经济形式。必须承

① 习近平:《在十八届中央政治局第二十八次集体学习时的讲话》,《人民日报》,2015年11月23日。

认，人类社会发展至今，还没有一种经济形式在统筹配置各类资源，最大限度地解放和发展生产力方面可以与市场经济比肩。这也无怪乎就连马克思和恩格斯在《共产党宣言》中都以无比感慨的口吻对资本主义的历史贡献进行了积极评价，“过去哪一个世纪料想到在社会劳动里蕴藏有这样的生产力呢？”[①]在马克思和恩格斯看来，资本主义赖以生存的根本条件，是财富通过积累向资本的生成与增值。正是这一渴求，驱使着资产阶级奔走于世界各地，诱导他们以铁和火的方式开拓了世界市场。反过来讲，市场经济在推动资本、财产、人口加速流动，社会分工无限扩大，科学技术不断创新的同时，也使得人的需求越来越多样化、交往形式越来越普遍化，进而将人类全部生活纳入世界历史的滚滚洪流之中。

市场经济虽然诞生于资本主义时代，但严格说来其本身却并不是资本主义的副产品。《国富论》虽然被誉为西方经济学的“圣经”，但其创作初衷却并不是为某种社会形态背书。只能说，这种配置资源的方式恰巧为以私有制和雇佣劳动为基本特征的资本主义社会提供了在当时而言最为契合的发展模式，满足了资本生产和自我扩充的目标与需求。马克思和恩格斯说：“现代资产阶级本身是一个长期发展过程的产物，是生产方式和交换方式的一系列变革的产物。”[②]建立在私有制基础上的资本主义市场经济，是以资本与劳动的分离为前提的，而这种分离恰恰是生产力和社会分工发展到一定阶段的必然产物，同时也是生产力继续向前推进的必然要求。正如艾伦·伍德所说：“资本主义与其他社会形式的不同之处在于：生产者必须依赖市场才能获得生产工具，而挪用资产者不能依赖经济以外的直接强制力量来进行资产挪用。这一独特的市场依赖性制度意味着竞争与利润最大化成为生活的基本法则。”[③]总而言之，资本主义与市场经济的结合不仅

① 马克思、恩格斯：《共产党宣言》，人民出版社，2014年，第32页。

② 马克思、恩格斯：《共产党宣言》，人民出版社，2014年，第29页。

③ [加]艾伦·伍德：《资本主义的起源：学术史视域下的长篇综述》，夏璐译，中国人民大学出版社，2016年，第2页。

是必要的,而且也是符合历史发展的必然规律的。虽然资本主义的发展过程充斥着资本的贪婪和野心,但从根本上讲却是社会生产力发展的必然结果,是不以人的意志为转移的客观规律,更是人类历史发展过程中不容跳跃的“卡夫丁峡谷”。

然而尽管市场经济在解放和发展生产力方面居功至伟,但这并不能够掩盖其自身具有的制度性弊端与局限。

1.周期性的经济危机冲击资本主义统治的合法性

生产的社会化和生产资料的私人占有构成了资本主义制度下的基本矛盾。市场化的运作方式要求必须在整个国家甚至世界范围内合理优化各类资源的配置,以期尽可能地降低生产成本,提高资本利润。因此,这就需要国家特别是其经济决策部门作为总体资本家的角色在社会生产中担负起更多更有力的职能,以期强化对生产过程的渗透、汲取和协商能力,努力“促成政治与工业经济之间的高度的战略性与制度化的合作,进而达成一种‘治理式互赖’”①。

然而当资本社会化的要求遭遇到私人占有的现实,特别是这种占有方式在本质上又构成了资本主义赖以生存的前提和根基的时候,国家对经济生活的干预也就变得举步维艰了。不仅如此,作为市场主体的私人资本具有无可避免地自发性、盲目性与滞后性。在他们眼里,谋一隅显然比谋全局更加紧迫,看眼前往往掩盖了看长远的可能。由此可见,市场机制的健康运行必然离不开国家行为的适度干预。然而问题恰恰就出现在“适度”这两个字上,因为“适度”从来就不是一个确切的概念。“适度”不及,力度不够,供需矛盾解决不好,经济危机便会难以有效避免;“适度”过分,管控过严,便又侵犯自由市场的初衷,有损所谓“自由主义的尊严”。此情此景,恰恰正如哈贝马斯所言:“由于一直具有私人目的的生产日益社会化,这就给

① [澳]琳达·维斯、约翰·M.霍布森:《国家与经济发展——一个比较及历史性的分析》,黄兆辉、廖志强译,吉林出版集团有限责任公司,2009年,第5页。

国家机器带来了无法满足的矛盾要求。一方面,国家必须发挥集体资本家的功能;另一方面,只要不消灭投资自由,相互竞争的个别资本就不能形成或贯彻集体意志。这样就出现了相互矛盾的命令,一方面要求扩大国家的计划能力,旨在推行一种集体资本主义的规划;另一方面却又要求阻止这种能力的扩大,因为这会危及资本主义的继续存在。于是,国家机器就左右摇摆,举棋不定。”① 可见,国家对市场的干预需要一种合理性的理由,但传统经济学却并没有赋予政府这样的职责与义务。因此,合理性欠缺是资本主义所陷入的必然后果,而其最终酿成的苦果只能是周期性的经济波动甚或危机。

2.贫富差距扩大考验市场行为的正当性

市场经济必然带来贫富差距,这是由市场经济的本性与运作机制来决定的。每一个市场主体都以满足特殊利益为目的,这样的原初动力必然驱使其最大限度发挥好自身的资本、管理、土地、劳动、知识、技术等优势,进而取得利益的最大化。因此,市场经济的自发性必然带来财富分配上的不均等。反过来,贫富差距又进一步激发人们的竞争意识和创新潜能,进而带来整个市场体系的活力与效率。正如亚当·斯密在谈到市场经济条件下工资与利润随着劳动与资本用途的不同而不同时列举的情况一样,“第一,职业本身有愉快的有不愉快的;第二,职业学习有难有易,学费有多有少;第三,工作有安定的有不安定的;第四,职业所须担负的责任有重有轻;第五,成功的可能性有大有小”②。除了劳动与资本的用途不同,个体在能力、禀赋等偶然方面的差异同样使得贫富差距不可避免。对此,黑格尔说,不平等的禀赋和体质在发展上的差异“在特殊性的领域中表现在一切方面和一切阶级,并且连同其他偶然性和任性,产生了各个人的财富和技能的不

---

① [德]哈贝马斯:《合法化危机》,刘北成、曹卫东译,上海人民出版社,2009年,第69页。

② [英]亚当·斯密:《国民财富的性质和原因的研究》(上卷),郭大力、王亚南译,商务印书馆,1972年,第92页。

平等为其必然后果"①。

自由竞争的市场机制不仅可以提高经济运行的周期与效率,而且在推动生产力革新、促进技术进步方面算得上功不可没。但是在控制贫富差距、限制贫富两极分化、推动社会公平正义方面市场机制却乏善可陈,无法提供行之有效的解决路径。不仅如此,对于市场主体而言,财富的积累往往与贫困的积累相向而行,社会经济的发展成果并不能自动平等地照顾到每一个人。长此以往,贫困人群和弱势群体的不公正感难免越积越深,引发对于富人阶层的敌视态度,乃至对政府行为产生不信任,带来社会矛盾和社会动荡。

3.资本权力的外溢降低社会治理的有效性

良好的治理是社会和谐稳定、人民安居乐业的前提和保障。然而良好的社会治理有赖于健康平衡、稳定增长的经济环境及健全的社会保障、可持续的就业政策,等等。而塑造与维护这样的宏观经济环境,显然不能指望市场自身来发挥主导作用,因为严格说来,这从来就不是市场所关心的问题。

如果说商品是市场经济的细胞的话,那么利润无疑就是市场经济的指挥棒,引导着资本在市场上自由流动。美国著名经济学家海尔布隆纳指出:"资本在很大程度上具有指挥他人和让他人服从的力量,这就是权力。"②资本是一种权力,但这种权力却并不仅仅发生在经济领域,严格说来,其对整个社会生活的影响从未停止。不断产生的资本与利润,使得资本家阶级可以轻而易举地掌控国家的经济命脉,并在此基础上对社会的组织形式、政权的运行方式及人们的思想意识产生深刻而有力的影响。在以资本为原则的社会形态里,资本的统治必然渗透于一切制度与信仰的领

---

① [德]黑格尔:《法哲学原理》,范扬、张企泰译,商务印书馆,1982年,第211页。

② [美]罗伯特·L.海尔布隆纳:《资本主义的本质与逻辑》,马林梅译,东方出版社,2013年,第19页。

域，无论是表面上凌驾于社会之上的国家权力，抑或是极力渲染自由、民主的观念机构，都难以摆脱“资本主义”的命运。它们不但要与资本的运作协调一致，甚至也都要沦为资本运作关系的傀儡与补充。

换言之，由于市场经济本身的自发性具有将整个社会生活市场化的趋势，这种趋势如果得不到有效的监管与约束，财富的不平等不仅会向其他资源渗透，加剧这些资源分配的不平等、不公正状态，甚至会向那些原本是平等的自由权利延伸，如受教育权利、生命健康权利乃至各种政治权利。甚至在极端的情况下完全有可能对人的基本生存和发展权利构成事实上的威胁或侵犯——消极腐败、食品安全、环境污染、生态破坏都是这种威胁的体现。

（二）政府的必要性与有效性

市场经济的有效运作，有赖于以下几个方面的先决条件：从法律上确认私有财产保护制度，技术的进步推动有效分工不断扩展，充分有序竞争引发优胜劣汰及其对个人能力的激励机制。然而保障市场良性运转的这些条件同时也是一把双刃剑——因为在通常情况下，满足了这些条件并不必然带来良好的治理效能。例如，过分强调私人财产的保护可能会使企业忽视自身社会责任，甚至转而侵蚀公共福利；技术进步和分工无限细化可能带来人的异化与新的奴役；竞争导致的优胜劣汰可能最终导致垄断；制度规范不健全无法有效防止资本对政治、文化、社会、生态领域的侵蚀，等等。因此，市场经济尽管不可或缺、难以跨越，但它终究并不完美，存在失灵、失控的风险，而这也构成了政府干预的前提条件和逻辑起点。

1.国家的自主性决定了政府合法享有经济职能

国家自主性理论是“国家回归学派”的核心观点。这一学派主张，传统政治理论研究中过分强调了社会生活对于国家所具有的决定作用，忽视了国家所具有的独立于社会之外的自主性特征。事实上，国家是一种“积极的行动者”而非一个“被决定者”，理应在社会生活中发挥更加积极与建设性的作用。斯考切波指出，国家自主性是指：“国家可能会确立并追求一些并非仅仅是反映社会集团、阶级或社团之需求或利益的目标。只有国家确实能够提出这种独立的目标时,才有必要将国家看作一个重要的行为主体。”[①]换言之,国家作为行政、外交和军事组织,不但有其自身所属的逻辑结构与制度规则,追求自己的目的和利益,而且往往可以借助制度的力量为社会塑形,引领社会生活按照自己的意志去发展。

在马克思主义看来,国家在本质上是阶级统治的工具,然而仅仅一个阶级性并不足以概括马克思主义在国家问题上的博大精深。事实上,马克思只是把国家的实质理解为阶级统治的暴力机器,却从来没有把国家的涵义与功能简单化。国家的本质特征,是和人民大众相分离的公共权力。作为一种公共权力的代表者与行使者,国家本身就集阶级性与公共性于一身,担负着阶级统治与政治统治的双重职能。因此,在马克思主义看来,国家自主性指的就是国家作为公共权力的行使者,以维护和保障公民的正当权利为目的,在社会生活中所担负的缓和冲突、维持秩序、公共服务、社会管理等方面的职能和特征。

马克思在对“亚细亚生产方式”的考察中重点阐述了国家在起源上所具有的自主性特征。在《不列颠在印度的统治》中,马克思写道:“在亚洲,从远古的时候起一般说来就只有三个政府部门:财政部门,或者说,对内进行掠夺的部门;战争部门,或者说,对外进行掠夺的部门;最后是公共工程部门。”[②]对于亚洲各国的统治者而言,政府都不得不执行一种经济职能,即举办公共工程的职能。与马克思一样,在《反杜林论》中恩格斯也写道:“不管在波斯和印度兴起和衰落的专制政府有多少,每一个专制政府都十分清楚地知道它们首先是河谷灌溉的总管,在那里,没有灌溉就不可能有农业。”[③]不难看出,政府所担负的社会职能指的就是管理与服务于共同事务

---

① [美]彼得·埃文斯、迪特里希·鲁施迈耶、西达·斯考切波:《找回国家》,方力维、莫宜端、黄琪轩等译,生活·读书·新知三联书店,2009年,第10页。

②《马克思恩格斯选集》(第一卷),人民出版社,2012年,第850页。

③《马克思恩格斯文集》(第九卷),人民出版社,2009年,第187页。

的职能，虽然它包含的范围非常广泛，既涉及经济增长、财政税收、基础设施、国防安全等关乎国计民生的重大事务，又涉及教育、医疗、就业、社会保障等有关公共产品的问题。但毋庸置疑，其中的绝大部分职能都属于政府的经济职能，服务于社会成员的经济活动。

2. 市场失灵是政府干预的逻辑起点

自亚当·斯密开始，反对政府干预的自由主义经济学在西方社会大行其道。客观来看，以自由竞争和价格调节为标志的市场机制在抵制重商主义的政府干预、推动西方社会经济起飞方面确实功不可没。但是随着资本主义的深入发展，社会矛盾逐渐积累，排除政府在外的单纯市场机制所能够发挥的作用却日渐式微。特别是在面对1929年资本主义世界大危机的时候，传统经济理论的先天局限性使其根本无法为摆脱这场危机提供任何行之有效的应对策略。正是市场失灵所带来的恐慌与沮丧使得人们对传统经济理论产生了深度怀疑，从而催生了经济学中的“凯恩斯革命”。

对单纯的自由市场的不信任感是凯恩斯主义的理论前提。为此，凯恩斯明确主张资本主义要想健康发展，政府就必须在应对经济波动、引导有效需求、统筹资源配置、引领发展方向等方面发挥更多建设性作用。时至今日，凯恩斯主义仍然被许多国家奉为应对危机、缓解衰退的“法宝”。无论是过去的石油危机和金融危机，还是近年来的次贷危机和欧债危机，政府无不充当了挽救经济颓势的有力抓手，成为理所当然的“救火队长”。

正是看到了政府干预的积极作用，同时囿于制度体系不完善、基础设施落后，以及市场化程度不高等国内不利因素的影响，日本、韩国等二战后新兴市场经济体纷纷选择依靠强有力的中央政府冲破来自传统力量的种种阻挠，对社会生产方式进行大刀阔斧的改革与集中有效的控制，进而引导、扶持经济发展沿着现代化的方向前进，从而迅速实现“弯道超车”，一举迈入现代化阵营。

在澳大利亚学者维斯和霍布森看来，纯粹的以国家为中心或以市场为中心都不能解释东亚腾飞的经验，因为东亚发展的最重要的特征是“国家和市场的协同作用(the synergy of state and market)或‘被引导的市场’(guided markets)”[1]。维斯与霍布森将这种新型的“国家—市场”关系称为“新国家主义”,并将“竞争性合作”与“治理式互赖”看作“新国家主义”的两个核心要素。以战后日本为例,其国家能力的增长,就源于国家和社会在工业化进程中所形成的步调一致关系。正是官僚集团指挥工商界与社会团体适时主动地将大量资源从衰落行业转移到增长行业的能力,使得国家可以以其强大的影响力来推行自己的社会发展规划,从而为后期经济腾飞铺平道路。而与之相反,盲目迷信市场机制,不能及时调整产业政策以应对经济变革,则被认为是造成英国经济衰退及部分拉美国家陷入“中等收入陷阱”的根本原因。正如佩里·安德森所说:“市场的逻辑归根到底是倾向于积累而不是校正。它的动力来自已存在的或正在形成的禀赋所决定的比较优势或劣势,而且是以个别企业为单位来计算的……改善比较劣势需要另一套社会逻辑,因此一种能够管制和中和市场自发活动的中央力量必须存在。”[2]在安德森看来,英国之所以被用作教科书来说明经济发展长期由市场主导会发生什么,其“奇特之处”是缺乏政府对市场的积极校正,因此经济衰退也就变得不可避免。

(三)坚持“四个明确”,辩证处理好政府与市场的关系

改革开放40多年来,我们逐渐认识到在我们这样一个国家建设社会主义的长期性与艰巨性,也逐渐认识到建设什么样的社会主义及如何建设社会主义这一重大理论和实践问题。与此同时,我们也逐渐明确了市场经济作为人类现代化进程中不可逾越的历史阶段所具有的重要地位,明确了必须在坚持社会主义基本制度的前提下通过市场化改革来推动生产力改造与发展。正如习近平说的那样:“提出建立社会主义市场经济体制的改

① [澳]琳达·维斯、约翰·M. 霍布森:《国家与经济发展—— 一个比较及历史性的分析》,黄兆辉、廖志强译,吉林出版集团有限责任公司,2009年,第151~152页。

② Anderson, Perry: The Figures of Descent., New Left Review, LONDON, 161(Jan.-Feb.).

革目标，这是我们党在建设中国特色社会主义进程中的一个重大理论和实践创新，解决了世界上其他社会主义国家长期没有解决的一个重大问题。”[①]40多年来，在社会主义制度下发展市场经济，既发挥好社会主义制度的好处，又发挥好市场经济的长处。这既是我们党的一个伟大历史创举，也是我国经济发展取得巨大成功的关键因素。

1.明确了坚持党的领导是社会主义市场经济体制的重要特征

政党政治是现代民主制度的中心环节。当代西方资本主义国家普遍采用竞争性的政党体制，这既是近代资产阶级革命的必然结果，同时也与确认个人权利、契约精神及自由竞争的市场体制密不可分。与西方国家内生成长的现代政治与市场路径不同，后发国家迈向现代化的历程则必须通过转型或重建的方式再造一个现代化的政治权威体系，进而由国家力量主导打破旧的社会经济结构，培育起现代化的经济体系和公民意识。在中国，这一伟大使命是由中国共产党来完成的。换言之，在中国现代制度建构与国家建设中，中国共产党是轴心力量。这种轴心力量“不是基于运行议会民主而产生的政党，相反是基于承担领导革命和建设新社会、中华人民共和国而产生的政党，因而天生承载两大历史使命：一是将全体民众凝聚为一个有机的集合体，即人民，实现人民当家作主；二是维系国家的内在统一，保持国家整体转型与发展”[②]。

办好中国的事情，关键在党。中国共产党是中国特色社会主义事业的领导核心。习近平指出：“坚持党的领导，发挥党总揽全局、协调各方的领导核心作用，是我国社会主义市场经济体制的一个重要特征。”[③]中国共产党领导的多党合作和政治协商制度是我国的基本政党制度，也是中国特色社会主义的政治优势。这种政治优势主要体现在以下五个方

① 习近平：《论坚持全面深化改革》，中央文献出版社，2018年，第50页。
② 林尚立：《中国共产党与国家建设》，天津人民出版社，2017年，第78页。
③ 习近平：《论坚持全面深化改革》，中央文献出版社，2018年，第106页。

面:①有效避免了政党竞争与轮替所导致的内斗与内耗,避免政党之间相互掣肘对公共资源的浪费。②有效避免了政党频繁轮替对国家长期规划与发展战略的冲击,有利于保持社会经济政策的持续性和稳定性。③有效避免了资本权力对经济生活以外的社会领域的渗透和外溢,保持了政治、文化、社会、生态等领域的健康可持续发展。④有利于更好将人民主张上升为国家意志,调动各方面积极性,更好地发挥政府整合社会和协调全局的作用,推进国家治理体系与治理能力现代化。⑤有利于坚持社会主义道路,更好地发挥社会主义制度的优越性,坚持人民的主体地位,推进共享发展,实现共同富裕。

2.明确了坚持和完善社会主义基本经济制度是完善社会主义市场经济体制的必然要求

习近平指出:"社会主义基本制度和市场经济有机结合、公有制经济和非公有制经济共同发展,是我们党推动解放和发展社会生产力的伟大创举。"[①]公有制为主体、多种所有制经济共同发展,按劳分配为主体、多种分配方式并存,社会主义市场经济体制等是我国的基本经济制度。这些不仅是中国特色社会主义制度的重要组成部分,而且也是完善社会主义市场经济体制的出发点和落脚点。

巩固好、发展好公有制经济,做大做强国有企业。公有制经济是社会主义的本质要求,是保障人民共同利益的基础力量。作为公有制的主要实现形式,国有企业不仅是中国特色社会主义经济的"顶梁柱"和"压舱石",而且对于有效克服私人资本的盲目性与逐利性,保障共享发展与共同富裕具有无可替代的支撑作用。回溯历史,国有企业在经济发展、科技进步、国防建设、民生改善等众多领域功勋卓著。放眼当下,国有企业作为壮大综合国力、保障共同富裕的重要力量同样功不可没。

---

① 中共中央文献研究室编:《十八大以来重要文献选编》(中),中央文献出版社,2016年,第559页。

鼓励、支持、引导非公有制经济，促进经济健康稳定发展。非公有制经济是我国经济制度的内在要素，也是发展社会主义市场经济的必然要求。改革开放以来，民营经济以其在增加税收、吸收就业、技术创新、国际开拓等方面的辉煌成就成为我国社会发展不可或缺的重要力量。事实充分证明，鼓励、支持、引导非公有制经济发展不仅不会削弱公有制的主体地位，而且能够有效增强社会主义制度的优越性，有效巩固党执政的基础。

3.明确了更好发挥政府作用，建设人民满意的服务型政府

必须承认，相比在国家与市场之间划清界限，如何摆正国家位置，正确认识国家在现代经济中的作用和地位，则是更为关键性的问题。改革开放以来，随着市场经济的深入发展，我们对政府职能的认识和定位也在逐渐明确与清晰。习近平指出："我们既要遵循市场规律、善用市场机制解决问题，又要让政府勇担责任、干好自己该干的事。"[①]党的十九届三中全会公报提出要全面提高政府效能，建设人民满意的服务型政府目标，这为我们进一步理顺政府与市场的关系，明确政府职能定位指明了方向，更为解决这一普遍难题做出了有益探索。

为市场创造良好的发展环境。①解决好破与立的关系。深化党和国家机构改革，打破党政机构职责重叠，减少多头管理，避免政出多门。②解决好放与抓的关系。政府的角色不是演员，而是导演，不是"划桨"，而是"掌舵"。在减少政府对微观经济运行过分干预的同时，把主要精力放在国家发展计划和宏观经济政策的制定与调节方面。③解决好服与管的问题。市场在资源配置中起决定性作用，并不是全部作用。政府也不要只讲服务不讲管理，必须履行好对各类市场主体和社会组织的监管责任。④解决好堵与疏的关系。既要坚持问题导向，堵流失、堵漏洞、堵缺口，防范化解重大风险，又要着眼大局，对待各类市场主体一视同仁，加快建设统一开放、竞争有序的市场体系，最大限度地激发企业和个人的活力与创造力。

---

① 习近平：《论坚持全面深化改革》，中央文献出版社，2018年，第316页。

为人民提供优质的公共资源。民生是最大的政治,全面建成小康社会突出的短板主要在民生领域。因此,这就要求我们必须在就业、教育、医疗、保障等与人民日常息息相关的民生方面持续用力、久久为功。把做好就业工作摆在突出位置;把教育事业放在优先发展位置;持续用力解决好收入分配问题,缩小收入分配差距,使发展成果由最广泛的人民共享;不断推进健康中国建设,加强社会保障体系建设,打造共建共治共享的社会治理格局,有效维护国家安全。

有效维护社会公平正义。正义是社会制度的首要德性,也是中国特色社会主义的内在要求,更是中国共产党的一贯主张。党的十八大以来,我们致力于广泛促进社会公平正义,让广大人民群众共享发展成果。一是不断推动经济社会持续健康发展,进一步做大“蛋糕”,为保障社会公平正义奠定更加坚实的物质基础。二是通过制度安排,更好保障人民权益,努力营造公平的社会环境,保证人民平等参与、平等发展权利。三是运用财税政策不断探索改革收入分配制度,防止收入差距进一步拉大,有效防止两极分化。四是落实全面依法治国,坚持以良法保善治,让人民群众切实感受到公平正义就在身边。

4.明确了使市场在资源配置中起决定性作用是深化经济体制改革的主线

提出使市场在资源配置中起决定性作用,既是改革开放以来我们认识逐渐深化的必然产物,也是当前我国实践发展的客观要求。中国的经济是一片大海,我们在大海中搏击风暴,对市场的威力、活力、潜力看得越来越清晰、体会越来越深刻。我们越来越认识到,市场经济是资源配置最有效率的体制,使市场在资源配置中起决定性作用,是我国经济体制改革的必然趋向。

坚定不移贯彻新发展理念,发现和培育新的经济增长点。社会的发展离不开经济的增长,但是增长、质量、效率从哪里来? 只能从经济结构调整中来。党的十八大以来,面对以往粗放增长的发展模式,我们以壮士断腕、刮骨疗毒的巨大勇气推动经济发展转型升级:毫不留情削减落后产能,淘汰夕阳产业;大力发展创新能力强、技术水平高、资源消耗少、生态效应好的高新技术产业;增强生产性服务业对国民经济增长的拉动比例,提升生活性服务业的品质与层次;进一步释放消费活力,大力发展互联网经济,加强服务消费与商品消费的融合互动。

建立更加公平开放透明的市场规则。市场经济健康发展,离不开市场主体的参与和竞争,更离不开公平开放透明的市场规则。党的十八大以来,我们在鼓励支持引导非公有制经济发展的同时,下大力气解决影响各类市场主体公平竞争的突出问题,集中力量营造良好的营商环境,为各类市场主体打造平等参与、公平竞争的市场环境,使所有市场主体都能在公平环境中竞争和成长。

深化科技体制改革,实施创新驱动发展战略。综合国力竞争说到底是创新能力竞争。面对经济发展新常态,我们持续在科技体制和创新驱动上下功夫,发挥科技创新对经济社会发展的引领作用:牢牢把握科技进步大方向,在一些重要科学问题和关键核心技术上取得了重大突破;大力深化体制改革,着力补齐制度短板,形成推进科技创新发展的强大合力;用好人力资源,建立更加灵活高效的人才管理和评价机制;强化知识产权保护,依法惩治侵犯知识产权和科技成果的违法犯罪行为;围绕产业链布局创新链,发展科技含量高、市场竞争力强、带动作用大、经济效益好的战略性新兴产业。

打造对外开放新格局。“搞保护主义如同把自己关进黑屋子,看似躲过了风吹雨打,但也隔绝了阳光和空气。”[①]“中国奇迹”是在对外开放的基础上取得的,未来要发展,也必须在更加开放的条件下进行。党的十八大以来,我们以更大的信心与勇气发展开放型经济,努力打造对外开放的新格局。在创新理念方面,着眼于互利共赢、共同发展,我们提出了共建“一带

---

① 习近平:《共担时代责任,共促全球发展》,《人民日报》,2017年1月18日。

一路”倡议,坚持推动构建人类命运共同体。在营商环境方面,我们加快推进外商投资法律法规体系建设,积极营造宽松有序的投资环境。在开放领域方面,我们不断建设高标准自由贸易试验区,不断探索发挥好改革开放试验田作用。在制度创新方面,我们实施外商投资负面清单制度,努力提高外商投资便利化程度和自由化水平。在国际合作方面,我们坚定维护世贸组织规则,反对贸易保护主义,坚持在平等互利的基础上与各个国家发展经贸往来。

(四)结论

“履不必同,期于适足;治不必同,期于利民。”世界上从来没有放之四海而皆准的发展道路,也没有一成不变的政府与市场关系。对于任何国家和民族而言,政府与市场的关系在其发展的不同历史时期、不同社会阶段都会表现为不同的形式,政府干预和市场调节的力度和程度也都各不相同。放眼全球,老牌发达资本主义国家虽一直将自由市场奉若神明,但如今政府干预的广度和深度都在不断加强已成为一个不争的事实。简单移植“新自由主义”的拉美国家,历史上虽迅速走出“债务危机”,但片面强调市场功能,拒斥政府的合理调节,终究还是难以跨过“中等收入陷阱”。反观中国,从传统的计划经济体制到前无古人的社会主义市场经济体制,从使市场在资源配置中起决定性作用和更好地发挥政府作用到以完善产权制度、完善要素市场化配置、健全完善市场规则、推动城乡区域协调发展为重点举措建设高标准市场体系。一路走来,我们凭借社会主义市场经济体制劈波斩浪、蹄疾步稳,引领十四亿多中国人民砥砺前行,朝着共同富裕目标阔步迈进。

毫不夸张地说,在社会主义条件下发展市场经济,不仅是中国共产党人的伟大创举,更为人类经济社会发展提供了一个崭新选择。社会主义市场经济既坚持了科学社会主义的一般原则,又根据我国的基本国情选择了最能促进生产力发展和生产关系完善的市场化体制;既确保了党对经济工作的集中统一领导,保证改革的性质和发展的方向,又能够广泛吸收和动员社会各界力量支持与参与；既确保了公有制的主体地位和国有经济的主导作用，又营造出各种所有制主体依法公开公平公正参与竞争的市场环境；既确保了按劳分配的主体形式，又健全了各类生产要素根据市场评价贡献、按贡献决定报酬的分配机制；即发挥出社会主义集中力量办大事的制度优势和携手迈向共同富裕的价值诉求，又有效避免了单纯、过度市场化改革带来的风险与弊端。制度优势与治理效能相结合，"有为的政府"与"有效的市场"相补充。正因如此，社会主义市场经济才以其鲜明的中国特色为解决政府与市场关系这一世界性难题做出了卓有成效的探索，更为人类社会历史的发展贡献出中国智慧与中国经验。

总结经验，才能继往开来。中国特色社会主义进入新时代，社会主义市场经济体制经过近30年的发展实践也在不断健全完善。在这一过程中，我们取得令人瞩目的辉煌成就，但也面临前所未有的风险挑战。党的十九届四中全会将社会主义市场经济体制与公有制为主体、多种所有制经济共同发展，按劳分配为主体、多种分配方式并存并列为社会主义基本经济制度。这既表明我们对在社会主义制度下驾驭政府与市场关系更加自信与从容，也表明我国的基本经济制度发展更加成熟与定型；既是对过往改革经验的提升与总结，更为新时代经济社会改革和推动高质量发展提供了根本遵循。

毋庸置疑，当前经济体制改革仍然是全面深化改革的重点，而经济体制改革的核心问题仍然是处理好政府和市场的关系。面对中华民族伟大复兴的战略全局与世界百年未有之大变局的历史交汇，更加需要我们以科学的精神、担当的勇气、必胜的信念去进一步深化认识，继续发挥好社会主义制度的优越性、发挥党和政府的积极作用，同时更加尊重市场，发挥好市场在资源配置中的决定性作用，不断在理论与实践上取得重大进展，为人类社会的发展与进步作出贡献。

第十讲

资本主义到底还能撑多久？

东欧剧变后,日裔美籍学者弗朗西斯·福山(Francis Fukuyama)曾出版《历史的终结及最后之人》一书,宣称人类历史将终结于资本主义自由民主制,自由民主制下的布尔乔亚(资产阶级)将是"最后的人"。

然而随着当代资本主义呈现出的新特点,充分暴露了资本主义制度的历史局限性,揭示了资本主义日渐衰亡的必然大势。越来越多的人开始意识到,西方所谓的"自由民主"从来不是解决一切问题的"灵丹妙药"。福山随即成为众矢之的,他的所谓"历史终结论"受到更多人的质疑。面对批评声音,2014年以来,福山先是通过出版《政治秩序与政治衰败:从工业革命到民主全球化》提出美国这一内生型民主国家出现了"政治衰败",其后又在多种场合公开批评美国的"政治衰败"。那么,资本主义的发展究竟遇到了什么问题,它能不能依靠自身力量克服这些问题,以及资本主义未来的发展前景究竟在哪里?本讲就让我们在一起认识当代资本主义的新变化中找寻答案。

一、垄断资本主义的形成与发展

唯物辩证法认为,任何事物的发展都是量变与质变的互动过程,呈现出一定的阶段性特征。当然,资本主义也不能例外。

回顾资本主义的发展经历,存在两个明显差异化的阶段:自由竞争资本主义和垄断资本主义。

自14至15世纪资本主义萌芽开始到19世纪70年代以前,资本主义处于自由竞争阶段。在这一阶段中,资本主义生产过程主要集中在小规模个体企业,竞争手段主要是改进技术与扩大生产规模。这一时期,国家主要是通过法律手段维护经济秩序,通常不直接干预经济运行。这样造成的结果就是不仅资本主义生产规模有限,难以形成较大的经济效益,而且各个企业之间没有限制的竞争,导致成本上升,影响经济效益。最后,造成社会供求失衡、经济危机,破坏生产力水平。

自由竞争必然引起生产集中和资本集中,生产集中和资本集中发展到一定阶段必然引起垄断,这是资本主义发展的客观规律。生产集中和资本集中是垄断产生的前提条件。从19世纪70年代开始,自由竞争资本主义逐步向垄断资本主义发展;19世纪末20世纪初,垄断代替自由竞争并占据统治地位,垄断资本主义得以形成。这时期,垄断资本主义主要以私人垄断资本为基础,所以又叫私人垄断资本主义。从20世纪30年代直至今天,由于国家干预的普遍化,资本主义进入国家垄断资本主义阶段。

垄断是指少数资本主义大企业为了获得高额利润,通过相互协议或联合,对一个或几个部门商品的生产、销售和价格进行操纵和控制。垄断资本主义的实质是垄断资本凭借垄断地位,获取高额垄断利润。

有人说,垄断出现后就消灭了竞争。然而事实并非如此。垄断不但没有消除竞争,反而需要竞争来维系自己的垄断地位。首先,垄断没有消除产生竞争的经济条件——私有制;其次,垄断必须通过竞争来维持,从而不断扩大自己的垄断范围,巩固垄断地位;最后,社会生产的范围是极为广泛的,垄断组织不能包罗所有生产。虽然并不能消除竞争,但垄断条件下的竞争与自由竞争相比,呈现出新的特点。首先,竞争的目的是获得高额垄断利润;其次,竞争的手段并不局限于经济手段;第三,竞争的范围不仅在国内,还包括国际市场;最后,竞争所引发的后果和危害不仅波及范围更广,而且破坏性也更强。

> 在实际生活中,我们不仅可以找到竞争、垄断和它们的对抗,而且可以找到它们的合题,这个合题并不是公式,而是运动。垄断产生着竞争,竞争产生着垄断。垄断者彼此竞争着,竞争者变成了垄断者。如果垄断者用局部的联合来限制彼此间的竞争,工人之间的竞争就要加剧;对某个国家的垄断者来说,无产者群众越增加,各国垄断者之间的竞争就越疯狂。合题就是:垄断只有不断投入竞争的斗争才能维持自己。[①]

---

①《马克思恩格斯文集》(第一卷),人民出版社,2009年,第636~637页。

资本的垄断成了与这种垄断一起并在这种垄断之下繁盛起来的生产方式的桎梏。生产资料的集中和劳动的社会化,达到了同它们的资本主义外壳不能相容的地步。这个外壳就要炸毁了。资本主义私有制的丧钟就要响了。①

自由竞争转变为垄断,而资本主义社会的无计划生产向行将到来的社会主义社会的计划生产投降。②

集中发展到一定阶段,可以说就自然而然地走到垄断。③

生产集中产生垄断,则是现阶段资本主义发展的一般的和基本的规律。④

垄断正是"资本主义发展的最新阶段"的最新成就。但是,如果我们不注意到银行的作用,那我们对于现代垄断组织的实际力量和意义的认识,就会是极不充分、极不完全和极其不足的。⑤

以自由竞争为基础的旧资本主义已被这场战争彻底摧毁,它已经让位于国家垄断资本主义。⑥

生产的集中,从集中生长起来的垄断,银行和工业日益融合或者说长合在一起,——这就是金融资本产生的历史和这一概念的内容。⑦

帝国主义,或者说金融资本的统治,是资本主义的最高阶段,这时候,这种分离达到了极大的程度。金融资本对其他一切形式的资本的优势,意味着食利者和金融寡头占统治地位,意味着少数拥有金融"实力"的国家处于和其余一切国家不同的特殊地位。⑧

---

①《马克思恩格斯文集》(第五卷),人民出版社,2009年,第874页。
②《马克思恩格斯文集》(第三卷),人民出版社,2009年,第558页。
③《列宁专题文集 论资本主义》,人民出版社,2009年,第108页。
④《列宁专题文集 论资本主义》,人民出版社,2009年,第111页。
⑤《列宁专题文集 论资本主义》,人民出版社,2009年,第120页。
⑥《列宁全集》(第34卷),人民出版社,1985年,第330页。
⑦《列宁专题文集 论资本主义》,人民出版社,2009年,第136页。
⑧《列宁专题文集 论资本主义》,人民出版社,2009年,第148页。

> 现代资本主义即垄断资本主义不能满足于平均利润，何况这种平均利润由于资本有机构成的提高而有下降的趋势。现代垄断资本主义所要求的不是平均利润，而是比较正常地实现扩大再生产所必需的最大限度的利润。[①]

随着生产集中和垄断的发展，银行资本由集中走向垄断，工业垄断资本对银行的依赖增强，大银行同大企业的金融联系更加密切，形成了固定的关系。通过金融联系、资本参与和人事参与银行垄断资本和工业垄断资本密切地融合在一起，产生了一种新型的垄断资本，即金融资本。在金融资本形成的基础上，产生了金融寡头。金融寡头是指操纵国民经济命脉，并在实际上控制国家政权的少数垄断资本家或垄断资本家集团。他们支配了大量的社会财富，控制了整个国家的经济命脉和上层建筑，是垄断资本主义国家事实上的统治者。金融寡头在经济领域中的统治主要是通过“参与制”实现的。金融寡头在掌握了经济上的控制权后，又在政治上进一步控制上层建筑，利用政权的力量来加强其统治地位。金融寡头对国家机器的控制，主要是通过同政府的“个人联合”来实现的。用列宁的话讲就是“今天是部长，明天是银行家；今天是银行家，明天是部长”。不仅如此，金融寡头还通过建立政策咨询机构等方式对政府的政策施加影响，并通过掌握新闻出版、广播电视、科学教育、文化体育等上层建筑的各个领域，左右国家的内政外交及社会生活。

国家垄断资本主义是国家政权和私人垄断资本融合在一起的垄断资本主义。它的出现在一定程度上有利于社会生产力的发展；在一定范围内突破了私人垄断资本的狭隘界限；通过国家的收入再分配手段，使劳动人民生活水平有所改善和提高；现代化水平迅速提高，加快资本主义国家国民经济现代化进程。但是国家垄断资本主义，是资产阶级国家代表资产阶

---

①《斯大林文集(1934—1952)》，人民出版社，1985年，第626页。

级总体利益并凌驾于个别垄断资本之上,对社会经济进行调节的一种形式。国家垄断资本主义的出现并没有根本改变垄断资本主义的性质。国家垄断资本主义在本质上是资产阶级国家力量同垄断组织力量结合在一起的垄断资本主义。它在一定程度上促进生产力发展的同时,也加强了对劳动人民的剥削和掠夺,更好地保证了垄断资产阶级获得高额垄断利润,更有利于维护资本主义制度。

> 这里我们清楚地看到,在金融资本时代,私人垄断组织和国家垄断组织是交织在一起的,实际上这两种垄断组织都不过是最大的垄断者之间为瓜分世界而进行的帝国主义斗争中的一些环节而已。[①]
>
> 我们已经看到,帝国主义最深厚的经济基础就是垄断。这是资本主义的垄断,也就是说,这种垄断是从资本主义生长起来并且处在资本主义、商品生产和竞争的一般环境里,同这种一般环境始终有无法解决的矛盾。[②]
>
> 我们已经看到,帝国主义就其经济实质来说,是垄断资本主义。这就决定了帝国主义的历史地位,因为在自由竞争的基础上、而且正是从自由竞争中生长起来的垄断,是从资本主义社会经济结构向更高级的结构的过渡。[③]
>
> 应当给帝国主义下这样一个定义,其中要包括帝国主义的如下五个基本特征:(1)生产和资本的集中发展到这样高的程度,以致造成了在经济生活中起决定作用的垄断组织;(2)银行资本和工业资本已经融合起来,在这个"金融资本的"基础上形成了金融寡头;(3)和商品输出不同的资本输出具有特别重要的意义;(4)瓜分世界的资本家国际垄断

---

①《列宁专题文集 论资本主义》,人民出版社,2009年,第160页。
②《列宁专题文集 论资本主义》,人民出版社,2009年,第185页。
③《列宁专题文集 论资本主义》,人民出版社,2009年,第208页。

同盟已经形成;(5)最大资本主义大国已把世界上的领土瓜分完毕。[①]

帝国主义是衰朽的但还没有完全衰朽的资本主义,是垂死的但还没有死亡的资本主义。不是纯粹的垄断,而是垄断和交换、市场、竞争、危机并存,——这就是帝国主义的最本质的特征。[②]

帝国主义没有而且也不可能彻底改造资本主义。帝国主义使资本主义的矛盾复杂化和尖锐化,使垄断和自由竞争“搅在一起”,但它消除不了交换、市场、竞争、危机等等。[③]

二、经济全球化

“这是最好的时代,也是最坏的时代”,英国文学家狄更斯曾这样描述工业革命发生后的世界。今天,我们也生活在一个矛盾的世界之中。一方面,物质财富不断积累,科技进步日新月异,人类文明发展到历史最高水平。另一方面,地区冲突频繁发生,恐怖主义、难民潮等全球性挑战此起彼伏,贫困、失业、收入差距拉大,世界面临的不确定性上升。

对此,许多人感到困惑,世界到底怎么了?

要解决这个困惑,首先要找准问题的根源。有一种观点把世界乱象归咎于经济全球化。经济全球化曾经被人们视为阿里巴巴的山洞,现在又被不少人看作潘多拉的盒子。国际社会围绕经济全球化问题展开了广泛讨论。[④]

---

①《列宁专题文集 论资本主义》,人民出版社,2009年,第175~176页。

②《列宁专题文集 论资本主义》,人民出版社,2009年,第284页。

③《列宁专题文集 论资本主义》,人民出版社,2009年,第283~284页。

④ 习近平:《共担时代责任 共促全球发展——在世界经济论坛2017年年会开幕式上的主旨演讲》,《人民日报》,2017年1月17日。

(一)什么是经济全球化

经济全球化是指在生产不断发展、科技加速进步、社会分工和国际分工不断深化、生产的社会化和国际化程度不断提高的情况下,世界各国、各地区的经济活动越来越超出一国和地区的范围而相互联系、相互依赖的过程。19世纪上半叶,经济全球化趋势萌芽;20世纪80年代末90年代初,经济全球化快速发展演化。经济全球化的表现包括生产全球化、贸易全球化、金融全球化。

从本质上说,经济全球化是生产力发展和社会化大生产的必然要求。首先,科技进步和生产力的发展为经济全球化提供了坚实的物质基础和根本的推动力;其次,跨国公司的发展为经济全球化提供了适宜的企业组织形式;最后,各国经济体制的变革是经济全球化的体制保障。

> 各个相互影响的活动范围在这个发展进程中越是扩大,各民族的原始封闭状态由于日益完善的生产方式、交往以及因交往而自然形成的不同民族之间的分工消灭得越是彻底,历史也就越是成为世界历史。①
>
> 大工业创造了交通工具和现代的世界市场,控制了商业,把所有的资本都变为工业资本,从而使流通加速(货币制度得到发展)、资本集中。大工业通过普遍的竞争迫使所有个人的全部精力处于高度紧张状态。它尽可能地消灭意识形态、宗教、道德等等,而在它无法做到这一点的地方,它就把它们变成赤裸裸的谎言。它首次开创了世界历史,因为它使每个文明国家以及这些国家中的每一个人的需要的满足都依赖于整个世界,因为它消灭了各国以往自然形成的闭关自守的状态。②
>
> 由于有了机器,现在纺纱工人可以住在英国,而织布工人却住在东印度。在机器发明以前,一个国家的工业主要是用本地原料来加

---

①《马克思恩格斯文集》(第一卷),人民出版社,2009年,第540~541页。

②《马克思恩格斯文集》(第一卷),人民出版社,2009年,第566页。

工。例如：英国加工的是羊毛，德国加工的是麻，法国加工的是丝和麻，东印度和黎凡特加工的则是棉花等等。由于机器和蒸汽的应用，分工的规模已使脱离了本国基地的大工业完全依赖于世界市场、国际交换和国际分工。①

资产阶级社会的真正任务是建成世界市场（至少是一个轮廓）和确立以这种市场为基础的生产。②

对外贸易的扩大，虽然在资本主义生产方式的幼年时期是这种生产方式的基础，但在资本主义生产方式的发展中，由于这种生产方式的内在必然性，由于这种生产方式要求不断扩大市场，它成为这种生产方式本身的产物。③

资本主义生产的市场是世界市场。④

世界上的有识之士都认识到，经济全球化是不可逆转的历史大势，为世界经济发展提供了强劲动力。说其是历史大势，就是其发展是不依人的意志为转移的。人类可以认识、顺应、运用历史规律，但无法阻止历史规律发生作用。历史大势必将浩荡前行。⑤

（二）经济全球化出了什么问题

甘瓜抱苦蒂，美枣生荆棘。从哲学上说，世界上没有十全十美的事物，因为事物存在优点就把它看得完美无缺是不全面的，因为事物存在缺点就把它看得一无是处也是不全面的。经济全球化是一把双刃剑。

对发展中国家而言，经济全球化为发展中国家提供先进技术和管理经验、提供更多的就业机会、推动发展中国家国际贸易发展、促进发展中国家跨

①《马克思恩格斯文集》（第一卷），人民出版社，2009年，第627页。
②《马克思恩格斯文集》（第十卷），人民出版社，2009年，第166页。
③《马克思恩格斯文集》（第七卷），人民出版社，2009年，第264页。
④《马克思恩格斯全集》（第49卷），人民出版社，1982年，第312页。
⑤ 习近平：《论坚持全面深化改革》，中央文献出版社，2018年，第492~493页。

国公司的发展。但是与此同时,经济全球化的消极影响也不容忽视。发达国家与发展中国家在经济全球化过程中的地位和收益不平等、不平衡,加剧了发展中国家资源短缺和环境污染恶化,在一定程度上增加了经济风险。

经济全球化作为一把双刃剑。当世界经济处于下行期的时候,全球经济“蛋糕”不容易做大,甚至变小了,增长和分配、资本和劳动、效率和公平的矛盾就会更加突出,发达国家和发展中国家都会感受到压力和冲击。反全球化的呼声,反映了经济全球化进程的不足,值得我们重视和深思。但是我们必须明确,困扰世界的很多问题,并不是经济全球化造成的。比如,过去几年来,源自中东、北非的难民潮牵动全球,数以百万计的民众颠沛流离,甚至不少年幼的孩子在路途中葬身大海,令我们痛心疾首。导致这一问题的原因,是战乱、冲突、地区动荡。解决这一问题的出路,是谋求和平、推动和解、恢复稳定。再比如,国际金融危机也不是经济全球化发展的必然产物,而是金融资本过度逐利、金融监管严重缺失的结果。把困扰世界的问题简单归咎于经济全球化,既不符合事实,也无助于问题解决。

(三)到底还要不要经济全球化

人类历史告诉我们,有问题不可怕,可怕的是不敢直面问题,找不到解决问题的思路。面对经济全球化带来的机遇和挑战,正确的选择是,充分利用一切机遇,合作应对一切挑战,引导好经济全球化走向。要顺势而上,更要顶风而行!

当年,中国对经济全球化也有过疑虑,对加入世界贸易组织也有过忐忑。但是,我们认为,融入世界经济是历史大方向,中国经济要发展,就要敢于到世界市场的汪洋大海中去游泳,如果永远不敢到大海中去经风雨、见世面,总有一天会在大海中溺水而亡。所以,中国勇敢迈向了世界市场。在这个过程中,我们呛过水,遇到过漩涡,遇到过风浪,但我们在游泳中学会了游泳。这是正确的战略抉择。

世界经济的大海,你要还是不要,都在那儿,是回避不了的。想人为切断各国经济的资金流、技术流、产品流、产业流、人员流,让世界经济的大海退回到一个一个孤立的小湖泊、小河流,是不可能的,也是不符合历史潮流的。[①]

大国要像居于江河下游那样,拥有容纳天下百川的胸怀。[②]

过去40年中国经济发展是在开放条件下取得的,未来中国经济实现高质量发展也必须在更加开放条件下进行。[③]

中国开放的大门不会关闭,只会越开越大。[④]

三、资本主义的历史地位及发展趋势

资本主义的历史进步性体现在,资本主义将科学技术转化为强大的生产力;资本主义追求剩余价值的内在动力和竞争的外在压力推动了社会生产力的迅速发展;资本主义意识形态和政治制度战胜了封建自给自足的生产方式,保护、促进和完善了资本主义生产方式,促进了社会进步。

资本主义的历史局限性体现在,资本主义基本矛盾阻碍社会生产力的发展;资本主义制度下财富占有两极分化,引发经济危机;资本家阶级支配和控制资本主义经济和政治的发展和运行,不断激化社会矛盾和冲突。

马克思、恩格斯早在160多年前所写的《共产党宣言》中,就明确提出了一个重要论断:资本主义必然灭亡、共产主义必然胜利。他们所揭示的这一真理,主要根据不是出于对资本主义的痛恨和对社会主义的向往,而是基于对资本主义经济运动的科学分析。资本主义基本矛盾的存在和发展,是资本主义走向灭亡的根本动因。资本主义基本矛盾“包含着现代的一切冲突的萌芽”;资本积累推动资本主义基本矛盾不断激化

---

①《习近平谈治国理政》(第二卷),外文出版社,2017年,第478页。

② 习近平:《论坚持推动构建人类命运共同体》,中央文献出版社,2018年,第92页。

③ 习近平:《开放共创繁荣 创新引领未来:在博鳌亚洲论坛2018年年会开幕式上的主旨演讲》,人民出版社,2018年,第10~11页。

④ 习近平:《论坚持全面深化改革》,中央文献出版社,2018年,第361页。

并最终否定自身;国家垄断资本主义是资本社会化的最高形式,将成为社会主义的前奏;资本主义社会存在着资产阶级和无产阶级两大阶级之间的矛盾与斗争。

资本主义向社会主义过渡之可能:资本主义新变化带来社会生产力的继续发展,将成为社会主义必然到来的主要物质基础。在生产社会化推动下,当代资本主义的占有关系、分配关系的调整成为必然趋势和社会主要呼声;在科技武装下的劳动者,管理能力和智慧不断增长,必将增强其参与社会经济和政治事务管理的实力,未来社会的阶级基础在不断壮大。国家垄断资本主义的社会改良,为社会主义国家管理社会事务和进行宏观调控积累着经验。现实中的发达资本主义国家内部已经产生了诸多社会主义因素,这些都是资本主义内部生长出来的未来社会主义社会的因素。

与此同时,我们必须明确,社会主义取代资本主义是一个长期的历史过程。任何社会形态的存在都有相对稳定性,从产生到衰亡都要经历一个漫长的内部矛盾由量的积累到质的变化的历史过程,资本主义也不例外;资本主义发展不平衡性决定了过渡的长期性;当代资本主义的发展还显示出生产关系对生产力容纳的空间。

一切依次更替的历史状态都只是人类社会由低级到高级的无穷发展进程中的暂时阶段。每一个阶段都是必然的,因此,对它发生的那个时代和那些条件说来,都有它存在的理由;但是对它自己内部逐渐发展起来的新的、更高的条件来说,它就变成过时的和没有存在的理由了;它不得不让位于更高的阶段,而这个更高的阶段也要走向衰落和灭亡。①

无论哪一个社会形态,在它所能容纳的全部生产力发挥出来以前,是决不会灭亡的;而新的更高的生产关系,在它的物质存在条件在

---

①《马克思恩格斯文集》(第四卷),人民出版社,2009年,第270页。

旧社会的胎胞里成熟以前，是决不会出现的。[①]

历史的发展是迂回曲折的。[②]

资产阶级的灭亡和无产阶级的胜利是同样不可避免的。[③]

集中在资本家手中的生产资料和除了自己的劳动力以外一无所有的生产者彻底分离了。社会化生产和资本主义占有之间的矛盾表现为无产阶级和资产阶级的对立。[④]

赋予新的生产方式以资本主义性质的这一矛盾，已经包含着现代的一切冲突的萌芽。[⑤]

只是证明社会主义革命已经接近，已经不难实现，已经可以实现，已经刻不容缓。[⑥]

①《马克思恩格斯文集》(第二卷)，人民出版社，2009年，第592页。
②《列宁选集》(第三卷)，人民出版社，1995年，第473页。
③《马克思恩格斯文集》(第二卷)，人民出版社，2009年，第43页。
④《马克思恩格斯文集》(第九卷)，人民出版社，2009年，第288页。
⑤《马克思恩格斯文集》(第九卷)，人民出版社，2009年，第287页。
⑥《列宁专题文集 论马克思主义》，人民出版社，2009年，第240页。

第十一讲

社会主义到底『好』在哪？

美国搞的是资本主义,中国搞的是社会主义,双方走的是不同的路。这种不同不是今天才有的,今后还会继续存在。中国共产党领导和中国社会主义制度得到14亿人民拥护和支持,是中国发展和稳定的根本保障。中美相处很重要一条就是承认这种不同,尊重这种不同,而不是强求一律,试图去改变甚至颠覆对方的制度。

——习近平同美国总统拜登在巴厘岛举行会晤.新华社.2022年11月14日

资本主义与社会主义是决定当代世界走向的两种社会制度,事关当代人类文明的发展前景。马克思主义将社会主义和共产主义社会作为取代资本主义和实现人类自由解放的愿景和目标,创立了科学社会主义理论,为人类社会发展产生了前所未有的深远影响。

一、社会主义五百年

习近平重点从历史和现实的角度,就坚持和发展中国特色社会主义谈了自己的学习体会。他从6个时间段分析了社会主义思想从提出到现在的历史过程,内容包括空想社会主义产生和发展,马克思、恩格斯创立科学社会主义理论体系,列宁领导十月革命胜利并实践社会主义,苏联模式逐步形成,新中国成立后我们党对社会主义的探索和实践,我们党作出进行改革开放的历史性决策、开创和发展中国特色社会主义。[①]

(一)社会主义从空想到科学

以1516年托马斯·莫尔出版《乌托邦》为标志,世界社会主义已经走过

① 习近平:《毫不动摇坚持和发展中国特色社会主义 在实践中不断有所发现有所创造有所前进》,《人民日报》,2013年1月6日。

500多年的历程。空想社会主义，顾名思义就是对社会主义有着美好向往与憧憬，但在现实中却找不到实现社会主义的正确力量及通向社会主义的途径和方法，因而只能流于“空想”的一种思潮或学说。16世纪初期，空想社会主义登上历史舞台，成为社会主义思想发展的初级形态。

空想社会主义的发展主要经历了三个阶段。

16至17世纪早期空想社会主义的基本特征是：用文学描述的方式描绘未来的理想社会；提出了社会主义（或共产主义）的原则，如公有制、人人劳动、按需分配等，但还只是一个粗糙而简单的轮廓；以手工工场为原型设计未来的理想社会方案。例如，莫尔在《乌托邦》中就描绘了这样一个美好的社会：在那里，没有私有财产和剥削，人们有计划地从事生产，城乡之间没有对立，不需要商品、货币和市场，产品实行按需分配。意大利的康帕内拉于1602年写的《太阳城》也做过类似的描述。这一时期的空想社会主义已经初步地设计后来的空想社会主义体系普遍论述的一些问题，是对资本主义原始积累过程的反应，是近代无产阶级的先驱者反对早期资本主义的呐喊。

18世纪空想平均共产主义：这一时期空想社会主义的主要特征是：对社会主义的认识进入理论探讨和论证阶段。思想家们试图探索人类社会的发展规律，批判私有制，特别是资本主义私有制，对私有制引发的经济上不平等、进而导致的政治上的不平等现象进行分析和批判；他们重视法的作用；但绝对平均主义、禁欲主义又是这一时期空想社会主义的突出特征。这一时期是空想社会主义发展的重要阶段，恩格斯说：“在18世纪已经有了直接共产主义的理论（摩莱里和马布利）。”[①]它在新的时代进行了许多新的探索，提出了许多新的理论，进一步丰富和发展了早期空想社会主义者的思想。不仅如此，18世纪空想社会主义建立在自然法学说与理性论基础之上，已带有明显的理论思辨与论证色彩，开始从理论上探讨和论述废除私有制等社会主义的基本原则，其现实感和科学性得到显著增强。

---

①《马克思恩格斯文集》（第三卷），人民出版社，2009年，第525页。

19世纪早期批判的空想社会主义:以圣西门、傅立叶和欧文为代表的19世纪早期批判的空想社会主义标志着空想社会主义发展到顶峰。这一时期空想社会主义思想的基本特征是:理论上提出了经济状况是政治制度的基础,私有制产生阶级和阶级剥削等观点,并利用这种观点去分析历史和现状;在设计未来社会蓝图时以大工厂为原型,力图使社会主义变成一种具有高度物质文明和精神文明的社会;社会主义的两大目标——生产力目标和社会公正的价值目标第一次被统一起来。他们对资本主义的批判抹掉了资本主义的绚丽油彩,在这个制度刚刚诞生时,就预示了它必然灭亡。不仅如此,他们对社会主义新制度的描绘,体现出不少共产主义思想的微光,闪烁着诸多天才的火花。马克思、恩格斯对空想社会主义者有过高度的评价。恩格斯指出:“德国的理论上的社会主义永远不会忘记,它是站在圣西门、傅立叶和欧文这三个人的肩上的。虽然这三个人的学说含有十分虚幻和空想的性质,但他们终究是属于一切时代最伟大的智士之列的,他们天才地预示了我们现在已经科学地证明了其正确性的无数真理。”[1]

空想社会主义的局限性:正如列宁所指出的那样,空想社会主义“没有能够指出真正的出路。它既不会阐明资本主义制度下雇佣奴隶制的本质,又不会发现资本主义发展的规律,也不会找到能够成为新社会的创造者的社会力量”[2]。空想社会主义者没有发现资本主义非正义的科学理论根源,没有找到推翻资本主义可以依靠的主体力量,也没有找到通往未来理想社会的现实道路。这种时代的局限性说明,空想社会主义不成熟的理论,“是同不成熟的资本主义生产状况、不成熟的阶级状况相适应的。解决社会问题的办法还隐藏在不发达的经济关系中,所以只能从头脑中产生出来”[3]。

①《马克思恩格斯文集》(第二卷),人民出版社,2009年,第218页。
②《列宁选集》(第二卷),人民出版社,2012年,第313页。
③《马克思恩格斯选集》(第三卷),人民出版社,2012年,第645页。

空想社会主义虽然“提供了启发工人觉悟的极为宝贵的材料”①,但并不是科学的思想体系。

空想社会主义走过了300多年的历程。但是犹如任何探索都需要曙光一样,伴随资本主义发展,空想社会主义赖以存在的社会历史条件发生了重大改变,无产阶级解放运动热切期盼新的思想理论。19世纪40年代,资本主义的发展和无产阶级反对资产阶级斗争的实践提出的重大课题,是把社会主义和工人运动结合起来,并为社会主义奠定科学的理论基础。回应这一需要,马克思、恩格斯积极参加工人运动,进行艰苦的理论探索,坚持辩证唯物主义和历史唯物主义世界观和方法论,科学分析资本主义社会的内在矛盾,深刻揭示历史发展的客观规律,在创立唯物史观和剩余价值学说的基础上,把社会主义从空想变为科学,完成了社会主义发展史上的伟大变革。

唯物史观深刻揭示了人类历史发展的一般规律、人民群众的历史主体作用、阶级斗争在阶级社会发展中的巨大作用,从而把人们对社会主义的追求建立在对社会发展客观规律科学认识的基础上,克服了空想社会主义者不懂得历史规律的根本缺陷。剩余价值学说深刻揭示了资本家剥削工人的秘密、无产阶级与资产阶级利益的根本对立,从而科学论证了无产阶级肩负的推翻资本主义旧世界、建设社会主义新世界的历史使命,使人们找到了变革资本主义旧社会的力量和通向社会主义新社会的途径。

(二)社会主义从理想到现实、从一国到多国

社会主义从理想到现实主要包括两个阶段。就在《共产党宣言》发表时,欧洲爆发了规模浩大的1848年革命。马克思、恩格斯领导共产主义者同盟积极投身革命,通过创办《新莱茵报》为无产阶级提供革命指导,恩格斯还直接参加了武装起义。革命失败后,马克思、恩格斯流亡英国,总结革命经验,丰富了无产阶级革命的理论。1848—1849年欧洲革命后,资本主

①《马克思恩格斯选集》(第一卷),人民出版社,2012年,第432页。

义在各国得到了迅速发展,无产阶级力量不断壮大。到19世纪50年代末60年代初,各国工人运动重新活跃起来,并表现出加强国际联系的愿望。1864年,国际工人协会(第一国际)应运而生。马克思是第一国际的灵魂。在马克思指导下,第一国际大力支援各国的工人运动,支持反封建的民主运动和民族解放运动,影响日益扩大。第一国际促进了马克思主义的传播及其与国际工人运动的结合,初步确立了马克思主义在工人运动中的指导地位。

1871年爆发的巴黎公社革命,是第一国际精神的产儿,是无产阶级夺取政权的第一次伟大尝试。1871年3月18日,起义取得胜利。起义胜利后,巴黎人民立即开始了建立无产阶级政权的尝试。他们摧毁资产阶级的国家机构,废除资产阶级议会制,成立了新的国家机关——巴黎公社。巴黎公社仅存在了72天,就在国内外敌对势力的联合镇压下失败了。马克思高度评价巴黎公社的意义,认为公社的原则是永存的。马克思、恩格斯总结巴黎公社经验,指出无产阶级革命取得成功并保持胜利果实的首要条件是要有革命的武装;必须打碎旧的国家机器,建立无产阶级的新型国家;无产阶级政权是为人民服务的机关;必须建立无产阶级政党,发挥党的政治领导作用。

巴黎公社失败后,欧洲各国工人运动进入低潮,第一国际不得不自行解散。但是随着资本主义的进一步发展,在19世纪七八十年代,工人运动重新高涨起来。1889年7月,在恩格斯的指导下,国际社会主义者在巴黎举行代表大会,标志着第二国际的诞生。19世纪末20世纪初,资本主义进入帝国主义阶段,各国经济政治形势出现了巨大变化。新的形势引起了国际工人运动内部的分化,最终导致第二国际解体。

列宁是坚定的马克思主义者。他在同第二国际机会主义的斗争中捍卫了马克思主义,并结合新的时代条件和俄国实际,制定了无产阶级革命的战略策略,丰富和发展了马克思主义。列宁总结了帝国主义时代的新情况,深刻论述了社会主义革命可以首先在一个或几个国家获得胜利。列宁根据对俄国国内革命形势和国际状况的科学分析，进一步得出了社会主义可能在经济文化相对落后的俄国首先取得胜利的结论，并且将这一理论付诸实践，在革命形势成熟的条件下，领导了俄国十月革命。

1917年11月6日，武装起义开始，列宁亲自领导武装起义。当晚，全俄苏维埃第二次代表大会在斯莫尔尼宫召开。大会宣读了由列宁起草的宣言，庄严宣告革命胜利。于是，1917年11月7日（俄历10月25日）作为伟大的十月社会主义革命胜利日被载入史册。

俄国十月革命实现了社会主义从理想到现实的伟大飞跃，开辟了人类历史的新纪元。俄国十月革命的胜利，苏联社会主义建设的成就，殖民地半殖民地国家民族民主革命的蓬勃发展，帝国主义力量的削弱，极大地鼓舞了世界各国人民，促进了世界社会主义运动的发展。第二次世界大战结束后，社会主义在世界范围内获得大发展，在欧洲、亚洲、拉丁美洲，先后有一批国家走上社会主义道路。

社会主义在20世纪取得了举世瞩目的辉煌成就，但是在发展中也出现过曲折。苏联从20世纪50年代中期以后开始改革，尽管取得了一定成绩，缓和了经济社会矛盾，但并未从根本上解决问题，并最终导致了苏共解散、苏联解体。东欧各国的改革也经历了曲折的过程，尽管各个国家的具体情况有所不同，但在当时大背景下相继发生剧变，放弃了社会主义道路。

导致苏联解体、东欧剧变的最根本原因是政治方向出了问题：放弃了社会主义道路，放弃了无产阶级专政，放弃了共产党的领导地位，放弃了马克思列宁主义，把社会主义建设和党的建设中的失误归咎于领袖个人，把纠正领袖的错误发展成全盘否定党的奋斗历史，直到丑化和歪曲历史，从根本上动摇了原来的理想信念，结果使得已经相当严重的经济、政治、社会、民族矛盾进一步激化，最终酿成了制度剧变、国家解体的历史悲剧。正如邓小平所指出的："不坚持社会主义，不改革开放，不发展经济，不改善人民生活，只能是死路一条。"

(三)社会主义在中国焕发出蓬勃生机

在世界社会主义遇到严重挫折的严峻考验面前,中国共产党成功把中国特色社会主义推向21世纪,向世界展示了社会主义的优越性,中国道路对世界影响越来越大,中国特色社会主义为世界社会主义增添了光辉。

俄国十月革命一声炮响,给中国送来了马克思列宁主义。在中国人民和中华民族的伟大觉醒中,在马克思列宁主义同中国工人运动的紧密结合中,1921年7月,中国共产党应运而生,并成为中国社会主义运动的领导力量。

中国共产党领导人民经过28年艰苦卓绝的革命斗争,于1949年10月1日成立了中华人民共和国。新中国的社会主义建设从学习苏联起步是符合逻辑的,但我们党很快就察觉到苏联在社会主义建设中的缺陷和不足,认识到苏联模式的局限。毛泽东提出要以苏联的经验教训为鉴戒,独立探索适合中国国情的社会主义建设道路。

1978年12月,党的十一届三中全会以巨大的政治勇气和理论勇气作出了实行改革开放的重大决策,开创了社会主义建设新时期。经过实践探索,我们党提出了社会主义初级阶段理论,确立了党在社会主义初级阶段的基本路线,第一次比较系统地初步回答了在中国这样经济文化比较落后的国家如何建设社会主义、如何巩固和发展社会主义的一系列基本问题,把对社会主义的认识提高到新的科学水平,翻开了中国社会主义发展的崭新一页。

20世纪80年代末90年代初,苏联解体、东欧剧变使世界社会主义遭受严重挫折,在严峻的国际国内形势和空前的压力与挑战面前,中国共产党岿然挺立、从容应对,经受住了重大考验,成功捍卫了中国的社会主义事业。中国特色社会主义巨轮在疾风暴雨中坚定航向,继续破浪前行。

党的十八大以来,以习近平同志为核心的党中央以强烈的历史担当、高超的政治智慧和顽强的意志品格,团结带领全国人民统筹推进“五位一体”总体布局,协调推进“四个全面”战略布局,推动当代中国取得了历史性成就,发生了历史性变革。党的面貌、国家的面貌、人民的面貌、军队的面貌、中华民族的面貌发生了前所未有的变化。中国特色社会主义进入新时代，意味着近代以来久经磨难的中华民族迎来了从站起来、富起来到强起来的伟大飞跃，迎来了实现中华民族伟大复兴的光明前景；意味着科学社会主义在21世纪的中国焕发出强大生机活力，在世界上高高举起了中国特色社会主义伟大旗帜；意味着中国特色社会主义道路、理论、制度、文化不断发展，拓展了发展中国家走向现代化的途径，给世界上那些既希望加快发展又希望保持自身独立性的国家和民族提供了全新选择，为解决人类问题贡献了中国智慧和中国方案。

二、科学社会主义的基本原则

科学社会主义基本原则是社会主义事业发展规律的集中体现，是马克思主义政党领导人民进行社会主义革命、建设、改革的基本遵循。

第一，资本主义必然灭亡、社会主义必然胜利。

第二，无产阶级是最先进最革命的阶级，肩负着推翻资本主义旧世界、建立社会主义和共产主义新世界的历史使命。

第三，无产阶级革命是无产阶级进行斗争的最高形式，以建立无产阶级专政的国家为目的。

第四，社会主义社会要在生产资料公有制基础上组织生产，以满足全体社会成员的需要为生产的根本目的。

第五，社会主义社会要对社会生产进行有计划的指导和调节，实行按劳分配原则。

第六，社会主义社会要合乎自然规律地改造和利用自然，努力实现人与自然的和谐共生。

第七，社会主义社会必须坚持科学的理论指导，大力发展社会主义先进文化。

第八，无产阶级政党是无产阶级的先锋队，社会主义事业必须始终坚持无产阶级政党的领导。

第九，社会主义社会要大力解放和发展生产力，逐步消灭剥削和消除两极分化，实现共同富裕和社会全面进步，并最终向共产主义社会过渡。

第十，共产主义是人类最美好的社会，实现共产主义是共产党人的最高理想。

共产党人同其他无产阶级政党不同的地方只是：一方面，在无产者不同的民族的斗争中，共产党人强调和坚持整个无产阶级共同的不分民族的利益；另一方面，在无产阶级和资产阶级的斗争所经历的各个发展阶段上，共产党人始终代表整个运动的利益。①

无产阶级在反对有产阶级联合力量的斗争中，只有把自身组织成为与有产阶级建立的一切旧政党不同的、相对立的政党，才能作为一个阶级来行动。②

我们需要的是新型的党，另一种性质的党。我们需要的是能够经常同群众保持真正的联系的党，善于领导这些群众的党。③

……共产党人可以把自己的理论概括为一句话：消灭私有制。④

我们认为革命无产阶级的独立的、毫不妥协的马克思主义政党，是社会主义胜利的唯一保证，是一条通向胜利的康庄大道。⑤

为了战胜资本主义，在起领导作用的政党共产党、革命的阶级无产阶级和群众即全体被剥削劳动者之间，必须建立正确的相互关系。只有共产党真正成为革命阶级的先锋队，吸收了这个阶级的一切优秀代表，集中了经过顽强的革命斗争的教育和锻炼的、完全觉悟的和忠诚的共产主义者，把自己跟本阶级的全部生活密切联系起来，再通过

---

①《马克思恩格斯文集》(第二卷)，人民出版社，2009年，第44页。

②《马克思恩格斯文集》(第三卷)，人民出版社，2009年，第228页。

③《列宁专题文集 论无产阶级政党》，人民出版社，2009年，第343页。

④《马克思恩格斯文集》(第二卷)，人民出版社，2009年，第45页。

⑤《列宁专题文集 论社会主义》，人民出版社，2009年，第382页。

本阶级跟全体被剥削群众密切联系起来，取得这个阶级和这些群众的充分信任——只有这样的党才能在反对资本主义一切势力的最无情最坚决的最后斗争中领导无产阶级。①

一个能够通过联系群众而得到巩固以进行坚持不懈的工作的党，一个能够组织本阶级先锋队的先进阶级的党，一个努力以社会民主党的精神去影响无产阶级每一个现实表现的先进阶级的党，是一定会取得胜利的。②

在人民群众中，我们毕竟是沧海一粟，只有我们正确地表达人民的想法，我们才能管理。否则共产党就不能率领无产阶级，而无产阶级就不能率领群众，整个机器就要散架。③

我们现在必须绝对保持党的纪律，否则将一事无成。④

自然界，就它自身不是人的身体而言，是人的无机的身体。人靠自然界生活。这就是说，自然界是人为了不致死亡而必须与之处于持续不断的交互作用过程的、人的身体。所谓人的肉体生活和精神生活同自然界相联系，不外是说自然界同自身相联系，因为人是自然界的一部分。⑤

我们决不像征服者统治异族人那样支配自然界，决不像站在自然界之外的人似的去支配自然界——相反，我们连同我们的肉、血和头脑都是属于自然界和存在于自然界之中的。⑥

外界自然条件在经济上可以分为两大类：生活资料的自然富源，例如土壤的肥力，鱼产丰富的水域等等；劳动资料的自然富源，如奔腾

①《列宁专题文集 论无产阶级政党》，人民出版社，2009年，第342页。
②《列宁专题文集 论无产阶级政党》，人民出版社，2009年，第342页。
③《列宁专题文集 论社会主义》，人民出版社，2009年，第340~341页。
④《马克思恩格斯全集》（第29卷），人民出版社，1972年，第413页。
⑤《马克思恩格斯文集》（第一卷），人民出版社，2009年，第161页。
⑥《马克思恩格斯文集》（第九卷），人民出版社，2009年，第560页。

的瀑布、可以航行的河流、森林、金属、煤炭等等。在文化初期,第一类自然富源具有决定性的意义;在较高的发展阶段,第二类自然富源具有决定性的意义。①

政治经济学家说:劳动是一切财富的源泉。其实,劳动和自然界在一起才是一切财富的源泉,自然界为劳动提供材料,劳动把材料转变为财富。②

没有自然界,没有感性的外部世界,工人什么也不能创造。自然界是工人的劳动得以实现、工人的劳动在其中活动、工人的劳动从中生产出和借以生产出自己的产品的材料。③

生产排泄物和消费排泄物的利用,随着资本主义生产方式的发展而扩大。我们所说的生产排泄物,是指工业和农业的废料;消费排泄物则部分地指人的自然的新陈代谢所产生的排泄物,部分地指消费品消费以后残留下来的东西。因此,化学工业在小规模生产时损失掉的副产品,制造机器时废弃的但又作为原料进入铁的生产的铁屑等等,是生产排泄物。人的自然排泄物和破衣碎布等等,是消费排泄物。消费排泄物对农业来说最为重要。在利用这种排泄物方面,资本主义经济浪费很大;例如,在伦敦,450万人的粪便,就没有什么好的处理方法,只好花很多钱用来污染泰晤士河。

原料的日益昂贵,自然成为废物利用的刺激。

总的说来,这种再利用的条件是:这种排泄物必须是大量的,而这只有在大规模的劳动的条件下才有可能;机器的改良,使那些在原有形式上本来不能利用的物质,获得一种在新的生产中可以利用的形态;科学的进步,特别是化学的进步,发现了那些废物的有用性质。④

①《马克思恩格斯文集》(第五卷),人民出版社,2009年,第586页。
②《马克思恩格斯文集》(第九卷),人民出版社,2009年,第550页。
③《马克思恩格斯文集》(第一卷),人民出版社,2009年,第158页。
④《马克思恩格斯文集》(第七卷),人民出版社,2009年,第115页。

每当有了一项新的发明，每当工业前进一步，就有一块新的地盘从这个领域划出去，而能用来说明费尔巴哈这类论点的事例借以产生的基地，也就越来越小了。现在我们只来谈谈其中的一个论点：鱼的“本质”是它的“存在”，即水。河鱼的“本质”是河水。但是，一旦这条河归工业支配，一旦它被染料和其他废料污染，成为轮船行驶的航道，一旦河水被引入水渠，而水渠的水只要简单地排放出去就会使鱼失去生存环境，那么这条河的水就不再是鱼的“本质”了。[①]

在各个资本家都是为了直接的利润而从事生产和交换的地方，他们首先考虑的只能是最近的最直接的结果。当一个厂主卖出他所制造的商品或者一个商人卖出他所买进的商品时，只要获得普通的利润，他就满意了，至于商品和买主以后会怎么样，他并不关心。关于这些行为在自然方面的影响，情况也是这样。西班牙的种植场主曾在古巴焚烧山坡上的森林，以为木灰作为肥料足够最能赢利的咖啡树利用一个世代之久，至于后来热带的倾盆大雨竟冲毁毫无保护的沃土而只留下赤裸裸的岩石，这同他们又有什么相干呢？在今天的生产方式中，面对自然界和社会，人们注意的主要只是最初的最明显的成果，可是后来人们又感到惊讶的是：取得上述成果的行为所产生的较远的后果，竟完全是另外一回事，在大多数情况下甚至是完全相反的。[②]

真正令人发指的，是现代社会对待大批穷人的态度。他们被吸引到大城市来，在这里，他们呼吸着比他们的故乡——农村污浊得多的空气。他们被赶到这样一些地区去，那里的建筑杂乱无章，因而通风条件比其他一切地区都要差。一切可以保持清洁的手段都被剥夺了，水也被剥夺了，因为自来水管只有出钱才能安装，而河水又被污染，根本不能用于清洁目的。他们被迫把所有的废弃物和垃圾、把所有的脏

---

①《马克思恩格斯文集》(第一卷)，人民出版社，2009年，第549~550页。

②《马克思恩格斯文集》(第九卷)，人民出版社，2009年，第562~563页。

水、甚至还常常把令人作呕的污物和粪便倒在街上,因为他们没有任何别的办法处理这些东西。这样,他们就不得不使自己的地区变得十分肮脏。①

既然没有什么东西能够妨碍消灭城乡对立(当然,也不应当设想消灭这种对立可一蹴而就,而是要采取一系列的措施),这就决不只是“美学感情”的要求。在大城市中,用恩格斯的话来说,人们都在自己的粪便臭味中喘息,所有的人,只要有可能,都要定期跑出城市,呼吸一口新鲜的空气,喝一口清洁的水。工业也在向各地疏散,因为工业同样需要清洁的用水。利用瀑布、运河和江河来发电,将进一步促进“工业的疏散”。最后(最后但不是最不重要),为了合理地利用对于农业十分重要的城市污水特别是人的粪便,也要求消灭城乡对立。②

最初的、从动物界分离出来的人,在一切本质方面是和动物本身一样不自由的;但是文化上的每一个进步,都是迈向自由的一步。③

马克思、恩格斯创立了科学社会主义理论,并提出了正确对待科学社会主义基本原则的科学态度。他们一方面强调这些原则的正确性,另一方面又反对将这些原则当作一成不变的教条。

第一,必须始终坚持科学社会主义基本原则,反对任何背离科学社会主义基本原则的错误倾向。

第二,要善于把科学社会主义基本原则与本国实际相结合,创造性地回答和解决社会主义革命、建设、改革中的重大问题。

第三,紧跟时代和实践的发展,在不断总结新鲜经验中进一步丰富和发展科学社会主义基本原则。

---

①《马克思恩格斯文集》(第一卷),人民出版社,2009年,第410页。
②《列宁全集》(第5卷),人民出版社,1986年,第133页。
③《马克思恩格斯文集》(第九卷),人民出版社,2009年,第120页。

不管最近25年来的情况发生了多大的变化，这个《宣言》中所阐述的一般原理整个说来直到现在还是完全正确的。某些地方本来可以作一些修改。这些原理的实际运用，正如《宣言》中所说的，随时随地都要以当时的历史条件为转移……①

马克思的整个世界观不是教义，而是方法。它提供的不是现成的教条，而是进一步研究的出发点和供这种研究使用的方法。②

我们的理论是发展着的理论，而不是必须背得烂熟并且机械地加以重复的教条。③

在我看来，马克思的历史理论是任何坚定不移和始终一贯的革命策略的基本条件；为了找到这种策略，需要的只是把这一理论应用于本国的经济条件和政治条件。④

我首先必须说明：如果不把唯物主义方法当做研究历史的指南，而把它当做现成的公式，按照它来剪裁各种历史事实，那它就会转变为自己的对立物。⑤

只有不可救药的书呆子，才会单靠引证马克思关于另一历史时代的某一论述，来解决当前发生的独特而复杂的问题。⑥

恩格斯在谈到他本人和他那位著名的朋友时说过：我们的学说不是教条，而是行动的指南。这个经典性的论点异常鲜明有力地强调了马克思主义的往往被人忽视的那一方面。而忽视那一方面，就会把马克思主义变成一种片面的、畸形的、僵死的东西，就会抽掉马克思主义

①《马克思恩格斯文集》（第二卷），人民出版社，2009年，第5页。
②《马克思恩格斯文集》（第十卷），人民出版社，2009年，第691页。
③《马克思恩格斯文集》（第十卷），人民出版社，2009年，第562页。
④《马克思恩格斯文集》（第十卷），人民出版社，2009年，第532页。
⑤《马克思恩格斯文集》（第十卷），人民出版社，2009年，第583页。
⑥《列宁专题文集 论马克思主义》，人民出版社，2009年，第299页。

的活的灵魂,就会破坏它的根本的理论基础——辩证法即关于包罗万象和充满矛盾的历史发展的学说,就会破坏马克思主义同时代的一定实际任务,即可能随着每一次新的历史转变而改变的一定实际任务之间的联系。[①]

现在必须弄清一个不容置辩的真理,这就是马克思主义者必须考虑生动的实际生活,必须考虑现实的确切事实,而不应当抱住昨天的理论不放,因为这种理论和任何理论一样,至多只能指出基本的、一般的东西,只能大体上概括实际生活中的复杂情况。

“我的朋友,理论是灰色的,而生活之树是常青的。”[②]

你们当前的任务是建设,你们只有掌握了一切现代知识,善于把共产主义由背得烂熟的现成公式、意见、方案、指示和纲领变成能把你们的直接工作统一起来的活生生的东西,把共产主义变成你们实际工作的指针,那时才能完成这个任务。[③]

马克思一再告诫人们,马克思主义理论不是教条,而是行动指南,必须随着实践的变化而发展。一部马克思主义发展史就是马克思、恩格斯以及他们的后继者们不断根据时代、实践、认识发展而发展的历史,是不断吸收人类历史上一切优秀思想文化成果丰富自己的历史。因此,马克思主义能够永葆其美妙之青春,不断探索时代发展提出的新课题、回应人类社会面临的新挑战。[④]

一切民族都会走向社会主义,这是不可避免的,但是一切民族的走法却不会完全一样,在民主的这种或那种形式上,在无产阶级专政的这种或那种形态上,在社会生活各方面的社会主义改造的速度上,

①《列宁专题文集 论马克思主义》,人民出版社,2009年,第157页。
②《列宁专题文集 论马克思主义》,人民出版社,2009年,第169页。
③《列宁专题文集 论无产阶级政党》,人民出版社,2009年,第284页。
④ 习近平:《论党的宣传思想工作》,中央文献出版社,2020年,第323页。

每个民族都会有自己的特点。①

三、科学社会主义与中国特色社会主义

中国特色社会主义，是科学社会主义理论逻辑和中国社会发展历史逻辑的辩证统一，是根植于中国大地、反映中国人民意愿、适应中国和时代发展进步要求的科学社会主义，是全面建成小康社会、加快推进社会主义现代化、实现中华民族伟大复兴的必由之路。

——习近平：关于坚持和发展中国特色社会主义的几个问题，《求是》2019年3月31日。

中国特色社会主义始终坚持科学社会主义基本原则。中国特色社会主义是社会主义，而不是别的什么主义，科学社会主义的基本原则不能丢。中国特色社会主义道路、理论、制度、文化无疑具有鲜明的中国特色，但都体现着科学社会主义基本原则，不仅没有丢掉“老祖宗”，而且以新的独创性观点丰富和发展了“老祖宗”，使科学社会主义在中国这块土地上焕发出勃勃生机。

中国特色社会主义具有鲜明的中国特色。中国特色社会主义是中国共产党领导中国人民将马克思主义基本原理与中国具体实际和中华优秀传统文化相结合所创造出来的伟大成就。中国立足自身国情和实践，从中华文明中汲取智慧，博采东西方各家之长，坚守但不僵化，借鉴但不照搬，在不断探索中形成了自己的发展道路。

当代中国的伟大社会变革，不是简单延续我国历史文化的母版，不是简单套用马克思主义经典作家设想的模板，不是其他国家社会主义实践的再版，也不是国外现代化发展的翻版。社会主义并没有定于

①《列宁专题文集 论社会主义》，人民出版社，2009年，第398页。

一尊、一成不变的套路,只有把科学社会主义基本原则同本国具体实际、历史文化传统、时代要求紧密结合起来,在实践中不断探索总结,才能把蓝图变为美好现实。[①]

坚持和发展马克思主义,必须同中国具体实际相结合。我们坚持以马克思主义为指导,是要运用其科学的世界观和方法论解决中国的问题,而不是要背诵和重复其具体结论和词句,更不能把马克思主义当成一成不变的教条。我们必须坚持解放思想、实事求是、与时俱进、求真务实,一切从实际出发,着眼解决新时代改革开放和社会主义现代化建设的实际问题,不断回答中国之问、世界之问、人民之问、时代之问,作出符合中国实际和时代要求的正确回答,得出符合客观规律的科学认识,形成与时俱进的理论成果,更好指导中国实践。

坚持和发展马克思主义,必须同中华优秀传统文化相结合。只有植根本国、本民族历史文化沃土,马克思主义真理之树才能根深叶茂。中华优秀传统文化源远流长、博大精深,是中华文明的智慧结晶,其中蕴含的天下为公、民为邦本、为政以德、革故鼎新、任人唯贤、天人合一、自强不息、厚德载物、讲信修睦、亲仁善邻等,是中国人民在长期生产生活中积累的宇宙观、天下观、社会观、道德观的重要体现,同科学社会主义价值观主张具有高度契合性。我们必须坚定历史自信、文化自信,坚持古为今用、推陈出新,把马克思主义思想精髓同中华优秀传统文化精华贯通起来、同人民群众日用而不觉的共同价值观念融通起来,不断赋予科学理论鲜明的中国特色,不断夯实马克思主义中国化时代化的历史基础和群众基础,让马克思主义在中国牢牢扎根。[②]

中华优秀传统文化是我们党创新理论的"根",我们推进马克思主

---

① 习近平:《论党的宣传思想工作》,中央文献出版社,2020年,第335页。

② 习近平:《高举中国特色社会主义伟大旗帜 为全面建设社会主义现代化国家而团结奋斗——在中国共产党第二十次全国代表大会上的报告》,人民出版社,2022年,第17~18页。

义中国化时代化的根本途径是“两个结合”。我们要坚定文化自信，增强做中国人的自信心和自豪感。[①]

如果没有中华五千年文明，哪里有什么中国特色？如果不是中国特色，哪有我们今天这么成功的中国特色社会主义道路？我们要特别重视挖掘中华五千年文明中的精华，把弘扬优秀传统文化同马克思主义立场观点方法结合起来，坚定不移走中国特色社会主义道路。[②]

习近平新时代中国特色社会主义思想是当代中国马克思主义、二十一世纪马克思主义，是中华文化和中国精神的时代精华，实现了马克思主义中国化新的飞跃。[③]

中华文明源远流长、博大精深，是中华民族独特的精神标识，是当代中国文化的根基，是维系全世界华人的精神纽带，也是中国文化创新的宝藏。[④]

中国共产党人是马克思主义者，坚持马克思主义的科学学说，坚持和发展中国特色社会主义，但中国共产党人不是历史虚无主义者，也不是文化虚无主义者。我们从来认为，马克思主义基本原理必须同中国具体实际紧密结合起来，应该科学对待民族传统文化，科学对待世界各国文化，用人类创造的一切优秀思想文化成果武装自己。在带领中国人民进行革命、建设、改革的长期历史实践中，中国共产党人始终是中国优秀传统文化的忠实继承者和弘扬者，从孔夫子到孙中山，我们都注意汲取其中积极的养分。[⑤]

---

①《近平在陕西延安和河南安阳考察时强调 全面推进乡村振兴 为实现农业农村现代化而不懈奋斗》，《人民日报》，2022年10月29日。

②《习近平谈治国理政》（第四卷），外文出版社，2022年，第315页。

③《习近平谈治国理政》（第四卷），外文出版社，2022年，第1页。

④ 习近平：《把中国文明历史研究引向深入 增强历史自觉坚定文化自信》，《求是》，2022年第14期。

⑤ 习近平：《论党的宣传思想工作》，中央文献出版社，2020年，第83页。

四、科学把握中国特色社会主义现代化的丰富内涵

一个基本实现现代化的中国,将会是何等景象?党的十九届五中全会通过的《中共中央关于制定国民经济和社会发展第十四个五年规划和二〇三五年远景目标的建议》(以下简称"《建议》")给出了答案。

《建议》全文2万多字,40次提到现代化,既包括社会主义现代化国家的远景目标,也包括农业农村现代化、人与自然和谐共生的现代化、国家治理体系和治理能力现代化、国防和军队现代化,以及现代化经济体系、现代化都市圈、现代化基础设施体系等重点领域和战略部署,对于我们正确认识和科学把握中国特色社会主义的现代化建设提供了科学指南、勾勒了宏伟蓝图、指明了根本方向。

(一)在现代化体量上,是人口规模巨大的现代化

在马克思主义看来,所谓现代化,是指人类社会从以自然经济为基础的传统农业社会向以市场经济为主体的现代工业社会转型的历史过程。现代化肇始于16世纪以来的西方工业革命,以现代工业和科学技术为代表的生产力的发展为根本动力,由此引发人类经济生活、政治生活乃至全部社会生活的广泛变革。

没有人就没有社会,更无所谓现代化。工业革命以后,英国开启的现代化不过千万人口规模,20世纪美国领跑世界现代化不过也只是上亿人口规模。迄今为止,西方的现代化进程仅局限在美国、日本、澳大利亚等少数主要发达资本主义国家,总人口不过十亿规模。中国不仅是拥有世界第一大人口规模的超大型国家,而且是在一穷二白的基础上开启自己的现代化进程的。规模之大、差距之大、不平衡性之大,在整个人类历史上都是前所未有的,实现现代化的艰难程度也是可想而知的。实现2035年远景目标预示着中国人民实现的现代化不仅比现在所有发达国家人口总和还要多,而且占到了世界总人口比例的五分之一。这在人类现代化进程中不仅是前所未有的壮举,而且无疑将极大改变现代化的世界版图,其产生的影

响将是极为深远和广泛的,也将在世界社会主义发展史上、人类社会发展史上具有十分重大的意义。

(二)在现代化程度上,是全体人民共同富裕的现代化

迄今为止,人类社会的现代化主要集中在少数西方发达资本主义国家,是由资本利益主导、以追逐剩余价值为主要目的的现代化模式。在这样的社会里,资本逻辑凌驾于人的发展之上,主导和支配着经济、政治、社会、文化的运行,决定着人类社会生产与生活的制度和法则,控制着人们的行为方式和思想观念。

马克思在《资本论》中指出,源源不断的资本积累使"一极是财富的积累,同时在另一极,即在把自己的产品作为资本来生产的阶级方面,是贫困、劳动折磨、受奴役、无知、粗野和道德堕落的积累"。以资本为中心的现代化道路不是人类走向现代化的唯一选择,更不是最优选项,它不仅无法解决资本与劳动的对立,无法真正消除人的异化和贫富两极分化,甚至严格说来,这些因素正是资产阶级和资本主义安身立命的根本之所在。

与资本主义现代化道路不同,中国的社会主义现代化不是让少数人无限攫取利润的现代化,不是"马太效应"的现代化,不是"一些人统治,另一些人受苦难"的现代化,而是以人民为中心的现代化,是实现人的解放和全面发展、社会全面进步的现代化。这就必然决定了实现全体人民共同富裕是中国特色社会主义最鲜明的特征之一。

社会主义的目的是实现每个人自由而全面发展,因此,中国走共同富裕的现代化道路不仅是社会主义的本质要求,而且是中国现代化道路的奋斗目标。中国共产党来自人民、根植人民,始终坚持一切为了人民、一切依靠人民。新中国成立以来,中国共产党人把亿万人民对幸福生活的迫切愿望及对社会主义现代化规律的创新认识上升为党的意志,凝聚为国家战略,不忘初心、接续奋斗,推动中国特色社会主义现代化事业蓬勃发展,塑造了中国现代化征程的波澜画卷。

党的十九届五中全会通过的《建议》在到2035年基本实现社会主义现

代化远景目标中提出“人民生活更加美好,人的全面发展、全体人民共同富裕取得更为明显的实质性进展”。在改善人民生活品质部分突出强调了“扎实推动共同富裕”,提出了一些重要要求和重大举措。党的十八大以来,以习近平同志为核心的党中央从全面建成小康社会全局出发,坚持共享发展,把脱贫攻坚作为重中之重,全面打响脱贫攻坚战,扶贫规模之大、脱贫力度之大、减贫成效之大在世界上都是绝无仅有的。脱贫攻坚将使现行标准下农村贫困人口全部脱贫,就是促进全体人民共同富裕的一项重大举措。全面建成小康社会不仅让14亿中国人民普遍过上殷实宽裕的生活,向着共同富裕的目标稳步迈进,而且也为全面建设社会主义现代化国家打下了坚实的基础。

(三)在现代化布局上,是物质文明和精神文明相协调的现代化

人是实现现代化的主体、动力和目的,现代化的本质是人的现代化。现代化固然是由科技创新所带动、由现代生产力发展所奠基,但人类走向现代化的进程绝不是单纯的工业革命、技术进步或生产力发展,而是一场包括经济生活、政治生活、精神生活、社会生活在内的全方位的社会革命和文明变革。

马克思主义极为重视精神生产,恩格斯早在《反杜林论》中就曾指出,文化上的每一个进步,都是迈向自由的一步。改革开放之初,邓小平就强调,建设有中国特色的社会主义,一定要坚持发展物质文明和精神文明两手抓,两手都要硬。党的十八大以来,我国社会生产力水平总体上显著提高,社会生产能力在很多方面进入世界前列,更加突出的问题是发展不平衡不充分,这已经成为满足人民日益增长的美好生活需要的主要制约因素。以习近平同志为核心的党中央继承和发展马克思主义“人的全面发展”理论,把人民对美好生活的向往作为奋斗目标,注重“实现物的不断丰富和人的全面发展的统一”。把意识形态工作、文化自信、文化强国、核心价值观、理想信念教育、思想道德教育放在极为重要的位置,引导人民坚定“四个自信”,满足人民群众对美好精神生活的期待。习近平指出,实现中国梦，是物质文明和精神文明均衡发展、相互促进的结果。没有文明的继承和发展，没有文化的弘扬和繁荣，就没有中国梦的实现。中国特色社会主义现代化，不仅“物质财富要极大丰富，精神财富也要极大丰富”。中国特色社会主义现代化道路传承发展了中华优秀传统文化所具有的思维方式、思想精华和价值理念，顺应人类文明发展的趋势潮流，结合中国特色现代化实践中的新思想和新理念，为中国现代化的成功实践提供思想保证、精神动力、凝聚力和智力支持。中国特色社会主义的现代化，必定是国民素质和社会文明程度得到空前提高，人民精神文化生活日益丰富，中华文化影响力进一步提升，中华民族凝聚力进一步增强的现代化。

（四）在现代化路径上，是人与自然和谐共生的现代化

西方国家是现代化的先行者，但囿于资本逻辑和制度缺陷，走的多是一条以破坏生态环境、攫取自然资源为代价的“先污染、后治理”的老路。这样一条路用人的标准作为衡量万物的尺度，严重打破了人与自然关系的生态平衡，造成了严重的资源枯竭和环境恶化。20世纪，发生在西方国家的伦敦烟雾事件、日本水俣病事件、洛杉矶光化学烟雾事件等污染事件对生态环境和公众生活造成巨大危机，至今仍给我们时刻敲响着警钟。

人因自然而生，人与自然是一种生态共同体。马克思认为，应该合理调节人与自然的物质变换，在最无愧于和最适合人类本性的条件下进行这种“物质变换”。与西方国家工业化、城镇化、农业现代化、信息化“串联式”发展的路径不同，中国要想后来居上，大踏步赶上时代，就必须走一个“并联式”叠加发展的过程，这不仅意味着我们必须用几十年时间走完西方几百年的发展过程，而且更是意味着西方历史上曾经出现的生态事件很可能会在我国短时间内集中爆发，因此中国必须探索走出一条人与自然和谐共生的崭新的现代化道路。

绿水青山就是金山银山，早在2005年，习近平在浙江安吉考察时就提出了这一重要的科学论断。党的十八大正式把“生态文明建设”列入“五位一体”的现代化建设总布局，提出“推动形成人与自然和谐发展现代化建设新格局”。党的十八届五中全会明确将绿色发展作为新发展理念的重要组成部分。党的十九大将“美丽”作为建设社会主义现代化强国的重要内涵。党的十九届五中全会更是将“广泛形成绿色生产生活方式,碳排放达峰后稳中有降,生态环境根本好转,美丽中国建设目标基本实现”作为二〇三五年基本实现社会主义现代化远景目标的重要组成部分。

当今中国,走绿色发展之路,筑生态文明之基不仅已成为全社会共识,而且取得了扎实成效。天更蓝、水更清、山更绿的背后,是我们这个拥有14亿人口的最大发展中国家,坚定走上一条人与自然和谐共生的现代化之路。

(五)在现代化模式上,是走和平发展道路的现代化

现代化不仅是一个国家、民族社会生活的整体变革,同时也是一种全球范围内的社会变迁。早在《德意志意识形态》里,马克思就指出:“各个相互影响的活动范围在这个发展进程中越是扩大,各民族的原始封闭状态由于日益完善的生产方式、交往以及因交往而自然形成的不同民族之间的分工消灭得越是彻底,历史也就越是成为世界历史。”由民族历史走向世界历史,这是由生产力与生产关系这一人类社会的基本矛盾所决定的、是不以人的意志为转移的客观规律。正如习近平所指出的那样:“经济全球化是不可逆转的历史大势。”“说其是历史大势,就是其发展是不依人的意志为转移的。人类可以认识、顺应、运用历史规律,但无法阻止历史规律发生作用。历史大势必将浩荡前行。”

现代化不是单线模式,而是多样化的道路选择。自工业革命以来的数百年间,西方国家长期占据世界历史的舞台中央,现代化的话语体系也长期被西方国家主导和垄断,甚至有人一度认为现代化就是“西方化”。然而当我们打开西方现代化的历史卷轴,就会发现这幅画卷不仅远没有想象中那样绚丽多彩,反而充满了残暴与血腥的味道。西方资本主义的现代化历史,是一部充满了殖民征服、资源掠夺、金融控制的血腥历史,也是一部霸权扩张与更替的历史。在资本利益的驱使下,西方国家对内进行残酷剥削，对外以国家的名义发动殖民战争、屠杀当地居民、抢劫金银财宝、进行奴隶贸易，对落后民族和国家犯下了罄竹难书的滔天罪行。马克思说："资本来到世间，从头到脚，每个毛孔都滴着血和肮脏的东西。"资产阶级的发家史不仅并不光彩，而且"是用血和火的文字载入人类编年史的"。

历史不能倒退，但道路可以选择。近代以来，中国人民长期被排除在现代化进程之外，租界上空的各色旗子、"东亚病夫"的帽子、"华人与狗，不得入内"的牌子，更是深深刺痛国人的自信，碾压国人的自尊。这决定了我们拥有比任何国家都更加强烈的复兴渴望，但与此同时我们更加深知西方现代化理论解决不了中国现代化问题，中国特有的国情也决定了我们无法复制西方现代化模式。和平与发展是当今时代主题，也是不可抗拒的历史潮流，中国要想复兴就必须在历史前进的逻辑中前进、在时代发展的潮流中发展。

"己所不欲，勿施于人。"走和平发展道路，是中华民族优秀文化传统的传承和发展，也是中国人民从近代以后苦难遭遇中得出的必然结论。中国人民对战争带来的苦难有着刻骨铭心的记忆，对和平有着孜孜不倦的追求。中国不认同"国强必霸"的陈旧逻辑，中国特色社会主义现代化既要争取有利国际环境发展自己，又要携手共建人类命运共同体，通过自身发展造福世界各国人民，是走和平发展道路的现代化。

第十二讲

共产主义是不是『永远都到不了的远方』？

一、什么是共产主义?

在马克思主义的思想语境中,共产主义蕴含着多重含义。对此,我们不妨从理想、理论、制度和运动四个角度进行理解。

(一)共产主义是一种崇高的理想信念

共产主义是一种科学的理想信念,也是以马克思主义、科学社会主义为指导的共产党人最高的理想信念。对于共产党人而言,革命理想高于天。习近平指出,理想信念是共产党人精神上的“钙”,是世界观、人生观、价值观的“总开关”。《中国共产党章程》明确规定,中国共产党是中国工人阶级的先锋队,同时是中国人民和中华民族的先锋队;党的最高理想和最终目标是实现共产主义。可以说,坚定的理想信念是我们党作为马克思主义政党赖以生存和发展的思想基础和政治灵魂,是我们党团结和凝聚人民群众、始终赢得人民群众拥护的根本政治立场和政治旗帜,是我们党保持先进性和纯洁性、始终站在时代前列的根本保证。对中国共产党人而言,理想信念动摇是最危险的动摇、理想信念滑坡是最危险的滑坡。

> 信仰、信念、信心,任何时候都至关重要。小到一个人、一个集体,大到一个政党、一个民族、一个国家,只要有信仰、信念、信心,就会愈挫愈奋、愈战愈勇,否则就会不战自败、不打自垮。无论过去、现在还是将来,对马克思主义的信仰,对中国特色社会主义的信念,对实现中华民族伟大复兴中国梦的信心,都是指引和支撑中国人民站起来、富起来、强起来的强大精神力量。①

(二)共产主义是一种科学的理论体系

问题是时代的声音。任何的思想和信仰都不是哪个人闭门造车想出

---

① 习近平:《论中国共产党历史》,中央文献出版社,2021年,第237页。

来的，而是为了解决问题，在批判旧世界中发现新世界的。从这个角度来看，共产主义从其诞生之日就是为解决资本主义生产方式所带来的问题的。当然，我们从不否认资本主义给人类带来生产力上的革命和物质财富的丰富，但这里想强调的是，由于资本主义是一种千方百计为了利润、不达目的誓不罢休的生产方式，在给人类带来巨大财富的同时也带来了巨大的危害。特别是随着时间的推移，这种危害越来越突出。习近平2017年在达沃斯论坛上引用狄更斯名言说“这是最好的时代，也是最坏的时代”。今天，我们也生活在一个矛盾的世界之中。世界到底怎么了？很显然，资本主义生产生活方式并不是历史的终结，更算不上人类最好的生活方式，其最根本的问题就是私有制剥夺了绝大部分社会成员的自由与财富，却只为供养站在金字塔尖上的少数人。

而我们又该怎么办呢？怎样走出一条全新的道路呢？综观人类历史上的各种思想，除了马克思这个“资本主义最伟大的病理家”，没有其他任何思想家对资本主义进行了如此深刻的、系统的解剖。而在他看来，要想彻底解决资本主义的问题，只有共产主义才是人间正道。

马克思、恩格斯批判地继承和吸收了历史上关于共产主义思想的一切优秀成果，在总结欧洲工人运动革命实践经验的基础上，经过艰苦的理论工作，使共产主义从空想变为科学，创立了科学社会主义（共产主义）理论。在1848年2月发表的《共产党宣言》中，马克思、恩格斯基于唯物主义历史观，对共产主义理论作了全面系统的阐述。

恩格斯在《共产主义原理》中明确回答道：“共产主义是关于无产阶级解放的条件的学说。”共产主义理论不仅在揭示人类社会发展一般规律的基础上指明社会发展的方向，而且还在剖析资本主义旧世界中阐发未来新社会的特点。在科学理论的指引下，国际共产主义运动风起云涌，社会主义也从理论走向现实、从一国走向多国，尤其是中国特色社会主义的成功实践，一再证明了科学理论的伟力。

共产主义的产生是由于大工业以及由大工业带来的后果,是由于世界市场的形成,是由于随之而来的不可遏止的竞争,是由于目前已经完全成为世界市场危机的那种日趋严重和日益普遍的商业危机,是由于无产阶级的形成和资本的积聚,是由于由此产生的无产阶级和资产阶级之间的阶级斗争。共产主义作为理论,是无产阶级立场在这种斗争中的理论表现,是无产阶级解放的条件的理论概括。①

没有革命的理论,就不可能有被压迫阶级的即历史上最革命的阶级的世界上最伟大的解放运动。革命理论是不能臆造出来的,它是从世界各国的革命经验和革命思想的总和中生长出来的。这种理论在19世纪后半期形成。它叫做马克思主义。②

(三)共产主义是未来理想的社会制度和社会形态

马克思、恩格斯基于对现实历史的批判,科学预见了未来的理想社会形态,并将其命名为共产主义社会。

在共产主义社会中,物质财富极大丰富,消费资料按需分配。社会生产力高度发展,产品极大丰富,实行普遍的生产资料公有制,对生产进行有计划地组织和管理。在共产主义社会,社会关系高度和谐,人们精神境界极大提高,阶级、国家将会消亡,作为阶级压迫工具的军队、警察、监狱等将失去作用,战争也将不复存在。不仅如此,在共产主义社会,“三大差别”必将归于消失,社会与自然之间也将达成和谐。

在共产主义社会,人们的精神境界得到极大提高,人类从必然王国向自由王国飞跃。自由时间大大延长,劳动不再是单纯的谋生手段,成为“生活的第一需要”。可以说,实现人的自由而全面的发展,是马克思主义追求的根本价值目标,也是共产主义社会的根本特征,只有到那个时候,人们才

---

①《马克思恩格斯文集》(第一卷),人民出版社,2009年,第672页。

②《列宁专题文集 论马克思主义》,人民出版社,2009年,第298页。

开始自觉地创造自己的历史。

在共产主义社会高级阶段,在迫使个人奴隶般地服从分工的情形已经消失,从而脑力劳动和体力劳动的对立也随之消失之后;在劳动已经不仅仅是谋生的手段,而且本身成了生活的第一需要之后;在随着个人的全面发展,他们的生产力也增长起来,而集体财富的一切源泉都充分涌流之后,——只有在那个时候,才能完全超出资产阶级权利的狭隘眼界,社会才能在自己的旗帜上写上:各尽所能,按需分配![①]

共产主义是对私有财产即人的自我异化的积极的扬弃,因而是通过人并且为了人而对人的本质的真正占有;因此,它是人向自身、也就是向社会的即合乎人性的人的复归,这种复归是完全的复归,是自觉实现并在以往发展的全部财富的范围内实现的复归。这种共产主义,作为完成了的自然主义,等于人道主义,而作为完成了的人道主义,等于自然主义,它是人和自然界之间、人和人之间的矛盾的真正解决,是存在和本质、对象化和自我确证、自由和必然、个体和类之间的斗争的真正解决。[②]

在共产主义社会里,任何人都没有特殊的活动范围,而是都可以在任何部门内发展,社会调节着整个生产,因而使我有可能随自己的兴趣今天干这事,明天干那事,上午打猎,下午捕鱼,傍晚从事畜牧,晚饭后从事批判,这样就不会使我老是一个猎人、渔夫、牧人或批判者。[③]

代替那存在着阶级和阶级对立的资产阶级旧社会的,将是这样一个联合体,在那里,每个人的自由发展是一切人的自由发展的条件。[④]

共产主义的特征并不是要废除一般的所有制,而是要废除资产阶

---

①《马克思恩格斯文集》(第三卷),人民出版社,2009年,第435~436页。

②《马克思恩格斯文集》(第一卷),人民出版社,2009年,第185页。

③《马克思恩格斯文集》(第一卷),人民出版社,2009年,第537页。

④《马克思恩格斯文集》(第二卷),人民出版社,2009年,第53页。

级的所有制。①

共产主义并不剥夺任何人占有社会产品的权力,它只剥夺利用这种占有去奴役他人劳动的权力。②

社会化的人,联合起来的生产者,将合理地调节他们和自然之间的物质变换,把它置于他们的共同控制之下,而不让它作为一种盲目的力量来统治自己;靠消耗最小的力量,在最无愧于和最适合于他们的人类本性的条件下来进行这种物质变换。③

在资本主义社会和共产主义社会之间,有一个从前者变为后者的革命转变时期。同这个时期相适应的也有一个政治上的过渡时期,这个时期的国家只能是无产阶级的革命专政。④

就是这个刚刚从资本主义脱胎出来的在各方面还带着旧社会痕迹的共产主义社会,马克思称之为共产主义社会的“第一”阶段或低级阶段。⑤

社会主义和共产主义之间的科学区别,只在于第一个词是指从资本主义生长起来的新社会的第一阶段,第二个词是指它的下一个阶段,更高的阶段。⑥

(四)共产主义是一场现实的运动

共产主义是一场现实的运动,处在不断行进的过程中。今天我们坚持和发展中国特色社会主义,就是向着共产主义进行中的实实在在的运动。在当代中国,坚持中国共产党的领导地位、人民当家作主的根本立场,这是

①《马克思恩格斯选集》(第一卷),人民出版社,2012年,第414页。
②《马克思恩格斯选集》(第一卷),人民出版社,2012年,第416页。
③《马克思恩格斯文集》(第七卷),人民出版社,2009年,第928~929页。
④《马克思恩格斯文集》(第三卷),人民出版社,2009年,第445页。
⑤《列宁专题文集 论社会主义》,人民出版社,2009年,第32页。
⑥《列宁专题文集 论社会主义》,人民出版社,2009年,第145页。

政治建设中的共产主义因素。坚持公有制的主体地位和按劳分配原则，打好脱贫攻坚战，这是经济建设中的共产主义因素。大力发展教育和科学事业，满足人民日益增长的精神文化需要，这是文化建设中的共产主义因素。在幼有所育、学有所教、劳有所得、病有所医、老有所养、住有所居、弱有所扶上下功夫，这是社会建设中的共产主义因素。绿水青山就是金山银山，坚持人与自然和谐共生、建设美丽中国，这是生态文明建设中的共产主义因素……

共产主义对我们来说不是应当确立的状况，不是现实应当与之相适应的理想。我们所称为共产主义的是那种消灭现存状况的现实的运动。这个运动的条件是由现有的前提产生的。①

共产主义是对私有财产即人的自我异化的积极的扬弃，因而是通过人并且为了人而对人的本质的真正占有；因此，它是人向自身、也就是向社会的即合乎人性的人的复归，这种复归是完全的复归，是自觉实现并在以往发展的全部财富的范围内实现的复归。这种共产主义，作为完成了的自然主义，等于人道主义，而作为完成了的人道主义，等于自然主义，它是人和自然界之间、人和人之间的矛盾的真正解决，是存在和本质、对象化和自我确证、自由和必然、个体和类之间的斗争的真正解决。②

如果我们问一下自己，共产主义同社会主义的区别是什么，那么我们应当说，社会主义是直接从资本主义生长出来的社会，是新社会的初级形式。共产主义则是更高的社会形式，只有在社会主义完全巩固的时候才能得到发展。社会主义的前提是在没有资本家帮助的情况下进行工作，是在劳动者的有组织的先锋队即先进部分施行最严格

①《马克思恩格斯文集》(第一卷)，人民出版社，2009年，第539页。
②《马克思恩格斯文集》(第一卷)，人民出版社，2009年，第185页。

的计算、监督和监察下进行社会劳动；同时还应该规定劳动量和劳动报酬。这种规定所以必要，是因为资本主义社会给我们留下了诸如分散的劳动、对公共经济的不信任、小业主的各种旧习惯这样一些遗迹和习惯，这些在所有农民国家中都是最常见的。这一切都是同真正共产主义经济背道而驰的。所谓共产主义，是指这样一种制度，在这种制度下，人们习惯于履行社会义务而不需要特殊的强制机构，不拿报酬地为公共利益工作成为普遍现象。①

共产主义决不是“土豆烧牛肉”那么简单，不可能唾手可得、一蹴而就，但我们不能因为实现共产主义理想是一个漫长的过程，就认为那是虚无缥缈的海市蜃楼，就不去做一个忠诚的共产党员。革命理想高于天。实现共产主义是我们共产党人的最高理想，而这个最高理想是需要一代又一代人接力奋斗的。如果大家都觉得这是看不见摸不着的东西，没有必要为之奋斗和牺牲，那共产主义就真的永远实现不了了。我们现在坚持和发展中国特色社会主义，就是向着最高理想所进行的实实在在努力。②

二、怎样预见共产主义？

在展望未来社会的问题上，是否坚持科学的立场、观点、方法是能否正确预见未来的基本前提，也是马克思主义与空想社会主义的根本区别。马克思主义经典作家站在科学的立场上，提出并自觉运用了预见未来社会的方法论原则。

（一）在揭示人类社会发展一般规律的基础上指明社会发展的方向

人民对美好生活的向往，历史上从未有过间断。但这些向往由于并没有抓住人类社会发展的基本规律，最终难免限于空想。马克思、恩格斯站

①《列宁专题文集 论社会主义》，人民出版社，2009年，第382页。
②《习近平谈治国理政》（第二卷），外文出版社，2017年，第142~143页。

在无产阶级立场上，运用科学的方法，致力于研究人类社会特别是资产阶级社会，第一次揭示了社会发展的一般规律和资本主义社会发展的特殊规律，从而对共产主义社会作出了科学的展望。

马克思丝毫不想制造乌托邦，不想凭空猜测无法知道的事情。马克思提出共产主义的问题，正像一个自然科学家已经知道某一新的生物变种是怎样产生以及朝着哪个方向演变才提出该生物变种的发展问题一样。[①]

（二）在剖析资本主义旧世界的过程中阐发未来新世界的特点

在社会主义五百年的历史进程中，无论是空想社会主义还是科学社会主义，他们关于未来社会的预测，往往起因于对现实问题的思考与批判，都是建立在批判资本主义旧世界的基础之上的。但马克思、恩格斯对资本主义批判的高明之处，在于他们不是只看到资本主义的社会弊端，而是进一步揭示了弊端的根源，揭示出资本主义发展中自我否定的力量，发现资本主义的矛盾运动中孕育着新的社会因素，并以此作出对未来社会特点的预见。

（三）在社会主义社会发展中不断深化对未来共产主义社会的认识

预见未来共产主义社会的基本特征，既从资本主义社会中寻找灵感，更从社会主义社会的建设与发展中寻找启示。现实中的社会主义社会是共产主义社会的初级阶段，虽然它距离未来社会的高级阶段即典型的共产主义社会尚远，但从社会性质上来说是一致的。因此，在对未来共产主义社会的认识上，从社会主义社会中得到的启示应该比从资本主义社会中得到的启示更多、更直接、更有教益。

最近苏联方面暴露了他们在建设社会主义过程中的一些缺点和

---

①《列宁选集》(第三卷)，人民出版社，2012年，第187页。

错误,他们走过的弯路,你还想走?过去我们就是鉴于他们的经验教训,少走了一些弯路,现在当然更要引以为戒。①

什么叫社会主义,什么叫马克思主义?我们过去对这个问题的认识不是完全清醒的。马克思主义最注重发展生产力。我们讲社会主义是共产主义的初级阶段,共产主义的高级阶段要实行各尽所能、按需分配,这就要求社会生产力高度发展,社会物质财富极大丰富。所以社会主义阶段的最根本任务就是发展生产力,社会主义的优越性归根到底要体现在它的生产力比资本主义发展得更快一些、更高一些,并且在发展生产力的基础上不断改善人民的物质文化生活。如果说我们建国以后有缺点,那就是对发展生产力有某种忽略。②

资本主义最终消亡、社会主义最终胜利,必然是一个很长的历史过程。我们要深刻认识资本主义社会的自我调节能力,充分估计到西方发达国家在经济科技军事方面长期占据优势的客观现实,认真做好两种社会制度长期合作和斗争的各方面准备。在相当长时期内,初级阶段的社会主义还必须同生产力更发达的资本主义长期合作和斗争,还必须认真学习和借鉴资本主义创造的有益文明成果,甚至必须面对被人们用西方发达国家的长处来比较我国社会主义发展中的不足并加以指责的现实。我们必须有很强大的战略定力,坚决抵制抛弃社会主义的各种错误主张,自觉纠正超越阶段的错误观念。最重要的,还是要集中精力办好自己的事情,不断壮大我们的综合国力,不断改善我们人民的生活,不断建设对资本主义具有优越性的社会主义,不断为我们赢得主动、赢得优势、赢得未来打下更加坚实的基础。③

---

①《建国以来重要文献选编》(第8册),中央文献出版社,1994年,第206页。

② 中共中央文献研究室编:《改革开放三十年重要文献选编》(上),人民出版社,2008年,第335页。

③ 中共中央文献研究室编:《十八大以来重要文献选编》(上),中央文献出版社,2014年,第117页。

（四）立足揭示未来社会的一般特征，而不可能对各种细节作具体描绘

马克思、恩格斯在展望未来社会时，总是只限于指出未来社会发展的方向、原则和基本特征，而把具体情形留给后来的实践去回答。

> 无论如何，共产主义社会中的人们自己会决定，是否应当为此采取某种措施，在什么时候，用什么办法，以及究竟是什么样的措施。我不认为自己有向他们提出这方面的建议和劝导的使命。那些人无论如何也会和我们一样聪明。①

三、如何实现共产主义？

（一）实现共产主义是历史发展的必然

共产主义理想是能够实现的理想，它与一切空想和幻想有着本质区别。共产主义作为一种社会理想，是在把握人类社会发展规律的基础上设想的发展目标。共产主义能够实现，在于它依靠的科学理论基础是唯物史观；共产主义能够实现，在于它依靠的是对资本主义社会的科学批判与“病理解剖”，在于它依靠的是社会的发展和进步，依靠人民群众的历史伟力，在于社会主义国家的兴起和不断发展，已经并正在用事实证明共产主义理想实现的必然性。

> 只要人民成为自己的主人、社会的主人、人类社会发展的主人，共产主义理想就一定能够在不断改变现存状况的现实运动中一步一步实现。②

①《马克思恩格斯选集》（第四卷），人民出版社，2012年，第539页。

② 习近平：《在纪念马克思诞辰200周年大会上的讲话》，人民出版社，2018年，第16页。

(二)实现共产主义是长期的历史过程

一方面,资本主义的灭亡和向社会主义的转变是一个长期的过程;另一方面,社会主义社会的充分发展和最终向共产主义过渡需要很长的历史时期。

当社会成为全部生产资料的主人,可以在社会范围内有计划地利用这些生产资料的时候,社会就消灭了迄今为止的人自己的生产资料对人的奴役。不言而喻,要不是每一个人都得到解放,社会也不能得到解放。因此,旧的生产方式必须彻底变革,特别是旧的分工必须消灭。代替它们的应该是这样的生产组织:在这样的组织中,一方面,任何个人都不能把自己在生产劳动这个人类生存的必要条件中所应承担的部分推给别人;另一方面,生产劳动给每一个人提供全面发展和表现自己的全部能力即体能和智能的机会,这样,生产劳动就不再是奴役人的手段,而成了解放人的手段,因此,生产劳动就从一种负担变成一种快乐。[①]

一旦社会占有了生产资料,商品生产就将被消除,而产品对生产者的统治也将随之消除。社会生产内部的无政府状态将为有计划的自觉的组织所代替。个体生存斗争停止了。于是,人在一定意义上才最终地脱离了动物界,从动物的生存条件进入真正人的生存条件。人们周围的、至今统治着人们的生活条件,现在受人们的支配和控制,人们第一次成为自然界的自觉的和真正的主人,因为他们已经成为自身的社会结合的主人了。人们自己的社会行动的规律,这些一直作为异己的、支配着人们的自然规律而同人们相对立的规律,那时就将被人们熟练地运用,因而将听从人们的支配。人们自身的社会结合一直是作为自然界和历史强加于他们的东西而同他们相对立的,现在则变成

①《马克思恩格斯文集》(第九卷),人民出版社,2009年版,第310~311页。

他们自己的自由行动了。至今一直统治着历史的客观的异己的力量，现在处于人们自己的控制之下了。只是从这时起，人们才完全自觉地自己创造自己的历史；只是从这时起，由人们使之起作用的社会原因才大部分并且越来越多地达到他们所预期的结果。这是人类从必然王国进入自由王国的飞跃。①

如果目前就企图提前实现将来共产主义充分发展、完全巩固和形成、完全展开和成熟的时候才能实现的东西，这无异于叫四岁的小孩去学高等数学。②

要实现共产主义，一定要完成社会主义阶段的任务。社会主义的任务很多，但根本一条就是发展生产力，在发展生产力的基础上体现出优于资本主义，为实现共产主义创造物质基础。③

（三）坚持和发展中国特色社会主义是中华民族通向共产主义的必由之路

我们一定要经常教育我们的人民，尤其是我们的青年，要有理想。为什么我们过去能在非常困难的情况下奋斗出来，战胜千难万险使革命胜利呢？就是因为我们有理想，有马克思主义信念，有共产主义信念。我们干的是社会主义事业，最终目的是实现共产主义。④

（四）坚持远大理想与共同理想的辩证统一

从时间上看，中国特色社会主义共同理想与共产主义远大理想是阶段性目标与最终目标的关系。建设中国特色社会主义，是现阶段全国各族人

---

①《马克思恩格斯文集》（第三卷），人民出版社，2009年，第564~565页。
②《列宁选集》（第四卷），人民出版社，1995年，第159页。
③《邓小平文选》（第三卷），人民出版社，1993年，第137页。
④《邓小平文选》（第三卷），人民出版社，1993年，第110页。

民的共同理想，也是迈向共产主义最高理想的一个阶段。从层次上看，远大理想与共同理想的关系是最高纲领与最低纲领的关系。从范围来看，远大理想与共同理想的关系也是全人类理想与全体中国人民理想的关系。

共产主义是我们的奋斗目标，如果我们相信人类社会从古至今一直在不断进步的话，我们就应该相信有一个更加美好的社会在前面等待着我们。共产主义不会从天上掉下来。但我们知道，量的积累终会带来质的飞跃。今天的中国，共产主义实践每天都在我们的生活中上演。

一个国家梦想的高度，是由它的年轻人定义的。如果一个国家年轻人理想的高度都只有门前小土丘那么高，那么这个国家的梦想绝不会触摸到珠峰。青年有理想，国家才有未来；青年仰望星空，民族才有希望。青年人只有把人生理想融入国家和民族的事业中，才能最终成就一番事业。

> 青年朋友们！一代人有一代人的长征，一代人有一代人的担当。建成社会主义现代化强国，实现中华民族伟大复兴，是一场接力跑。我们有决心为青年跑出一个好成绩，也期待现在的青年一代将来跑出更好的成绩。衷心希望新时代中国青年积极拥抱新时代、奋进新时代，让青春在为祖国、为人民、为民族、为人类的奉献中焕发出更加绚丽的光彩！①

四、澄清关于共产主义的几个误解

党的二十大报告指出：全党要“加强理想信念教育”，牢记党的宗旨，“自觉做共产主义远大理想和中国特色社会主义共同理想的坚定信仰者和

① 习近平：《在纪念五四运动100周年大会上的讲话》，人民出版社，2019年，第18页。

忠实实践者”[①]。党的十八大以来，习近平在不同场合多次强调共产主义理想信念的重要性。他指出，没有马克思主义信仰、共产主义理想，就没有中国共产党，没有中国特色社会主义。共产主义理想是共产党人政治上的“灵魂”、思想上的“总开关”和精神上的“钙”，没有信仰、没有理想，或者信仰、理想不够坚定，精神上就会缺“钙”，就会得“软骨病”，就会变成“两面人”。

然而现实却是，科学社会主义自其诞生之日起，便与种种误会与曲解纠缠萦绕在一起。从某种意义上讲，共产主义理论正是在与形形色色的误会和曲解作斗争的过程中发扬光大的，共产主义实践正是在与资本主义、帝国主义的绞杀和颠覆作斗争的过程中走向壮大的。对于当代中国而言，信仰缺失同样是一个需要引起高度重视的问题：有的人对共产主义心存怀疑，认为虚无缥缈、难以企及；有的人不信马列信鬼神，从封建迷信中寻找精神慰藉；有的人向往西方制度模式和价值理念，对社会主义前途命运丧失信心；还有的人别有用心，试图以空洞的文字游戏消解为共产主义奋斗的革命意志。因此，进一步澄清对于共产主义的误会与曲解，涤清理论难点，回应现实热点，破解心中疑点，不仅有着深刻的理论意义，而且具有强烈的现实关怀。

（一）共产主义是乌托邦吗？

“虚无论”者主张，共产主义据说要等到生产力高度发达，社会财富极大丰富的时候才能实现，到时候想什么就有什么，要什么就得到什么，你信吗？反正我不信！况且人类生存于其中的环境资源是有限的，但欲望是无穷的，又怎么能够实现极大丰富呢？因此，无怪乎任志强之流纷纷叫嚣，“十三亿中国人不需要空谈什么共产主义，更希望看到的是如何跨越社会

① 习近平：《高举中国特色社会主义伟大旗帜 为全面建设社会主义现代化国家而团结奋斗——在中国共产党第二十次全国代表大会上的报告》，人民出版社，2022年，第65页。

主义的初级阶段”!

不难看出,“虚无论”者之所以认为共产主义不切实际,主要原因在于他们忽视了共产主义社会的根本特征和精神实质,亦即实现每个人的自由全面发展。

马克思主义认为,社会形态的发展是一个自然的历史过程。原始公社解体以后,人类社会先后迈进了奴隶社会、封建社会和资本主义社会,这些社会比起原始公社尽管是历史的进步,却是建立在私有制基础上的阶级社会。阶级剥削、阶级统治、阶级压迫、阶级斗争是最基本的社会现象。历史的进步以广大劳动者的痛苦和牺牲为代价,极少数人的富裕、文明和自由建立在绝大多数人的贫穷、愚昧与被奴役的基础上。整个社会充满着由剥削和压迫所产生的种种罪恶、苦难和仇恨。

自公元5世纪开始,西欧经历了长达千年之久的中世纪。政治上封建割据带来旷日持久的战争,思想上则是基督教统治一切,愚昧不化。自18世纪起,爆发于法国的启蒙运动迅速蔓延至整个西欧。启蒙运动的目的就在于驱除宗教蒙昧,高扬人的理性,并借以开启民智。恰如康德所说:“启蒙运动就是人类脱离自己所加之于自己的不成熟状态。……要有勇气运用你自己的理智!这就是启蒙运动的口号!”[①]启蒙运动的先驱们认为,只有经历启蒙,人的主体性与价值才能得以彰显,才能获得自由、民主和平等,从此不再受到任何外物的奴役。所以,理性万能、科学至上成为启蒙学者带给世界的坚定信念。而正是在这种信念的支撑下,西欧社会昂首迈进了资本主义时代。

然而正如帕斯卡尔所说,“有两种狂妄:排斥理性和只承认理性”。在理性的指引下,人类高歌猛进跨入现代社会。然而好景不长,人们蓦然发现,自己不但没有过上自由幸福的生活,反而与这些理想追求渐行渐远。资本主义不但带来了极端严重的贫富分化与阶级斗争,还使技术与资本蜕

---

① [德]康德:《历史理性批判文集》,何兆武译,商务印书馆,1990年,第23页。

变为独立的、不依赖人的东西反过来奴役人、支配人、控制人,令人顶礼膜拜、趋之若鹜。在一个仿佛一切都可以待价而沽的时代里,市场法则和资本逻辑是比正当和应然更为可爱的存在。在工具理性的算计和实用主义的信条面前,自私自利成了市民社会的唯一准则。每个人都以自身利益为目的,其他一切都堕落为实现这种目的的工具和手段。此情此景正如马克思、恩格斯在《共产党宣言》中所描绘的那样,“资产阶级在它已经取得了统治的地方把一切封建的、宗法的和田园诗般的关系都破坏了……它把宗教虔诚、骑士热忱、小市民伤感这些情感的神圣发作,淹没在利己主义打算的冰水之中。它把人的尊严变成了交换价值,用一种没有良心的贸易自由代替了无数特许的和自力挣得的自由”①。

100年后,法国存在主义大师萨特将这幅场景搬上了舞台。萨特认为,在与他人的相互关系中,如果你选择不择手段,牺牲别人的自由来实现自己的欲望,这就等于把别人推入了地狱,而别人的生活就是自己生活的投影,所以,当你选择把别人推进地狱之时,也就为自己选择了地狱。因此,在《禁闭》这部戏剧中萨特写道:“提起地狱,你们便会想到硫磺、火刑、烤架……啊,真是莫大的玩笑!何必用烤架呢,他人即是地狱。”他人即是地狱,这句话一针见血、振聋发聩。萨特的这种观点代表了西方民众对资本主义条件下人的生活状态的担忧与不满,同时也表现出他们看不到未来出路的那颗茫然将死之心。试想,这样的资本主义的社会——每个人的自由发展以牺牲他人自由为代价的社会难道值得我们去追求吗?答案想必是否定的。

面对资本崛起的残酷现实,科学社会主义没有流于空洞的道德说教与抽象评判,而是立足人类社会历史发展的一般规律,在深刻揭露资本主义社会基本矛盾和对这一矛盾的扬弃过程中,在深入考察资本主义弊端及其自身孕育着的新社会的因素中,寻找未来新时代的合理特征。正如列宁所

---

①《马克思恩格斯选集》(第一卷),人民出版社,2012年,第402~403页。

说:“马克思丝毫不想制造乌托邦,不想凭空猜测无法知道的事情。马克思提出共产主义的问题,正像一个自然科学家已经知道某一新的生物变种是怎样产生以及朝着哪个方向演变才提出该生物变种的发展问题一样。”[①]根据唯物史观,人类社会发展的规律在于生产力决定生产关系、经济基础决定上层建筑,生产关系一定要适合生产力发展要求,上层建筑一定要适合经济基础的发展要求。这一矛盾过程在资本主义社会表现为生产资料的私有制与社会化生产之间的矛盾。这一矛盾不仅构成了资本主义一切危机的根源,而且也决定了资本主义最终必将为更能适应社会化生产要求的社会主义所取代的历史命运。

与资本主义相反,共产主义社会将最终废除私有制,代之以生产资料的公有制,在社会化的原则之上组织生产活动。马克思、恩格斯认为,私有制是造成资本主义一切罪恶的根源,因此,未来社会与资本主义“具有决定意义的差别当然在于,在实行全部生产资料公有制(先是国家的)基础上组织生产”。在《共产党宣言》中,马克思、恩格斯强调“共产党人可以把自己的理论概括为一句话:消灭私有制”[②]。私有制的废除,也使人类摆脱了强制性的分工劳动。此时,虽然劳动依然存在,但已经失去了任何工具性的外观,不再是人们谋生的手段,成了直接以劳动、以人的自由发展为目的的活动,成了生活的第一需要。

贫穷不是共产主义,共产主义必须建立在生产力高度发达、物质财富极大丰富的基础之上。这就决定了作为世界历史进程中的后发国家,社会主义国家中的革命阶级在取得政权之后,必须以经济建设为中心,大力推进社会生产力的发展。在坚持马克思主义指导思想与社会主义公有制主体地位的前提下,坚持市场经济改革方向,使市场在资源配置中起决定性作用。马克思、恩格斯认为,未来社会是以生产力的巨大增长和高度发展

---

①《列宁选集》(第三卷),人民出版社,1995年,第187页。

②《马克思恩格斯选集》(第一卷),人民出版社,2012年,第414页。

为前提的，因为“如果没有这种发展，那就只会有贫穷、极端贫困的普遍化”[①]。不仅如此，与生产力的高度发展和社会关系的高度和谐相联系，与废除私有制和资本逻辑相一致，人类的精神境界也就获得了极大的提高。恩格斯讲：“只有在不仅消灭了阶级对立，而且在实际生活中也忘却了这种对立的社会发展阶段上，超越阶级对立和超越对这种对立的回忆的、真正人的道德才成为可能。”[②]

在马克思、恩格斯看来，自由就在于根据对必然性的认识来支配我们的行动，个人的全面性体现在他的现实关系和观念关系的全面性之中。因此，无论是人的自由发展还是全面进步，都体现为一种历史的展开过程，一种长期实践后的结果。马克思在《政治经济学手稿(1857—1859)》中将资本主义生产方式称作“以物的依赖性为基础的人的独立性”。中国特色社会主义市场经济是社会主义与市场经济的有机结合。市场手段的运用在推动生产力跨越式发展的同时，实现着人的启蒙和民主法治建设，保证了人的独立性。而社会主义的基本原则又能够有效保证党的领导、人民当家作主和依法治国的有机统一，防止资本逻辑和商品交换原则向非市场领域的蔓延与侵蚀，有效避免对于“物的过度依赖性”。改革开放以来，我们党团结带领全国各族人民不懈努力，推动我国经济实力、科技实力、国防实力、综合国力进入世界前列，推动我国国际地位实现前所未有的提升，中华民族以崭新的姿态屹立于世界东方。党的十八大以来，以习近平同志为核心的党中央应时代之变迁，领时代之先声，带领全党全国各族人民接续推进中国社会伟大革命，开创了中国特色社会主义新时代。习近平多次强调，中国特色社会主义是社会主义而不是其他什么主义，“新时代是中国特色社会主义新时代，而不是别的什么新时代”[③]。新时代中国特色社会主

①《马克思恩格斯文集》(第一卷)，人民出版社，2009年，第538页。

②《马克思恩格斯文集》(第九卷)，人民出版社，2009年，第100页。

③ 中共中央宣传部编：《习近平新时代中国特色社会主义思想三十讲》，学习出版社，2018年，第58页。

义既不忘老祖宗，又讲出新话，不仅为发展马克思主义作出了中国的原创性贡献，而且也成为振兴世界社会主义的中流砥柱。习近平指出：“要炼就‘金刚不坏之身’，必须用科学理论武装头脑，不断培植我们的精神家园。”[①]作为共产党人的“真经”和“初心”，共产主义作为一种科学的理论体系是建立在对人类社会发展规律、资本主义基本规律和社会主义建设规律基础上的科学认识，它既是内在的合逻辑的生成，又是现实中实践的必然结果。我们有充分的理由相信，共产主义不是乌托邦，新时代中国特色社会主义的生动实践，就是向着共产主义这一最高理想所进行的实实在在的努力。

（二）共产主义渺茫吗？

早在1845年，马克思、恩格斯在《德意志意识形态》中就指出：“共产主义对我们来说不是应当确立的状况，不是现实应当与之相适应的理想。我们所称为共产主义的是那种消灭现存状况的现实的运动。”[②]在马克思、恩格斯看来，共产主义不是一个业已设定好的完美社会，等着我们朝之迈进，如果那样的话，共产主义就是宗教，就是乌托邦。真正的共产主义以消灭私有制为己任，它是一场现实的运动，是一场伟大的事业，是一个行进中的过程。

人类社会的发展表现为社会形态的发展和更替，而社会形态更替的根本动力在于社会基本矛盾的运动。马克思、恩格斯认为，社会主义代替资本主义正是资本主义基本矛盾发展的必然结果。

资本主义生产方式发展到机器大工业阶段以后，以生产资料、劳动过程和劳动产品社会化为主要内容的社会化生产程度日益提高。这是资本主义生产区别于以往任何时代生产活动的一个重要特征，是人类社会物质

---

① 中共中央宣传部编：《习近平新时代中国特色社会主义思想三十讲》，学习出版社，2018年，第314页。

②《马克思恩格斯选集》（第一卷），人民出版社，2012年，第166页。

生产前所未有的进步。但是这种进步是在资本主义私人占有制的框架内实现的。因此，社会化生产同资本主义私人占有之间便形成了对抗性的矛盾。这种矛盾，就是资本主义的基本矛盾。马克思、恩格斯紧紧抓住这个矛盾，并通过对资本主义社会的经济运行过程和阶级关系状况的深入考察，指出这一基本矛盾必然导致无产阶级与资产阶级的尖锐斗争，而代表社会化生产发展要求的无产阶级必然要求废除资本主义私有制，建立社会主义公有制，进一步促进社会化生产，以及与此相联系的无产阶级自身的解放。

1875年，马克思在《哥达纲领批判》里区分了共产主义的第一阶段和高级阶段。半个世纪后，列宁在《国家与革命》中将共产主义社会的第一阶段称作社会主义社会，以与共产主义高级阶段相区别。由此可见，从逻辑上说，今天我们所处的社会主义初级阶段，也就是共产主义第一阶段的初级阶段。正如列宁所说，囿于现实条件特别是生产力因素的制约，社会主义虽然同共产主义存在着明显的差别，但是"通常所说的社会主义，马克思把它称做共产主义社会的'第一'阶段或低级阶段，既然生产资料已成为公有财产，那么'共产主义'这个名词在这里也是可以用的，只要不忘记这还不是完全的共产主义"①。

不仅如此，唯物辩证法还告诉我们，量的积累必然引起质的变化。翻开国际共运史，从1847年共产主义者同盟到1871年巴黎公社，从1917年现实中的社会主义国家首次矗立在世界上，到20世纪末社会主义运动遭遇挫折，从1949年新中国成立到中国特色社会主义进入新时代，现实中的共产主义运动虽经历风雨，却从未止步，而是一直都在大踏步前行、开拓中前进。中国特色社会主义进入新时代，意味着科学社会主义在21世纪的中国焕发出强大生机活力，必将为人类事业作出新的伟大贡献。

2015年，习近平在中央党校县委书记研修班上指出："革命理想高于

---

① 列宁：《国家与革命》，人民出版社，2015年，第100页。

天。实现共产主义是我们共产党人的最高理想,而这个最高理想是需要一代又一代人接力奋斗的。”[1]回首过往,新中国成立特别是改革开放以来,在70年的时间里,我们走完了西方社会几百年的发展历程。展望未来,实现民族复兴的伟大梦想,必须坚持不懈继续进行伟大斗争,必须勠力同心继续推进党的建设伟大工程,必须持续开创中国特色社会主义的伟大事业。所有这一切的共同目的都在于实现每个中国人的自由全面发展。而这一共同目的同时也是最高目标,它既要实现中华民族伟大复兴的中国梦,又是要实现共产主义的崇高理想。因此,共产主义是一场现实的运动,是一个行进中的过程。新时代中国特色社会主义事业就是迈向共产主义不可或缺的一段征程,毫不夸张地说,今天的我们比历史上任何一个时期都更接近中华民族伟大复兴的中国梦,也比历史上任何一个时期都更接近共产主义的崇高理想。

(三)共产主义可以速成吗?

既然共产主义不是乌托邦,而是人类社会历史规律发展的必然结果,那么问题就在于共产主义到底什么时候能够实现。

2015年8月,互联网融资平台“爱就投”提出“众筹让人类商业文明提前进入共产主义”。2016年11月,京东创始人刘强东公开表示:“咱们中国提出共产主义,过去很多人都觉得共产主义遥不可及。但是通过这两三年我们的技术布局,我突然发现其实共产主义真的在我们这一代就可以实现。”有人说,大数据时代的海量数据储存在网络云端中,被人们共同分享和使用,不但废除了私有制,而且可以无限增长,满足无限需求。这种新的商业模式,使我们距离“各尽所能、按需分配”的理想越来越近。还有人说,互联网打破了时空阻隔,消灭了三大差别,为共产主义社会提供了统一的时空基础,阶级矛盾逐渐消除,没有压迫、没有剥削可能成为一种现实,从而为共产主义提供了阶级基础。

---

① 习近平:《做焦裕禄式的县委书记》,中央文献出版社,2015年,第5页。

实事求是地讲，这些对共产主义的认知及展望虽然看上去不无道理，却还只是停留在经验层面，缺乏学理深度。其实早在数年前，特别是2008年世界金融危机以来，西方世界长期讳莫如深的共产主义观念在理论层面上就已经复活了，只不过是以一种有别于马克思主义的“新共产主义”图示重新进入人们视域的。在西方左翼学者看来，以马克思主义为指导的传统共产主义理论产生于工业化生产的时代，建立在由于短缺所带来的圈占与私有的基础之上。但是面对今天以大数据、互联网、共享经济为代表的数字化生存模式，以共有共享为特征的“非物质劳动”已经开始成为社会生产方式的主流。从这个意义上讲，马克思关于资本逻辑的命题已经不再适用于今天的生产模式。因此，必须彻底抛弃传统共产主义，另起炉灶，构建共产主义的新的学理体系。

但是真正的问题在于，即使人类步入信息化时代，“非物质劳动”的到来真的预示着马克思科学社会主义的终结？共产主义真的可以速成吗？答案应该是否定的。

首先，以共享经济为代表的数字资本主义，标志着当代资本主义的发展进入了一个新的阶段，但是整个社会并未摆脱资本逻辑的羁绊，尽最大可能牟取剩余价值依然是资本主义生产活动的终极旨归，马克思主义经典作家对资本主义社会的批判在今天依然适用。

其次，在马克思那里，共产主义不仅是一种崇高的理想，一种科学的理论，它还是一场现实的活动和用以替代资本主义的社会形态。但是在当代西方左翼眼中，它贫困的只剩下一种空洞的观念了。当代西方左翼学者试图在新的基础上重建共产主义，然而共产主义的芬芳是建立在生产力与生产关系、经济基础与上层建筑的矛盾运动之上的，建立在资本主义生产方式的自我否定之上的。共产主义需要化身为现实中的运动，才能在大地上绽放出鲜艳的花朵。早在《共产党宣言》里，马克思、恩格斯就指出：“共产党人到处都支持一切反对现存的社会制度和政治制度的革命运动。在所有这些运动中，他们都强调所有制问题是运动的基本问题，不管这个问题的发展程度怎样。”[①]新的共产主义观念不谋求生产力的发达与物质财富的丰富,不变革生产资料的所有制形式,其实质只是在于没有认识到抑或不敢去碰触为贪婪与卑鄙的资本帝国源源不断输送养分的私有制,从而也并没有逃出马克思、恩格斯数次批判过的“粗陋的共产主义”视域。

毫不夸张地说,所谓的新共产主义企图不过是当代西方左翼学者假共产主义之名提出的一种试图替代当前社会形态的改良主义方案。他们企图用一种看似激进的方案消解马克思主义的革命路线,将改良的希望寄托在一群永远无法拼接到一起的剩余者身上。对待这种伎俩,马克思、恩格斯170年前的批判依然适用且正确。而对无产阶级政党组织的据斥,则使他们不能不退回到列宁一再批判过的孟什维克的卑劣水平。

在《共产党宣言》里,马克思、恩格斯根据人类社会发展规律与资本主义的基本矛盾预言资本主义必然灭亡,社会主义必然胜利。但是必须承认到,社会主义代替资本主义的过程从来都不是一帆风顺,不是轻轻松松、敲锣打鼓就能实现的。社会主义代替资本主义是一个长期的、艰巨的历史过程。而正是看到了这一点,1859年,马克思又提出了“两个决不会”,即“无论哪一个社会形态,在它所能容纳的全部生产力发挥出来以前,是决不会灭亡的;而新的更高的生产关系,在它的物质存在条件在旧社会的胎胞里成熟以前,是决不会出现的”[②]。“两个决不会”揭示了在一个较长的历史时期内,社会主义与资本主义共舞的可能性。它表明,马克思主义所说的社会发展的必然性不是抽象的,而是具体的历史的,社会主义取代资本主义的必然性不是主观人为的,而是历史发展规律决定的。换句话说,共产主义的实现是不能够速成的,而是需要一个艰巨的长期的过程,对此,我们必须要有足够的心理准备。

习近平指出:“马克思主义博大精深,归根到底就是一句话,为人类求

① 《马克思恩格斯选集》(第一卷),人民出版社,2012年,第435页。
② 《马克思恩格斯选集》(第二卷),人民出版社,2012年,第3页。

解放。”[1]共产主义既是马克思、恩格斯所创立的伟大理论成果，又是倾尽一生为之奋斗的现实运动。共产主义本质上是实践的，它既是过程又是目的、既是理想又是现实。因此，这就要求我们必须将理想信念建立在对科学理论的理性认同之中，将个人成长统一到民族复兴的进程当中，将新时代中国特色社会主义实践统一到为共产主义奋斗的征程当中。不断筑牢理想信念，真正做到虔诚而执着、至信而深厚，让理想信念的明灯永远在心中闪耀，永远照亮我们前行的道路。

五、以清醒坚定的理想信念走好新的赶考之路

心有所信，方能行远。对共产主义的信仰，对中国特色社会主义的信念，是共产党人的政治灵魂，是共产党人经受住任何考验的精神支柱。进军第二个百年奋斗目标、走好新的赶考之路，我们党必须不忘初心、牢记使命，在凝心铸魂、强基固本上下足功夫。

（一）以坚定信念擦亮精神底色

对一个政党而言，理想信念所解决的是为什么奋斗的问题。中国共产党从成立之日起就是以共同理想而组织起来的集体。对马克思主义的信仰，对社会主义和共产主义的信念，是共产党人的政治灵魂，是共产党人经受住任何考验的精神支柱。一百多年来，我们党所付出的一切努力、进行的一切斗争、做出的一切牺牲都是为了践行这一理想，完成这一使命。作为党的性质宗旨、奋斗目标的集中体现，理想信念既是我们党的精神旗帜，也是保持党团结统一的思想基础，更是保证党行稳致远的根本所在。世界社会主义实践的曲折历程昭告我们，马克思主义政党一旦放弃坚定信仰，就会改变性质、改变颜色，就会失去人民、失去未来。因此，建设好坚强的马克思主义执政党首先要从理想信念做起。只有确保党永远不变质、不变

---

① 习近平：《在纪念马克思诞辰200周年大会上的讲话》，人民出版社，2018年，第8页。

色、不变味,才能使全党永远不信邪、不怕鬼、不怕压。

对共产党员而言,理想信念是“头脑里的建设”“思想中的革命”,解决的是安身立命的根本问题。我们入了党,就认定了马克思主义,认定了社会主义和共产主义,认定了全心全意为人民服务的宗旨,就必须坚守这份信仰、践行这份理想,始终让自己配得上这份荣光。今天,我们早已远离战火纷飞的险境,更少有血与火的生死考验,但这并不意味着挑战和风险消失了,实际上,它们只是换了一副面孔以一种新的历史特点出现在我们面前。当前严峻复杂的国际形势和接踵而至的巨大风险挑战不但风高浪急,甚至处理不好还会掀起惊涛骇浪。如何做到历经沧桑而初心不改,饱经风霜而本色依旧,怎样在关键时刻让党信得过、靠得住、能放心,这既是百年大党独有难题的重要表现,也是每一个共产党员必须时刻经受的灵魂叩问。

(二)以理论清醒锻造政治忠诚

理想信念的确立,是一种理性的选择,光有朴素的感情是远远不够的,还必须有深厚的理论信仰作支撑。毛泽东指出:“如果我们党有一百个至两百个系统地而不是零碎地、实际地而不是空洞地学会了马克思列宁主义的同志,就会大大地提高我们党的战斗力量。”党的二十大报告指出:“拥有马克思主义科学理论指导是我们党坚定信仰信念、把握历史主动的根本所在。”走进马克思主义经典著作,学习马克思主义基本原理,掌握马克思主义工作方法,认同马克思主义价值旨趣,真正把马克思主义学精悟透用好,这便应该是我们坚定理想信念的首要任务。

理论的生命力在于不断创新。马克思主义的世界观、方法论是科学真理,但是马克思、恩格斯不可能对上百年之后中国面临的具体问题提供现实答案。这就需要我们“随时随地以当时的历史条件为转移”,用马克思主义的科学观点分析、研究、解决中国问题。过去五年和新时代十年,面对世所罕见、史所罕见的复杂形势和严峻斗争,我们之所以能够交出彪炳史册的辉煌答卷,关键就在于坚持把马克思主义基本原理同中国具体实际相结合、同中华优秀传统文化相结合，取得了习近平新时代中国特色社会主义思想这一重大理论创新成果，让马克思主义在中华大地上展现出蓬勃生机和旺盛活力。实践告诉我们，中国共产党为什么能，中国特色社会主义为什么好，归根到底是马克思主义行，是中国化时代化的马克思主义行。

习近平新时代中国特色社会主义思想是当代中国马克思主义、二十一世纪马克思主义，是中华文化和中国精神的时代精华，实现了马克思主义中国化新的飞跃。新征程上，必须继续把深入学习贯彻习近平新时代中国特色社会主义思想作为首要政治任务，持之以恒学习和把握这一科学理论的世界观和方法论，坚持好、运用好贯穿其中的立场观点方法。

（三）以历史主动推进伟大事业

对党忠诚是共产党人首要的政治品质。衡量党员干部是否有理想信念，关键要看是否对党忠诚。对党忠诚不能驰于空想，不能骛于虚声，最重要的是深刻领会“两个确立”的决定性意义，坚决做到“两个维护”。新时代十年的伟大变革，其决定性因素就在于有习近平总书记领航掌舵，有习近平新时代中国特色社会主义思想科学指引。新征程上，全党全国各族人民只有在以习近平同志为核心的党中央的坚强领导下团结成“一块坚硬的钢铁”，心往一处想、劲往一处使，才能战胜一切强大敌人，战胜一切艰难险阻。

为民造福是立党为公、执政为民的本质要求。中国共产党领导人民打江山、守江山，守的是人民的心。走好新的赶考之路，要始终保持同人民群众的血肉联系，始终接受人民批评和监督，始终同人民同呼吸、共命运、心连心。要坚持问题导向、目标导向、效果导向相统一，牢牢把握“国之大者”，着力解决好人民群众急难愁盼问题，丰富人民精神世界，提高人民生活品质，扎实推进共同富裕，把为民造福贯彻落实到工作的方方面面。

敢于斗争，善于斗争。全面建设社会主义现代化国家、全面推进中华民族伟大复兴,关键在党。在向第二个百年奋斗目标进军的新征程上,全党要时刻保持解决大党独有难题的清醒和坚定,充分认识斗争的长期性、复杂性、艰巨性。每一名党员都要与党中央同心同德,为党尽心尽责,将“虽千万人,吾往矣”的大无畏精神和“得罪千百人,不负十四亿”的使命担当贯穿于一切工作之中。在做好每一件小事,完成每一项任务,履行每一项职责中展现新时代中国共产党人的良好风貌,继续在新征程上赢得新的伟大胜利。

参考文献

一、中文著作

1.《马克思恩格斯全集》(第1卷),人民出版社,1956年。

2.《马克思恩格斯全集》(第1卷),人民出版社,1995年。

3.《马克思恩格斯全集》(第3卷),人民出版社,2002年。

4.《马克思恩格斯全集》(第3卷),人民出版社,2003年。

5.《马克思恩格斯全集》(第4卷),人民出版社,1958年。

6.《马克思恩格斯全集》(第18卷),人民出版社,1964年。

7.《马克思恩格斯全集》(第25卷),人民出版社,2001年。

8.《马克思恩格斯全集》(第28卷),人民出版社,1973年。

9.《马克思恩格斯全集》(第29卷),人民出版社,1972年。

10.《马克思恩格斯全集》(第30卷),人民出版社,1995年。

11.《马克思恩格斯全集》(第31卷),人民出版社,1972年。

12.《马克思恩格斯全集》(第31卷),人民出版社,1998年。

13.《马克思恩格斯全集》(第35卷),人民出版社,1971年。

14.《马克思恩格斯全集》(第36卷),人民出版社,1975年。

15.《马克思恩格斯全集》(第40卷),人民出版社,1982年。

16.《马克思恩格斯全集》(第41卷),人民出版社,1982年。

17.《马克思恩格斯全集》(第46卷)上册,人民出版社,1979年。

18.《马克思恩格斯全集》(第47卷),人民出版社,2004年。

19.《马克思恩格斯全集》(第49卷),人民出版社,1982年。

20.《马克思恩格斯文集》(第一卷),人民出版社,2009年。

21.《马克思恩格斯文集》(第二卷),人民出版社,2009年。

22.《马克思恩格斯文集》(第三卷),人民出版社,2009年。

23.《马克思恩格斯文集》(第四卷),人民出版社,2009年。

24.《马克思恩格斯文集》(第五卷),人民出版社,2009年。

25.《马克思恩格斯文集》(第六卷),人民出版社,2009年。

26.《马克思恩格斯文集》(第七卷),人民出版社,2009年。

27.《马克思恩格斯文集》(第八卷),人民出版社,2009年。

28.《马克思恩格斯文集》(第九卷),人民出版社,2009年。

29.《马克思恩格斯文集》(第十卷),人民出版社, 2009年。

30.《马克思恩格斯选集》(第一卷),人民出版社,2012年。

31.《马克思恩格斯选集》(第二卷),人民出版社,1995年。

32.《马克思恩格斯选集》(第二卷),人民出版社,2012年。

33.《马克思恩格斯选集》(第三卷),人民出版社,2012年。

34.《马克思恩格斯选集》(第四卷),人民出版社,2012年。

35. 马克思、恩格斯:《共产党宣言》,人民出版社,2014年。

36. 马克思:《资本论(纪念版)》(第1卷),人民出版社,2018年。

37.《列宁全集》(第4卷),人民出版社,2013年。

38.《列宁全集》(第5卷),人民出版社,1986年。

39.《列宁全集》(第7卷),人民出版社,1986年。

40.《列宁全集》(第12卷),人民出版社,1987年。

41.《列宁全集》(第14卷),人民出版社,1988年。

42.《列宁全集》(第14卷),人民出版社,2017年。

43.《列宁全集》(第17卷),人民出版社,1988年。

44.《列宁全集》(第20卷),人民出版社,2017年。

45.《列宁全集》(第21卷),人民出版社,1959年。

46.《列宁全集》(第24卷),人民出版社,1990年。

47.《列宁全集》(第27卷),人民出版社,2017年。

48.《列宁全集》(第33卷),人民出版社,1985年。

49.《列宁全集》(第34卷),人民出版社,1985年。

50.《列宁全集》(第35卷),人民出版社,1985年。

51.《列宁全集》(第36卷),人民出版社,1985年。

52.《列宁全集》(第38卷),人民出版社,1986年。

53.《列宁全集》(第42卷),人民出版社,2017年。

54.《列宁专题文集 论马克思主义》,人民出版社,2009年。

55.《列宁专题文集 论辩证唯物主义和历史唯物主义》,人民出版社,2009年。

56.《列宁专题文集 论资本主义》,人民出版社,2009年。

57.《列宁专题文集 论社会主义》,人民出版社,2009年。

58.《列宁专题文集 论无产阶级政党》,人民出版社,2009年。

59.《列宁选集》(第一卷),人民出版社,1995年。

60.《列宁选集》(第二卷),人民出版社,1995年。

61.《列宁选集》(第二卷),人民出版社,2012年。

62.《列宁选集》(第三卷),人民出版社,1995年。

63.《列宁选集》(第三卷),人民出版社,2012年。

64.《列宁选集》(第四卷),人民出版社,1995年。

65.《列宁选集》(第四卷),人民出版社,2012年。

66. 列宁:《国家与革命》,人民出版社,2015年。

67.《斯大林文集》,人民出版社,1985年。

68.《习近平谈治国理政》,外文出版社,2014年。

69.《习近平谈治国理政》(第二卷),外文出版社,2017年。

70.《习近平谈治国理政》(第四卷),外文出版社,2022年。

71.《习近平重要讲话单行本》(2020年合订本),人民出版社,2021年。

72.《习近平重要讲话单行本》(2021年合订本),人民出版社,2022年。

73. 习近平:《在纪念毛泽东同志诞辰120周年座谈会上的讲话》,人民出版社,2013年。

74. 习近平:《在中国科学院第十七次院士大会、中国工程院第十二次院士大会上的讲话》,人民出版社,2014年。

75. 习近平:《做焦裕禄式的县委书记》,中央文献出版社,2015年。

76. 习近平:《在文艺工作座谈会上的讲话》,人民出版社,2015年。

77. 习近平:《在哲学社会科学座谈会上的讲话》,人民出版社,2016年。

78. 习近平:《决胜全面建成小康社会夺取新时代中国特色社会主义伟大胜利——在中国共产党(第十九次全国代表大会上的报告》,人民出版社,2017年。

79. 习近平:《开放共创繁荣 创新引领未来:在博鳌亚洲论坛2018年年会开幕式上的主旨演讲》,人民出版社,2018年。

80. 习近平:《论坚持全面深化改革》,中央文献出版社,2018年。

81. 习近平:《论坚持推动构建人类命运共同体》,中央文献出版社,2018年。

82. 习近平:《论坚持全面深化改革》,中央文献出版社,2018年。

83. 习近平:《在纪念马克思诞辰200周年大会上的讲话》,人民出版社,2018年。

84. 习近平:《在纪念五四运动100周年大会上的讲话》,人民出版社,2019年。

85. 习近平:《论党的宣传思想工作》,中央文献出版社,2020年。

86. 习近平:《论中国共产党历史》,中央文献出版社,2021年。

87. 习近平:《高举中国特色社会主义伟大旗帜 为全面建设社会主义现代化国家而团结奋斗——在中国共产党(第二十次全国代表大会上的报告》,人民出版社,2022年。

88. 习近平:《论党的宣传思想工作》,中央文献出版社,2022年。

89. 北京大学哲学系外国哲学史教研室编译:《西方哲学原著选读(上卷)》,商务印书馆,1981年。

90. 本书编写组:《马克思主义基本原理(2023年版)》,高等教育出版社,2023年。

91.本书编写组:《中国哲学史》(下册),人民出版社,2012年。

92.陈武明:《苏共之殇——苏共亡党的若干教训》,党建读物出版社,2019年。

93.陈之骅:《巴黎公社:世界上(第一个无产阶级政权——纪念巴黎公社革命150周年》,当代中国出版社,2021年。

94.《费尔巴哈哲学著作选集》(上卷),商务印书馆,1984年。

95.冯友兰:《中国哲学简史》,涂又光译,北京大学出版社,2013年。

96.丰子义:《现代化的理论基础——马克思现代社会发展理论研究》,北京师范大学出版社,2017年。

97.胡适:《中国哲学史大纲(卷上)》,东方出版社,1996年。

98.刘慈欣:《三体》,重庆出版社,2008年。

99.林尚立:《中国共产党与国家建设》,天津人民出版社,2017年。

100.李山、轩新丽译注:《管子》(上),中华书局,2016年。

101.鲁迅:《且介亭杂文二集》,人民文学出版社,2022年。

102.王世舜、王翠叶译注:《尚书》,中华书局,2011年。

103.于幼军:《社会主义初级阶段文化论》,人民出版社,1999年。

二、中译文著作

1.[澳]琳达·维斯、约翰·M.霍布森:《国家与经济发展——一个比较及历史性的分析》,黄兆辉、廖志强译,吉林出版集团有限责任公司,2009年。

2.[德]哈贝马斯:《合法化危机》,刘北成、曹卫东译,上海人民出版社,2009年。

3.[德]黑格尔:《哲学史讲演录》(第1卷),贺麟、王太庆译,商务印书馆,1956年。

4.[德]黑格尔:《法哲学原理》,商务印书馆,1961年。

5.[德]黑格尔《哲学史讲演录》(第4卷),贺麟、王太庆译,商务印书馆,

1978年。

6.[德]黑格尔:《小逻辑》,贺麟译,商务印书馆,1980年。

7.[德]黑格尔:《法哲学原理》,范扬、张企泰译,商务印书馆,1982年。

8.[德]康德:《历史理性批判文集》,何兆武译,商务印书馆,1990年。

9.[俄]罗伊·麦德维杰夫:《苏联的最后一年》,童师群、王晓玉、姚强译,社会科学文献出版社,2017年。

10.[古希腊]希罗多德:《历史》(上册),王以铸译,商务印书馆,2017年。

11.[加]艾伦·伍德:《资本主义的起源:学术史视域下的长篇综述》,夏璐译,中国人民大学出版社,2016年。

12.[美]彼得·埃文斯、迪特里希·鲁施迈耶、西达·斯考切波:《找回国家》,方力维、莫宜端、黄琪轩等译,生活·读书·新知三联书店,2009年。

13.[美]大卫·哈维:《资本社会的17个矛盾》,许瑞宋译,中信出版集团,2016年。

14.[美]罗伯特·L.海尔布隆纳:《资本主义的本质与逻辑》,马林梅译,东方出版社,2013年。

15.[美]玛丽·加布里埃尔:《爱与资本:马克思家事》,朱艳辉译,湖南人民出版社。

16.[美]塞缪尔·亨廷顿:《文明的冲突》,周琪、刘绯、张立平等译,新华出版社,2017年。

17.[日]福泽谕吉:《文明论概略》,北京编译社译,商务印书馆,1960年。

18.[意]克罗齐:《历史学的理论和实际》,商务印书馆,1982年。

19.[意]马塞罗·穆斯托:《马克思的晚年岁月》,刘同舫、谢静译,人民出版社,2022年。

20.[英]柯林伍德:《历史的观念》,何兆武、张文杰、陈新译,北京大学出版社,2010年。

21.[英]罗素:《哲学问题》,何兆武译,商务印书馆,2007年。

22.[英]培根:《新工具》,许宝骙译,商务印书馆,1984年。

23.[英]汤因比:《历史研究》(上),曹末风等译,上海人民出版社,1986年。

24.[英]亚当·斯密:《国民财富的性质和原因的研究》(上卷),郭大力、王亚楠译,商务印书馆,1972年。

三、报刊文章

1.郭凤志:《马克思恩格斯的文明社会思想及其当代启示》,《马克思主义研究》,2020年第12期。

2.阎孟伟:《文明时代的特征、悖论与历史趋向——从恩格斯对"文明时代"的分析谈起》,《教学与研究》,2021年第10期。

3.王普明:《亚里士多德论实践概念》,《中国社会科学报》,2020年12月22日。

4.王庆丰:《重思恩格斯关于文明的论断》,《社会科学辑刊》,2021年第3期。

5.谢伏瞻:《中国民主为人类政治文明作出新贡献》,《学习时报》,2021年12月21日。

6.习近平:《毫不动摇坚持和发展中国特色社会主义 在实践中不断有所发现有所创造有所前进》,《人民日报》,2013年1月6日。

7.习近平:《在联合国教科文组织总部的演讲》,《人民日报》,2014年3月28日。

8.习近平:《在十八届中央政治局(第二十八次集体学习时的讲话》,《人民日报》,2015年11月23日。

9.习近平:《共担时代责任,共促全球发展》,《人民日报》,2017年1月18日。

10.习近平:《辩证唯物主义是中国共产党人的世界观和方法论》,《求是》,2019年第1期。

11.习近平:《中国共产党领导是中国特色社会主义最本质的特征》,

《求是》,2020年第14期。

12.习近平:《更好把握和运用党的百年奋斗历史经验》,《求是》,2022年第13期。

13.习近平:《把中国文明历史研究引向深入 增强历史自觉坚定文化自信》,《求是》,2022年第14期。

14.张丽、王红续:《新中国外交战略决策的确立》,《学习时报》,2019年4月5日。

15.《习近平会见联合国秘书长古特雷斯》,《光明日报》,2018年4月9日。

16.《习近平在省部级主要领导干部"学习习近平总书记重要讲话精神,迎接党的二十大"专题研讨班上发表重要讲话强调高举中国特色社会主义伟大旗帜奋力谱写全面建设社会主义现代化国家崭新篇章》,《人民日报》,2022年7月28日。

17.《习近平在陕西延安和河南安阳考察时强调 全面推进乡村振兴 为实现农业农村现代化而不懈奋斗》,《人民日报》,2022年10月29日。

18.《习近平在学习贯彻党的二十大精神研讨班开班式上发表重要讲话强调 正确理解和大力推进中国式现代化》,《人民日报》,2023年2月8日。

19.《习近平在中共中央政治局第四十三次集体学习时强调 深刻认识马克思主义时代意义和现实意义 继续推进马克思主义中国化时代化大众化》,《人民日报》,2017年9月30日。

20.《习近平在浙江考察时强调 统筹推进疫情防控和经济社会发展工作 奋力实现今年经济社会发展目标任务》,《人民日报》,2020年4月2日。

21.《习近平在中央党校(国家行政学院)中青年干部培训班开班式上发表重要讲话强调 筑牢理想信念根 树立践行正确政绩观 在新时代新征程上留下无悔的奋斗足迹》,《人民日报》,2022年3月2日。

后 记

马克思主义是我们立党立国、兴党强国的根本指导思想。拥有马克思主义科学理论指导是我们党鲜明的政治品格和强大的政治优势。习近平多次强调要教育引导学生多读读马克思主义经典著作,并指出共产党人要把读马克思主义经典、悟马克思主义原理当作一种生活习惯、当作一种精神追求,用经典涵养正气、淬炼思想、升华境界、指导实践。

本书以马克思主义理论研究和建设工程重点教材《马克思主义基本原理》(2023年版)为理论框架,采用专题讲授与经典融入相结合的方式,以《马克思恩格斯全集》《马克思恩格斯文集》《马克思恩格斯选集》《列宁全集》《列宁选集》《列宁专题文集》《毛泽东选集》《毛泽东文集》《邓小平文选》《习近平谈治国理政》《习近平著作选读》及其他习近平总书记重要论述的权威版本为文本依据,将马克思主义经典作家的代表性论述和习近平新时代中国特色社会主义思想的权威文本相结合。在引导青年读懂理论、悟透原理的同时,深入学习把握好习近平新时代中国特色社会主义思想的世界观和方法论,坚持好、运用好贯穿其中的立场观点方法,引领新时代青年牢固树立中国特色社会主义政治认同、思想认同、理论认同、情感认同、价值认同,坚定走好中国式现代化道路,自觉投身民族复兴伟大事业。

本书既是本人近年来不断探索《马克思主义基本原理》教学研究,特别是有关理论性和针对性平衡融合的一个阶段性总结,也是本人承担的2019年度教育部高校示范马克思主义学院和优秀教学科研团队建设项目(优秀中青年思想政治理论课教师择优资助计划)《马克思主义经典著作融入"原理"课教学的实践路径研究》(19JDSZK176)的结项成果。同时,本书的出版还得到天津师范大学"全国重点马克思主义学院"建设经费的支持,对此表示感谢!感谢天津师范大学马克思主义学院各位领导长期以来在教学科研方面给予的支持和帮助！感谢马克思主义基本原理专业研究生徐琳在书稿核校方面所提供的帮助。

本书的出版得到了天津人民出版社的大力支持，特别对责任编辑佐拉女士表示深深谢意。您细致入微的工作态度和专业精神，使得本书能够顺利出版。

追求真理永无止境，教学科研任重道远。愿本书的出版能够为新时代思政课尤其是“马克思主义基本原理”教学与研究贡献微薄力量。

吴建永谨识

2024年2月